ANNIE HAWES

Picknick im Olivenhain

Buch

Damals wollte sie nur für die Dauer der Olivenernte bleiben, nun lebt die Engländerin Annie Hawes schon seit Jahren in San Pietro, einem beschaulichen Dorf in den Bergen Liguriens. Hals über Kopf hatte sie sich in das kleine, alte Bauernhaus inmitten eines Olivenhains verliebt und es mit viel Mühe und noch mehr Hilfe der liebenswürdigen, aber sehr eigenwilligen Dorfbewohner restauriert. Nun könnte Annie eigentlich die Hände in den Schoß legen und den Oliven und Zitronen beim Reifen zusehen. Aber solch ein ruhiges Leben ist ihr nicht vergönnt. Gerade hat sie von der Existenz einer ganz besonderen Käferart erfahren, deren Hauptnahrungsmittel Holzbalken sind. Wie diese Holzkäfer allerdings zu bekämpfen sind, da bekommt Annie so viele Ratschläge, wie sie Dorfbewohner fragt. Jeder hat da so seine eigene Meinung und Methode, nur in einem sind sie sich alle einig: Lange werden die Balken das Dach ihres Bauernhauses nicht mehr tragen. Der andere Grund, der Annie in Unruhe versetzt, ist Ciccio, waschechter San Pietroneser, Koch und Chef der besten Trattoria der Umgebung – und er hat sie zu einem sonntäglichen Treffen eingeladen. Voller Vorfreude schwelgt Annie in der Vorstellung von den schmackhaften Leckerbissen, die Ciccio ihr zu Ehren kochen wird. Doch als er sie endlich mit seinem Wagen abholt, schlägt Ciccio nicht die Straße Richtung Trattoria ein. Stattdessen fährt er mit ihr zu dem Weinberg seiner Familie, um dort – mit ihrer tatkräftigen Unterstützung – den Holzofen mit Kuhdung abzudichten. Und in diesem Moment begreift Annie, dass das echte italienische Abenteuer gerade erst begonnen hat ...

Autorin

Bevor Annie Hawes ihren Lebenstraum in Ligurien verwirklichte, hat sie als freie Redakteurin bei der BBC und Channel 4 gearbeitet, Rundfunk- und Fernseh-Features verfasst und selbst Filme gedreht. Ihr erstes Buch »Die Oliven von San Pietro« platzierte sich bei Erscheinen in England sofort auf der Bestsellerliste.

Von Annie Hawes ist außerdem bei Goldmann lieferbar:

Die Oliven von San Pietro. Ein italienisches Abenteuer (45517)

Annie Hawes

Picknick im Olivenhain

Ein
italienisches Abenteuer

Deutsch von
Giovanni und Ditte Bandini

GOLDMANN

Die Originalausgabe erschien 2003
unter dem Titel »Ripe For The Picking«
bei Penguin Books Ltd., London

Umwelthinweis:
Alle bedruckten Materialien dieses Taschenbuches
sind chlorfrei und umweltschonend.

1. Auflage
Deutsche Erstveröffentlichung Juli 2004
Copyright © 2003 by Annie Hawes
Copyright © 2004 der deutschsprachigen Ausgabe
by Wilhelm Goldmann Verlag, München,
in der Verlagsgruppe Random House GmbH
Umschlaggestaltung: Design Team München
Umschlagfoto: CORBIS/John Heseltine
Redaktion: Doris Bampi-Hautmann
Satz: Uhl + Massopust, Aalen
Druck: GGP Media, Pößneck
Verlagsnummer: 45707
KvD · Herstellung: Sebastian Strohmaier
Made in Germany
ISBN 3-442-45707-6
www.goldmann-verlag.de

Für
Patrizia, Greta und Miki

I

Mitten in meiner Küche steht eine wackelige dreibeinige Trittleiter: eine von der selbst gezimmerten Sorte, wie man sie zum Beschneiden der Olivenbäume benutzt. Von hier draußen unter der Weinpergola sehe ich von der laufenden Aktion nicht mehr als zwei derbe Stiefel hoch oben auf den knarrenden Sprossen; und über den Stiefeln zwei Kordhosenbeine, die sich im Schatten zwischen den Deckenbalken verlieren. Die Sound-Effekte sind allerdings ziemlich eindrucksvoll: eine Abfolge von kenntnisreichen Ächzern und Schnaufern, von Gestocher und Gescharre, ein plötzlich losbrechendes lautes Summen, eine tief empfundene Anrufung der Madonna; alles das von ganz oben, aus der ungefähren Gegend eines angegrauten Schnurrbarts. Ein Schauer von Holzmehl geht auf die abgetretenen Terrakotta-Fliesen nieder. Kann es sein, dass da oben wirklich ein ausgewachsenes Bienennest ist? Die Spannung wächst ins Unerträgliche. Ich pirsche mich näher heran und steck den Kopf durch die Tür. Na, wie sieht's aus?

E-uh!, knurrt Fachmann Franco in einem Ton schwärzesten Pessimismus.

Porca miseria!, fügt er dramatisch hinzu, während mir, von weiterem wilden Gesumme begleitet, ein Hagel von morschen Splittern auf den Kopf rieselt.

Ich wische mir das Holzmehl aus den Augen und ziehe mich brav in den angenehmen Schatten des Weinlaubs zurück, wo meine Nachbarin Anna zusammen mit mir auf Francos abschließendes Urteil wartet. Sie ist in ihre übliche umfängliche Schürze gewickelt, und selbstverständlich hockt sie während des

Wartens nicht einfach nur untätig herum. Kein Eingeborener des Dorfes Diano San Pietro würde je so tief sinken. Sie ist schon rasch die Olivenbäume in der näheren Umgebung des Hauses abgegangen für den Fall, dass ich möglicherweise irgendwelche Geiztriebe übersehen haben könnte. Und zu meiner Schande hat sie auch etliche davon gefunden und mit geübtem Fingerschnipp abgekniffen. Jetzt ist sie an meiner Weinpergola zugange, zupft überall da überschüssige Blätter ab, wo sie meint, die darunter sanft vor sich hinreifenden Trauben könnten etwas mehr Licht brauchen. Wenn Sie mich fragen, ist der Schatten, den das Weinlaub spendet, weit wichtiger als die in etwa zu erwartende Traubenernte, aber ich will mich nicht streiten. Zufällig habe ich es im Laufe der Jahre gelernt, vergleichsweise gut auf meine Olivenhaine und den Gemüsegarten zu achten; ich wohne in diesem Haus, seit meine Schwester und ich es entdeckten, während wir in einer Gärtnerei am unteren Ende des Tals jobbten – und zu unserem Erstaunen erfuhren, dass es samt den umgebenden Terrassen von Olivenbäumen für eine Summe zu verkaufen war, die gerade eben zwei unserer vereinten Monatslöhne entsprach. Ein verlockendes Angebot; ein Kauf, mit dem für uns eine jahrzehntelange Lernerfahrung begann, die uns mit den Sitten und Gebräuchen einer Oliven anbauenden bäuerlichen Gesellschaft in der Nordwestecke Italiens, direkt an der Grenze nach Südfrankreich, mehr und mehr vertraut machte. Aber in San Pietro bleibt die öffentliche Meinung vom Wandel der Zeiten unbeeinflusst, und ich habe es aufgegeben, mich in meiner Ehre gekränkt zu fühlen, wenn Nachbarn und Nachbarinnen mich derart bevormunden. Warum sollte ich mich aufregen, wenn ich dadurch, dass ich schlicht dem Klischee von der dämlichen Ausländerin entspreche, so vielen Menschen eine Freude bereiten kann?

Während des Zupfens kehrt Anna dem Haus demonstrativ den Rücken zu. Seit er ihren Mann Tonino in ein krummes Geschäft im Zusammenhang mit dem Kauf eines Brunnens hineinzog, hat sie für Franco äußerst wenig übrig, und sie will unter keinen Umständen, dass er diese Tatsache vergisst. Sie ist unzweifelhaft stocksauer, als sie eine Hand voll Weinblätter zusammenknüllt und auf den Kompost wirft, der sich auf der nächsttieferen Terrasse um den Zitronenbaum häuft; und dann finster unser Tal hinunterstarrt, dorthin, wo am Fuß unseres steilen Hügels Himmel und Meer in dunstigem Blau verschwimmen. Der besagte Brunnen war übrigens die einzige Wasserquelle unseres Anwesens, aber trotzdem schafften es meine Schwester und ich schon vor Jahren, unsere Empörung zu überwinden und die diplomatischen Beziehungen zu Franco wieder aufzunehmen. Man sollte meinen, dass Anna mittlerweile auch vergeben und vergessen haben könnte. Aber keine Spur. Als ich in ihre Nähe komme, rammt sie mir den Ellbogen unsanft in die Rippen und rollt die Augen gen Himmel.

Du glaubst doch wohl nicht im Ernst, sagt sie, dass Franco weiß, was er da treibt? Was Gäule und Vieh angeht, gut, da kennt er sich aus. Vielleicht hat er auch eine gewisse Ahnung von Olivenanbau und Basilikumzucht. Ganz zu schweigen von den Geheimnissen der Wasserversorgung, fügt sie finster hinzu. Aber Bienen? Dass ich nicht lache! Jammerschade, dass dein Mann nicht da ist, um die Sache in Ordnung zu bringen, fügt sie mit einem verschwörerischen Lächeln und einer anzüglich gewölbten Augenbraue hinzu.

Ja, Anna weiß, dass ich neuerdings einen Mann mein Eigen nenne. Sie war die Erste, die davon erfahren hat; hat uns mitten in der Nacht zusammen erwischt, uns beide ganz allein. Seitdem produziert sie zu jeder sich bietenden Gelegenheit dieses verschwörerische Lächeln, damit ich weiß, dass sie natürlich kein Problem damit hat, egal, was die anderen denken mögen...

*

Es stimmt schon, dass Franco nicht übermäßig selbstsicher und was-kostet-die-Welt-mäßig aussah, als ich ihn, ein paar Terrassen tiefer, von seinen Olivenbäumen wegschleifte, die er gerade am Stutzen war, und ihm atemlos mitteilte, ich benötigte wegen einer Invasion schwarzer Riesenbienen in meiner Küche dringend seine Hilfe. Trotzdem hatte ich den Eindruck, das hänge eher mit seiner Unfähigkeit zusammen, die Tierchen auf Hochitalienisch zu benennen, als mit einer tatsächlichen Unkenntnis ihrer Identität und Wesensart. Er mogelte sich aus der Sache heraus, indem er kühn behauptete, sie hießen »bummburumbumm«.

Das klingt nicht italienisch, sagte ich streng, denn mit den von Franco übernommenen Vokabeln hatte ich bereits mehrere schlechte Erfahrungen gemacht. Einmal beispielsweise – um nur einen einzigen Fall zu nennen – versetzte ich das Verkaufspersonal eines schicken Baumarkts an der Riviera in einen kollektiven Anfall hysterischen Gelächters, indem ich nach einem Satz Türangeln fragte und mich dabei des, wie sich herausstellte, hinterwäldlerischsten ligurischen Bergdialekts schlechthin bediente. Nach diesem peinlichen Erlebnis forderte ich Franco klipp und klar auf, es künftig wie ein Mann zuzugeben, wenn er den italienischen Namen von irgendwas nicht wusste. Diesmal sah ich meinen Argwohn bestätigt, als Franco, meinem Blick und weiteren unersprießlichen linguistischen Erörterungen ausweichend, ohne weitere Umstände vom Baum, auf dem er gearbeitet hatte, herunterstieg, die Leiter schulterte und zu meinem kleinen Anwesen hinaufstapfte.

*

Mag sein, dass ich mit der Bezeichnung »Invasion« ein klein wenig übertrieben hatte, aber wir reden hier von Bienenmonstern von der Größe eines Mistkäfers, Kreaturen mit dickem schwarzen blanken Körper und gewaltigen gedrungenen irisierenden blauschwarzen Flügeln. Schon eine bloße Hand voll von den Dingern, die völlig unprovoziert wie besoffen aus der Decke torkeln und einem auf dem Tisch landen, an dem man sich gerade mit einer Nachbarin in aller Ruhe einen Vormittagskaffee genehmigt, sind erheblich mehr, als man gebrauchen kann. Zu Beginn kamen lediglich zwei von der Sorte, begleitet von einem leichten Rieseln puderfeinen Holzmehls und einem lauten mehrstimmigen Gesumme, das irgendwo hoch oben aus einem Dachbalken drang; was guten Grund zur Vermutung gab, dass da etliche Kolleginnen darauf warteten, sich den Festivitäten anzuschließen. Da ich gerade kein Insektenspray zur Hand hatte, folgte ich Annas Rat – nach deren Ansicht ein Spray im Grunde so gut wie jedes andere war –, flitzte ins Bad und griff mir eine Dose Antiperspirant; kletterte nervös auf den Tisch und sprühte eine gehörige Ladung von dem Zeug direkt in das verdächtige Loch im Balken.

Erfolg: Im Laufe der nächsten paar Minuten kullerten drei weitere der Monster eines nach dem anderen heraus, plumpsten auf den Tisch und summten, auf dem Rücken liegend, zwischen den Tassen herum. Grauslich.

Fünf Bienen erledigt, und noch immer ein gedämpftes Summen im Gebälk. War da ein ganzes Nest von den Viechern drin? Höchste Zeit, Hilfe zu holen. Wir konnten von Glück reden, dass Franco überhaupt hier oben war. Ich bin der einzige Mensch, der verrückt genug ist, so weit vom Dorf entfernt zu wohnen. Kein Einheimischer kann einer solchen Lebensweise auch nur das Geringste abgewinnen. Früher war es ein Zeichen bitterster Armut, weit außerhalb, auf dem eigenen Land zu leben. So etwas tat man nur, wenn man absolut keine andere Wahl hatte. Zum Glück für San Pietro gibt es solches Elend in der Gegend nicht mehr, und selbst die Ärmsten haben es geschafft, sich unten im Dorf anzusiedeln, wo man abends nach Herzenslust miteinander schwatzen kann und immer jemand da ist, von dem man sich eine Tasse Zucker (oder meinetwegen Olivenöl) ausborgen kann. Und man fährt einfach je nach Bedarf hinaus, um an seinen Olivenbäumen oder in seinem Gemüsegarten zu arbeiten. Alle sind glücklich, ausgenommen das Landwirtschaftsministerium, das seit einem guten Jahrhundert zusammenrechnet, wie viele Arbeitsstunden die Nation mit solchen Pendelfahrten vergeudet, und dementsprechend laut seine Missbilligung kundtut. Aber wen schert das schon? Seien wir für Franco dankbar. Es hätte auch ohne weiteres niemand da sein können. Und steht es mir überhaupt zu, den ersten Stein zu werfen, wenn es um die Benennung von Bienenarten geht? Zufällig weiß ich, dass diese großen schwarzen Bienen in *meiner* Sprache überhaupt keinen Namen haben – es sei denn, man zählt den Lateinischen als solchen, der aber viel zu lang ist, als dass man ihn überhaupt aussprechen könnte. Ich hab sie schon vor Jahren in meinem Buch *Insects of Europe* nachgeschlagen, als mir eines von den Dingern nonchalant im Garten über den Weg brummte und ich mich fragte, ob es wirklich so gefährlich sein mochte, wie es aussah. Der betreffende Artikel begann mit den, wie ich fand, ein wenig übertrieben enthusiastischen Worten »Diese schöne Biene…«, und so habe ich die Viecher also zu guter Letzt getauft: Schöne Bienen. Schön mögen sie ja sein, draußen, wo sie hingehören, aber sie sind gewiss nicht die Gesellschaft, die man in seiner Wohnung, beim morgendlichen Kaffee, haben möchte. Ganz besonders dann nicht, wenn sie dem Hobby nachgehen, kleinfingerdicke Löcher in die Dachbalken zu bohren. Ich kann mich nicht erinnern, dass mein Handbuch zu den Sitten und Gebräuchen der Schönen Biene das Löcherbohren gezählt hätte, allerdings habe ich nicht vergessen, dass diese Biene, »wenngleich keineswegs angriffslustig«, so doch wie all ihre Artverwandten mit einem Stachel bewehrt ist – einem Stachel, der aller Wahrscheinlichkeit nach ihren sonstigen eindrucksvollen Dimensionen angemessen ist. Da ist doch eine besondere Angriffslust nicht weiter erforderlich, oder?

Der plötzliche Aufschrei »*porca miseria!*« zerreißt, von einem gewissen Gesumme, einem stärkeren Holzmehlschauer und einem mehr als gewissen Getrampel begleitet, die Luft, als Franco mit einem einzigen Satz von der Leiter springt, um der Bienenattacke zu entgehen. Er stürmt mit entsetzter Miene ins

Freie, das Messer, mit dem er die Bienensiedlung untersucht hatte, in der geballten Faust. Kein beruhigender Anblick. Jetzt lehnt er sich an die Wand, um wieder zu Atem zu kommen, schiebt sich den weichen Strohhut ins Genick, knotet sein Halstuch auf und wischt sich damit die Stirn. Noch ein Nistgang, sagt er, zwei Balken vom ersten entfernt. Das ganze Dach ist hinüber. Wo ist das Spray?

Zu feige, um sie selbst zu holen, zeige ich lediglich auf die Dose teuer importierten Bacs, die auf meinem Küchentisch steht. Wie ich finde, besteht keine Notwendigkeit, lang und breit zu erklären, dass es sich dabei streng genommen nicht um Insektenspray handelt. Hier in Italien sind Antiperspirantsprays nicht zu bekommen; nur gewöhnliche Deos, da die italienischen Behörden (zumindest nach Auskunft unseres Dorf-Drogisten) festgestellt haben, dass die anderen in etwa so gesund wie DDT sind. Und tatsächlich ließ seine Wirkung, soweit feststellbar, nichts zu wünschen übrig.

Franco kehrt kühn zurück, um sich dem Feind zu stellen, bewaffnet sich unterwegs mit der Spraydose und klettert, die Düse im Anschlag, wieder die Leiter hoch.

E-uh!, sagt Anna verächtlich. Hast du gesehen, wie er sich anstellt? So ein Theater wegen gar nichts! Als Nächstes, fährt sie mit provozierend lauter werdender Stimme fort, wird dir dein Freund da drin auf die Nase binden, die paar Bienen würden demnächst dein Dach zum Einstürzen bringen. Und dir bei der Gelegenheit anbieten, es dir neu aufzubauen. Zu einem absoluten Schnäppchenpreis, versteht sich.

Ein paar Minuten später kommt Franco wieder heraus und stopft sich dabei die Dose Bac gedankenlos in die Hosentasche. (Sie muss ihn also wirklich überzeugt haben.) Er hat Annas Worte, wie von ihr beabsichtigt, gehört und kann gar nicht darüber lachen.

Anna, sagt er, glaubt vielleicht, Witze zu machen, aber sie liegt gar nicht so falsch. Er hat uns zwar die Bienen vertrieben, fährt er fort, aber das Problem hat gar nichts mit ihnen zu tun. Rein gar nichts. Typisch Frau, alles falsch zu kapieren. Das Dach wird tatsächlich früher oder später einstürzen. Vielleicht nicht sofort, aber ich würde schon sehen, wenn erst der Herbstregen einsetzt, vielleicht nicht schon dieses Jahr, aber spätestens nächstes –, wenn sich die Ziegel mit Wasser voll saugen und doppelt so schwer werden –, dass ich kaum noch einen intakten Dachbalken übrig hab. Dann wird das Dach bald wie ein Ei durchhängen. Er wird sich nicht anbieten, die Arbeit für mich zu erledigen, fügt er mit einem bösen Blick in Richtung Anna hinzu, da die Signora offenbar Leute kennt, die mir ein weit günstigeres Angebot machen können, als für ihn jemals möglich wäre. Und mit diesen Worten hängt er sich die Leiter über die Schulter, kehrt uns den Rücken zu und macht sich wieder auf den Weg zu seinen schnittbedürftigen Olivenbäumen. Moment mal, sag ich. Was soll das heißen, das Dach wird einstürzen?

2

Ich kann es kaum glauben, dass diese beiläufigen Bemerkungen von demselben Mann stammen, der uns seinerzeit praktisch zum Kauf dieses Anwesens nötigte: dem Mann, der von weitem sah, wie wir es bewunderten, uns listenreich die Idee in den Kopf setzte, dass wir es besitzen könnten, und dann jede noch so winzige Spur von gesundem Menschenverstand in uns ausmerzte, indem er uns zusammen mit Pompeo, dem angegrauten Eigentümer, zu einem verführerisch weinseligen Grill-Mahl auf dessen feldsteingepflasterter Terrasse einlud. Unter dem Einfluss eines von Olivenzweigen eingerahmten spektakulären Sonnenuntergangs, von Metern würziger Wurst auf Spießchen von Rosmarin- und Thymianzweigen vom Kräuterbeet direkt vor der Tür, von prallen selbst gezogenen Tomaten, mit Francos eigenem Olivenöl beträufelt und mit jeder Menge frischen Basilikums bedeckt, schüttelten wir erst Franco, dann Pompeo die Hand: und unser Schicksal war besiegelt.

Ich gebe zu, dass das alles eine ganze Weile zurückliegt; aber trotzdem weiß Franco ganz genau, dass a) ich wie gewohnt blank bin und b) meine Schwester nach Bulgarien entschwunden ist – der lockende Ruf des Ostens hat von jeher laut durch ihre Adern geschallt, und Bulgarien ist, wie sich seit dem endgültigen Einsturz des Eisernen Vorhangs und dem Dahinschwinden der dadurch bedingten psychologischen Entfernung gezeigt hat, in einem Tag zu erreichen. Sie hat dort einen Job als Englischlehrerin bekommen und verrät bis dato keinerlei Neigung, in den Schoß der Familie zurückzukehren; was bedeutet, dass ich mit der Krise (wenn's denn zu einer Krise kommen sollte) ganz allein werde fertig werden müssen.

Jetzt, wo ich darüber nachdenke, sage ich, war doch einer der Pluspunkte, die Franco damals beim Haus angepriesen hatte, die Stabilität des Daches, stimmt's? Ich weiß, dass es eine Weile her ist, aber unter einem stabilen Dach versteht man doch wohl eines, das noch so zehn, zwanzig Jahre halten wird, hab ich Recht?

Aber nur, sagt Franco streng, wenn man es ordentlich pflegt.

Das ist mir jetzt neu. Wie genau, bitte schön, pflegt man ein Dach ordentlich?

Mit Kalk, sagt Franco. Alle paar Jahre mit Kalkwasser ordentlich über die Balken gehen. Aber soweit er sehen kann, haben wir sie, seit wir eingezogen sind, nicht *ein* Mal gestrichen. Damit hat er zweifellos Recht. Nachdem wir sie ordentlich abgeschrubbt hatten, waren Lucy und ich zu dem Schluss gelangt, dass die Balken wunderschön aussahen, so wie sie waren: marmoriert mit den Überresten von jahrhundertelangen Kalkwasserbehandlungen. *Distressed* nennt man diesen Look meines Wissens in englischen Möbelkatalogen: wörtlich »gestresst«. Jetzt begreif ich auch, warum. Trotzdem ist es schwer zu glauben, dass ein ordinärer Anstrich irgendwelche statischen Auswirkungen haben sollte. Nimmt mich Franco am Ende bloß auf den Arm?

Nein, tut er nicht. Wenn ich die Güte habe, einmal zurückzudenken, sagt er und zwirbelt sich bedrohlich den Schnurrbart, dann werde ich mich erinnern, dass er genau an dem Tag, an dem wir zum Anwalt fuhren, um den Kaufvertrag perfekt zu machen, uns einen ganzen Sack Kalk heraufbrachte. Als Geschenk.

Da die Ligurer, was Sparsamkeit anbelangt, die Schotten Italiens sind, hat sich diese Tatsache natürlich unauslöschlich in Francos Gedächtnis eingebrannt. Wie es der Zufall so will, auch in meines. Wer könnte auch diese dreißig gigantischen unverrückbaren Kilos einer unbekannten und aller Wahrscheinlichkeit nach äußerst gefährlichen Substanz vergessen (bedienten sich ihrer nicht Mörder, um unerwünschte Leichen loszuwerden? Ätzte sie einem nicht die Haut ab?), eines unheimlichen weißen pulvrigen Zeugs, das langsam aus dem Sack heraussickerte, der stur unter dem Ziegel-Vordach vor unserer Haustür hockte, während wir uns fragten, was in aller Welt wir damit anfangen sollten? Und dann die steile Lernkurve, als uns verschiedene Einwohner San Pietros – unter Bekundung unterschiedlicher Abstufungen von Verblüffung und Verachtung angesichts unserer Ignoranz – nach und nach die Erkenntnis brachten. (Wie jeder zivilisierte Mensch natürlich weiß, rührt man das Zeug mit einem Eimer Wasser und einem Kilo Leim zu einer wunderbaren dicken Farbe an, mit der man seine Feldstein-Innenwände – dreckige erdige spinnenwimmelnde Angelegenheiten, an die man sich nicht für Geld anlehnen würde – in glatte domestizierte faunafreie Zonen verwandeln kann; streut davon nach jeder Benutzung einen Löffel voll trocken in sein Erdklosett und bannt damit jeglichen Gestank; und wenn das Wasser des Brunnens in der Augusthitze jenes gewisse Odeur nach fauligem Tümpel zu entwickeln beginnt, kippt man einfach ein Kilo Kalk hinein, und ein, zwei Tage später ist das Bergquellwasser, wie durch Zauberei, wieder so klar wie ein Bergquell. Um nur einige Anwendungsgebiete zu nennen.)

Na gut, sage ich hitzig, da ich mich an die vielfältigen Demütigungen jener Zeit erinnere, er hat uns vielleicht den Kalk gebracht, aber er hat vergessen, uns auch nur die elementarsten Dachpflegeanweisungen zu geben – hab ich Recht? Kein Mensch hat jemals auch nur *angedeutet*, dass wir mit dem Zeug nicht nur unsere Wände, sondern auch die Decke streichen sollten!

Mah!, sagt Franco und wirft die Hände verzweifelt in die Höhe. Dann beschließt er aber dennoch, sich zu einer Erklärung herabzulassen, auch wenn dies beweist, dass ich, wie er schon wiederholt vermutet hat, geistig schwer zurückgeblieben bin. Die Schöne Biene ist offenbar eine opportunistische Biene, eine Biene, die nichts so sehr schätzt wie eine nette Ritze in einem beliebigen alten Stück Holz, in die sie ihre Eier legen kann. In diesem speziellen Falle macht sie sich ein Tunnelsystem zunutze, das ein bestimmter Holzkäfer, dem es nie in den Sinn gekommen wäre, ein ordentlich gekalktes Stück Holz zu attackieren, in unsere Dachbalken gebohrt hat. Franco kann sich nicht vorstellen, dass wir die Käfer – oder besser gesagt, deren Larven, die ja die eigentlichen Schädlinge sind – nicht gehört haben sollten. Sie machen nämlich einen erheblichen Lärm: eine Art Knacken und Knuspern, besonders an warmen Abenden.

Ich denke kurz darüber nach, und mir wird siedend heiß bewusst, dass meine Schwester und ich genau dieses Knacken und Knuspern schon seit einigen Jährchen tapfer und sorglos ignorieren, eben wie abgebrühte Landbewohnerinnen, die rätselhaftes Knacken nicht mehr erschrecken kann. Nach ein paar fruchtlosen Versuchen, den Urheber des Geräuschs zu ermitteln, einigten wir uns auf den Schluss, dass es sich wohl um irgendeine harmlose Heimchensorte handeln müsste: um etwas so Winziges, dass es, hoch oben im Gebälk, schlicht nicht zu sehen war. Nun erkenne ich – vielleicht, ach! zu spät –, dass bewusste Nonchalance nicht immer die empfehlenswerteste Reaktion auf ungewohnte ligurisch-ländliche Sound-Effekte ist. In diesem speziellen Fall etwa wäre Panik weit sachdienlicher gewesen.

Ah, sì, sì, sagt Franco. Ganz genau. Wenn ihr sie früh genug erwischt hättet, wäre das ganze Problem mit einem simplen Schuss Diesel zu lösen gewesen.

Da er endlich den angemessenen Ausdruck von Verzweiflung und Reue in meinem Gesicht wahrnimmt, zieht Franco sanftere Saiten auf, nimmt die Leiter von der Schulter und lässt mich selbst nachsehen. Von der obersten Sprosse der äußerst wackligen Leiter aus – diese dreibeinigen Geräte sind dazu konzipiert, auf dem steinigen, unebenen Boden unserer Ölbaumterrassen sicher zu stehen, und fühlen sich auf flachen, harten Fliesen, in die sie ihre Zehen nicht hineinbohren können, bemerkenswert instabil an – bietet sich mir ein wahres Bild des Grauens: Die Käfer, wenn es denn Käfer sind, haben tückischerweise eine papierdünne Außenschicht Balken völlig intakt stehen lassen. Doch da, wo Franco dieses Furnier weggekratzt hat, zeigt sich statt massivem Holz lediglich ein Spitzenwerk von holzmehlgefüllten Gängen, die der natürlichen Maserung folgen. Beziehungsweise dem, was ehemals die Maserung war. Tunnel, in die fast mein kleiner Finger hineinpasst. Ich stochere behutsam im freigelegten Stück Holz herum: Eine Wolke von Sägemehl und splittrigen Tunnelwänden rieselt auf die Bodenfliesen. Jetzt stochere ich behutsam an einer scheinbar intakten Fläche ein paar Zentimeter weiter. Ja: nachgiebig wie ein Schwamm. Alles aus!

Sie fressen allerdings nur das Splintholz, sagt Franco aufmunternd, und lassen das Kernholz in Ruhe, es hängt also davon ab, wie viel vom Balken eigentlich Kernholz war. Kann durchaus sein, dass sich die Sache mit ein bisschen Glück noch immer mit einem Schuss Diesel beheben lässt.

*

Das ist einer der ärgerlichsten Aspekte des hiesigen Lebens: Man kann nie wissen, wie viel von dem, was man erzählt bekommt, ernst zu nehmende Informationen sind und wie viel lediglich heiße Luft ist, der von Nachbarn um des reinen Unterhaltungswerts willen aufgebauschte, Ausdruck der unter den älteren Bewohnern unseres Tals noch immer lebendigen Prä-TV-Tradition der Selbstunterhaltung. Steht das Dach wirklich kurz vor dem Einsturz? Oder ist es in Wirklichkeit noch einwandfrei in Ordnung, da das Kernholz, also (wie ich jetzt einmal annehme) der tragende Teil jeden Dachstuhls, unangefressen geblieben ist? Ein weiterer überaus ärgerlicher Aspekt ist natürlich der Umstand, dass einem fortwährend irgendwelche absonderlichen folkloristischen Gegenmaßnahmen empfohlen werden und man nicht die blasseste Ahnung hat, ob sie überhaupt Hand und Fuß haben. Genau deswegen habe ich auch Francos Anspielungen auf Dieselkraftstoff geflissentlich überhört. Handelt es sich bei diesem Antikäfermittel um irgendeinen alten abergläubischen Unsinn, ähnlich einem Voodoo-Zauber, der nur funktioniert, wenn man (beziehungsweise der Käfer) daran glaubt? Oder um eine unschätzbare, über Generationen hinweg tradierte Weisheit, wie beispielsweise Weidenrindentee als Mittel gegen Kopfschmerzen? Und selbst *wenn* es eine über Generationen hinweg tradierte Weisheit ist – könnte es nicht inzwischen einen weit weniger penetrant riechenden und gefährlichen modernen Ersatz geben? So braucht man heutzutage ja auch nicht mehr von seinem Schmerzenslager aufzuspringen, um eine Weide ausfindig zu machen und einen Absud aus ihrer Rinde herzustellen. Stattdessen hat man die Aspirintablette: Salicylsäure. Und die etymologische Bestätigung des Zusammenhangs liefert das Italienische, denn ein *salice* ist dort nämlich ein Weidenbaum.

Andererseits – wer weiß? Wie kann man es *überhaupt* wissen, außer man probiert's aus? Da führt kein Weg drumrum. Ich raffe all meinen Mut zusammen und wage mich ins kalte Wasser vor. Also gut, sage ich, und was mache ich mit dem Dieselöl? Erwartungsgemäß lautet die Antwort, dass ich jeden einzelnen Balken mit dem Zeug überpinseln muss. Wenn ich es dann, so nach ein, zwei Wochen, noch immer knacken höre, muss ich zu drastischeren Maßnahmen greifen, mir eine Spritze besorgen und das Zeug in jedes Loch einzeln injizieren. Tolle Vorstellung. In einem Haus zu wohnen, in dem es werweißwielange wie in einer Tankstelle riechen wird. Und dazu auch noch *jetzt*, wo es bis zum Herbst nicht mehr weit ist: Wer würde sich da wohl trauen, ein Streichholz anzuzünden, geschweige denn den Holzofen oder ein offenes Feuer – die hier oben einzige bekannte Form von Heizung –, wenn schon der kleinste Funke den ganzen Laden in ein Flammendes Inferno verwandeln kann?

Ist Franco auch sicher, dass das die einzige Lösung ist?, frage ich flehentlich. Gibt's nicht irgendein Insektizid, das ich stattdessen benutzen könnte? Franco ist entsetzt; desgleichen Anna, die mittlerweile mit dem Abknipsen sämtlicher von mir übersehener Geiztriebe (Schande über mein Haupt!) fertig ist und sich zu uns gesellt hat. Insektizide, darin sind sich die beiden einig, sind giftig. (Anna und Franco *einer* Meinung! Die Lage muss wirklich verzweifelt sein.) Ein kleiner Spritzer mag noch vertretbar sein, wenn man keine andere Wahl hat, aber niemand, der seine fünf Sinne beisammen hat, würde sich das ganze Haus mit Insektizid voll sprühen. Nein. Gutes, gesundes, natürliches Dieselöl ist die einzige Antwort.

Schön, sage ich, dann also Dieselöl. Trotzdem nehme ich mir verräterischerweise vor, bei Gelegenheit klammheimlich einen moderneren und progressiveren Ort als Diano San Pietro aufzusuchen – vielleicht den kosmopolitischen Badeort Diano Marina, an der weltzugewandten Küste an der Mündung unseres Tales; oder mich vielleicht sogar gleich auf der gefährlichen Haarnadelkurvenstraße entlang der Steilküste in unsere ganze zehn Kilometer entfernte, technologisch hoch entwickelte Provinzhauptstadt Imperia zu wagen – und dort nach der Dachbalkenentsprechung des Aspirins zu suchen.

*

Sobald sich Franco wieder zu seinen Olivenbäumen verzogen hat, tragen Anna und ich den alten Marmortisch hinaus in die sonnige Mitte der Terrasse, in sicherer Entfernung vom Haus und dessen Furcht erregender Fauna, um uns noch einmal an einem ruhigen Tässchen Kaffee zu versuchen. Das ist eine Premiere: Bislang habe ich noch nie gesehen, dass Anna sich in die pralle Sonne gesetzt hätte. Leute aus San Pietro setzen sich nicht in die Sonne; jedenfalls keine über vierzig. Für das alte San Pietro ist die Sonne etwas, dem man sich aussetzt, wenn man arbeiten muss; anschließend sucht man sich ein hübsches schattiges Plätzchen zum Ausruhen. Früher einmal fand ich, das sei eine abscheuliche Vergeudung dieses ganzen schönen Sonnenscheins. Heute, im Zeitalter der Sonnenschutzcremes mit zweistelligem Lichtschutzfaktor und der Hautkrebsparanoia, sieht man, wie Unrecht ich hatte. Da haben wir's: über Generationen hinweg tradierte Weisheit.

Sobald ich Anna allerdings ihren Kaffee eingeschenkt habe und sie sich den Zucker hineingelöffelt hat, ist sie weg: ruckelt ihren Stuhl vom Tisch weg und in den Schatten des Weinlaubs. Der jetzt zwar nur noch ein recht lückenhafter Schatten ist, da sie die Hälfte der Blätter abgerupft hat, aber das ist ja nun *ihr* Problem.

Es geht allmählich auf Mittag zu, und wir hören, wie Franco sich unten zum Heimfahren bereitmacht: klappernd und scheppernd seine Geräte zusammensammelt und auf die Ladefläche seines dreirädrigen Nutzfahrzeugleins schmeißt – seiner *Ape*. Durchaus passend zu den Ereignissen des heutigen Tages heißt *ape* auf Italienisch soviel wie »Biene«, wenngleich das gemäßigte Gesumm von Francos Mini-Pick-up, als dessen Vespa-Motor anspringt und knirschend der Gang einrastet, nichts ist im Vergleich zu demjenigen einer Schönen Biene unter dem Einfluss eines ordentlichen Schwalls Antiperspirant. Jetzt knallt die Tür seiner winzigen Fahrerkabine zu; und ab holpert die Ape den ungeteerten Weg hinunter. In kurzen Abständen kommt sie zwischen den Olivenbäumen auf den tieferen Terrassen immer wieder in Sicht, bis sie an dem scharfen Knick, wo die Asphaltdecke beginnt, hügelab losschießt: gen Heim und Pasta.

*

Wie aufs Stichwort läuten die Mittagsglocken sämtlicher Kirchen der zahlreichen und mannigfaltigen Dianos unseres Tals los. Zuerst Diano Castello, dann Diano San Pietro; jetzt der in Luftlinie nächstgelegene, zwiebelhaubenbewehrte *campanile* von Diano Arentino. Anna gehorcht deren Ruf und steht auf, wobei sie ein, zwei weitere verächtliche Schnaublaute über *diesen Franco* vom Stapel lässt, während sie an ihren Schürzenbändern zieht und sie wieder, fester, zusammenknotet. Was hat er denn *jetzt* schon wieder angestellt?

Da frag ich noch? Er wartet nicht mal ab, bis es Mittag läutet, um seinen Kram zusammenzupacken! Indiz für einen schwerwiegenden Mangel an Verantwortungsgefühl gegenüber Haus und Familie. Franco ist kein ernsthafter Mensch, sagt Anna. Zum Glück würde sich *ihr* Mann, Tonino, nicht mal im Traum einfallen lassen, so etwas Degeneriertes zu tun. Oder mein Ciccio, fügt sie großmütig hinzu. Wir können bloß dem Herrgott danken, dass du jemand Zuverlässiges gefunden hast, der dir bei dem Dach zur Hand gehen kann! Und gerade noch rechtzeitig! Sie bedenkt mich wieder mit ihrem verschwörerischen Lächeln und macht sich auf den Heimweg; dreht sich dann, als sie die Stelle erreicht, wo der Weg eine Spitzkehre macht, noch einmal um und hebt, nur zur Sicherheit, auch noch die neckische Augenbraue.

3

Um die Wahrheit zu sagen, bedeutete es nicht nur für Anna, sondern für ganz Diano San Pietro eine ziemliche Erleichterung zu erfahren, dass es neuerdings einen richtigen Mann in meinem

Leben gibt – was immer sie davon halten mögen, dass er über Nacht da bleibt, wovon sie allerdings, wie ich hoffe, nicht die leiseste Ahnung haben. Es sei denn, Anna hat der Versuchung nicht widerstehen können, es auszuplaudern. Bislang waren die einzigen Männerbekanntschaften, die Lucy oder ich vorzuweisen hatten, fremdartige ausländische Geschöpfe von noch größerer Hilflosigkeit als wir selbst, deren absonderliches Verhalten wir, sobald das Dorf ihre unmännliche Faulheit zur Kenntnis genommen hatte, mit noch absonderlicherer Ritterlichkeit und der hand- und fußlosen Erklärung in Schutz zu nehmen pflegten, sie seien doch schließlich im Urlaub. Lachhaft! Hört man etwa auf, ein Mann zu sein, bloß weil man im Urlaub ist?

Es ist dem Dorf von jeher, selbst als meine Schwester noch im Lande war, ein Dorn im Auge gewesen, dass wir hier oben in den Hügeln wohnten: zwei törichte Ausländerinnen so weit weg von aller Zivilisation – gut zehn Minuten per Auto die zwölf Haarnadelkurven hinauf, oder eine Viertelstunde zu Fuß den steilen kopfsteingepflasterten Saumpfad hoch, der schnurgerade dieses Gezickzacke schneidet. Und sämtliche Männerarbeit selbst erledigten! Brennholz hackten, Gasflaschen den langen schlänglichen Pfad hinauf- und hinunterschleppten, Olivenbäume beschnitten, die Trockensteinmauern der Ölbaumterrassen reparierten, wenn irgendwo ein Stück wegbrach (was bei heftigen Gewittern gern und häufig passiert) – nur zwei Frauen, ganz auf sich allein gestellt!

Wie schwer ist es außerdem, auf seine erfolgreichen Bemühungen um Autarkie stolz zu sein – insgeheim freue ich mich gewaltig über mein immer besser werdendes Geschick im Trockenmauerbau –, wenn jeder in seiner Umgebung jede einzelne als persönlichen Vorwurf auffasst! Man lässt das Dorf damit eine *brutta figura* machen: ganz mies dastehen, vor sich selbst und der ganzen Welt. Früher hatten Sympathisantinnen wie Anna oder Francos Frau Iolanda sogar gelegentlich ihre Mannsleute raufgeschickt, damit keiner sagen könnte, man kümmere sich nicht um uns: mit Kettensägen bewaffnete Ehemänner zur Ölbaumstutz- und Brennholzmachzeit, oder mit einem monströsen benzinbetriebenen Gestrüppschneider gegen Ende des Sommers, wenn es gilt, seine Terrassen von jedem Bodenbewuchs zu befreien, bevor er austrocknet und zu einer Waldbrandgefahr wird. Nur um sicher zu sein, dass wir alles unter Kontrolle hatten.

Vor ein paar Jahren beruhigte sich die Lage, als bekannt wurde, dass Ciccio und seine große Schar an Freunden und Verwandten häufig bei uns zu sehen waren und uns bei den schwereren Stutzarbeiten und der Olivenernte halfen. Endlich ein Mann, der für Ordnung sorgte! Und dazu noch ein vernünftiger Einheimischer, mit einem respektablen Besitz von ein paar hundert Olivenbäumen. Natürlich nicht *ganz* einheimisch – schließlich waren seine Eltern erst vor fünfzig Jahren aus dem Mezzogiorno hier heraufgezogen –, aber Ciccio war wenigstens hier im Tal geboren und aufgewachsen, also weiß er, wo's langgeht. Auch wenn er (ein weiterer kleiner Punkt zu seinen Ungunsten) nicht seine ganze Energie den Olivenhainen der Familie widmet, sondern nebenher noch ein kleines Restaurant in den Hügeln betreibt.

Natürlich blieb ich eisern dabei, er sei bloß ein guter Freund: Aber was hätte ich schließlich auch sonst sagen sollen? Jeder wusste, wie die Sache enden würde.

Hatte die ganze Zeit – während wir allmählich müde wurden überall zu erwidern, dass nein, uns nichts anderes verbinde als platonische Freundschaft – unter der Oberfläche Romantik geschwelt? Oder hatte uns die Macht der Suggestion zusammengebracht, der kollektive Wille des ganzen Tals, der sich dazu verschworen hatte, unseren Untergang herbeizuführen? Die Zusammenführung zweier angrenzender Olivenhaine ist zweifellos etwas, das jedes ligurische Herz erwärmen kann. Was man da nicht alles einsparen kann!

Was immer der wahre Grund unseres Sinneswandels gewesen sein mag – die Sache schien *uns* absolut unerwartet zu passieren. Aber gehen wir doch chronologisch vor.

*

Da sitze ich also an einem mondhellen Sommerabend auf der Terrasse eines gewissen Restaurants hoch oben am Anfang unseres Tals und lasse mich von einem balzenden deutschen Urlauber mit Wein traktieren. Ich habe das Lokal selbst vorgeschlagen und meinem Verehrer, absolut wahrheitsgemäß, gesagt, man esse in einem Umkreis von etlichen Kilometern nirgendwo so gut wie dort. Wie sich zeigte, hatte ich nicht zu viel versprochen – der kulinarische Höhepunkt unserer Mahlzeit, ein mit den herben Blättern und Beeren der wilden Bergmyrte gewürzter Wildschweinschmorbraten, war eine wahre Offenbarung. Und die Schöpfung eines gewissen Ciccio, der nicht nur ein genialer Koch, sondern auch ein alter Freund von mir ist, mein engster Freund im ganzen Tal. Da ist er, durch die gewölbte Durchreiche gerade eben zu erkennen, wie er in seiner hell erleuchteten Küche Backofentüren zuknallt und mit Töpfen scheppert – während er für die Nacht aufräumt, lacht und mit einem jungen weiblichen Gast scherzt, der es fertig gebracht hat, bis in sein Allerheiligstes vorzudringen.

Ich behalte die Ereignisse um Ciccio gelassen im Auge, wie man das bei einem platonischen Freund eben so macht; und er tut das Gleiche bei mir. Mein Deutscher hat viel zu viel getrunken und beginnt, meine Hand zu streicheln und mir auf eine gefühlsselige Weise in die Augen zu blicken. Er entschuldigt sich in einem fort dafür, dass er mit mir Englisch redet, und verspricht, sein Italienisch werde schon bald Konversationsstandard erreichen. Mir ist nicht klar, ob er vergessen hat, dass ich Engländerin bin, oder ob er lediglich meint, Italienisch sei romantischer.

Ciccio fängt meinen Blick auf, und ich verdrehe die Augen: Er grinst, winkt mir durch die Durchreiche zu und vollführt die

Geste des Gurgeldurchschneidens. Ich sehe jetzt, dass besagter weiblicher Eindringling dieses hemmungslos kokette mailändische Mädchen ist, das jetzt schon das dritte Wochenende am Stück hier aufkreuzt. Sie hat sich nicht nur in seiner Küche häuslich eingerichtet, sondern besteht jetzt auch noch auf einem Erinnerungsfoto von sich in inniger Umarmung mit ihm. Ciccios halbwüchsiger Neffe Alberto, der während der Sommerferien bei ihm aushilft, hält die Kamera. Jetzt (die Szene brennt sich mir unauslöschlich in die Seele ein) stopft sich die Frau ein Sieb unter das T-Shirt und erzeugt dadurch den Anschein einer fortgeschrittenen Schwangerschaft, für die Ciccio, wenigstens fotografisch, verantwortlich zeichnen soll.

Die Liebkosungen meines Deutschen schleichen sich immer weiter meinen Arm hinauf, sein weingerötetes Gesicht schiebt sich immer näher an meines heran. Mittlerweile sind wir die letzten zwei verbliebenen Gäste und sind ganz allein hier draußen auf der Terrasse. Es sei denn natürlich, man zählt Pierino mit, die Graue Eminenz des Restaurants, der wie gewohnt am äußersten Ende der Terrasse sitzt, die Ellbogen auf dem Tisch, die Schultern vorgebeugt, das Glas in der erdigen Faust, vor sich seine übliche Anderthalbliterflasche Rotwein. Und wie immer in Lumpen gekleidet: einen Pullover, der mehr Löcher als Wolle aufweist und von dessen Ellbogen und Säumen lose Fäden herunterhängen. Pierino ist allerdings kein Gast. Er ist der Eigentümer des Restaurants und des direkt angrenzenden Hauses, in dem er auch wohnt, und tatsächlich sitzt er an seinem eigenen Tisch, auf dem Grundstück seines Hauses, obwohl man, solang's einem keiner sagt, nie darauf käme, denn zwischen den beiden Grundstücken verläuft keinerlei erkennbare Grenze. (Erstaunlicherweise ist Pierino auch Eigentümer eines ganzen Wohnblocks im eleganten Zentrum von Mailand, und dazu auch noch eines mehrstöckigen Parkhauses direkt gegenüber von Letzterem: eine Erbschaft, die ihm ein Vermögen einbringen muss, aber seinen Lebensstil nicht im Mindesten beeinflusst hat. Er ackert noch immer jeden Morgen in seinem Gemüsegarten oben in den Hügeln, und abends sitzt er gern hier, spielt gelegentlich ein bisschen Karten mit seinen Kumpels und behält sein Eigentum fest im Auge. Ein nicht wenig nerviges Verhalten für die Geschäftsführung des Restaurants, die ihn schlichtweg *il vero Ligure* – der wahre Ligurer – nennt (allerdings nur außer Hörweite).

Albertos Kamera blitzt noch einmal auf und bannt Ciccio in der wolllüstigen Umschlingung Mailänder Arme ein drittes Mal auf Zelluloid; das Mädchen schiebt sich das Sieb zurecht und entlässt einen Wildbach heftigen Gekichers; und jetzt, da sich meine und Ciccios Blicke wieder durch die Bogenöffnung treffen, überkommt mich der unerklärliche Drang, das Weibsstück zu erdrosseln. Diese plötzliche Regung verblüfft mich zutiefst, und natürlich mache ich keinerlei Anstalten, sie in die Tat umzusetzen. Ciccio aber stellt bei sich, wie er später erklärt, im selben Augenblick einen erschreckend analogen Impuls in Bezug auf meinen schmachtenden Deutschen fest. Und Ciccio, allzeit ein Mann der Tat, verlässt sofort seinen Posten am Herd, stürmt aus seiner Küche heraus und steht, hastdunichtgesehen, auch schon neben mir und hat einen besitzergreifenden Arm um meine Schultern gelegt.

Vielleicht ist meinem Verehrer nicht klar, verkündet er mit einem überzeugend nachgemachten Mafioso-Blick einem nicht mehr ganz nüchternen Ausländer, der ihn nicht sonderlich gut kennt, dass *die Engländerin zu ihm gehört?* Und nimmt mich leidenschaftlich in die Arme. Nach ein, zwei Augenblicken geschockter Lähmung stelle ich fest, dass ich seine Umarmung erwidere: Und dass die Sache kein Jux mehr zu sein scheint.

Wir schnappen endlich nach Luft; und hören aus dem Dunkel am äußersten Ende der Terrasse ein plötzlich losgackerndes Gelächter, den Ausruf »*Bravo! Finalmente!*« und ein lautes Händeklatschen. Pierino scheint mit der Entwicklung der Dinge einverstanden zu sein.

Ein paar innige Blicke und Umarmungen später bleibt nichts

weiter zu tun, als dem Deutschen seine Rechnung zu servieren, die enttäuschte Mailänderin auf den Weg zu ihrem einsamen Hotelzimmer unten in Diano Marina zu bringen, das Restaurant für die Nacht abzuschließen und uns von Pierino zu verabschieden, der doch tatsächlich sein Anwesen verlässt, um uns beiden feierlich die Hand zu schütteln. Und jetzt können wir endlich den verbleibenden Rest der Nacht auf dem menschenleeren mondübersilberten Strand von Diano nach Herzenslust verschmusen.

Und damit war die Sache gelaufen.

4

Na ja, natürlich nicht ganz. Wir befinden uns in der tiefsten italienischen Provinz, und es gilt noch eine Menge Hindernisse zu überwinden. Das erste geht mir bereits am nächsten Morgen auf. Nämlich Folgendes: In unserer Gegend sind Verabredungen so gut wie gar nicht üblich, da man sich ohnehin alle naselang über den Weg läuft. Also haben Ciccio und ich auch nicht darüber gesprochen, wann wir uns wiedersehen würden. Nach einem gemütlichen gemeinsamen Frühstück auf meiner Terrasse (als moderner Mann hat Ciccio keine Angst vor Sonnenbestrahlung) ist er abgezogen, um ein paar Mittagessen zu kochen. Jetzt, da der Tag sich *hin-* und die wohlige innere Wärme sich *ver*zieht, fang ich irgendwie an mich zu fragen, ob ich nicht möglicherweise einen schrecklichen Fehler gemacht habe. Habe ich gerade um einer billigen Liebesnacht willen eine meiner besten Freundschaften überhaupt ruiniert, meine Seele zu immer währender Scham verurteilt und so weiter? Mir ist gerade bewusst geworden, dass ich ja kaum hinfahren und die Lage abchecken kann: einfach im Lokal auftauchen und in die Küche gehen und hier ein bisschen plaudern und da ein bisschen Basilikum hacken, wie ich das schon immer gemacht habe. Völlig unmöglich.

Der entsetzliche Verdacht, dass ich mich, *alla Milanese*, an einen Koch ranschmeiße, der mir, sollte ihm der Sinn danach stehen, nirgendwo aus dem Weg gehen könnte, läge auf der Hand. Ich würde nicht einmal erkennen können, ob ich willkommen bin, geschweige denn, ob, falls ja, in meiner Eigenschaft als Freundin oder als Geliebte.

Zum Glück ist morgen, Dienstag, der offizielle *giorno di riposo* oder Ruhetag des Restaurants. In Italien schreibt das Gesetz vor, dass jedes Lokal einen solchen hat. Jetzt erkenne ich, welch ein unglaublich weises und segensreiches Gesetz das ist. Und so brauche ich mich lediglich läppische vierundzwanzig Stunden lang zu quälen, und schon raffe ich auch all meinen Mut zusammen und fahre die zwölf Haarnadelkurven hinunter, halte kurz an der Kreuzung, um in der Bar nachzuschauen – nein, kein Ciccio in Sicht –, und düse dann weiter zur Küste, nach Diano Marina. Und da ist er auch, parkt gerade auf der Piazza und steigt (verdammt) in Begleitung seines Cousins Paolo, genannt Paletta, eines Ex-Fußballers und Lokalmatadors, aus dem Wagen aus. *Paletta* bedeutet Schaufel, und wie man mir erklärt hat, bekam Paolo diesen Spitznamen wegen der gigantischen Ausmaße seiner Hände. Für meine Begriffe passen sie durchaus zu seinen sonstigen Ausmaßen. Soweit ich feststellen kann, ist er in jedem Detail überlebensgroß, so kräftig gebaut, als sei er eher dem Stift eines Comiczeichners als dem Schoß einer Frau entsprungen. Aber so oder so, wünsche ich mir aufrichtig, er würde schleunigst die Mücke machen. Seine Anwesenheit ist momentan nicht erforderlich.

Sie kommen gerade vom Fischmarkt von Imperia, erfahre ich, wo sie für das Restaurant eingekauft haben, und Ciccio hüpft (wie kann er bloß so schrecklich unneurotisch sein!) quietschvergnügt herum und besteht darauf, mich nach hinten zum Kofferraum zu führen und mir seinen Fang zu zeigen. Seine gewaltige Begeisterung für alles Essbare erstickt jede etwaige in ihm schlummernde Ahnung, dass es für eine Frau, die sich seit gestern mit der bangen Frage herumquält, welchen Stellenwert sie neuerdings in seinem Leben besitzen mag, Dringlicheres geben könnte, als eine Kiste voll übel riechenden Seegetiers zu besichtigen.

Die Seebarsche sehen besonders gut aus, sagt er, tief hinuntergebeugt, um den Tierchen direkt in die Augen blicken zu können, während er mit großen quadratischen Fingerspitzen ihr festes Fleisch liebevoll betätschelt. Die wird es morgen Mittag wohl in einer Kruste aus Meersalz gebacken geben.

Und was, frage ich, eifrig bemüht, mich der Situation gewachsen zu erweisen, sind die langen, schlanken rosa-orangenen Fischlein, die zwischen den dicken silbrigen Barschen liegen?

Die heißen *ballerine*, sagt Ciccio, weil sie sich genau so durch das Wasser bewegen: Sie tanzen. In einem leichten Ausbackteig frittiert, denke ich, zu einem *fritto misto*, fügt er träumerisch hinzu. Daneben liegen auch ein Haufen *seppie*, also Tintenfische, die wir in England ja primär in Form ihres Schulps kennen. Komisch, dass man sie in meiner Heimat Wellensittichen in den Käfig hängt, damit die sich den Schnabel daran wetzen, während man sie hier in Ligurien zu dieser Jahreszeit zusammen mit frischen grünen Erbsen in einer Sauce aus viel Weißwein und in Olivenöl zergangenen Zwiebeln schmort; ein klassisches Gericht der hiesigen Küche und so köstlich, dass sogar einem kulinarischen Feigling wie mir, den der Anblick kräusliger fangarmiger Körperteilchen normalerweise eher mit Argwohn erfüllt, beim bloßen Gedanken daran das Wasser im Munde zusammenläuft.

Ciccio klappt den Kofferraumdeckel über seinen Schätzen wieder zu. Hätte ich Lust, auf einen Kaffee mitzukommen?, fragt er. Ah, jetzt kommen wir der Sache schon näher! Klar hätte ich Lust, sage ich und hoffe wider alle Wahrscheinlichkeit, dass sein Cousin *keine* hat. Zu meinem Glück hat Paletta heute zum Frühstück schon zwei Kaffee getrunken und glaubt mithin, dass er besser nicht noch einen trinken sollte.

Bloß nicht, pflichte ich ihm im Ton aufrichtigster Besorgtheit bei. Du willst dir doch bestimmt nicht den Magen verderben!

Bestimmt nicht, pflichtet Paletta mir bei und presst sich eine Handschaufel auf den Magen. Und schlecht für die Nerven ist es auch.

Genau, erwidere ich. Und sobald wir diese rituelle Wechselrede hinter uns gebracht haben, mit der um diese vormittägliche Stunde überall in Italien die kritische Frage »Kaffee oder nicht Kaffee« abgehandelt wird, zockelt er brav wie ein Lämmchen ab. Wie praktisch sind doch diese unzähligen italienischen Speiseregeln und -vorschriften, wenn man sie erst einmal intellektuell durchdrungen hat und sie zu seinem Vorteil auszuspielen weiß!

*

Wo wollen wir hin?, frage ich glücklich und freue mich schon auf ein angenehmes zweisames halbes Stündchen an einem kleinen ruhigen Tisch unter den Palmen eines der Strandcafés – ein bisschen Zeit zu zweit, um unsere neue Beziehung zu konsolidieren oder die alte wiederherzustellen, oder was immer sonst wir zu tun gedenken. Auf jeden Fall der ängstlichen Spannung ein Ende zu setzen.

Dumme Gans, die ich bin! Habe ich mir nicht gerade eben noch zu meiner innigen Vertrautheit mit den lokalen Gepflogenheiten gratuliert? Zu dieser Tageszeit miteinander einen Kaffee zu trinken impliziert natürlich nichts, was auch nur im Entferntesten als traute Zweisamkeit bezeichnet werden könnte. Es bedeutet lediglich neunzig Sekunden lang an einer überfüllten Theke zu stehen und von strudelnden Menschenmassen angerempelt zu werden, während man zwei, drei Teelöffel brühheißen schwarzen mörderisch starken Espressos hinunterkippt, auf das kleine Erdbeben in seinem Zentralnervensystem zu warten, und dann wieder zu verschwinden. Warum waren wir nicht so geistesgegenwärtig, einen Cappuccino zu bestellen? Es besteht eine gewisse Chance, dass man sich an einen Tisch setzen darf, wenn man einen Cappuccino trinkt, besonders wenn man dazu noch eine Brioche bestellt, wodurch man impliziert, dass man noch nicht gefrühstückt hat. Das fiel mir allerdings erst ein, als es schon zu spät war.

Und ja, da stehen wir also, drei Minuten später, wieder auf den Straßen von Diano. Das sind schöne, geräumige Straßen, zumindest seitdem die Touristensaison vor zwei Tagen offiziell geendet hat und sie nicht mehr mit den Markisen, rüschenbesetzten Sonnenschirmen und Hollywoodschaukeln, den Verkaufsständen voller Plastikspielzeug, Strandutensilien, Badeanzügen, aufgeblasenen Luftmatratzen und Sonnencremes voll gerümpelt sind, zwischen denen Urlauber offenbar so gern flanieren. Das normale Leben hat wieder Einzug gehalten. Ja, gerade in diesem Moment wirken die Straßen sogar ein kleines bisschen *zu* leer, wie wir zwei so mittendrin herumstehen und irgendwie nicht recht wissen, was als Nächstes passieren soll. Wir schlendern die palmengesäumte Strandpromenade entlang und weichen den Arbeitern aus, die paarweise die zebragestreiften Umkleidekabinen abmontieren und auf Laster laden, die sie zu ihrem Winterquartier fahren werden.

Was machst du heute Nachmittag?, fragt Ciccio und klingt dabei endlich nicht mehr hundertprozentig seiner Sache sicher.

Nichts Besonderes, sage ich. (Zehn von zehn Punkten für den originellsten Dialog.)

Wie es der Zufall so will, arbeitet Ciccio heute nicht (hi, hi! Das wusste ich!). Zu Mittag wird er *dalla mamma*, bei seiner Mama, erwartet, aber danach hat er frei und möchte den Nachmittag *in giro* verbringen – einfach irgendwo draußen. Hätte ich nicht Lust, ihn zu begleiten?

Wahnsinnig gern, sage ich, ganz hin und weg vor Erleichterung.

5

Ein paar Stunden später sind wir auch schon *in giro* auf den Hügeln, ein paar Kilometer oberhalb meines Hauses, wo die Ölbaumterrassen aufhören und die Wildnis beginnt. Wie so viele seiner Landsleute, ist Ciccio schlichtweg außerstande, ziel- und zwecklos durch die Gegend zu laufen und einfach nur die Natur zu genießen. Nicht, dass er sie *nicht* genießen würde; bloß sammelt er gern ein bisschen was davon ein, wenn er schon mal dabei ist. Er betrachtet diese Hänge als eine Art riesige Speisekammer, oder vielleicht besser als einen Supermarkt, mit dem zusätzlichen Pluspunkt, dass man für das, was man so findet, keinen Pfennig zu bezahlen braucht. Erwartungsgemäß bedarf's nur einer kurzen Inspektion der momentanen Jagd- und Sammelmöglichkeiten, und schon hat er seine Entscheidung hinsichtlich der heutigen Beute getroffen. Wir pflücken eifrig wilde Rauke, *rucola selvatica*. Müßiggang gibt's bei uns nicht. Und was noch mehr zählt: müßige Ängste ebensowenig. Keiner von uns beiden hat die leiseste Neigung bekundet, wieder in den Zustand bloßer platonischer Freunde zurückzufallen. Himmlisch. Ebenso himmlisch ist die Rauke, deren Blätter ich mittlerweile schon ganz gut erkennen kann – trotz der konstanten Ablenkung, die die spannende Situation, keine bloßen Freunde mehr zu sein, darstellt. Sie (die Rauke) schmeckt weit pfefferiger und intensiver als die kultivierte Form. Wir sammeln einen gewaltigen Strauß: Sobald wir zu Hause sind, sagt Ciccio, zeigt er mir, wie man *rucola*-Pesto macht.

Rucola-Pesto – gibt's das überhaupt?

Na, und ob es das gibt! »Pesto« kommt von *pestare*, »zerstampfen«. Oder »zerstoßen«. Was, wie wir einmütig feststellen, mit dem englischen Wort *pestle* eng verwandt ist, womit wiederum der Stößel eines Mörsers bezeichnet wird, mit dem bekanntlich Sachen zerstoßen werden. In grauer Vorzeit verstand man unter »Pesto« wahrscheinlich jede beliebige Mixtur, die man mit Hilfe eines Stößels in einem Mörser zermanscht hatte.

Und nicht einmal nur in »grauer Vorzeit«. Ein Mörser ist noch immer das Einzige, was man bei mir zu Hause für derlei Arbeiten bekommt, selbst jetzt, am allerersten Zipfel des einundzwanzigsten Jahrhunderts. Keine Küchenmaschine, denn meine kleine Solarzelle (aus einem Campingwagen recycelt) erzeugt nicht annähernd genügend Strom für Küchengeräte. Sie schafft gerade eben einige wenige Weihnachtsbaum-Glühbirnchen, ein paar in jedem Zimmer; an guten Tagen liefert sie mir die freie Auswahl zwischen einem Kassettenrecorder, ein paar Stunden Mattscheibe und dem Laptop, auf dem ich seitchenweise das Buch schreibe, das es mir erlauben wird – vorausgesetzt, ich habe Glück und alle anderen finden meine Anekdoten über meine ersten Jahre in den ligurischen Hügeln ebenso unterhaltsam wie ich –, mir mehrere riesig große Solarzellen zu kaufen. Man stelle sich das nur vor! Gleichzeitig Musik zu hören *und* sämtliche Lichter brennen zu lassen ... Ich könnte mir vielleicht sogar eine elektrische Nachttischlampe leisten, Luxus über Luxus! Dann könnte ich mich in den Schlaf lesen, ohne dass mir ständig Falter in die Kerze fliegen und die Flamme davon ganz schief wird und ich alle fünf Minuten das Buch hinlegen und die halb verkohlten Leichname aus dem Wachs pulen muss. Und allen möglichen sonstigen degenerierten elektrischen Schnickschnack, der mir bestimmt noch einfallen wird. Falls ich es jemals schaffe, das Buch fertig zu schreiben. Und dafür einen Verlag zu finden, versteht sich.

*

Als wir, die Arme voll Rauke, den Hügel wieder hinuntersteigen, merke ich, dass ich kaum der Versuchung widerstehen kann, Ciccio in eines meiner am eifersüchtigsten gehüteten Geheimnisse einzuweihen. Ob's wohl ein schrecklicher Fehler wäre, bereits bei unserem ersten Date so viel von mir preiszugeben?

Wahrscheinlich. Aber ich kann nicht anders. Also nehme ich ihn bei der Hand und führe ihn abseits in die Wildnis, auf die steilen halb verlassenen Terrassen oberhalb meines Hauses, und zeige ihm, wo zu dieser Zeit des Jahres, halb versteckt zwischen den Wurzeln der verwilderten Olivenbäume, die seltenen und köstlichen korallenförmigen Pilze namens *manina*, oder »Händchen«, in Hülle und Fülle wachsen. Schon bald haben wir unsere Blätterbündel behutsam beiseite gelegt und stopfen uns jede verfügbare Tasche mit Pilzen voll. Zu Hause angelangt, stellt sich Ciccio der Herausforderung. Waldpilzrisotto!, verkündet er irgendwo aus den Tiefen der Speisekammer, wo er bereits das Rohstoffangebot abcheckt. Reis! Weißwein? Köstlich! Wart's nur ab! Hast du Tomaten? Wir machen einen richtig schönen Tomatensalat und schmecken ihn mit *rucola*-Pesto ab. Es dämmert bereits, also greife ich mir die Taschenlampe und begebe mich zum Gemüsebeet unten am Brunnen. Kehre stolz mit einem halben Dutzend schöner »Ochsenherz-Tomaten« zurück und finde Ciccio, der, mit einem großen Küchenmesser bewaffnet, dabei ist, das Petersilienbeet zu dezimieren, das ich gerade erst angelegt habe. Kann er wirklich *so* viel Petersilie brauchen? Ach, was soll's.

Mein Beitrag zu den kulinarischen Aktivitäten beschränkt sich wie üblich darauf, Unmengen von Grünzeug zu hacken. Wenigstens ist es zur Abwechslung einmal kein Basilikum, sondern Rucola. Traut er mir wirklich nicht *mehr* zu, als irgendwelches Grünzeug zu hacken?

Doch, natürlich, sagt er beschwichtigend. Und wenn ich schon mal dabei bin, kann ich mit der Petersilie anfangen. Die wird er als Erstes brauchen.

Pah! Ich hacke, als kriegte ich's bezahlt, und geb mir dabei alle Mühe mitzubekommen, was er so tut. Ich dachte, ich könnte Risotto nicht ausstehen – entsetzlich, Reis so zu kochen, dass er ganz pappig und schleimig wird –, bis ich Ciccios Version kostete; aber wenn's darum geht, Rezepte zu erklären, ist er eine Katastrophe. Man kann nur zuschauen. Olivenöl in die Pfanne. Die Pilze schneiden, ein paar Knoblauchzehen abziehen, eine Zwiebel ganz fein hacken. Zischen und Qualm, als alles in die Pfanne kommt. Kübelweise Öl und etwas Knoblauch in den Mörser – jetzt muss man ihm die Reibe und den Parmesan rübergeben. Auch davon ganze Kübel. Jetzt bitte die gehackte Rucola dazu, wenn du so weit bist. Ach so, die hat also nichts mit dem Risotto zu tun. Wendet sich wieder der Pfanne zu und gibt einen Schluck Weißwein dazu, dann einen Schluck Wasser. Habe ich kein grobkörniges Salz im Haus? Die gehackte Rucola wird mit dem Stößel niedergeknüppelt; jetzt braucht er die Petersilie für den Risotto. Gibst du mal den Reis rüber? Wo ist der Wein abgeblieben?

Es ist hoffnungslos. Ich hab beim Risotto den Faden bereits verloren. Da kann ich mich genauso gut ans Tomatenschneiden machen. Wenigstens sind sie kein Grünzeug.

Zu unserem Essen haben wir sogar eine Flasche *vino d'uva* von Ciccios Vater. *Vino d'uva* ist »Traubenwein«, so genannt, weil man ihn selbst macht, ohne Zuhilfenahme von Chemikalien oder irgendwelcher neumodischer Apparaturen – es sei denn, man möchte die gigantische Presse als solche zählen, mit deren Hilfe man den gärenden Saft aus der Maische quetscht –, und er daher von nur grob, anhand des vorjährigen Wetters und der Süße der Trauben bestimmbarer Stärke ist. Letztes Jahr war das Wetter besonders gut, dieses Gesöff ist also außergewöhnlich stark und wohlschmeckend. Und die Flasche enthält ganze anderthalb Liter. Sein Vater, erzählt mir Ciccio, weigert sich, seinen Wein in normale Flaschen abzufüllen. Die klassische 750-Milliliter-Flasche ist Salvatore zufolge eine geckenhafte, prätentiöse Vergeudung von Zeit, Mühe und Lagerraum. Doppelt so viele Korken, doppelt so viel Arbeit beim Abfüllen, halb so viel drin. Das muss doch jeder Depp einsehen.

Sobald der Risotto sanft vor sich hinblubbert, besteht Ciccio darauf, dass wir auf eine aberwitzig komplizierte Weise miteinander anstoßen, um unser erstes gemeinsames Essen als Liebespaar zu feiern. Ein volles Glas Wein in der rechten Hand, haken wir uns mit dem entsprechenden Arm unter, als wollten wir irgendeinen volkstümlichen Tanz veranstalten. Jetzt, sagt er, müssen wir beide gleichzeitig aus unserem jeweiligen Glas trinken. Gar nicht so einfach. Das Ritual, befinden wir, muss von Leuten mit abnorm langen Armen erfunden worden sein. Mit Affenarmen, könnte man sagen. Und verschwenderischen Leuten auch noch, nach der Menge Wein zu urteilen, die überall, bloß nicht in unserem Schlund gelandet ist. Wir gießen uns nach und kehren zur traditionelleren, uneingehakten Trinkweise zurück. *Viel* besser. Gestärkt gehe ich nach draußen, um auf der Terrasse den Tisch zu decken und ein paar Kerzen anzuzünden. Es hängen da zwar ein paar von diesen solarzellenbetriebenen Glühbirnchen, aber wenn man wirklich sehen möchte, was man da eigentlich isst, anstatt lediglich seinen Teller zu finden, brauchen sie ein klein wenig Unterstützung. Ich hab so eine Ahnung, dass unser Dinner das Candlelight wert sein wird. Und auf die Art werden wir auch noch genügend Strom haben, um während des Essens Musik hören zu können.

Der fertige Risotto ist der beste, den ich jemals gegessen habe (natürlich, sagt Ciccio, der hinsichtlich seiner Kochkünste keine Bescheidenheit kennt), und ich weiß immer noch nicht, wie er ihn macht. Den köstlich sommerlichen Rucola-Pesto essen wir zu einem Salat von schlichtweg umwerfenden Tomaten. (Ich kenne hinsichtlich meiner Gartenbaukünste ebenfalls keine Bescheidenheit.) Damit's absolut vollkommen wird, sagt der Küchenchef, müssen wir nur noch ein paar Tropfen rohes Olivenöl über den Risotto träufeln. Also gehe ich in die Speisekammer und fülle die Ölflasche aus dem neuen Olivenölbehälter nach, in dem ich meinen Jahresbedarf aufbewahre. (Massiver rostfreier Stahl, fünfundfünfzig Liter, neuster Stand der Technik: Schluss mit dem schlabbernden Absaugen aus schmierigen gläsernen Korbflaschen.) Ich drehe den schicken kleinen Zapfhahn auf, und während ich zusehe, wie das goldgrüne Öl der diesjährigen Pressung in die Flasche rinnt, erinnere ich mich plötzlich an eine erstaunliche Tatsache. Das ist eine wahrhaft symbolische Substanz! An dem Tag in der Ölmühle von San Pietro hatte ich nicht genügend eigene Oliven für eine vollständige Pressung gehabt, woraufhin mir Ciccio mit mehreren *quarti* seiner eigenen Ernte zu Hilfe kam.

Ciccio!, schreie ich aus den Tiefen des Schranks. Ist dir eigentlich klar, was für Öl wir heute Abend zum Kochen benutzt haben? Es ist aus einer Mischung von deinen und meinen Oliven! Er-und-sie-Extra-Vergine!

Wir versuchen uns noch einmal an dem Volkstanz-Umtrunk, um diese erstaunliche Tatsache zu feiern. Überraschenderweise kriegen wir die Sache selbst jetzt, nach etlichen Gläsern von Salvatores Wein, auch nicht besser hin.

Nach vollendetem Mahle sitzen wir weinbefleckt da und blicken bei Kaffee und Grappa in das sternenfunkelnde Tal hinaus und staunen über die unergründlichen Mächte, die mit Öl aus der Vereinigung unserer Oliven unseren Kuss besiegelten (oder meinen wir: unseren Kelch salbten?). Noch ehe *uns* auch nur der Gedanke an eine Verbindung in den Sinn gekommen war. Absolut mystisch. Urplötzlich überkommt Ciccio eine Inspiration. Einen Augenblick, sagt er, und verschwindet in der Küche. Als er, die Ölflasche in der einen und einen Markerstift in der anderen Hand, ein paar Minuten später zurückkommt, wirkt er äußerst zufrieden mit sich selbst. Er hat irgendetwas auf die Flasche geschrieben. Ich versuche, es im Kerzenlicht zu entziffern. Was steht drauf? Ich kann kaum was erkennen.

Da steht »*L'Olio dell'Amore*«, erklärt er mir und beugt sich zu einem langen, zärtlichen Kuss zu mir herunter.

Schön, sage ich und gebe ihm einen ebensolchen zurück.

Aber sieh genau hin, sagt er, sobald wir uns voneinander gelöst haben. Er hält die Kerze näher dran, damit ich es lesen kann. Ich hab's auf Englisch geschrieben. Eigens für dich. Endlich kann ich es entziffern. Da steht: »LOVE OIL«.

Igitt!, sage ich. So kannst du das nicht nennen!

Warum nicht?, fragt er.

Weil das nach einer Art pornographischer Körperflüssigkeit klingt!

Ciccio vollführt die Geste, die da besagt: »Was hast du eigentlich für Probleme?« – diejenige, bei der man die Hand, Finger- und Daumenspitzen aneinander gelegt, die Innenfläche nach oben gewandt, aus dem Handgelenk schwingt, als prüfte man das Gewicht einer besonders schweren Feige.

Aber du hast doch gerade selbst gesagt, dass es ein schöner Name ist!, sagt er.

Aber nicht auf Englisch, sage ich. Das klingt in der Übersetzung nicht gut. *Oil* ist in meiner Sprache kein schönes Wort, nicht so wie in deiner. Es ist zu nah verwandt mit *oily*.

Lächerlich, sagt Ciccio. Deine Sprache spinnt. Oder du. Was ist an *oily* denn auszusetzen?

Na ja, sage ich, auf Italienisch entspräche das in etwa *unto* – »fettig«, »schmierig«.

Igitt, sagt Ciccio.

Siehst du?, sage ich.

Aber egal, denn Ciccio zufolge geht es hierbei weniger um Schmierigkeit als um Reibungslosigkeit. In diesem olivenölbesessenen Teil der Welt könnte es gar kein besseres Omen geben. Keine stürmischen Wogen für uns; unsere gemeinsame Zukunft wird *liscia come l'olio* sein – so geschmeidig wie Öl.

6

Und tatsächlich ist das Leben danach rund zwei Wochen lang sehr ruhig verlaufen. Ciccio ist ziemlich oft über Nacht hier oben geblieben, und bislang ist das Einzige an ihm, was ich nicht rundum liebenswert finde, sein Wecker. Und der ist vermutlich kein integraler Bestandteil seiner Persönlichkeit; es ist bloß so, dass er mehrmals die Woche bei Tagesanbruch zum Markt fahren muss, um für sein Restaurant einzukaufen. Heute hat der Tag allerdings höchstens mal *angefangen* anzubrechen, es ist nur ein ganz ganz schwacher Schimmer von bleichem, spärlichem Licht zu sehen, und irgendwas Lautes hat mich geweckt. Wieder der verflixte Wecker? Nein. Nicht der Wecker. Geschrei. Und Gebell. Jemand brüllt sich, hoch oben zwischen den Eichen, die Seele aus dem Leib und hat eine Meute Hunde dabei. Es sei denn, es ist ein unschuldiger Passant, der gerade von einer Meute Hunde attackiert wird. Kein Wunder, dass hierzulande niemand gern auf dem Land wohnt. Nicht *eine* Nacht kann man ungestört durchschlafen. Ich wickle mich fluchend aus den Laken. Ciccio brummelt irgendetwas wenig Schmeichelhaftes und deckt sich den Kopf zu. Ich wanke zur Gartentür und greif mir unterwegs einen Morgenmantel. Aber die Tür lässt sich höchstens ein paar Zentimeter weit öffnen. Eine gewichtige und zugleich beweglich-nachgiebige Masse scheint von außen dagegen zu drücken. Die Schulter ans Holz gepresst, erziele ich zuletzt einen ausreichend breiten Spalt, um den Kopf hinauszustecken. Vor meiner Haustür sieht man normalerweise ein paar Meter Grasfläche, von den zwei großen knorrigen Olivenbäumen beschattet, die sich da, wo die Hügelflanke zur nächstunteren Terrasse wegbricht, vor dem Himmel abzeichnen. Jetzt aber zeichnet sich im Dämmerlicht lediglich ein bleiches, weißliches Nichts ab. Mich fasst der Schwindel. Der Boden ist verschwunden. Ich blinzle heftig. Immer noch nichts. Eine formlose wogende Sorte von Nichts, etwa hüfthoch. Nein, Moment mal: nicht bloß formlos, sondern auch haarig. Das Gebell geht zwar munter weiter, aber das hier sind keine Hunde. Allmählich beginne ich, inmitten des Gewoges und der Haarigkeit Augenpaare auszumachen; Augen, die auf erschreckende Weise keinem von Gottes freundlichen und vertrauten Geschöpfen ähneln. Als mein Gehirn sich knirschend in Betrieb setzt, identifiziere ich das Problem: Ihre Pupillen sind nicht rund, sondern länglich. Manche der Viecher haben Hörner. Ziegen. Eine strudelnde Herde von Ziegen, die die Landschaft erfüllen, so weit das Auge reicht.

Eine Serie von Schreien, und eine weitere haarige Erscheinung, diesmal in bärtiger menschlicher Gestalt, kommt den Hang oberhalb des Hauses herunter auf mich zugerannt, fuchtelt aufgeregt mit einem großen Knüttel und reißt bei jedem Sprung von einer Terrasse auf die nächste Steine von der Mauerkrone. (Warum machen das die Leute ständig? Warum können sie nicht einfach den Pfad nehmen, Herrgott noch mal? Wissen sie denn nicht, was für eine Plackerei das ist, eine Terrassenmauer wiederaufzubauen?)

Buongiorno, sage ich höflich; und beginne prompt, mich zu fragen, ob es eher *salve* hätte heißen sollen. Mit dem Unbegreiflichen konfrontiert, hat mein Gehirn auf Autopilot geschaltet und wahllos Fragen der Etikette angesteuert. *Salve* hat nicht nur den Vorzug einer über zweitausendjährigen Geschichte, da es genau das ist, was die alten Römer einander so auf den Kopf zuzusagen pflegten, sondern es ist noch immer die unter den Gebirglern unserer Gegend bevorzugte Grußformel. *Buongiorno* dagegen ist eher was für die Schlips-und-Anzug-Typen; und somit anzuwenden, sobald man den Bahnübergang überquert hat, der die gesitteten städtischen Einwohner des ordentlichen ebenen Diano Marina von den olivenanbauenden Hügelbewohnern scheidet. Dieses Individuum hier sieht aber ganz und gar nicht danach aus, als sei es je auch nur in Sichtweite dieser Grenze zur Zivilisation gelangt.

Doch der Neuankömmling ist zu sehr mit dem hoffnungslosen Versuch beschäftigt, seine Ziegen zur Räson zu bringen, um sich mit derlei protokollarischen Feinheiten abzugeben. Er fährt einfach fort, zu brüllen und mit dem Stock herumzufuchteln. Plötzlich bin ich ausreichend wach, um mir der Tatsache bewusst zu werden, dass all meine neuen Geraniensteckinge (die hübschen Efeublättrigen, hängenden) sowie zwei Avocadobäumchen, die ich in den nächsten Tagen vom Topf in den Boden umzupflanzen gedachte (und auf die ich große Hoffnungen setze, da ich erst vor kurzem einen in Imperia gesehen habe, der tatsächlich Früchte trug), sich irgendwo unter diesen Tieren befinden. Ich lass alle Höflichkeit fahren und falle mit alarmierten und verzweifelten Schreien in das allgemeine Pandämonium ein. Offenbar in der Annahme, dieses ganze Tohuwabohu könne nur elektronischen Ursprungs sein, stimmt nun auch Ciccio mit ein und brüllt mir aus dem Schlafzimmer zu, ich sollte es leiser drehen.

Die Flutwelle von Ziegen zieht sich jetzt, mit einem halben Dutzend kläffender Hunde als Spülsaum, allmählich den Hang hinauf zurück, und der haarige Mensch, in dessen Obhut sich die Tiere zumindest nominell befinden, ist mittlerweile auf meiner Terrasse angelangt. Er entschuldigt sich wortreich für die Störung – will ich ja auch schwer hoffen – und stellt sich vor. Er ist Tommaso, und seine Ziegenställe sind da drüben (er fuchtelt mit dem Stock landein- und hangaufwärts), oberhalb von Roncagli. Er wollte die Tiere zum ersten Mal in diesem Herbst zur steilen Macchia oberhalb des Eichengürtels treiben, er hat sie gerade von der Sommerweide nahe der französischen Grenze zurückgebracht, und es ist ihm unbegreiflich, was in seine Hunde gefahren ist. Sie sind plötzlich hangabwärts ausgebrochen und haben die Herde hierher gescheucht. Tommaso hat ein seltsames knochiges Gesicht mit einem kurzen Saumbesatz von Backenbart. Taschentuch hat er auch keins auf dem Kopf: offensichtlich ein Sonderling. Hier in der Gegend trägt jeder ehrbare Landmann bei der Arbeit ein an den Ecken geknotetes Taschentuch. Und man trägt einen Schnauzer, keinen Backenbart. So verzweifelt, wie sich Tommaso bemüht, mich zu beschwichtigen, bin ich mir sicher, dass er gegen irgendeine eiserne Regel der Gebirgsetikette verstoßen hat. Es waren wirklich seine Hunde, wird er nicht müde zu wiederholen, die die Herde hier runtergetrieben haben. Er konnte nichts dagegen tun.

Sein Versuch, arme wehrlose Hunde für seine eigenen mangelnden Hütefähigkeiten verantwortlich zu machen, stimmt mich nicht gerade freundlicher. Vielleicht sieht man es mir an.

Wir müssen unbedingt zu seinem Haus kommen, seinen Ziegenkäse probieren, sagt er verzweifelt. Oder darf er uns später ein kleines Geschenk vorbeibringen?

Woher diese völlig grundlose Freigebigkeit seitens eines vollkommen Unbekannten? Wahrscheinlich ist es normalerweise üblich, fürs Grasenlassen zu bezahlen oder was in der Art. Ich wüsste nicht, warum ich mich grundsätzlich an der einen oder anderen gelegentlichen Ziege stören sollte. Ja, wenn er sie ein bisschen früher hergetrieben hätte, und nicht hierher, sondern auf die unteren Terrassen, hätten wir uns diese ganze schweißtreibende ohrenbetäubende Gestrüppschneidearbeit sparen können, die vor dem Auslegen der Olivennetze nötig ist. Sollte ich ihm vielleicht ein Geschäft vorschlagen?

Aber nicht gerade jetzt. Zu früh am Tag zum Reden. Das Einzige, wofür ich momentan – jetzt, nachdem die Ziegen sich wieder verzogen haben und ich im spärlichen Licht erkannt habe, dass meine Geranien weder abgefressen noch zertrampelt worden sind und die Avocados mehr oder minder unversehrt aussehen – echtes Interesse aufbringen kann, ist Kaffee. Ich frage den Typen, ob er auch einen möchte. Ich kann schließlich nicht einfach gehen und ihn da stehen lassen. Ihm fällt offensichtlich ein Stein vom Herzen, dass ich nicht zu tun beabsichtige, was er befürchtet hatte, dass ich tun würde, und nimmt das Angebot übereifrig an.

Ich gehe ins Haus und fordere meinen Gast nicht auf, mir zu folgen. Nicht etwa aus Unhöflichkeit, sondern zu seinem eigenen Besten. Bitte einen ligurischen Landmann ohne Begleitung zu dir ins Haus, und du kannst von Glück reden, wenn er nicht vor Angst und Verlegenheit in Ohnmacht fällt. Das weiß ich aus Erfahrung, da ich es, ohne mir das Geringste dabei zu denken, in unserer unerfahrenen Anfangszeit bei mehreren unserer Nachbarn ausprobiert habe. Unser Nachbar Nino war mein erstes

Opfer; ein groß gewachsener magerer ernster Mann, sehr schüchtern, der doppelt so viel Arbeit in seine Olivenbäume investiert wie der ganze Rest des Tals zusammengenommen. Was bedeutet, dass wir ihn ziemlich häufig zu sehen bekommen. Seit die Seitenwand seines *rustico* bei einem Erdbeben eingestürzt ist – sie hatte allerdings schon vorher einen gewaltigen Riss –, hatte er hier oben keine eigene Bleibe mehr und machte seine Kaffeepause häufig bei uns. Am fraglichen – extrem glühend heißen – Tag erschien es mir also nur als ein Gebot der Höflichkeit, ihn in die Kühle des Hauses zu bitten. Aber trotz der Tatsache, dass wir auf hinlänglich freundschaftlichem Fuß miteinander standen, um regelmäßige Berichte darüber zu erhalten, wie es seiner Frau im Krankenhaus so erging, welch unverschämt hohe Kostenvoranschläge man ihm für die Wiederherstellung der Wand seines *rustico* machte, welch unverschämt niedrigen Preis er für seine diesjährige Olivenernte zu bekommen erwartete, und so weiter, legte sich bei der bloßen Andeutung der Möglichkeit, er könnte allein und ungeschützt über unsere Schwelle treten, ein abscheulich gehetzter Ausdruck über sein Gesicht. Als ich ihn so bleich und mit entsetzt aufgerissenen Augen sah – er konnte sich schließlich nicht direkt *weigern*, hereinzukommen, ohne schrecklich unhöflich zu wirken –, schaffte ich es gerade eben noch, die Situation zu retten, indem ich behauptete, ich hätte nichts dergleichen gemeint; es sei alles nur ein Missverständnis, verursacht durch meine unvollkommenen Italienischkenntnisse. Gemeint hätte ich: Warum kommt er nicht unter das Vordach, das eine Art Veranda vor der Eingangstür bildet, und setzt sich gemütlich auf die schattige Bank? Hui, schwitz!

Nino ging nur zu gern darauf ein, und so überspielten wir gemeinsam meinen eklatanten Fauxpas, woraufhin alles wieder gut war. Natürlich probierte ich es später noch einmal bei Ugo, der den Olivenhain landeinwärts von uns besitzt und insgesamt ein charakterlich weit gefestigterer Mensch ist – nur um festzustellen, ob wir es hier mit einer festen Regel zwischenmenschlichen Verhaltens zu tun hatten oder schlicht mit einem persönlichen Problem Ninos. Derselbe gehetzte Blick. Nein, nein, ich trinke ihn hier draußen auf der Bank, danke. Wie wir wissen, haben die Hügel Augen, und die sind nicht immer von der arglosen Sorte. Für ein Paar San Pietreser Augen beispielsweise wäre ein einzelner Mann, der das Haus zweier Ausländerinnen betritt, ein gefundenes Fressen.

Also gehe ich rein, während Tommaso draußen bleibt, und setz den Kaffee auf. Die heimeligen Geräusche der Espressokanne, die aufgeschraubt wird, des Siebeinsatzes, aus dem das ausgelaugte Kaffeepulver vom Vorabend herausgeklopft wird, des laufenden Wassers, des auffauchenden Gasherds locken Ciccio endlich aus dem Bett. Geschickt umgeht er Gast und Ziegen, indem er nach hinten läuft und über die rückwärtige Treppe wieder hereinkommt. (Die Schwester und ich haben es geschafft, auf der landzugewandten Seite des Hauses noch eine zweite Treppe zu bauen, so dass man neuerdings einmal rundherum gehen kann; mit dem verzwickteren Problem einer Innentreppe sind wir allerdings noch nicht zu Rande gekommen. Wenn's regnet, wenn man schlafen oder ins Bad gehen will, braucht man weiterhin einen Schirm. Zum Glück regnet es so gut wie nie.) Ciccio kommt vorsichtig in die Küche geschlichen. Wer ist das? Jemand, den du kennst?, fragt er. Verrat um Gottes willen bloß nicht, dass ich hier bin. Sonst weiß es spätestens bis heute Mittag das ganze Tal.

Wie lieb von Ciccio, sich solche Sorgen um meinen Ruf zu machen! Nicht, dass ich nach all den Jahren exzentrischen Verhaltens diesbezüglich noch viel zu verlieren hätte... Hab ich in meinem ganzen Leben noch nicht gesehen, sage ich, und zeige auf unseren ungeladenen Gast, der inzwischen unter dem Vordach herumsteht. Komisch: Ich dachte, ich würde mittlerweile jeden hier oben kennen. Außerdem, füge ich hinzu, muss er dich brüllen gehört haben, und es würde ein ganzes Stück merkwürdiger aussehen, einen Mann in meinem Schlafzimmer zu verstecken, als ihn offen vorzuführen. Kennst *du* ihn? Ciccio späht durch die Scheibe hinaus. Nein, kommt ihm nicht so vor. Dem Herrn sei's gedankt. Aber was steht er da draußen rum?

Ich koch ihm einen Kaffee, sage ich.

Warum in aller Welt hast du ihn dann nicht hereingebeten?, sagt Ciccio. Du kannst doch nicht jemanden zum Kaffee einladen und ihn dann draußen im Dunkeln stehen lassen! Hast du denn überhaupt keine Manieren? Ciccio geht hinaus auf die Terrasse und gibt dem Mann mit einem *salve* die Hand (Sehen Sie? Wusste ich's doch, dass ich hätte *salve* sagen sollen), und jetzt kommt Tommaso herein und setzt sich an den Küchentisch, als sei es das Normalste von der Welt. Nein, so was! Offenbar muss man sich eine vollständige Liste neuer Regeln und Richtlinien aneignen, sobald man einen Mann im Haus hat, der einen beschützt. Beziehungsweise seine Gäste beschützt.

An die marmorne Spüle-Abtropfbrett-Kombination gelehnt, warte ich darauf, dass der Espresso mit seinem Gezisch fertig wird, während Ciccio und Tommaso sich gegenseitig genealogisch einzuordnen bemühen. Das Land von Tommasos Familie liegt oberhalb von Roncagli. Ah, hatten er und sein Vater früher mal ein Fischerboot? Epifanio, ja! Und Ciccios Land liegt oberhalb von Diano Castello, in der Nähe des Pinienwaldes. Ah, ist er Giacomos Nachbar? Und so weiter. Die gewohnte leicht gekürzte Fassung des 1. Buchs Mose, die man jedes Mal zu hören bekommt, wenn sich hier in der Gegend zwei Leute kennen lernen. Seltsamerweise erwähnt Ciccio allerdings das Restaurant mit keinem Wort. Versucht er etwa, seine Identität geheim zu halten? Endlich gurgelt der Kaffee durch, und ich nehme die Kanne vom Herd. In der plötzlich eintretenden Stille hören wir alle einen Ausbruch recht lauten Knackens hoch oben im Gebälk, direkt über dem Tisch.

Was ist das?, sagt Tommaso alarmiert und starrt hinauf zur Decke.

Ciccio weiß es nicht, aber es besteht kein Grund zur Sorge. Das geht schon seit Ewigkeiten so.

Oder?, sagt er, zu mir gewandt.

Ja, sage ich. Aber wenn man hochklettert und nachschaut, ist nichts zu sehen.

Solang es nichts ist, was die Balken zerfrisst, sagt Tommaso Unheil kündend.

7

Zwei Ziegen scheinen zurückgekommen zu sein. Ich kann sie durch die Tür sehen, drüben beim Olivenbaum am hinteren Ende der Terrasse. Nein, doch keine Ziegen. Zwei große weiße zottige Hunde – Hunde, die ich, jetzt da ich hingehe und sie mir aus der Nähe anschaue, ziemlich gut kenne. Hunde, die dieses Frühjahr immer wieder mal bei mir vorbeigeschaut haben: ein richtig hübsches Pärchen, identisch bis auf die Nasen, die eine schwarz, die andere rosa. Ich dachte, sie seien herrenlos, und gewann sie ziemlich lieb, obwohl sie dreckig waren und stanken, und obwohl sie (oder vielleicht gerade weil?) sich von keinem Versuch meinerseits, sie loszuwerden, im Mindesten beeindrucken ließen. Sie taten immer so, als würden sie abhauen und schlurften, das vierbeinige Bild des Jammers, bis zum äußersten Ende der Terrasse, wobei sie sich immer wieder nach mir umsahen für den Fall, dass ich meine Meinung ändern sollte, und setzten sich schließlich, ganz der arme Hund, hinter Ninos allerersten Olivenbaum, direkt jenseits der unsichtbaren Grenze zwischen meinem und seinem Land. (Erstaunlich, wie ein ligurischer Hund es fertig bringt, diese unsichtbaren Markscheiden wahrzunehmen. Lucy und mich, zwei einfache englische Menschenweibchen, kostete es Monate, wenn nicht gar Jahre, genau zu begreifen, wo unser Land aufhörte und das unserer Nachbarn anfing. Tatsächlich wohnten wir schon seit gut vier Jahren hier, als wir uns dadurch gewaltigen Ärger einhandelten, dass wir Ninos sehr wichtigen Stapel von flachen Steinen klauten, um die matschige Fläche vor unserer Hintertür zu pflastern, weil wir irrtümlicherweise angenommen hatten, a) sie befänden sich auf unserem Grund und Boden und b) da sie schon seit Jahren dort herumlagen und völlig zugewachsen waren, müssten sie Bestandteil der freien Natur sein. In beiden Punkten voll daneben. Sie befanden sich auf Ninos Land, und sie waren einst Teil des Daches seines *rustico* gewesen, bevor er es neu mit Ziegeln deckte. Und wir hätten ihn bloß zu fragen brauchen, und er hätte sie uns gern überlassen. Oh, die *Schuldgefühle*!)

Spätestens eine halbe Stunde später waren die Hunde wieder da, das drahtige Fell voller Rastazotteln und Kletten, und lagen reglos-rüde direkt vor der Tür wie zwei große haarige Fußabtreter. Sie hatten offensichtlich eine gute italienische Erziehung genossen und wussten, dass sie nicht ins Haus durften. Also rückten sie lediglich so nah wie möglich heran und wedelten jedes Mal verzückt, wenn sie mich sahen. Natürlich ließ ich mich rasch erweichen und stellte ihnen ein paar Essensreste raus. Schwerer Fehler. Jetzt erwarteten sie mich jedes Mal, wenn ich nach Hause kam, an der Straßenbiegung, wo ich immer mein Auto abstelle, tanzten mir selig zwischen den Beinen herum, während ich meine Einkäufe den Pfad hinaufschleppte, brachten mich an den engen Stellen zum Stolpern. Trotzdem ist es unbestreitbar herzerwärmend, jemanden zu haben, und mag er auch pelzig und verfilzt sein, dem es nicht egal ist, ob man heimkommt oder nicht. Das kommt davon, wenn Schwestern einen mutterseelenallein auf einem ausländischen Hügel sitzen lassen. Vielleicht würde ich die beiden am Ende doch adoptieren?

Die Hunde jedenfalls hatten längst beschlossen, *mich* zu adoptieren. Sie begannen, jedes Mal, wenn sie vorbeischauten, ihre Wachhundqualitäten unter Beweis zu stellen, indem sie jeden Besucher zähnefletschend empfingen und furchtbar verbellten. In diesem Fall Franco, der auf den ersten Blick erkannte, dass sie Arbeitshunde waren. Eine Rasse namens Maremmano, sagte er, hervorragende Hütehunde, wenn man von einem kleinen Defekt absieht. Sobald sie ein bestimmtes Alter erreichen, tendieren sie dazu, ohne Vorwarnung überzuschnappen und alles, was sich in ihrer Reichweite befindet, in Fetzen zu reißen, woraufhin man sie erschießen muss. Na, schöne Aussichten.

Irgendjemand, sagte Franco, während er sie mit seinem Stock auf eine autoritäre ligurische Weise verscheuchte, die sie zusammenschrumpfen und mit eingezogenem Schwanz gute zwanzig Meter weit wegschleichen ließ – ah, ein Stock, das war's, was mir fehlte! –, irgendjemand musste über ihr periodisches Verschwinden ganz schön unfroh sein. Man würde es mir nicht danken, dass ich die beiden von ihrer Arbeit abhielt. Ich verhielt mich unverantwortlich und schlechtnachbarlich und sollte sie wieder nach Hause scheuchen. Wenn nötig, nach Hause *prügeln*.

Gedankenlos, wie ich bin, hatte ich mir immer vorgestellt, Arbeitshunde würden ihre Arbeit gerne verrichten. Jetzt erkannte ich, dass sie in der Hinsicht sogar noch schlechter dran waren als wir Menschen. Keinerlei Möglichkeit zum Umsatteln, oder auf halbtags runterzugehen. Und ganz gewiss nicht, zwischendurch auch einfach mal blauzumachen. Und Menschen werden wenigstens nicht geprügelt. Jedenfalls nicht überall auf der Welt. Zum Glück für mein neues Selbstbild als Hundeliebhaberin erinnerte sie irgendetwas an Francos Art, Ausstrahlung, Geruch oder vielleicht auch nur Stock an ihre Pflichten, und binnen Stundenfrist waren sie verschwunden. Ich wunderte mich schon, dass dieses einmalige unscheinbare Stockschwenken so wirkungsvoll gewesen sein sollte, dass sich die beiden überhaupt nie wieder blicken ließen; aber hier ist die Erklärung. Sie sind den ganzen Sommer über fort gewesen, hoch oben, wo das Gras grün und saftig ist, und haben ihre Herde auf irgendeiner Alm gehütet.

Ich gehe mit meinem Kaffee hinaus auf die Terrasse. Mittlerweile ist es ordentlich Tag geworden, und ich freue mich schon darauf, mit Hund Rosanase, meinem Liebling, wiedervereint zu sein, und hoffe, dass er noch nicht, wie Franco geweissagt hat, zum wahnsinnigen Berserker mutiert ist. Nein: Er schmeißt sich wie immer friedfertig auf den Rücken und hofft, den Bauch gekrault zu bekommen.

Wie, kenne ich seine Hunde etwa?, fragt Tommaso durch die Tür, über dieses Zeichen von Vertraulichkeit verblüfft.

Klar, sage ich nonchalant. Ich bin ihnen schon häufig hier in der Gegend begegnet. Ich dachte, sie seien herrenlos.

Herrenlos?, sagt Tommaso. Aber ganz und gar nicht! Dieses Frühjahr haben sie sich allerdings die furchtbare Unart angewöhnt, von Zeit zu Zeit zu verschwinden und dadurch ihrem Besitzer erhebliche Umstände zu bereiten, der nämlich jedes Mal, wenn sie es taten, gezwungen war, den ganzen Tag lang den im Stich gelassenen Ziegen nachzujagen. Am Ende musste er sich zur Unterstützung diese anderen Hunde zulegen. (Aha, ich *hatte* mir doch gedacht, dass das etwas viele Hunde waren. Meine Schuld, wie sich rausstellt.) Sie müssen Ihnen zu fressen gegeben haben, sagt er vorwurfsvoll und kriegt jetzt zusehends wieder Oberwasser; die Schuldgefühle wegen seines unberechtigten Eindringens scheinen vergessen zu sein. Stimmt's nicht, Peppino?, ruft er durch die Tür nach draußen.

Welcher von beiden ist Peppino?, frage ich, um einen Themawechsel bemüht.

Beide heißen Peppino, sagt Tommaso hoch befriedigt. Ein genialer Einfall. Einmal, in einem inspirierten Augenblick, war ihm bewusst geworden, welch eine enorme Schonung seiner Stimmbänder es bedeuten würde, wenn er nur einen Namen für beide Hunde verwendete.

Che furbizia!, sagt Ciccio: wie clever! Und äußerst ligurisch dazu!

Ah, sì, sì, pflichtet ihm Tommaso grinsend bei und vollführt die Geste für *furbizia*, bei der man mit dem Zeigefinger direkt unters Auge tippt. Spare in der Zeit, dann hast du in der Not!

Peppino!, sage ich versuchsweise. Und tatsächlich kommen beide Hunde auf mich zugerannt. Jetzt dämmert mir die Erkenntnis, dass es *tatsächlich* deren eigene Idee war, ihre Herde hierherzutreiben. Bittere Erfahrung muss sie gelehrt haben, dass Menschen nichts so sehr schätzen wie eine Waggonladung Ziegen, die ihnen frei Haus geliefert wird; und in ihrer hündischen Einfalt haben sie mir so viele geliefert, wie sie nur irgend konnten. Arme Hunde! Aber besser nicht den Eindruck erwecken, dass man sich über das Geschenk gefreut hat, damit sich das Spielchen nicht wiederholt.

Ich gehe wieder ins Haus und frage mich, ob das der geeignete Augenblick ist, die Übernahme von ein paar Ziegen als Rasenmäher anzubieten. Aber Ciccio und unser Gast sind am Küchentisch in ein wichtiges Männergespräch vertieft. Es scheint dabei um Tommasos Käsehandel zu gehen. Tommaso zählt seine Produkte auf, während sich Ciccio auf der Rückseite eines Briefumschlags eifrig Notizen macht. Kleine Frischkäse, große Frischkäse, Gereifte in unterschiedlichen Größen, Ziegenmilchricotta; und ihre jeweiligen Preise, vor und nach Steuer, für kleine und für große Mengen. Und währenddessen weinen sie immer wieder jenen Tagen nach, als Steuerhinterziehung in diesem ihrem Land die Norm war. Was für eine bittere Pille es doch ist, pflichten sie sich, nunmehr ein Herz und eine Seele, gegenseitig bei, nachdem man seine Jugend als Lehrling meisterlicher Steuerbetrüger verbracht hat, sein Handwerk von Leuten gelernt hat, die zeit ihres Lebens nicht *eine* Lira an den Staat gezahlt hatten, sich jetzt, wo man von Rechts wegen selbst an die Reihe kommen sollte, nicht das kleinste bisschen mehr leisten zu können! *E-uh!*, sagt Tommaso. Die Kleinunternehmer von heute zahlen für die Sünden ihrer Väter. Oder besser gesagt, sie zahlen für die Sünden von anderer Leute Väter, denn wenn es der eigene Vater gewesen wäre, dann würde man jetzt in Geld schwimmen und würde sich um das Ganze einen feuchten Kehricht scheren – oder eine trockene Feige, wie man hier sagt, *un fico secco* – oder?

Trotzdem, sagt Tommaso, seine Mutter hat ihr ganzes Leben lang Käse gemacht und verkauft, und niemand hat in ihrer Anwesenheit jemals auch nur das Wort »Steuer« erwähnt!

Ciccio ist mit Schreiben fertig, faltet das Kuvert zusammen, stopft es sich in die Gesäßtasche und sieht mich triumphierend an. Offensichtlich hat er den Versuch aufgegeben, sein Restaurant geheim zu halten. Weißt du was?, sagt er. Tommaso *befindet sich in einer idealen Lage,* um das Restaurant mit Käse zu beliefern! (So jedenfalls die wörtliche Übersetzung seiner Äußerung.) Seine Sennhütte liegt in den Hügeln direkt oberhalb von Roncagli, seine Ware könnte also per Hand, oder besser gesagt zu Fuß, angeliefert werden, über die Saumpfade.

Die beiden schauen mich erwartungsvoll an, Tommaso zusätzlich mit einem breiten Grinsen und fortwährend zwinkernd; Ciccio wirft mir einen verschwörerischen Blick zu. Aber auch wenn mir die ungewohnt räumliche Verwendung des Ausdrucks »ideale Lage« auffällt, kapiere ich nicht, worauf sie hinauswollen.

Ich wusste, dass die Slow-Food-Bewegung in diesem Land immer mehr Anhänger gewinnt, sage ich, aber mir war nicht klar gewesen, dass die Rückkehr zu den guten alten Esssitten auch die traditionelle Weise der Anlieferung einbezieht.

Was hat sie gesagt?, fragt Tommaso. Was für eine Bewegung?

Slow-Food-Bewegung, wiederhole ich. Sie wissen schon, die Bewegung gegen das Fast Food.

Die Italiener haben den Ausdruck »Fast Food« aus dem Englischen übernommen; und haben analog dazu den Terminus »Slow Food« geprägt, um ihre eigene traditionelle Essweise zu bezeichnen. Die Slow-Food-Bewegung hat sich dem hehren Ziel verschrieben, Italien bis zum letzten Blutstropfen vor Mr. McDonald & Konsorten zu verteidigen. Aber die Italiener haben für das Wort »Slow Food« auch ihre ganz eigene Aussprache erfunden: mit jeder Menge Betonung auf der ersten, dafür gar keiner auf der letzten Silbe; und lassen das *food* wie ein abgesägt kurzes »fudd« klingen. Ich probiere es noch einmal, jetzt unter

Berücksichtigung all dieser phonetischen Besonderheiten, und schon versteht man mich.

Ah, natürlich, sagt Tommaso, die Slóffudd-Bewegung! Ha, ha! Ja, diese Art, Molkereiprodukte zu transportieren, wäre vielleicht etwas langsamer; aber nicht allzu viel, wenn man bedenkt, wie viele Haarnadelkurven man sich spart, wenn man schnurgerade querfeldein geht.

Und man würde dadurch außerdem, was für beide Beteiligten von weit größerem Interesse ist, dem Adlerauge der allgegenwärtigen Steuerfahndung entgehen, deren Beamte überall am Straßenrand herumstehen und Lieferwagen anhalten und durchsuchen und sich ihre Mehrwertsteuerformulare und Frachtbriefe und sonstigen sinnlosen und lästigen Wische zeigen lassen, mit denen sich der italienische Staat einen Spaß daraus macht, seine unschuldigen Bürger zu belästigen, wann immer diese eine ehrliche Lira zu verdienen versuchen. Die *Finanza* wird kaum unsere Maultierpfade überwachen oder berucksackte Wanderer anhalten. Und noch immer schmunzelnd, entfernt sich Tommaso, um seine Hunde und Ziegen für den Heimmarsch zusammenzutreiben.

Ja, genau! Slóffudd! Ha, ha!

*

Ciccio und ich legen uns hundemüde wieder ins Bett. Es ist noch nicht mal sieben. Aber komisch, sagt Ciccio träumerisch, als er sich wieder unter die Laken kuschelt, dass Tommaso hier frei herumläuft. Als ich zuletzt von dem Mann hörte, hieß es, er sitzt in Genua im Knast.

Im Gefängnis? Tommaso? Ich bekomme einen Schreck. Warum sollte ein Ziegenhirte wohl ins Gefängnis kommen? Wegen eines besonders schweren Falls von Käsesteuerhinterziehung?

Nein, nein, sagt Ciccio. Marihuana. Drei ganze Terrassen voll von dem Zeug waren das, glaube ich. Er hatte zur Tarnung ringsherum Tomatenpflanzen an Stangen hochgezogen.

Ich bin platt. Ich hatte Tommaso in seiner Rolle als ligurisch-folkloristischen Ziegenhirten absolut überzeugend gefunden. Aber, protestiere ich, er muss doch mindestens sechzig sein!

Ja und?, sagt Ciccio. Glaubst du etwa, Marihuana wurde erst gestern erfunden? Das gibt's seit Jahrhunderten. Jahrtausenden. Ich kann's ihm schon glauben: Tommasos heutige Ziegenweiden sind seine einstigen Grasplantagen. Und das dürfte auch der Grund sein, warum ich ihm bisher noch nicht begegnet bin: Er war gar nicht da.

In seiner Jugend, hat Ciccio gehört, arbeitete Tommaso mit seinem Vater zusammen als Fischer. Aber als die Fischerei einging und nur noch die kleine Kutterflotte von Imperia übrig blieb, verkaufte er das familieneigene Boot und heuerte auf einem der großen Mittelmeerfrachter an – Schiffe, die zwischen Griechenland, Spanien und Nordafrika verkehrten und im Verdacht standen, größere Mengen billigen ausländischen Nicht-Extra-Vergine-Öls nach Genua und Imperia zu schmuggeln und dadurch zum Ruin manch eines armen ligurischen Ölbauern beizutragen. Damals konnten sich die großen Olivenölkonzerne noch so ziemlich alles erlauben, und viele ihrer ausländischen Kunden hätten den Unterschied sowieso nicht bemerkt. Damals, sagt Ciccio, während seiner Zeit als Seemann, dürfte Tommaso angefangen haben, sich für Marihuana zu interessieren. Dann setzte er sich – angeblich – auf der *campagna* seiner Familie zur Ruhe: nur um wenig später beim Marihuana-Anbau erwischt zu werden.

Ich bin etwas betreten. Mittlerweile müsste ich langsam wissen, dass Bauern kein hermetisch vom Rest der Welt abgeschlossenes Leben führen. Und das gilt ganz besonders in einem Land mit so wanderlustigen Menschen wie diesem. Etliche Ortschaften hier in der Gegend machen sich gegenseitig die Ehre streitig, der wahre Geburtsort Christoph Kolumbus' zu sein, eines der bekanntesten ligurischen Reisenden. Eine davon ist ein Ölbauernstädtchen ein paar Täler von hier entfernt, das eine bemerkenswerte Ähnlichkeit mit San Pietro aufweist ...

Er hofft bloß, meint Ciccio, dass Tommaso an seinen eigenen zwielichtigen Ruf denkt und sich hütet, über uns beide zu plaudern.

Ach, mach dir keine Sorgen um meinen Ruf, sage ich. Die Leute von San Pietro mögen nicht allzu viele eigene Erfahrungen mit wilder Ehe und sonstigen modernen Lebensformen haben, aber an die *Vorstellung* haben sie sich durch die Massenmedien schon längst gewöhnt. *So* schockierend finden sie das gar nicht mehr.

Doch nein. Ciccio sorgt sich nicht um meinen, sondern um *seinen* Ruf; und nicht Diano San Pietro, sondern Diano Castello, zu dessen Gemeinde das Anwesen seiner Familie gehört, darf nichts von der Sache erfahren. Seine Mutter weiß schließlich nicht einmal, dass wir uns treffen. *Deswegen* wollte er Tommaso gegenüber nicht zu viel sagen, was Rückschlüsse auf seine Identität gestattet hätte. Aber dann kam das Gespräch auf den Käse, und in der ganzen Aufregung hat er irgendwie vergessen, dass er sein Inkognito wahren musste. Er hofft bloß, dass er sich damit nicht reingeritten hat.

(In *was* eigentlich reingeritten, bitte schön? Warum darf seine Mutter nichts davon erfahren? Wäre es die Tatsache, dass wir miteinander schlafen, was ihr nicht passen würde, oder ich persönlich? Letzteres will ich doch wohl nicht hoffen: Ich hab sie schon immer sehr gern gemocht.)

Nun, beschwichtige ich seine Paranoia, Tommaso sitzt doch wohl selbst im Glashaus, oder? Und wem sollte er außerdem von uns erzählen, da oben auf den Hügeln? Nein. Dass er ausgerechnet in diesem kompromittierenden Augenblick hier aufgekreuzt ist, war pures Pech. Normalerweise ist überhaupt niemand hier oben, außer zu den normalen Olivenbaumstutzzeiten, wo Ciccios Anwesenheit, wenn sie überhaupt bemerkt wird, überhaupt nicht weiter auffällt. Es besteht nicht der geringste Grund, warum etwas in der Art je wieder vorkommen sollte.

Und dabei lassen wir es bewenden – bis zum nächsten nachbarlichen Überfall zu unchristlicher Zeit, der sich denn auch bereits eine Woche später ereignet.

8

Wir sind müde, es ist mitten in der Nacht, wir haben zu viel gegessen und getrunken, und es ist überhaupt kein Mond am Himmel. Während wir das letzte Stück Straße vor der Besta de Zago hinauffahren, wühle ich verzweifelt in meiner Handtasche nach einer Taschenlampe. Nein. Nichts. Warum denke ich bloß nie daran, eine Taschenlampe mitzunehmen, außer es ist schon dunkel, wenn ich aus dem Haus gehe? Jetzt werden wir uns den Pfad Schrittchen für Schrittchen hochtasten müssen, in völliger Dunkelheit, und uns die ganze Zeit ängstlich fragen, ob wir schon an der gefährlichen Stelle vorbei sind, dort, wo der Pfad nur einen knappen halben Meter breit ist, und es auf der rechten Seite gute drei Meter tief steil in eine Brombeerhecke runtergeht.

Doch sobald wir geparkt und die Scheinwerfer ausgeschaltet haben, sehen wir zu unserer Verwunderung einen schwachen Lichtschein, der weiter oben am Hang zwischen den Bäumen leuchtet. Sehr mysteriös. Kann er wirklich vom Haus kommen? Ist von hier aus nicht zu erkennen. Wir stehen noch diesseits des heuschobergroßen Felsblocks, der die Ruine von Nachbar Ninos *rustico* und eine erkleckliche Menge Olivenbäume überragt. Trotzdem, wo sollte er sonst herkommen? Ich muss das Licht auf der unteren Terrasse angelassen haben. Ganz schön blöd. Mittlerweile werden die Solarzellen überhaupt keinen Saft mehr haben, und höchstwahrscheinlich schaltet sich die ganze Chose aus, sobald wir im Wohnzimmer Licht machen. Es ist allerhöchste Zeit, dass mit meiner Stromversorgung irgendetwas geschieht. Mach dir keinen Kopf, sagt Ciccio. Wenigstens können wir jetzt sehen, wo wir langlaufen.

Aber nachgerade glaube ich nicht, dass das Licht vom Haus kommt. Es flackert irgendwie so seltsam. Das wird doch wohl nicht der Beginn eines Waldbrands sein, oder? Nein, dazu ist es viel zu leise... Ein Waldbrand knackt und faucht ganz schön laut. Könnte es aber einer in der Ferne sein, jenseits des Bergrückens...? Wir hasten mit angehaltenem Atem hintereinander den Pfad entlang. An der Steilwand vorbei, und endlich sehen wir, dass doch kein Waldbrand ausgebrochen ist; ebenso wenig kommt das Licht von meinem Haus. Es leuchtet weiter unten, auf Annas und Toninos Land. Stimmen hört man von da unten auch. Sehr seltsam. Was können sie zu dieser nachtschlafenden Zeit hier oben treiben?

Egal. Darüber brauchen wir uns jetzt nicht den Kopf zu zerbrechen: nicht in diesem Zustand. Wenigstens *ich* werde nie wieder etwas essen oder trinken. Nur noch zwanzig Meter zu laufen. Trotzdem kann ich das Haus noch immer nicht sehen. Es ist traurig, aber wahr, dass man es überhaupt nicht sieht, bis man praktisch vor der Tür steht. Von hier, der meerzugewandten Seite aus, ist es ohnehin unsichtbar; und auf der Vorderseite ist es sogar noch schlimmer – die Terrasse endet keine fünf Meter vom Haus entfernt, und auf der nächstunteren Etage steht man zu tief, um mehr als ein (von ein paar strammen Olivenbäumen teilweise verdecktes) Stückchen Dach und Schornstein zu sehen. Abgeschieden genug, sollte man denken, um nicht ständig von irgendwelchen Nachbarn genervt zu werden. Besonders mitten in der Nacht, wenn Nachbarn von Rechts wegen unten im Dorf in ihren Bettchen liegen und den Schlaf der Gerechten schlafen sollten, bis sie ihr allmorgendlicher Weckruf – die sechs volltönenden Bongs, gefolgt von einem atemlosen Bing, des Campanile von San Pietro – aus den Federn holt. Aber nicht heute Nacht. Wir sind gerade aufatmend durch die Haustür gefallen und haben das Licht eingeschaltet – die Akkus waren also doch nicht leer –, als eine Stimme wie eine aufgeregte rostige Bettfeder von unten durch die Bäume herauf zu rufen beginnt.

Annaaaa! Annaaa! *Veniiite!*

Ja. Es ist Anna. Und es besteht kein Zweifel: sie meint mich. (Ich werde hier oft ebenfalls Anna genannt, denn »Annie« klingt wie *anni*, was »Jahre« bedeutet, und so kann schließlich kein Mensch heißen.) Aber sie meint nicht mich allein. Sie muss uns reden gehört haben, denn sie hat nicht den Singular, *vieni*, benutzt. Sie hat *venite* gerufen: Mehrzahl. Sollen wir so tun, als hätten wir nichts gehört? Die Vorstellung, jetzt runterzustapfen, am Brunnen vorbei und durch die Dornen, um zu hören, was sie eigentlich will, ist alles andere als verlockend. Lass mich bitte schlafen gehen!

Aber der schrille Ruf wiederholt sich.

Annaaaa!

Ich geb nach. Sie haben sowieso gesehen, dass die Lichter angegangen sind, sage ich, wir müssen hin. Wir können unmöglich so asozial sein. Vielleicht ist es ja ein Notfall?

Wir schleppen uns wieder aus dem Haus, jetzt mit Taschenlampen aus meinem nützlichen Vorrat bewaffnet, an den ich beim Ausgehen immer zu denken vergesse, und stapfen, immer wieder rufend und antwortend, zwischen den Bäumen davon.

Annaaa!, antworte ich, *Veniaaamo!* Wir kommen!

Annaaa!, ruft Anna.

Annaaa!, rufe ich zurück.

Annaaa!, ruft sie.

Ihr klingt wie zwei verliebte Schleiereulen, sagt Ciccio. Er sagt es außerdem in einem entschieden mürrischen Ton. Kann's sein, dass er mir die Schuld an der Sache gibt? Ja, es kann. Es sind ja nicht *seine* Nachbarn. Er kennt sie nicht mal. Er ist müde. Und es ist verdammt noch mal mitten in der Nacht.

Veniiite!, schreit Anna noch einmal.

Arriviaaamooo!, schreie ich zurück, während ich den widerstrebenden Ciccio den Pfad entlang hinter mir herziehe. Und nur gut, dass wir dem Ruf gefolgt sind. Es ist wirklich ein Notfall. Im Licht eines unheimlich flackernden Lagerfeuers sieht man Anna auf einer niedrigen Bank unter dem ausladenden Feigenbaum vor ihrem *rustico* sitzen, die Augen schwarz vor Erschöpfung, von einer unvorstellbar riesigen Menge Tomaten umgeben. Einer ganzen Tomatenlandschaft, die da im Licht der Flammen glüht, aus Kisten, Schüsseln, Eimern, alten Zinkwannen, Ölfässern überquellend. Ganze Tomaten, geschälte Tomaten, zu *passata* pürierte Tomaten.

Ihr müsst uns helfen, sagt sie und deutet dabei verzweifelt auf den Wall von alten Schraubverschlussgläsern, der, von einer trüben Sturmlampe beleuchtet, neben ihr in die Höhe ragt. Die Püriermaschine ist kaputtgegangen, Tonino musste wegen eines Ersatzteils bis nach Imperia fahren. Und sie hat schon alle Tomaten blanchiert, um sie abzupellen... Sie haben den ganzen Nachmittag in der prallen Sonne gesessen, und wenn die Tomaten nicht vor morgen früh alle in Gläser abgefüllt und abgekocht sind, werden sie in der Hitze schlecht und sind dann zu nichts mehr zu gebrauchen. Schau dir das an!, sagt sie, den Tränen nahe, während sie mit halsbrecherischer Geschwindigkeit aus dem Eimer, der neben ihr steht, weiter kellenweise *passata* in die Gläser zu ihren Füßen füllt; ohne dabei auch nur einmal aufzuschauen. Eine ganze Jahresernte Tomaten zum Teufel, der *sugo* für ein ganzes Jahr verloren...!

Ich schaue: Es ist Schrecken erregend.

Ja, helft uns, um Gottes willen!, schreit Tonino, der drinnen im *rustico* steht und sich, vor Anstrengung knallrot im Gesicht, die grauen Locken (da er das geknotete Kopf-Taschentuch abgeworfen hat) gesträubt, als habe er einen Stromschlag bekommen, mit einer großen silberfarbenen Püriermaschine abplagt. Mit einer Hand schaufelt er der Maschine aus einer Schüssel geschälte Tomaten ins Maul, während er mit der anderen wie ein Besessener kurbelt und sich ein im Licht der Sturmlaterne blutrot leuchtender stotternder Strahl *passata* in einen Eimer ergießt. Die unheimliche Beleuchtung stammt, wie ich jetzt sehe, nicht lediglich von dem einen Lagerfeuer; *drei* von der Sorte brennen in wenige

Meter auseinander liegenden flachen Erdgruben. Auf jedem Feuer blubbert ein auf kleinen Steinen aufgebocktes Ölfass, und jedes Fass ist randvoll mit *passata di pomodoro*-Gläsern, die im wallenden Wasser sanft aneinander klackern. Etwas wie eine gigantische Freiluft-Einkochparty.

Ich sehne mich wahnsinnig danach, mich einfach hinzulegen und einzuschlafen. Aber es soll nicht sein. *La terra è bassa* (»die Erde ist niedrig«), wie sie hierzulande sagen und dazu, für den Fall, dass man's nicht versteht, pantomimisch einen bäuerlich schmerzenden Rücken darstellen.

Na gut, sage ich, mich heroisch der Herausforderung stellend. Was sollen wir machen?

Ciccio braucht, noch heroischer, nicht einmal zu fragen. Ohne auch nur hallo zu sagen, ist er in den *rustico* gelaufen und hat Tonino die Schüssel mit den Tomaten aus der Hand genommen. Schluss mit dem Gestottere jetzt; ein gleichmäßiger kräftiger Strom von pürierten Tomaten ergießt sich aus der Maschine in den Eimer. Ich werd irgendwie das Gefühl nicht los, dass Ciccio das schon mal gemacht hat.

*

Bisher war Anna zu aufgeregt, um zu bemerken, wer oder was mein Begleiter ist. Jetzt fällt allmählich der Groschen. Ein Mann! Es ist mitten in der Nacht! Und sie hat mich zu Haus mit einem Mann erwischt! Sie verpasst mir einen äußerst spitzen Seitenblick. Ist das nicht dieser Junge mit dem Restaurant? Ciccio heißt er doch, oder?

Ich geb zu, dass er es ist.

Dann seid ihr also verlobt, ja? Anna hatte was davon munkeln hören, wir würden miteinander ausgehen, aber dass wir uns verlobt hatten, war ihr neu.

Na ja, nein, direkt verlobt sind wir nicht, sage ich und wünsche mir inständig, Ciccio würde wieder rauskommen und selbst Rede und Antwort stehen. Was soll ich denn sagen? Ich kann nur hoffen, dass Anna seine Mutter nicht kennt. Wir sind bislang noch so gut wie gar nicht miteinander ausgegangen, füge ich hoffnungsvoll hinzu; und begreife zu spät, dass das sogar noch übler klingt...

Drinnen im *rustico* ist Toninos Tomatenpüree-Eimer fast voll. Ciccio schaltet auf geölter Blitz: schiebt einen leeren Eimer an die Stelle des vollen, den er wiederum mit Schwung nach draußen befördert und Anna fertig zum Abfüllen vor die Füße stellt, und saust wieder hinein, um weiter einzuschütten – das alles mit einer einzigen, so flüssigen Bewegung, dass Toninos Tomatenstrahl kaum ins Stocken gerät. Angesichts der großen Kompetenz des »Jungen vom Restaurant« wägt Anna sichtlich sehr gewissenhaft ab, was die angemessene moralische Reaktion auf diese regelwidrige Situation sei. Schlussendlich ist ein Mann, der sich angesichts einer ernsten Tomatenkrise so edelmütig verhält, nicht gerade an jeder Straßenecke zu finden.

Vorläufig enthält sie sich eines Urteils. Hol dir die andere Kelle da drüben, sagt sie zu mir, die, die da an der Tür hängt, siehst du? Hilf mir, die Gläser zu füllen. Bis obenhin – aber nicht so hoch, dass die *passata* den Deckel berührt. *Vabbene?*

Vabbene, antworte ich und tu mein Bestes.

Nein, nein! Zu voll! So kriegt die *passata* vom Deckel einen Metallgeschmack!

Ich versuch's noch mal.

Nein, nein! Jetzt ist oben zu viel Luft, dann schimmelt sie ganz schnell...

Also wirklich: Ist *das* vielleicht ein mimosenhaftes Zeug! Wenn es nicht außerhalb des Glases sauer wird, dann wird's drinnen in Nullkommanix metallisch oder schimmlig oder sonst was. Jetzt verstehe ich, warum so viele Leute diese *passata*-Einkoch-Tradition aufgegeben haben. Besonders, wo das Zeug im Laden so gut wie gar nichts kostet. Obwohl das, wie ich gehört habe, der unterbezahlten Tätigkeit armer senegalesischer Wanderarbeiter zu verdanken ist, die sich auf den süditalienischen Tomatenplantagen für einen Apfel und ein Ei verdingen... Trotzdem – würden selbst die bösen Ausbeuter armer afrikanischer Wanderarbeiter so tief sinken, dass sie erschöpfte Leute mitten in der Nacht aus dem Bett holen und an brodelnde Tomatenkessel scheuchen...?

Na ja, vielleicht doch, wenn ich's mir recht überlege. Gerade als ich anfange, eine gewisse Geschicklichkeit im Gläserbefüllen zu entwickeln, und mir sage, dass es *so* schlimm nun auch wieder nicht ist, flitzt Anna in den *rustico* und kehrt mit ein paar hundert weiteren Gläsern zurück, die sie geschäftig auszuwaschen beginnt, womit das Abfüllen allein mir überlassen bleibt. Kreisch!

Ciccio und Tonino ringen derweil im flackernden Licht, ein paar aufgerollte T-Shirts als Topflappen um die Hände gewickelt, unter viel Schweiß und *porca madonnas* mit den großen brodelnden Ölfässern und wuchten sie vom Feuer herunter. Wir Frauen, sagt Anna, werden sie ausleeren, sobald sie etwas abgekühlt sind. Jetzt schleppen die Männer drei andere, leere Fässer heran und stellen sie auf die Flammen; geben noch in jedes ein paar zischende Eimer Wasser hinein. Während er schuftet, bedenkt mich Ciccio, hinter Toninos Rücken, mit den grässlichsten Grimassen und vollführt dabei die Pantomime eines linken Kinnhakens. Wobei offenbar *mein* Kinn gemeint ist. Das ist ja wohl die Höhe! Was hab denn ich mit der ganzen Sache zu tun? Das hier ist doch schließlich *seine* Heimat. In Shepherd's Bush, Kumpel, würde einem nichts dergleichen passieren.

Anna unterbricht ihre Arbeit endlich, um uns allen einen Kaffee zu kochen, und stellt eine rußgeschwärzte Espressokanne an den Rand einer der Feuergruben. Dem Himmel sei Dank! Vielleicht gibt mir das Zeug die nötige Kraft, die Sache bis zum Ende durchzustehen. Nach einer längeren Periode stummen Schlürfens (während der sie sichtlich mit dem Problem ringt) und einer Reihe scharfer Blicke in Ciccios Richtung – er und Tonino scheinen sich drinnen im *rustico*, ihren Lachern nach zu urteilen, an der Passiermaschine prächtig zu amüsieren – stellt sich Anna endlich der heiklen Frage, wie Ciccios Anwesenheit moralisch zu bewerten sei. Sie fängt mit der Erklärung an, sie kenne seine Mutter.

O Gott. Was soll man davon halten? Einerseits bedeutet das Eingeständnis, man kenne jemandes Mutter, dass man ihm einen Platz im Schoß der gesellschaftsfähigen Menschheit zugesteht. Andererseits aber dürfte es genau das sein, was Ciccio nicht hören möchte.

Zumindest, fährt Anna fort, grüßen sie und Francesca sich immer, wenn sie sich am Markttag in Diano Marina über den Weg laufen. Eine sympathische Frau. Sehr stolz auf ihren Sohn. Und völlig zu Recht, wie wir jetzt gesehen haben. Genau die Sorte Mann, die du hier oben schon immer gebraucht hättest. Das ganz bestimmt, pflichte ich ihr bei, bemüht, nicht zu enthusiastisch zu klingen. Schließlich möchte ich nicht den Eindruck erwecken, als ginge es mir dabei um irgendetwas anderes als um seine *landwirtschaftliche* Leistungsfähigkeit.

Sie selbst, fährt sie fort, schert sich ja nicht darum, was andere Leute privat so treiben, aber ich weiß ja, wie die Männer sind. Schrecklich konservativ in diesen Dingen. Am besten sagen wir ihrem Mann, dass Ciccio und ich schon *affidanzati* sind, verlobt, und bloß noch nicht dazu gekommen sind, es öffentlich bekannt zu geben. Für meinen Ruf wäre es auf jeden Fall auch besser. In einem Dorf wie San Pietro spricht sich so was blitzschnell herum.

Da hat sie zweifellos Recht. Ich werd trotzdem irgendwie das Gefühl nicht los, dass es sich erheblich langsamer herumgesprochen hätte, wenn ich nicht so hilfsbereit gewesen wäre, hier herunterzukommen, um einer Nachbarin in Not beizustehen.

Anna macht sich jetzt daran, die abgekochten Gläser aus den Ölfässern zu fischen, und ich bekomme eine neue Aufgabe zugeteilt. Eine hübsch einfache. Ich brauche lediglich jedes einzelne neue Glas in Zeitungspapier einzupacken, bevor wir sie alle zum Abkochen in die vorbereiteten Fässer füllen. Jedes Einzelne? Ja, sagen die Experten. Sonst knallen sie gegeneinander, wenn das Wasser zu brodeln anfängt, und dann könnten sie springen.

*

Knappe dreihundert Gläser später zaubert Anna eine riesige runde frische, mit Zwiebeln, Olivenöl und Meersalzkristallen übersprenkelte *focaccia* hervor – eine Leckerei, die, bevor ich den Entschluss fasste, nie wieder zu essen, zu meinen hiesigen Lieblingssnacks gehörte – und legt sie zum Aufbacken ans Feuer. Ihr Duft erfüllt bald die Luft, und ich stelle wider alles Erwarten fest, dass mein Appetit zurückgekehrt ist. Tonino und Ciccio kommen mit ein paar Flaschen von Toninos *vino d'uva* aus dem im *rustico* lagernden Vorrat heraus und setzen sich zu uns. Jetzt gerät auch mein Entschluss, nie wieder zu trinken, schlagartig in Vergessenheit.

An Leib und Seele gestärkt, wickle ich unsägliche Mengen Zeitungspapier um unzählige Anzahlen von Gläsern; staple diese in Fässer über wangenversengender Hitze; helfe, die Fässer wieder herunterzuwuchten, nachdem das Wasser darin gekocht hat, und verbrenne mich dabei mehrmals; hole mehr heiße Gläser aus dem Wasser; befülle die Fässer mit weiteren kalten. Jetzt gesellt sich Tonino zu mir, um im Verpackungsbereich ein wenig zu verschnaufen und noch ein Glas Wein zu trinken. Anna schürt eines der Feuer und ist außer Hörweite. Tonino lehnt sich vertraulich über meinen Hügel von eingepackten Gläsern herüber.

Anna lässt sich nichts anmerken, sagt er, aber im Grunde ihres Herzens ist sie eine altmodische Frau. Ihn stört das natürlich nicht, aber seine Frau dürfte ziemlich schockiert gewesen sein, uns hier oben vorzufinden, ganz allein mitten in der Nacht. Also haben er und Ciccio sich darauf geeinigt, dass es das Beste wäre, Anna zu sagen, dass wir uns gerade verlobt haben und nur noch nicht dazu gekommen sind, es allgemein bekannt zu geben.

Gute Idee, sage ich. Warum nicht?

Sobald Ciccio und ich uns außer Hörweite der anderen befinden, gratulieren wir uns sotto voce zu unserem Scheinverlöbnis. Er kann gar nicht glauben, sagt Ciccio, dass er mein Haus je für eine stille, abgeschiedene Einsiedelei hat halten können. Und begreife ich jetzt, warum er nicht will, dass seine Mutter was davon erfährt? Er ist mit Anna und Tonino nicht mal verwandt, ja kennt sie kaum mehr als vom Sehen, und schau dir bloß an, wie sie sich schon aufführen!

Keine Mussheirat, sage ich, albern kichernd, sondern eine Slóffudd-Verlobung. Ziegenkäse hat uns Tommaso beschert; und *passata* Anna und Tonino. Eine Käse-und-Tomaten-Verlobung.

Ciccio schaut mich verständnislos an. Nach dem italienischen Weltverständnis besteht zwischen Käse-im-Allgemeinen und Tomaten keine besondere Affinität; nur zwischen bestimmten Käsesorten und bestimmten Tomatengerichten. Was wahrscheinlich daran liegt, dass es hierzulande kaum »Käse im Allgemeinen« gibt. Ein Mozzarella-und-Tomaten-Salat, ja. Eine Pizza mit Stracchino und Tomaten, allemal. Parmesan auf der Pasta *al pomodoro*, keine Frage. Aber welches Rezept würde wohl Ziegenkäse und *passata di pomodoro* kombinieren? Die Tomaten würden das zarte Bocksaroma ja völlig übertönen...!

*

Als die Nacht endlich anfängt zu verblassen und die Glocken der verschiedenen ringsum auf den Hügeln verstreuten Campanili nennenswerte Bong-Zahlen zu erreichen beginnen, haben wir längst jedes Schlafbedürfnis vergessen und leiden nicht mehr. Es hat mehr *focaccia* gegeben; mehr Wein; mehr Kaffee. Der Feigenbaum ist so gut wie leer gepflückt. Und mittlerweile amüsieren wir uns so gut, als hätten wir unser Leben lang nichts anderes getan als *sugo* in Gläser zu füllen und abzukochen.

Als wir endlich fertig sind, dämmert es bereits, und die Hähne krähen schon überall im Tal. Als wir uns verabschieden, bestehen Anna und Tonino darauf, uns mit Handschlag zu unserer

Verlobung zu gratulieren. Sie sind *so* froh, die Ersten zu sein, die davon erfahren haben! Und wir brauchen uns keine Sorgen zu machen – sie werden unser Geheimnis schon nicht ausplaudern! Nicht, bevor wir selbst beschließen, die Neuigkeit publik zu machen! Vorerst werden wir allerdings genötigt, als Verlobungsgeschenk so viel *sugo* mitzunehmen, wie wir überhaupt schleppen können.

Ciccio und ich stapfen hügelauf davon, mit einer ansehnlichen Ladung heißer Gläser bepackt, aber abgesehen davon völlig ratlos. Es ist uns allen vollkommen klar, dass keiner von uns vieren an diese Verlobung glaubt. Richtig. Aber wenn wir andererseits alle vier behaupten, diese Verlobung sei Realität, und wenn auch nur für *einen* anderen Menschen... und wir zum Beweis sogar Verlobungsgeschenke vorweisen können... bloß dass keiner von uns irgendjemandem was davon erzählen wird... dann bedeutet das...? Das ist wie ein labyrinthisches Rätsel aus einer Erzählung von Jorge Luis Borges. Am besten, man drückt die Daumen und legt sich ins Bett. Jeder Tag hat genug eigene Plage. So steht's schon in der Bibel.

9

Also zurück zu meinem kränkelnden Dach. Mit einem letzten verschwörerischen Lächeln vom Fuß der Treppe aus hat mich Anna mit meinen desodorierten Bienen und meinen mutmaßlichen Käfern hier oben sitzen lassen und ist Franco in Richtung San Pietro und Mittagessen gefolgt. Nunmehr allein, schleiche ich mich nervös ins Haus zurück – momentan, Gott sei's gedankt, schweigt's im Gebälk – und schiebe mich, den Rücken an die Wand gepresst, zum Bücherregal. Ja: *Insects of Europe*. Da ist es. Ich flitze mit meiner Beute wieder ins Freie und Sichere und fang dabei schon an, wild zu blättern. Wo ist diese Schöne Biene noch mal? Wissen, heißt es ja, ist Macht.

Wie das Buch verrät, bohrt die Kreatur eindeutig keine Löcher in Balken; und – wenigstens etwas! – sie bildet auch keine großen Kolonien wie ihre Cousine, die Honigbiene. Sie ist eine Opportunistin, die lediglich in jeden Ritz und jedes Löchlein in jedem beliebigen toten Holz, das sie so findet, ein paar Eier ablegt. Und es lässt sich wohl nicht bestreiten, dass meine Dachbalken, bei kurzsichtiger Betrachtungsweise jedenfalls, nichts anderes als totes Holz sind.

Dann hat Franco also doch Recht: Wenn die Bienen bloße Opportunisten sind, dann müssen die Gänge, welche zu besiedeln ihnen opportun erschien, bereits da gewesen sein. Deprimierender Gedanke. Dann sind's also Käfer. Ich blättere im Buch weiter. Tausende und Abertausende von Käfern, mit abwechselnd faszinierenden und abstoßenden Sitten: doch keine einzige holzbohrende Varietät. Mittlerweile aber dürste ich nach Tat, jeder beliebigen Tat, die mir dabei helfen könnte, mein Heim zu beschützen. Dafür zu sorgen, dass ich ein Dach über dem Kopf behalte. Die Worte »wie ein Ei durchhängen« hallen mir unheilvoll durch den Kopf. Komisch allerdings, welche Überzeugungskraft dieses Bild besitzt, wenn man bedenkt, dass »Durchhängen« ja nicht gerade zu den charakteristischen Tätigkeiten eines Eis gehört. Oder?

Ich brauche dringend ein einschlägiges Markenprodukt. Aber es besteht nicht die geringste Chance, zu dieser Uhrzeit irgendwas zu bekommen, und wenn's auch nur Diesel wäre. Diano Marina dürfte momentan eine Geisterstadt sein, alles mittäglich verrammelt; bis vier, wenn die Zeit der Siesta endet und die Geschäfte wieder öffnen, ist nichts zu wollen. Andererseits werde ich oben im Restaurant, sobald Ciccio die Mittagsgäste abgefertigt hat, zum Personal-Essen erwartet. Höchste Zeit also, wie ich finde, die San Pietreser Problemlösungsstrategie zu übernehmen und meinen Mann auf die Sache anzusetzen. Ohne weiteres möglich, dass einstürzende Balken und Dächer, die dazu verurteilt sind, beim ersten Regen wie ein Ei durchzuhängen, für

Ciccio eine reine Bagatelle darstellen. Also mache ich mich auf zu meinem *motorino*.

Bloß dass der *motorino*, wie ich jetzt feststellen muss, nicht da ist, wo er hingehört, sondern direkt am Haus steht, am Fuß der Treppe. Ciccio! Warum in aller Welt kannst du das verflixte Mofa nicht unten am Pfad lassen, so wie ich es bisher immer getan habe? Wie Recht ich doch hatte, sage ich mir böse, wobei ich dem nächstgelegenen Olivenbaum einen tückischen Tritt verpasse und mir dabei ziemlich wehtue, als ich vor Jahren zu dem Schluss gelangte, dass es ein sehr schwerer Fehler sein würde, was mit einem Einheimischen anzufangen. Jetzt kann man nämlich sehen, was passiert, wenn man's doch tut: Ich will nur eben schnell runter zum Laden, sagt er, ich nehm den *motorino*, das geht schneller – und dann fährt er das Ding motocrossmäßig zurück bis ans Haus. Er nimmt's mir nicht ab, dass mir vor dem Rückweg ernsthaft graut. Nicht vor dem ganzen, nur vor dem schmalen Stück, wo's auf der rechten Seite drei Meter senkrecht runter geht. Natürlich wird der Pfad nach ein paar Metern wieder breiter; aber das spielt keine Rolle. Ich gerate trotzdem in Panik. Und ich kann ja auch schlecht einfach vor dem Engpass absitzen und das Mofa das Stück lang schieben. Denn nebeneinander ist man als Mensch und Mofa erheblich breiter, als wenn man aufeinander sitzt, also würden wir da gar nicht durchpassen. Eins von beiden, wenn nicht sogar beide, würde unweigerlich in die Brombeeren purzeln.

Dieses Problem habe ich bereits vor Jahren dadurch sehr elegant gelöst, dass ich meinen *motorino* schlicht unterhalb des Engpasses-des-Grauens stehen lasse und die letzten zwanzig-und-ein-paar Meter zu Fuß zurücklege. Aber kein Italiener würde jemals zustimmen, dass es ein Problem darstellen könnte, mit einem Mofa einen dreißig Zentimeter breiten Pfad am Rand eines Abgrunds entlangzufahren. Sie lachen alle bloß. Wahrscheinlich nicht aus angeborener Grausam- und Herzlosigkeit – wenngleich dies in Ciccios Fall durchaus zutreffen könnte –, sondern weil alle Italiener bereits im Alter von zwei Jahren *motorino* fahren lernen und spätestens bei Erreichen der Pubertät die Fähigkeit eingebüßt haben, zwischen zwei Rädern und zwei Füßen zu unterscheiden. Ganz anders als wir pedantische Briten.

Andererseits, wenn ich nicht das Mofa nehme, muss ich mich in ein Auto setzen, das den ganzen Vormittag lang in der Sonne gestanden und mittlerweile eine nette Backofentemperatur erreicht hat; und bin dann anschließend gezwungen, eine große Blechkiste sinn- und hirnlos um zwölf Haarnadelkurven herumzumanövrieren. Wie viel verlockender ist es dagegen doch, auf zwei Rädern, geruhsam, windumfächelt, den hübschen schnurgeraden Saumpfad hinunterzusausen! Trau dich, Mädchen. Ich beiß die Zähne zusammen, strampel das Motörchen an, lass es, wrumm, wrumm, mächtig aufheulen und düse los. Bring es gerade eben fertig, an der Furcht erregenden Stelle *nicht* die Augen zuzukneifen. Da. Mein Herz trommelt wie verrückt, aber ich hab's geschafft. Ich bin durch und noch am Leben. Was ich diesem Ciccio ganz gewiss *nicht* zu verdanken habe.

Ich knatter den Saumpfad hinunter, von Stolz und Adrenalin geschwellt. Ist man erst einmal aus den Olivenhainen heraus und hat die zickzackschlängelnde Asphaltstraße zum dritten (oder vierten?) Mal gekreuzt, ist man bereits auf der steilen Mittelgasse, die noch immer das Herz des Dorfes darstellt, quetscht sich unter niedrigen Tordurchfahrten hindurch, beidseits von Häusern umstanden, deren grüne Fensterläden zu dieser Tageszeit fest verrammelt sind. Diese Gasse war früher, in vormotorisierten Zeiten, die Hauptstraße des Ortes: Sie ist kopfsteingepflastert und größtenteils flach gestuft, da Stufen für Mulis kein größeres Hindernis darstellen als für Menschen. Die findigen Bürger von San Pietro haben das geringfügige Problem, das die Stufen in dieser unserer radbesessenen Zeit darstellen könnten, einfach dadurch gelöst, dass sie in die Mitte von jeder, und dann noch rechts und links davon, je einen dicken Klacks Zement hingegossen haben, wodurch lauter mofa- und Ape-freundliche Minirampen entstanden sind. Hier würde sowieso kein Auto durchpassen, das größer als ein Fiat 500 ist, also brauchen wir uns um PKWs nicht zu kümmern. Ich schlängel mich durch den Dschungel von Topfpflanzen, die jede Haustür flankieren, weiche den Mispelbäumen und Weinreben aus, die als Schatten- und Obstspender über die Gasse gezogen sind, und knattere elegant vorüber, während halbwilde Gebirgskatzen, scheue drahtige Geschöpfe, deren Job es ist, die Vorräte in der kühlen *cantina*, die sich im Erdgeschoss jedes Hauses befindet – den Jahresbedarf an Wein, Olivenöl, Brennholz, die vielfältigen eingemachten und eingekochten Erzeugnisse des Gemüsegartens –, mit Zähnen und Klauen zu verteidigen, argwöhnisch aus dem Schatten der Quergassen hervorlugen.

Das letzte Stück vor dem Gasthof-mit-Bar am Fluss ist entsetzlich steil und macht auf halber Strecke einen haarsträubend engen Doppelknick unter einer engen Tordurchfahrt hindurch; und da ich an der abergläubischen Furcht leide, dass meine Bremsen mit Sicherheit genau in dem Augenblick versagen werden, da ich auch nur ein Rad darauf setze, biege ich an dieser Stelle immer auf die Asphaltstraße ab. Mag sie auch dreimal so lang sein, besteht da immerhin nicht die Gefahr, dass ich mir das Genick breche. Zu meiner Überraschung – da Mittagessenszeit ist und eigentlich niemand draußen sein dürfte – sehe ich, als ich die Kreuzung erreiche, den offiziell ältesten Einwohner von San Pietro, Umberto, wie er griesgrämig auf einer der breiten Schieferstufen sitzt, wo Saumpfad auf Straße trifft: das Kinn auf einen knorrigen Knüttel gestützt, der weiße Schnauzbart trübe herabwallend. Diese Kreuzung ist die ideale Stelle, um ein bisschen was von der Welt zu sehen, wenn man keine Lust hat, bis ganz ans untere Ende des Dorfes zu gehen, zur Kirchentreppe und der Bar, und ist oft erstaunlich belebt. Sie hat etliche hübsche hohe Haustreppen und niedrige Mäuerchen zum Sichdraufsetzen zu bieten, deren schieferne Deckplatten, seit Jahrhunderten von zahllosen ruhebedürftigen Hintern abgerieben, eine seidige Glätte aufweisen. Außerdem ein paar ordentliche schattige Olivenbäume, eine Holzbank und einen Bildstock mit einer Madonna. Offenbar durfte in früheren Zeiten eine Madonna an keinem Kreuzweg fehlen, selbst an den schmalsten Gebirgspfaden nicht, auch wenn mir bislang noch keiner hat erklären können, warum. Ich hab sagen hören, dass Kreuzwege nach irischem Volksglauben äußerst gefährliche Orte sind, Stätten, an denen böswillige übernatürliche Wesen mit Vorliebe arglosen Wanderern auflauern. Vielleicht war das ja früher einmal ein europaweites Problem, und die Madonnen stellten die italienische Lösung desselben dar. (Jedenfalls ist es praktisch zu wissen, sollte man sich je in den Hügeln verlaufen haben und sich fragen, ob der Pfad, auf den man gerade gestoßen ist und der in die richtige Richtung zu führen scheint, wirklich ein Pfad ist. Und nicht vielmehr ein Ziegenwechsel, der sich endgültig im Nichts auflöst, sobald man sich gänzlich verlaufen hat. Wenn am Kreuzungspunkt eine Madonna steht, sind beide ganz eindeutig von Menschen bewusst benutzte Pfade und müssen somit beide irgendwohin führen. *Wo*hin genau steht auf einem anderen Blatt; aber wo immer das auch sein mag, man wird dort Menschen antreffen. Und nicht nur das, sondern Menschen, die wissen, wo sie sich befinden, was ausgesprochen nützlich ist.)

Soll ich anhalten und Umberto hallo sagen? Er hätte mir garantiert einiges über Balken und Käfer zu erzählen. Wie lang würde es andererseits dauern, bis ich die Frage anschneiden könnte? Er ist ein netter Mann, aber nicht leicht von seinen Lieblingsthemen abzubringen, als da wären: a) wie alt er ist, b) Maultiere und c) seine glorreichen Zeiten bei den Partisanen, als die ligurischen Hügel von den *Nazifascisti* besetzt waren. Als ich mich auf seiner Höhe befinde, hebt er den Knüttel. Ein Befehl anzuhalten oder lediglich ein freundlicher Gruß? Ich schwanke einen Augenblick lang, komme quietschend zum Stillstand und sitze schon bald darauf auf dem Mäuerchen und höre mir Umbertos

Neuigkeiten an. Das momentan heißeste Thema: Wie es dazu kam, dass er heute versehentlich zu früh zu Mittag gegessen hat.

Das ist eine überraschende Abweichung vom gewohnten Verlauf jeder Unterhaltung mit Umberto, die normalerweise damit anfängt, dass er mich fragt, ob ich noch wisse, in welchem Jahr er geboren wurde. Er hat natürlich erraten, dass mich die Antwort auf die Frage, was er um diese Tageszeit auf der Straße treibt, wenn er doch eigentlich zu Hause sein und essen sollte, noch brennender interessiert, als seine Erlebnisse der letzten achtzig bis hundert Jahre. Sein Mittagessen hat ihm heute Morgen eine seiner Nichten gebracht, erklärt er, aber sie hatte keine Zeit zu bleiben und ihm beim Essen Gesellschaft zu leisten. (Dies in einem äußerst tragischen und vorwurfsvollen Ton. Ungezogene, lieblose Nichte.) So ganz auf sich gestellt, muss er die elf Bongs und den einen Bing vom Kirchturm von San Pietro – die natürlich halb zwölf bedeuten – irrtümlich für die zwölf Mittags-Bongs gehalten haben.

Ich bemitleide ihn gebührend, obwohl mir nicht ganz klar ist, wieso ihn das davon abhalten sollte, trotzdem sein nachmittägliches Nickerchen zu machen – kann er vielleicht erst nach dem Ein-Uhr-Bong einnicken? Oder verspürte er lediglich das Bedürfnis, zuerst irgendjemandem seine verzweifelte Situation mitzuteilen? Schon bald gehen wir zum Thema Geburtsdaten über; was zwanglos zu den Maultieren überleitet. Wie viele davon Umberto früher hatte, wie viele davon jeweils gleichzeitig, tags wie nachts, diesen Saumtierpfad hinauf und hinunter gingen, als er noch die Hauptverkehrsader für die wichtigen Salzlieferungen ins Hinterland darstellte – bis hinauf in die Lombardei und ins Piemont. (Für die Authentizität dieser Information würde ich meine Hand allerdings nicht ins Feuer legen: Nach allem, was ich gehört habe, endete die hohe Zeit des Salzhandels irgendwann im Spätmittelalter, und nicht einmal Umberto dürfte das noch miterlebt haben.) Wir handeln außerdem auch das – zeitlich möglicherweise etwas näher gelegene – unglaublich ungerechte Gesetz ab, das einem vorschreibt, an jedem Maultier eine kostspielige Steuerplakette zu befestigen, genau so wie sie heutzutage Autos haben, sowie Geld für ein spezielles Geschirrteil auszugeben, an das diese Plakette gehängt wird; der letzte Nagel, so Umberto, im Sarg des hiesigen Maultiertransportgewerbes ...

Trotzdem erhalte ich heute zwei neue Informationen, die ich bedenkenlos meinem Fundus einverleiben kann: Die erste ergibt sich, als ich besorgt darauf hinweise, dass heute ziemlich viel *aria* den Saumpfad herunterweht, und die Hoffnung ausspreche, dass sie Umbertos Gesundheit nicht schaden möge. Die Gefährlichkeit von zu viel *aria* oder Luft ist ein – den Ligurern ständig bewusstes – sehr ernst zu nehmendes Problem. Man kann davon leicht einen *colpo d'aria* bekommen. Ein *colpo di stato* ist ein Coup d'État, also praktisch eine Revolution, woraus man ersehen kann, was für eine schlimme Sache ein *colpo d'aria* ist. Umberto aber erklärt mir in seinem gönnerhaftesten Ton (hey, *ich* bin hier diejenige, von der Gönnerhaftigkeit erwartet wird!), dass an dieser bestimmten Kreuzung eine besondere Sorte von *aria* weht, die niemals gesundheitsschädlich ist, wie zugig sie einem auch erscheinen mag. Na, so was! Ernsthaft? Dies bestätigt endlich meinen schon lange gehegten Verdacht, dass das *aria*-Problem rein psychologischer Natur ist. Wenn es um eine gute, zentral gelegene Tratsch-Stelle wie diese hier geht, kann einen noch so viel Luft nicht abschrecken.

Jetzt kommen wir zu einem mir bislang unbekannten Aspekt von Umbertos Leben: der Junggesellensteuer, die die Faschisten einführten und der sich Umberto heroisch widersetzte. Und zwar in der Form widersetzte, dass er sie lieber zahlte, als sie dadurch zu umgehen, dass er geheiratet hätte. Und das war weiß Gott klug von mir, sagt er. Wenn er älter geworden ist als jeder andere im Dorf, dann ist das der Tatsache zu verdanken, dass sein Leben von plappernden Weibern verschont geblieben ist. Na also! Und das von einem Mann, der nur dank der Fürsorge einer ganzen Armee von unentwegt plappernden Nichten noch am Leben ist und sich dazu momentan auch noch mit einer Frau unterhält!

Als ich es endlich schaffe, unter geschickter Umgehung der Partisanenzeit das Thema »Balken fressende Käfer« zur Sprache zu bringen, kann Umberto voll auftrumpfen. Natürlich kennt er die Tiere, von denen ich rede, sagt er. Sie heißen *tarli*, die gibt's überall, es besteht überhaupt kein Grund zur Sorge. Natürlich wird mein Dach *nicht* einstürzen! Ich sollte auf Franco nicht hören, der ist ein professioneller Katastrophenmaler! (So oder ähnlich drückt Umberto sich aus.) Hat Franco vielleicht angeboten, die Reparaturarbeiten zu übernehmen?, fragt er. Noch nicht? Ah. Darauf hätte Umberto eigentlich wetten können. Und ja, ein Schuss Diesel ist die korrekte Methode, *tarli* loszuwerden; obwohl es mittlerweile auch irgendein neumodisches deutsches Gift gibt, das man angeblich in Diano Marina bekommen soll. Oder war es Imperia? Wie auch immer, kein Grund zur Sorge.

Äußerst ermutigend. Sehr beruhigt schwinge ich mich wieder auf meinen *motorino* und fahre weiter zu meinem Stelldichein mit Ciccio. Dumm von mir, mich von Franco wegen dem bisschen Geknusper im Gebälk, das schon seit Jahren ohne irgendwelche negativen Folgeerscheinungen zu hören ist, dermaßen stressen zu lassen. Die Bienen sind weg, *tarli* sind nichts, weswegen man sich einen Kopf machen müsste, und alles ist in bester Ordnung.

Als ich um die nächste Kurve biege, frage ich mich, ob ich jetzt, da ich mich auf einer öffentlichen Straße befinde, besser anhalten und meinen Sturzhelm aufsetzen sollte. Neuerdings ist es tatsächlich gesetzlich vorgeschrieben, dass man einen trägt – selbst auf einem winzigen *motorino* wie meinem. Glücklicherweise lautet die hiesige Volksmeinung dahin gehend, dass man diesem Gesetz – zumal an einem so heißen Tag wie heute –, erst dann Folge zu leisten brauche, wenn man den Bahnübergang überquert hat, der das Tor nach Diano Marina darstellt, während es in den höheren Regionen unseres Tals keine Gültigkeit besitze. Und wer bin ich, dass ich der Volksmeinung zuwider handeln dürfte? Besonders in einer derart brütenden Hitze wie heute, wo niemand, der seine fünf Sinne beisammen hat, sich freiwillig so eine Miniatursauna über den Kopf stülpen würde. Ich knattere also weiter durch das Unterdorf und überquere die Brücke über den Torrente San Pietro. Endlich kann ich ein bisschen Gas geben. Los geht's, einen wunderbar kühlenden Wind in den Haaren, die herrlich haarnadelkurven- und schlaglochfreie Asphaltstrecke entlang, die die andere Seite des Tals hinaufführt, Richtung Diano Borganzo, Mittagessen und Geliebten.

10

Hier oben ist der Fluss tief zwischen hohen engen Ufern eingesunken. Ciccios Restaurant liegt am vorderen Ende einer Zeile uralter Häuser, die den Steilhang säumen. Am hinteren Ende der Zeile erhebt sich, mit den Füßen direkt im Wasser, eine hohe, schmale Wassermühle, halb verfallen, aber noch im Besitz ihres großen rostigen Mühlrads – eine weitere Immobilie des wahren Ligurers Pierino, wie ich mir habe sagen lassen. Sein Großvater war früher der Ölmüller des Dorfes. Auf der weitläufigen Terrasse vor dem Restaurant, hoch über dem rauschenden Wasser, genießen die üblichen paar ausländischen Urlauberfamilien die Sonne, während sie es sich schmecken lassen. Hinter den Glastüren sind die üblichen paar Tische mit Italienern zu sehen, die die Kühle genießen und es sich ebenfalls schmecken lassen. Am hinteren Ende der Terrasse, dort wo sie an Pierinos Grundstück grenzt, stehen im Schatten der Weinreben, deren ineinander verknäuelte Stämme die Grenze zwischen dieser Ebene und dem Fluss unten bilden, ein weiteres halbes Dutzend Tische. Hier, draußen, aber dennoch im Schatten, findet gelegentlich eine

Vermischung der Rassen statt. Heute sitzt hier allerdings nur ein italienisches Ehepaar mit einem kleinen Kind – und natürlich Pierino, der an seinem eigenen, von denen des Restaurants nicht zu unterscheidenden Tisch isst. Der Tisch sowie das Mittagessen, das ihm Ciccio jeden Tag höchstpersönlich servieren muss, sind vertraglich festgehaltene Pachtbedingungen. Pierino hebt zum Gruß die Gabel und zwinkert mir wissend zu. Ich erwidere das Winken, während ich sein Zwinkern geflissentlich übersehe, und mache mich auf in die Küche. Unterwegs weiche ich Ciccios Kompagnon aus, der, vom jungen Alberto und Cousin Paletta unterstützt (wenn das Transportgeschäft flau ist, schaut letzterer oft vorbei und hilft ein bisschen aus), eifrig mit Servieren beschäftigt ist.

Drinnen schlängle ich mich um ein paar weitere voll besetzte Tische. Durch die Durchreiche sehe ich Ciccio an den großen Stahltöpfen und -pfannen arbeiten, schneiden, hacken, wenden und rühren. Doch etwas ungewohnt Emphatisches an seinen Bewegungen verrät mir, dass irgendwas nicht stimmt. Ganz und gar nicht stimmt. Als ich die Küche betrete, sehe ich, dass Ciccio buchstäblich vor Wut kocht. Er ist mit seinem Latein am Ende, sagt er. Es sind wieder die Katzen. Sie treiben ihn zum Wahnsinn. Und gerade hat er für heute Abend eine Tischbestellung für fünfzehn Leute reinbekommen, und er war gerade eben mit den Antipasti für die vierundzwanzig Gäste, die sich schon angemeldet hatten, fertig geworden, also kann er jetzt gleich wieder von vorn anfangen und kann sich nicht mal mit mir zum Essen hinsetzen ... Was in aller Welt ist ihm bloß eingefallen, ein Restaurant aufzumachen, wenn es doch so viele andere Berufe gibt?

Was soll das heißen, die Katzen treiben ihn zum Wahnsinn?, frage ich.

Ob ich diese Gruppe von italienischen Gästen sehe, die da drüben am Fenster sitzt? Sehe ich: eine äußerst betucht aussehende Bande, erfolgreich damit beschäftigt, einen großen Teller goldbraun gebratener Wachteln mit Schalotten, das Spezialgericht des Tages, zu dezimieren. Das sind Hiesige, sagt Ciccio, und einflussreiche Leute dazu, die er sehr ungern als Gäste verlieren würde, auch wenn er sie momentan am liebsten auf den Mond schießen würde. Zunächst hatten sie sich draußen auf die Terrasse gesetzt, hinten am schattigen Ende. Dann, als sie mit ihren Antipasti noch nicht mal zur Hälfte durch waren, haben sie Franchino zu sich an den Tisch gerufen und darauf bestanden, nach drinnen transferiert zu werden. Es sei völlig unmöglich, sagt Ciccio und macht dabei ihren angewiderten Tonfall nach, mit den ganzen dreckigen Kätzchen, die ihnen miauend zwischen den Füßen herumwuseln, auch nur einen weiteren Bissen herunterzubekommen.

Was tun? Neuerdings haben sich etliche herrenlose Katzen in der Nähe des Restaurants, unten am Flussufer, häuslich niedergelassen; was sehr praktisch ist, angesichts der vielen Gäste, die andauernd leckere Häppchen potenzieller Mäuse- und Rattenköder über die ganze Terrasse verstreuen. Das Restaurant hat lediglich einen offiziell angestellten Kater, Oliver mit Namen, ein schönes tizianrotes Tier, das während der Essenszeiten in Ciccios winziger Wohnung über dem Lokal eingesperrt bleibt. Das liegt daran, dass Katzen in den Augen der allermeisten italienischen Gäste lediglich eine größere Art von Ungeziefer darstellen: schmutzige, unappetitliche Kreaturen, die als Vertilger anderer, kleinerer Ungeziefersorten ihre Daseinsberechtigung haben mögen, ihren Job aber gefälligst erst dann erledigen sollten, wenn der letzte Gast das Lokal verlassen hat, und keine Minute eher.

Und jetzt streunen, zweifellos dank Olivers außerdienstlicher Aktivitäten, ein gutes Dutzend kleiner herrenloser tizianroter Kätzchen in der näheren Umgebung herum. Und die Deutschen und anderen unaufgeklärten Ausländer (darunter auch ich, bis ich eines Besseren belehrt wurde) geraten über die Viecherlein in helles Entzücken und ermutigen sie zu bleiben, indem sie sie mit Essensresten füttern. Gar nicht gut. Ja, Ciccio hegt den starken Verdacht, dass es nicht einmal primär die Kätzchen selbst waren, die die Italiener so Ekel erregend fanden, sondern vielmehr das Verhalten der deutschen Familie, die an ihrem Nachbartisch saß. Die Deutschen haben ein Kätzchen hochgenommen und sich auf den Schoß gesetzt. Ja, sie erlaubten ihren Kindern sogar (Abscheu und Gräuel!), die Kreatur anzufassen und anschließend direkt weiterzuessen, ohne sich vorher die Hände zu waschen!

Paletta kommt herein, um die Pasta für Tisch zwei zu holen. Schau da raus!, sagt Ciccio, während er dem Cousin geistesabwesend die Teller reicht. Es geht schon wieder los! Jetzt haben sie schon drei Stück auf dem Schoß sitzen.

In der Tat. Und keinen Meter entfernt wirft ihnen das junge italienische Paar, das seinem Kind, wenn es auch nur auf die *Idee* käme, während des Essens eine Katze anzufassen, mit Sicherheit eins auf die Finger geben würde, aus dem Schatten des Weinlaubs entsetzte Blicke zu.

Ich geh mit dem Besen raus und scheuch sie davon, soll ich?, sagt Paletta hilfsbereit.

Nein, bloß nicht, keine Besen, sagt Ciccio und starrt dabei hoffnungslos an seinem Cousin vorbei (wie einer starrt, der erkannt hat, dass Erklärungen nichts nützen würden.) Von dem ganzen Ärger hat er auch noch furchtbare Schmerzen im Genick bekommen, fügt er hinzu, hier an der Seite. Sein Nacken ist *inchiodato*: vernagelt (oder soll es eher heißen, wie von einem Nagel durchbohrt?). Jedenfalls ein chronisch steifer Nacken, sagt er klagend, der einfach nicht besser werden will.

Ah. Ich *hatte* mich schon gefragt, warum er den Kopf so merkwürdig schief hielt.

Es ist ein Albtraum, fährt er fort. Wenn die ausländischen Gäste sehen, dass ihre Wirtsleute die hungrigen mageren Kätzchen verscheuchen, regen sie sich ganz furchtbar auf. Wo die armen kleinen Geschöpfe doch am Verhungern sind! Wie können die Italiener nur so grausam zu Tieren sein! Und misshandeln sie auch noch vor den Augen unschuldiger Kinder! Höchstwahrscheinlich würden sie drohen, nie wieder einen Fuß in das Restaurant zu setzen. Wenn andererseits die Italiener zu dem Schluss gelangen sollten, dies sei ein dreckiger unhygienischer Laden, und das überall herumerzählen, könnte es mit den einheimischen Gästen schlagartig vorbei sein. Wenn die Rassen sich wenigstens an ihr jeweiliges natürliches Habitat halten würden – die Deutschen draußen, die Italiener drinnen –, dann käme man mit dem Problem ja noch irgendwie zurande. Aber momentan ist es überall so knochentrocken, dass die Italiener ihre Angst vor der mephitischen Feuchtigkeit, die ihnen vom Flussbett herauf in die Knochen fahren könnte, verloren haben und jetzt ebenfalls draußen sitzen wollen.

Solltest du dich dann nicht besser an die Italiener halten?, frage ich. Sie geben doch eine Menge mehr aus, oder? Und sie sind außerdem das ganze Jahr über hier.

Nein, sagt Ciccio finster. Er braucht beide. Es stimmt schon, dass die Italiener in Gruppen von zehn, zwölf Leuten kommen, die traditionellen zwei, drei Stunden lang bei Tisch sitzen, essen, trinken, plaudern und ordentliche Vier-Gänge-Menüs bestellen; aber dafür kommen sie nur einmal die Woche, wenn's hoch kommt. Ausländische Touristen andererseits mögen vielleicht zeit ihres Lebens nichts essen, was sich nach traditionellen Vorstellungen oder nach Auffassung der Slóffudd-Bewegung als eine richtige Mahlzeit bezeichnen ließe, aber dafür kommen sie während der ganzen Dauer ihres Aufenthalts in irgendeinem Ferienhäuschen oben auf den Hügeln jeden Tag hierher und schleppen ihre hungrigen Kinder mit, die so versessen auf die süßen kleinen Kätzchen sind. Und sind nächstes Jahr dann auch wieder da. Solange das Katzenproblem nicht gelöst ist (falls es das überhaupt jemals sein wird), überprüfen er und Franchino lediglich Tag für Tag, welche Nationalität jeweils in der Überzahl ist, und richten ihre Katzenstrategie spontan darauf ein. Ciccio führt es mir vor.

Miez, miez, ja komm, süßes kleines Kätzchen!, säuselt er in sirupsüßen Tönen und streckt dabei die Hand nach einem imaginären Kätzchen aus, das auf seinem Herd lauert; schaltet dann auf einen Ausdruck grimmigen Hasses und zischt, drohend vorgebeugt: *Te! Via!* Du! Weg hier!

Franchino, der gerade hereingekommen ist, um einen Stapel schmutziger Teller abzustellen, lacht düster. Die armen Katzen!, sagt er. Sie wissen überhaupt nicht, woran sie sind. Eines Tages dreht eine von ihnen noch vollends durch und springt irgendeinem unschuldigen Gast an die Gurgel.

Das stellst du dir so vor, ruft Ciccio Franchino leidenschaftlich nach, als dieser mit einem weiteren Arm voll Tellern die Küche verlässt. Aber da irrst du dich gewaltig. Es wird keine Katze sein, die einem Gast an die Gurgel geht. Es wird der Küchenchef selbst sein, von diesem Irrenhaus in den Wahnsinn getrieben!

Bevor der Koch also endgültig überschnappt, fügt er hinzu, könnte ich bitte bitte mit meinem *motorino* ins nächste Dorf fahren und ihm etwas für seine Nackenschmerzen besorgen? Er meint, dass es im Laden dort Schwefelstangen gibt – ja, das weiß er selbst, dass er jetzt zu haben wird, aber Giuseppe von der Bar nebenan hat für Notfälle einen Schlüssel, und wenn ich ihm erkläre, dass es um Leben und Tod geht…

Wie sich trifft, wollte Paletta gerade selbst zur Bar fahren, um ein Lotterielos für die heutige Ziehung zu kaufen: Er nimmt mich mit, sagt er. Soll er für Ciccio auch ein Los kaufen? Na, und ob er soll! Ciccio ist absolut alles willkommen, was ihn von diesem infernalischen Restaurant erlösen könnte. Ein Lotteriegewinn wäre da genau das Richtige.

Palettas Blick ruht nachdenklich auf dem gestressten Cousin. Schon nach ein paar Sekunden kommt ihm die Inspiration: Er spürt es in den Knochen, sagt er, dass er auf Ciccios Los einmal dessen Geburtsdatum und dann die Zahlen ankreuzen sollte, die Wachteln und Schalotten entsprechen. Diese Kombination wird Ciccio die ersehnte Freifahrkarte aus der mörderischen Welt des Gastgewerbes verschaffen.

Wachteln und Schalotten? Nicht Deutsche und Kätzchen?, frage ich.

Aber ganz bestimmt nicht! Man darf *nie-mals*, unter gar keinen Umständen, auf die negativen Aspekte des Lebens setzen. Und habe ich die Wachteln schon probiert? Ein Gedicht...

Schön, sagt Ciccio. Mach's. Was auch immer. Nur sieh zu, dass du so schnell wie möglich mit dem Schmerzmittel wieder hier bist.

*

Giuseppe hat vollstes Verständnis für den Genick-Notfall, und im Handumdrehen haben wir die Schwefelstange. Schwefel klingt vielleicht nach einem etwas absonderlichen Mittel gegen Nackenschmerzen, selbst wenn es sich wie in diesem Falle um monstermäßig starke handelt; aber hier in Italien gibt's das Zeug in Stangen zu kaufen, die wie riesige Stücke gelber Kreide von gut zwei, drei Zentimetern Durchmesser aussehen, und die rollt man sich auf der schmerzenden Stelle hin und her. Wenn man Glück hat, gibt der Schwefel einen lauten Knacks von sich und zerbröselt einem unter der Hand. Das bedeutet dann, dass der Schmerz herausgezogen worden ist; und schon fühlt man sich viel besser. Merkwürdig, aber so ist das nun mal. Bei Italienern funktioniert das.

Die Lotteriezahlen sind allerdings ein ganz anderes Paar Schuhe. Zunächst einmal müssen wir in der bareigenen *cabbala*, dem Buch, das jedes beliebige Ding oder Ereignis in eine Zahl übersetzt, die numerische Entsprechung einer Wachtel und einer Schalotte heraussuchen. (Bislang hatte ich nur gewusst, dass man die *cabbala* zur Traumdeutung benutzt; aber Paletta meint, dass sie in Bezug auf die Realität ganz genauso gut funktioniert.) Die Entschlüsselung der Wachtel ist ein Kinderspiel: Sie steht für die Zahl 43. (Ich würde mich sehr gern mit dem Verfasser einer dieser *cabbale* unterhalten: Woher *weiß* er, dass eine Wachtel die Zahl 43 ist? Wie stellt man so was fest?) Doch ach, die Schalotte ist nirgends zu finden. Wir können eine Zwiebel haben, rot oder weiß; wir können eine Frühlingszwiebel oder

Schnittlauch haben; wir können eine einzelne Knoblauchzehe oder auch eine ganze Knolle davon haben. Aber mit Schalotten kann die *cabbala* nicht dienen. Sollen wir eben nach Diano Marina zur Bar Marabotto fahren, wo sie eine viel dickere und bessere *cabbala* haben?

Aber was ist mit Ciccios Nacken-Notfall?, gebe ich zu bedenken. Paletta ist sich da nicht so sicher: Es könnte sich für ihn durchaus lohnen, ein Weilchen länger zu leiden, wenn sich dadurch seine Gewinnchancen verbessern... Nein?

Nein. Wir entscheiden uns für eine weiße Zwiebel, Nummer 12. Aber wir werden wirklich von Glück sagen können, wenn das Los gewinnt. Wie soll's denn auch, sagt Paletta, wenn's absolut keine Möglichkeit gibt, das richtige Gemüse zu setzen? Mit den Verfassern dieser *cabbala* würde er wirklich gern ein Wörtchen reden...!

Zum Glück tut wenigstens die Schwefelstange ihren Dienst. Schon nach zwei-, dreimaligem Hin- und Herrollen zerbröselt sie unter meiner liebenden Hand, und der Küchenchef fühlt sich in der Lage, seiner drohenden Lotterieniederlage und der daraus folgenden Notwendigkeit, all diese zusätzlichen Abendgäste zu bekochen, nahezu gleichmütig ins Auge zu blicken.

Jetzt ersinnen Ciccio und Paletta eine geniale Methode, wie sich, zumindest für den Rest des Tages, das Katzenproblem lösen lässt, ohne bei den Ausländern Empörung auszulösen. Und man kann hoffen, dass es den Italienertisch besänftigt, wenn er beim Verlassen des Lokals auf eine katzenbereinigte Terrasse trifft. Ciccio wird einfach eine Plastiktüte mit köstlichen saftigen Fleischresten füllen und sie untenrum anstechen, damit der Duft sich frei entfalten kann. Diesen Köder in der Hand, soll ich dann mal eben zu Pierino hinüberschlendern, um ihm kurz hallo zu sagen, und mich dabei bemühen, möglichst langsam zu gehen – ganz besonders, wenn ich am Tisch der Deutschen und Katzen vorbeikomme. Sobald ich sicher bin, dass unsere pelzigen Freunde die Leckereien bemerkt haben, soll ich, immer noch mit meiner Tüte bewehrt, durch den Garten zurückkommen, dann aber unauffällig hinunter zum Fluss schlendern und, sobald ich absolut sicher bin, dass mich keiner der Gäste, welcher Nationalität auch immer, sehen kann, das Fresschen für die Katzen auf den Boden kippen.

Der Plan funktioniert aufs i-Tüpfelchen – bis auf den Teil mit Pierino, den wir uns zugegebenermaßen nicht gründlich genug überlegt hatten. Pierino ist nämlich sichtlich der Meinung, ich sei von allen guten Geistern verlassen, als ich an seinen Tisch komme, hallo sage und dann sofort wieder verschwinde, ohne mich wenigstens auf ein Glas Wein zu ihm zu setzen. Aber das kann ich ja schlecht, oder? Mir sind schon etliche Kätzchen auf der Spur, dicht gefolgt von ihrer Mutter. Wenn ich mich setzte, würden wir binnen weniger Sekunden von Katzen überflutet.

Sobald meine Mission erfüllt ist, sehe ich mir drinnen die gestressten Gastronomen noch einmal an und entscheide, dass ich in dieser Umgebung nicht darauf warten möchte, dass es vier wird und die Geschäfte öffnen. Mit den Antikäfermitteln eilt es ja auch gar nicht mehr so sehr, jetzt, da Umberto das Problem gebührend relativiert hat, oder? Außerdem ist es grauenvoll heiß, wodurch die Vorstellung einer weiteren kühlenden *motorino*-Fahrt etwas entzückend Verführerisches gewinnt. Ich glaube, ich mache einen kurzen Ausflug zu den Teichen oberhalb von Roncagli, am Fuß des kühlen grünen farnigen Wasserfalls, und schwimme ein paar Runden. Und sobald sich alles ein bisschen abgekühlt hat, fahre ich wieder nach Haus und staple das Brennholz weiter auf, das Ciccio mir neulich netterweise mit der Kettensäge zerkleinert hat und das immer noch inmitten von haufenweise Sägemehl auf der rückwärtigen Terrasse herumliegt.

Zum Abschied steckt mir Ciccio ein Lunchpaket aus (diesmal für den menschlichen Genuss geeigneten) Resten zu, das wir gemeinsam auf dem Gepäckträger meines *motorino* festschnallen –

gefüllte Zucchiniblüten, hmmm! und streifig gegrillte Auberginenscheiben, mit denen ich mir ein frisches Brötchen aus dem Laden des Bürgermeisters belegen kann –, und verspricht mir, mich morgen als Entschädigung für das entgangene Mittagessen richtig auszuführen. Er hat eine Überraschung für mich, sagt er. Wenn er es heute Abend nicht mehr zu mir hinaufschaffen sollte, treffen wir uns morgen nach dem Mittagessen, unten auf der Piazza, in Pepes Bar, in Ordnung?

11

Eine Besichtigung der Familien-Ländereien ist nicht unbedingt das Erste, woran man denkt, wenn einem versprochen wird, »richtig schön ausgeführt« zu werden; jedenfalls geht's mir so. Und so überrascht es mich ein kleines bisschen, als ich Ciccio auf der Piazza treffe und erfahre, dass er beabsichtigt, den Nachmittag mit mir oben auf seiner *campagna* zu verbringen. Ich habe auch gewisse Zweifel, ob ich für diesen Ausflug wirklich die geeignete Kleidung trage. Bevor ich aus dem Haus gegangen bin, habe ich mich nämlich in Erwartung einer etwas glamouröseren Verabredung ziemlich zurechtgemacht und angemalt.

Es ist ein wunderschönes Fleckchen, sagt er hoffnungsvoll, das Grundstück, das er mir schon häufig von meiner Terrasse aus gezeigt hat, hoch oben auf dem gegenüberliegenden Hügelgrat, hinter den Pinien oberhalb von Diano Castello. Von da oben aus kann man kilometerweit sehen, sogar bis ganz hinüber nach Korsika und Capraia, wenn das Wetter klar ist.

Und kaum sind wir ein halbes Dutzend der halsbrecherischen Haarnadelkurven hochgesaust, die bei fast jedem Ausflug in dieser Gegend Italiens unausweichlich sind, haben die Dörfer hinter uns gelassen und fahren wieder zwischen Oliventerrassen dahin, habe ich mich bereits mit der Idee ausgesöhnt. Mich mit dem Land der Familie bekannt zu machen muss für Ciccio ein Akt echter Intimität sein – einzig noch dadurch zu toppen, dass er mich der Familie selbst vorstellt. Und das wäre irgendwie ziemlich witzlos, da ich die Leute sowieso schon alle kenne. In meiner neuen Rolle als seine Partnerin werde ich allerdings, aus unerfindlichen italienischen Gründen, weiterhin geheim gehalten. Er hat es seiner Mutter immer noch nicht gesagt; und ich weiß immer noch nicht, wo das Problem liegt. Er bringt's einfach nicht fertig, sagt er.

Nach Gründen steht es uns nicht an zu fragen. Ich bin im Begriff, sage ich mir, meines Verehrers Ländereien in Augenschein zu nehmen, um eine tiefere Einsicht in seinen wahren Charakter zu erhalten. Genau wie die Heldin eines Jane-Austen-Romans. Oder will ich mir vielleicht eher ein Bild davon machen, inwieweit seine *campagna* eine Familie zu ernähren vermag – wie eine richtige, traditionelle Bauernbraut?

*

Es dauert nicht lange, bis mich ein ziemlich eigentümlicher Geruch im Wagen von diesen feinsinnigen Überlegungen ablenkt. Er scheint immer intensiver zu werden. Ich kurble mein Fenster herunter. Er hat nicht zufällig wieder Fisch im Kofferraum, oder?

Nein, nein, sagt Ciccio. Das werden die drei Säcke Kuhdung sein, die er gerade auf dem Hof der Giacomassi-Jungs, oben auf dem Hügel, abgeholt hat. Die werden wir oben bei seinem Vater noch brauchen. Er hat versprochen, heute Nachmittag da oben ein paar Dinge zu erledigen.

(An dieser Stelle sollte ich vielleicht erklären, dass nach hiesiger Ausdrucksweise »bei meiner Mutter« das *Haus* der Familie bezeichnet, während »bei meinem Vater« das *Land* der Familie meint. Dies wird andere davor bewahren, fälschlicherweise anzunehmen (wie ich es eine Zeit lang tat), eine überraschend große Anzahl von Eltern sei hierzulande geschieden oder lebe jedenfalls getrennt.)

Dann werden wir da oben also Mist ausbringen, ja?, frage ich. Um wie viel volkstümlicher kann unser Date eigentlich *noch* werden?

Sei nicht blöd, sagt Ciccio. Natürlich nicht! Zu dieser Jahreszeit? Nein, den werden wir brauchen, um den Ofen zu reparieren, der muss dringend überholt werden, bevor die Tomaten in ein, zwei Wochen erntereif sind. Denn dann wird sich sein ganzer Clan da oben einfinden, um sie zu pflücken und sie in eine Trilliarde Gläser und Flaschen von *sugo di pomodoro* zu verwandeln, genau so wie wir es bei Anna und Tonino gemacht haben, und das wird wenigstens ein paar Tage dauern. Und solange sie da arbeiten, müssen sie die Möglichkeit haben, sich so zu ernähren, wie sie es gewöhnt sind.

Ofen? Mist? Nicht nur unverständlich, sondern auch entschieden wenig versprechend als Vorspiel zu einem romantischen Stelldichein. Besser nicht weiterforschen.

Ach ja, sagt Ciccio. Dabei fällt ihm ein, dass im Kofferraum auch ein Kanister ist. Fünf Liter Diesel für mich.

Diesel? Für mich? Woher hat er das gewusst? Ich bin nicht mal dazu gekommen, ihm von den *tarli* zu erzählen...

Er legt sich den Finger seitlich an die Nase – die italienische Geste für »kümmer dich um deinen eigenen Kram« –, und ich antworte ihm mit einem waschechten britischen bitterbösen Blick. Er lenkt ein.

Er wusste es, sagt er, weil die ganze Provinz Imperia ihn gestern den ganzen Nachmittag lang damit genervt hat, ich bräuchte ganz dringend Diesel. Zuerst ist Nachbarin Anna auf einem bis zur Unkenntlichkeit mit Einkäufen bepackten *motorino* aufgekreuzt und hat ihm eine dramatische Geschichte von gemeingefährlichen Riesenbienen erzählt, die nur darauf aus seien, mein Heim dem Erdboden gleichzumachen. Sie war sich nicht sicher – weil »dieser Franco« nach Kräften Verwirrung stiftete –, ob ich wirklich verstanden hatte, wie dringend man dem Problem mit etwas Diesel zu Leibe rücken müsse. Also hatte sie sichergehen wollen, dass mein Verlobter (wissendes Lächeln) auch wirklich Bescheid wusste.

Als Nächster kommt kein anderer als eben »dieser Franco« vorbei, um das Geld abzuholen, das ihm das Restaurant für die zehn Kilo Pferdesteak schuldet, die er letzten Monat geliefert hat. (Über diese spezielle Sache regt sich Ciccio mächtig auf – er hatte lediglich fünf Kilo bestellt in der Hoffnung, es könnte eine gewisse Nachfrage für diese Spezialität geben, aber Franco hatte bei Lieferung nur den jungen unbedarften Alberto angetroffen und einfach eigenmächtig zehn Kilo dagelassen. Und um dem Schaden noch den Spott hinzuzufügen, hatte sich dann herausgestellt, dass trotz des Rufs, den Pferdefleisch seit alters her als hervorragendes Tonikum und Stärkungsmittel genoss (und trotz einschlägiger Empfehlungen seitens der Slófudd-Bewegung), kaum jemand Lust hatte, es zu essen – außer Ciccio selbst. Was meines Erachtens erklärt, warum er in letzter Zeit so überaus vital ist. Der Rest von dem Zeug liegt noch immer im Gefrierschrank und nimmt ungebührlich viel Platz weg.) Sobald die Pferdegeschichte erledigt war, entschloss sich auch Franco, Ciccio an seiner Sorge um mein Wohlergehen teilhaben zu lassen – nur dass mein Problem in *seiner* Version der Geschichte keine randalierenden Bienen, sondern randalierende Käfer waren. Er fürchte, sagte Franco, ich habe nicht begriffen, dass Diesel meine einzige Hoffnung sei, zu verhindern, dass mir mein Dach auf den Kopf falle.

Da die öffentliche Meinung sich so entschieden dafür aussprach, hatte Ciccio es natürlich für das Beste gehalten, mir ein paar Liter Diesel zu besorgen. Was sind es denn nun, fragt er, Bienen oder Käfer? Steht das Dach wirklich kurz vorm Einstürzen? Und warum habe ich ihm gestern nichts davon gesagt, als ich im Restaurant war?

Käfer, glaube ich, sage ich. Aber es ist wahrscheinlich nichts Ernstes. Jeder scheint zu meinen, dass Franco maßlos übertreibt. Und dass ich Ciccio nichts davon gesagt habe – nun, das war doch gar nicht nötig, oder? Warum sollte ich meine Nachbarn um ihr harmloses Vergnügen bringen?

Ciccio kann schier nicht glauben, dass ich auch nur in *Betracht* gezogen haben könnte, Franco *il coltello* – »Fränkie Messer«, wie er mit mehr als gutem Grund hier allgemein bekannt ist – Glauben zu schenken. Andererseits gibt Ciccio zu, kein Experte in Sachen Dachstühle und deren Probleme zu sein. Ja, es sei ihm schleierhaft, warum jemand überhaupt Holz als Baumaterial verwenden sollte. Das Haus seiner Mutter, unten auf der Küstenebene zwischen hier und Diano Marina, sagt er, hat schön stabile tonnengewölbte Decken aus Ziegeln und Stein, Fußböden aus Terrakottafliesen und keinerlei tragende Teile aus Holz. Holzbalkenhäuser sind eine rückständige, hinterwäldlerische Bergbauerntradition, mit der er sich überhaupt nicht auskennt.

Was soll das heißen, rückständig!? Praktisch jedes Haus in meiner Heimat ist mit Holzbalken erbaut. Und nicht etwa nur das Dach, sondern auch die unteren Geschosse; und etliche stolze Exemplare stehen schon seit vielen Jahrhunderten wie eine Eins da. Damit handle ich mir einen äußerst ungläubigen Blick ein: einen Blick, der mir schon binnen weniger Monate durchaus vertraut werden wird. Die Menschen dieses Teils der Welt scheinen irgendwann im Laufe der letzten fünfzig Jahre jeden Glauben an das Baumaterial Holz verloren zu haben, und zwar so gründlich, dass sie sich nicht einmal mehr vorstellen können, es jemals verwendet zu haben. Wozu mir einfällt, dass die Italiener in den Fällen, wenn wir in England »klopf auf Holz« sagen und ebensolches tun, stattdessen Eisen berühren. Darf man daraus schließen, dass sie noch nie allzu viel Zutrauen in Holz hatten? Was, frage ich Ciccio, hielte er davon, auf der Rückfahrt kurz am Haushaltswarenladen von Diano Marina zu halten, oder besser noch, direkt nach Imperia zu fahren, und nachzufragen, ob es nicht irgendein zeitgemäßes Do-it-Yourself-Dachkonservierungs-Set zu kaufen gibt?

Warum?, fragt er. Was ist gegen Diesel einzuwenden?

Es stinkt, sage ich. Und ist sehr feuergefährlich. Bringt das Insekten wirklich um?

Natürlich, sagt Ciccio. Sein Vater benutzt es immer im Gemüsegarten. Man geht einfach mit einer Tasse Diesel die Beete ab, pflückt die Insekten von den Pflanzen und wirft sie hinein. Und die sind in Sekunden tot. *Morti stecchiti!* Außerdem hat er wenig Vertrauen zum Haushaltswarenladen von Diano; und Imperia wäre ein ziemlicher Umweg. Warum halten wir stattdessen nicht lieber an der Bar in San Pietro? Die nachmittägliche Kartenspiel-Session dürfte mittlerweile in vollem Gange sein, wir fahren sowieso daran vorbei, und dort werden jede Menge Holzbalkenkenner anzutreffen sein: erfahrene Grauköpfe, die nur darauf warten, jeden unbedarften Neuling, der des Weges kommt, an ihrem höheren Wissen teilhaben zu lassen.

Guter Plan, sage ich. Und ich sage das, obwohl ich mir hundertprozentig sicher bin, dass die Bar von San Pietro die Dieselmethode unisono bestätigen wird. Und warum tu ich das? Weil es mich irrsinnig freut, dass Ciccio überhaupt vorgeschlagen hat, in meiner Stammbar vorbeizuschauen, *deswegen*. Seit wir zusammen sind, lässt er einen seltsamen Widerwillen dagegen erkennen, das Lokal zu betreten. Er muss dringend weg, oder er ist mit Hinz oder Kunz in seinem eigenen Stammlokal verabredet, unten an der Kreuzung von Diano, oder ihm ist momentan gerade nicht nach etwas zu trinken…

Woher kommt diese neue Allergie gegen Luigis Bar, den Dreh- und Angelpunkt des gesellschaftlichen Lebens von San Pietro? Ich habe keine Ahnung. Luigis Gäste sind in der Mehrzahl waschechte geborene San Pietresi. Ciccios Stammlokal (mit dem einladenden Namen »BarLady«) hingegen – ganze anderthalb Kilometer näher an der Küste gelegen und damit weit weltoffener – wird nicht nur von Ligurern frequentiert, sondern auch von Leuten, die aus so fernen Landstrichen wie Rom, Neapel, Kalabrien und den Abruzzen stammen – ja gelegentlich sogar aus Marokko, Albanien oder dem Senegal. Trotzdem scheint mir das noch kein ausreichender Grund zu sein, mich von meinen Wurzeln abschneiden zu wollen. Diese Bar – oder besser gesagt, ein Zimmer in der *pensione* darüber – war mein und meiner Schwester allererstes Zuhause in San Pietro, von unserem Arbeitgeber, Signor Patrucco, dem König der hiesigen Rosenproduktion, für uns gebucht und bezahlt. Und ohne die Ratschläge des ernsten Luigi, des autodidaktischen Intellektuellen, und dessen junonischer Frau Maria – ganz zu schweigen von den Unmengen an köstlichstem Proviant, mit dem sie uns versahen – bezweifle ich, dass wir diesen ersten, harten Monat hier oben auf den Hügeln überhaupt überlebt hätten. Oder je gelernt hätten, uns in einem ligurischen Restaurant *nicht* hoffnungslos zu blamieren. Seit damals dürfte kaum ein Tag vergangen sein, an dem ich nicht auf einen schnellen Cappuccino oder Aperitif, ein Viertelstündchen richtigen Dorfklatsch, oder um mir von Luigi, Maria oder ihrer vereinten olivenanbauenden Gästeschar den einen oder anderen Tipp einzuholen, in der Bar vorbeigeschaut hätte. Deswegen freut es mich riesig, dass Ciccio sich endlich doch eines Besseren besonnen hat.

*

Also schieben wir die bunten Streifen des Fliegenvorhangs auseinander, stellen uns an den Tresen und bestellen bei Luigis Sohn Stefano zwei Espressi. (Ich persönlich würde zwar lieber einen Cappuccino trinken, aber wenn man hier zu dieser Tageszeit so etwas verlangt, muss man sich auf ein Kreuzfeuer humoriger Nachfragen seitens sämtlicher übrigen Gäste gefasst machen, ob man gerade erst aufgestanden sei oder was.) Nach der langen Lethargie des Sommers spürt man, kaum dass man in die Bar hereinkommt – jedenfalls wenn man eine gewisse Übung hat –, die summende Energie, die sich allmählich aufbaut, während jeder sich innerlich auf den Herbst und den damit einhergehenden nächsten Schub richtiger, harter Arbeit vorbereitet. Von September bis Februar kommt man in San Pietro kaum zur Ruhe: erst die *vendemmia* und die Weinherstellung, das Ernten, Einmachen und Abfüllen aller Erzeugnisse des Gemüsegartens; dann die letzte Säuberung und Vorbereitung der Olivenbaumterrassen, das Zusägen und Aufstapeln der gestutzten Olivenbaumzweige als Brennholz für den Winter, das Auslegen der Olivennetze; und schließlich, nach ein paar Wochen Unterbrechung für die Weihnachtsfestivitäten, als triumphaler Abschluss die Olivenernte, das Aufladen großer schwerer Säcke auf die Ape und die Fahrten hinunter zur Ölmühle; und endlich das Pressen des Jahresbedarfs an Öl und ein netter fetter Batzen hart verdientes Bargeld.

Schon nach wenigen Minuten erklären uns sämtliche versammelten Veteranen, es reiche völlig aus, die Balken alle paar Jahre mit simplem Kalkwasser zu überstreichen, um die *tarli* in Schach zu halten.

Hat sie das denn nicht gemacht?, fragen sie, zu Ciccio gewandt.

Ein weiterer schwer verdaulicher Aspekt des hiesigen Lebens: Wenn man eine Frau ist und sich in Begleitung eines Mannes befindet – eines Verwandten, Freundes oder auch nur beliebigen Passanten –, dann pflegen die hiesigen Männer ihre Bemerkungen ausschließlich an ihn zu richten. Spräche man direkt mit der Frau, dann würde man damit offenbar implizieren, der Mann sei ein Idiot, ein Kind oder ein Weichei; oder auf alle Fälle ein Mann, der den Respekt anderer Männer nicht verdient. Es kostete mich zehn, zwölf Jahre entsprechender rätselhafter Erlebnisse – war mein Italienisch plötzlich nicht mehr zu verstehen? War ich möglicherweise unsichtbar geworden? –, hinter die Existenz dieser lächerlichen Regel zu kommen. Natürlich war ich meist in Begleitung meiner Schwester hier, und solange man keinen Mann bei sich hat, kann man sich mit den Leuten vollkommen normal unterhalten. Heute aber stelle ich zu meiner feministischen Schande fest, dass es mich tatsächlich freut, so angesprochen – oder besser gesagt: *nicht* angesprochen zu werden. Denn schließlich möchte ich doch nicht, dass meinem Ciccio der gebührende Respekt versagt wird, oder?

Schon bald räume ich, obwohl die Frage gar nicht an mich gerichtet war, kleinlaut ein, dass ich meine Dachbalken überhaupt noch nie gekalkt habe, nein, nicht *ein* Mal in all den Jahren. Angesichts dieser meiner fremdländischen Renitenz legen sich die versammelten Stirnfronten von San Pietro bedenklich in Falten. Völlig unbegreiflich. Und es hätte auch keinen Sinn zu erklären, dass es dort, wo ich herkomme, keine monströsen Balken fressenden Insekten gibt und niemand je seine Balken kalkt, denn das würde mir lediglich eine weitere Breitseite missbilligender Blicke einbringen. Derlei unglaubwürdige Ausreden kannst du dir sparen, junge Frau!

Jetzt bemerke ich, direkt in der Ecke am Fenster, den steinalten Pompeo, den grauhaarigen vormaligen Besitzer meines Hauses und direkten Nachfahren von dessen einstigem Erbauer. Normalerweise tut Pompeo nichts lieber, als Ratschläge, Tipps und Informationen zu geben; momentan allerdings liest er demonstrativ die bareigene Zeitung und hält sich aus der Diskussion völlig heraus. Höchst verblüffend! Pompeo, ein drahtiges Männlein mit stechenden Augen und eindrucksvollen Brauen, nimmt stets großen, besitzergreifenden Anteil an all meinem Tun und Lassen, insbesondere wenn es das Haus betrifft, das ihm einst gehörte; ja, ohne seine unschätzbaren Ratschläge während des Brunnenskandals einige Jahre zuvor – als ich feststellte, dass ein Unbekannter unseren Brunnen, kaum dass dieser sich nach einem langen trockenen Sommer wieder zu füllen begann, aus unerklärlichen Gründen leer gepumpt hatte –, hätten die Schwester und ich möglicherweise die Flinte ins Korn geworfen und wären aus schierer Verzweiflung endgültig von hier fortgezogen.

Zum Glück kennt Ciccio Pompeo nicht so gut, dass ihm sein ungewöhnliches Verhalten auffallen könnte; und ich werde den Teufel tun, ihn darauf hinzuweisen. Ist es das, wovor Ciccio sich gefürchtet hatte? Gewogen und in seiner neuen Rolle als mein offizieller Partner für zu leicht befunden zu werden? Pierino hätte natürlich keine Zeit verloren, die frohe Botschaft durch das Tal zu tragen.

Ja, einfach ein kleiner Anstrich, sagt jeder außer Pompeo. Ich krieg mehrere Blicke ab, die mir zu verstehen geben, dass so was eben der Lohn der Faulheit sei, während meinem Ciccio von vielen Seiten weise zugenickt und -gezwinkert wird, wodurch er von jeglicher Mitschuld an diesem typischen Fall weiblichen Leichtsinns freigesprochen wird. Nichts dergleichen jedoch von Seiten Pompeos.

Und hätte es irgendeinen Sinn, die Balken jetzt noch zu kalken?, fragt Ciccio. Von Francos Prophezeiung, das Dach werde mit Sicherheit einstürzen, hat er kein Wort gesagt; und ich denke, ich werde mich seinem Beispiel anschließen. Ich kann die pantomimischen Kommentare (Finger am unteren Augenlid) in puncto Francos Schlauheit bereits sehen, das wiehernde Gelächter über meine Leichtgläubigkeit hören.

Luigi steht hinter seinem Tresen und reibt ihn mit einem blau-weißen Lappen nachdenklich ab. Allmählich machen sich die Jahre bei ihm bemerkbar – besonders seit er Maria, vor einem Jahr, verloren hat. Er und Stefano (der im Augenblick gerade dabei ist, Espressotassen ordentlich auf der Kaffeemaschine zu stapeln), haben ohne Marias kulinarische Betreuung schon gut und gerne drei, vier Kilo abgenommen. Aber im Oberstübchen ist der scharfsinnige Luigi noch absolut auf dem Posten, und sein Sohn ist ihm dank seiner Erziehung durchaus ebenbürtig. Man kann sich immer darauf verlassen, dass sie den Kern des Problems treffen; und zweifellos dank der kämpferisch kommunistischen Tradition, der sie beide entspringen, bereitet es ihnen keinerlei Schwierigkeit, mit Angehörigen beiderlei Geschlechts zu reden – sowohl einzeln als auch gemeinsam.

Die Sache ist die, sagt Luigi, sobald er die Angelegenheit gründlich durchdacht und seinem Tresen einen angemessenen Glanz verliehen hat. Die Leute streichen ihre Balken mit Kalk, damit die Holz fressenden Insekten sie nicht als Holz erkennen und daher auch keine Eier in ihnen ablegen. Sind die Viecher aber erst einmal drin, sei die Kalkwasserbehandlung völlig sinnlos.

Jetzt erspähe ich meinen düsteren Nachbarn Nino, der uns immer, trotz meiner im Laufe der Jahre wiederholten unbeabsichtigten Anschläge auf seinen Besitz, ein wertvoller Helfer in der Not gewesen ist. Er hält sich ebenfalls aus der Diskussion heraus. Er steht nur so da an der Theke und starrt Ciccio auf die denkbar auffälligste Weise an. Entnervend. Ich kenne allerdings die Bewohner von Luigis Bar durch die Bank eine ganze Weile länger als meinen Ciccio, und sie dürften das Familienähnlichste darstellen, das ich hier habe. Und jetzt erweisen sie sich eben als äußerst eifersüchtige Ersatzväter.

Es könnte sich andererseits trotzdem lohnen, die Balken anzustreichen, steuert Stefano bei. Das würde wenigstens die herangewachsene *tarli*-Brut davon abhalten, in die Fußstapfen ihrer Eltern zu treten, wodurch sich die Plage auf ein, zwei Generationen von Tieren beschränken würde.

Optimist! Ich möchte mir gar nicht vorstellen, wie viele Generationen da schon drin sind. Und alles nur wegen ein paar Eimern mehr oder weniger dieser magischen Lösung für alle kleineren Probleme des Lebens: Kalk. Aber jetzt, da sich die Dinge schon so weit entwickelt haben, kann man mir – wie alle (mit Ausnahme Pompeos und Ninos, die den Eindringling weiterhin keines Wortes würdigen) Ciccio einhellig mitteilen – nur eines raten: jedes bisschen Holz im Haus großzügig mit Diesel zu bestreichen.

Na, wer hätte *das* gedacht?

12

Ein halbes Dutzend Haarnadelkurven die andere Talseite wieder hinauf parken wir hinter der Zeile von Pinien, die sich den Höhenzug meinem Haus gegenüber entlangzieht. Ciccio reicht mir zum Ausgleich für mein ungeeignetes Schuhwerk einen felsenfesten Arm, und wir kraxeln einen engen Pfad hinunter. Um die Bergkuppe herum, und da wären wir: in einer breiten sonnigen Südsenke, die sich behaglich zwischen zwei hohe ginsterbewachsene wilde Bergrücken schmiegt. Zwei breite silbrige Phalangen von Olivenbäumen marschieren ein paar Dutzend schulterhohe Terrassen hinab, und zwischen den zwei Hainen liegen die *orti*, die Gemüsegärten. Sinnebetörende Etagen über Etagen von Auberginen, Tomaten, Paprikas, Erbsen, Bohnen; Salatpflanzen, Basilikum und Spinat saugen sich auf tadellos gehackten und gejäteten Beeten mit Sonne voll. Die Terrasse direkt oberhalb von uns ist ausschließlich der glattblättrigen Petersilie vorbehalten. Kein Wunder, dass Ciccio mit dem Zeug immer so verschwenderisch umgeht!

Tief unter uns, zum Meer hin, sitzt auf seinem eigenen Hügel Diano Castello: ein hübsches Durcheinander von Ziegeldächern zwischen den Überresten seiner verfallenen Stadtmauer. Und jenseits von Castello, nichts mehr – nur eine spektakuläre Weite kobaltblauen Meeres und ein tiefer wolkenloser Himmel. Die Olivenbäume von Ciccios Vater Salvatore ragen beiderseits von uns hoch und ausladend auf. Hier ist nichts von den neumodischen Faulpelz-Schnittmethoden zu erkennen, die so viele weniger stoische Ölbauern bereits übernommen haben. Was mich allerdings auch nicht wundert: Ich habe nie vergessen, wie gereizt, ja wütend Salvatore der Reihe von Vorträgen beigewohnt hatte, mit denen das ligurische Olivenministerium oder sonst eine Behörde dieser Art uns alle dazu bringen wollte, unsere Bäume zu niedrigen Hängegewächsen zu schneiden, um mit einem Minimum an Arbeit maximale Erträge zu erzielen: der *taglio drastico* oder »drastische Schnitt«. Ein verabscheuungswürdiger Vorschlag, wie Salvatore fand, der fünfzig Jahres seines Lebens damit zugebracht hatte, jeden einzelnen Zentimeter seiner Bäume zu hegen und zu pflegen, und ganz gewiss nicht so hirnverbrannt sein würde, sie allesamt um fünf Meter kürzer zu sägen.

Ich mag zwar (als überzeugte Nicht-Arbeitsethikerin) selbst die drastische Schnittmethode übernommen haben, aber verstehen kann ich jetzt schon, warum Salvatore so sehr an seinen Bäumen hing. Oder sollte ich besser sagen: seinen Pflanzen, *piante*, wie man sie hier in der Gegend nennt, ohne sich mit irgendwelchen Spezifizierungen abzugeben, da ohnehin jedem klar ist, was für welche gemeint sind. Jede Einzelne von ihnen ist ein wahres Kunstwerk, eine mustergültige Realisierung des altmodischen Kandelaberstils. Dein Vater, sage ich voll Bewunderung, ist ganz eindeutig kein Mann, der sich vor ein bisschen harter Arbeit fürchtet.

Warum sollte er auch?, sagt Ciccio. Die lässt er ja schließlich *mich* machen. Und den ganzen Rest der Familie, wenn er es schafft. Osvaldo und Giovanni verfluchen sicher den Tag, an dem sie meine Schwestern geheiratet haben. Und Beppe, der elegante dritte Schwager, sorgt stets dafür, dass er von September bis weit nach der Olivenernte von unaufschiebbaren Geschäften in Mailand festgehalten wird.

*

Salvatores *orti* lassen mich und meine diesbezüglichen Bemühungen vor Scham im Boden versinken. Wir sind durch eine knapp zwei Meter hohe Laubenallee von Ochsenherztomaten geschlendert und in einen Apfel- und Birnen-, Feigen- und Aprikosen-, Pfirsich- und Nektarinengarten gelangt. Der Pfad windet sich zwischen Beeten von Artischocken, Kartoffeln, Zucchini langsam wieder hangaufwärts und führt uns auf eine ebene Fläche hoch oben auf der Kuppe zu, wo ein alter steinerner *rustico* steht: das Vorratshaus der Familie. Die zwei nächsthöheren Terrassen sind jetzt ausschließlich einer niedrigen buschigen, mit knallroten Knospen übersäten Pflanze vorbehalten. Sind das Zwergrosen? Baut Salvatore auch Blumen an? Klingt unwahrscheinlich, aber andererseits sprießen Blumenterrassen neuerdings an den unwahrscheinlichsten Stellen aus dem Boden – für

Blumenzucht kann man heutzutage anständige Zuschüsse von der EU bekommen, mit denen sich ganz gut andere Sachen quersubventionieren lassen, für die es keine Förderung gibt, wie zum Beispiel den Anbau von Oliven in industriell nicht anbauwürdigen Mengen.

Ciccio lacht bei der Vorstellung. Keine Spur! Das ist eine besondere Sorte extrascharfer Chilischoten, die sein Vater gezüchtet hat, indem er die Samen der jeweils schärfsten Schoten jeder Ernte zurückbehielt und wieder aussäte. Nach ungefähr zehn Jahren hat diese unnatürliche Auslese diese Pflanze hervorgebracht, bei der alle Schoten sich oben an der Spitze konzentrieren. Und höllisch scharf sind. Probier mal, sagt er, während er beiläufig eine pflückt und sie mir vor die Lippen hält.

Nein, nein! Nimm das weg!, japse ich und weiche entsetzt zurück.

Sein Vater, erzählt mir Ciccio, ist hoffnungslos süchtig nach Chilis, und je schärfer desto besser. Er kann nicht mal einen Teller Pasta ohne die Dinger essen.

Da hast du's. Noch ein hervorragender Grund, die Teufelsdinger nicht zu probieren. Wenigstens *eine* Sucht, der ich bislang irgendwie entgehen konnte.

Als sein Vater noch ein Kind war, sagt Ciccio, unten im bitterarmen Süden Italiens, setzten die Leute Chilischoten genauso ein wie südamerikanische Kleinbauern die Blätter der Kokapflanze – als eine Art kombinierten Appetitzügler und Energiespender. So kam es, dass Salvatore danach süchtig wurde. Je weniger es zu essen gab, desto mehr Chili hat man dazugetan. Wenn es nichts anderes als Brot gab, was in den Dreißigerjahren ziemlich häufig der Fall war, höhlte man seinen jeweiligen Anteil vom Familienlaib aus und füllte ihn mit einer Hand voll Chilis; und gab dann noch eine Scheibe Zwiebel und einen Tropfen Olivenöl dazu – falls man die bekam. Der Schock, den einem diese Zubereitung verabreichte, half einem genauso gut über den harten Arbeitstag wie ein voller Magen. Ächz! Gedankt sei dem

Herrn, dass ich nicht als arme Süditalienerin auf die Welt gekommen bin. Ich wäre mit Sicherheit verhungert, wenn die einzige Alternative Chili-Sandwiches gewesen wären. Inzwischen hat Salvatore die Hungerjahre seiner Jugend aber allemal wieder wettgemacht, sage ich voller Bewunderung. Hier oben wächst ja genug Gemüse, um eine ganze Armee zu ernähren. Was in aller Welt fängt er mit dem ganzen Zeug an? Verkauft er es? Ist es für das Restaurant?

Ciccio wirft mir einen Blick zu. Natürlich. Zählt man Salvatores Sohn, seine fünf Töchter, die drei Schwiegersöhne, die fünf Enkel und seinen eigenen Haushalt zusammen, hat er tatsächlich eine ganze Armee zu ernähren. Auch wenn sie berufstätig werden, heiraten, einen eigenen Hausstand gründen, scheinen sich Kinder hierzulande nie richtig abzunabeln. Ein paar von ihnen, in der einen oder anderen Kombination, essen stets bei Salvatore und Francesca. Damit hat Salvatore sechzehn Mäuler zu stopfen – oder zumindest *mit*zustopfen. Kein Wunder, dass er so viel Chili braucht. Sollte durch irgendwelche unglücklichen Umstände seine sonstige Ernte verderben, würde die Familie dennoch den Winter überleben, und wenn der Frühling kommt, hätte er die nötige Energie, um sein Land neu zu bestellen.

Als wir endlich, völlig außer Atem, die letzte Terrasse hinter uns gelassen und den *rustico* auf der ebenen Hügelkuppe erreicht haben, verschlägt's mir die Sprache. Vergiss Jane Austen. Für die Landschaftsgestaltung scheinen hier doch eher Doktor Jekyll & Mr. Hyde zuständig zu sein. Wobei ausschließlich der irrsinnige Hyde für den Bereich um den *rustico* verantwortlich zeichnet. Direkt vor dem Haus gibt es zwar eine kleine ordentlich gepflasterte Terrasse mit einer Holzbank, aber ansonsten ist der Garten Eden mit einem Schlag verschwunden. Auf dem ebenen Dreieck der Hügelkuppe ringsum brütet, so weit das Auge reicht, ein Dschungel von Chaos in der Sonne. Ein kleiner Hügel von verbogenen Jalousien hier, einer von rostigen Eimern und eingebeulten Wellblechplatten dort, von Prunkwinden überwuchert;

ein verrottendes Sofa, ein schulterhoher Stapel zerbrochener Marmorplatten; ein Haufen alter Backsteine, ein Wall von waldrebendurchwachsenen prähistorischen eisernen Bettgestellen, ein weiterer von zerbröselnden Pappkartons voller Fliesen, verrostenden Eisenstangen, Rollen von Hühnerdraht. Bis an den Rand der Kuppe ist die ganze Landschaft mit dem Krempel übersät.

Ich kann nicht glauben, dass es Ciccio nicht stört, wie's hier aussieht; ja, dass er das sogar als ein schönes Fleckchen bezeichnet! Der Kontrast zwischen der geordneten Vollkommenheit unten und dem sinnlosen Chaos hier oben könnte nicht alarmierender sein. Jane Austens Heldin Elizabeth Bennett würde jetzt die Flucht ergreifen, überzeugt, vor dem Werk eines gefährlich gestörten Geistes zu stehen.

Was in aller Welt *soll* das hier alles?, frage ich matt.

Ciccio schaut sich verständnislos um. *Was* alles?, fragt er.

Dieses ganze... Zeugs, weil mir ein treffendes Wort einfach nicht einfällt. Diese Haufen von...

Ach so. Na ja, sagt er, sein Vater wirft nie irgendetwas weg. Irgendwann kann man alles gebrauchen.

Okay. Ade, Jane Austen. Die Bauernbraut hat gewonnen. Ich brauche nicht zu befürchten, dass meine Sprösslinge je werden hungern müssen, wenn ich erst in dieses Grundstück eingeheiratet habe. Hinzu kommt, dass einzelne Bereiche dieses Sperrmülldschungels, wie sich herausstellt, tatsächlich konkrete, benennbare Funktionen besitzen. Was auf den ersten Blick wie ein planloses Gewirr von Holzlatten, Ziegelsteinen und Maschendraht ausgesehen hatte, entpuppt sich etwa (nicht ganz ohne Ciccios Hilfe) als ein Hühnerstall samt Gehege voll dicker brauner Hühner, die uns mit glücklichem Gegacker begrüßen.

Siehst du?, sagt Ciccio, während er die Tür öffnet (oder besser: entwirrt). Die Hühner kommen, aufgeregt übereinander purzelnd, herausgerannt und fangen sofort an, im Staub zu scharren und zu picken. Das macht vielleicht nicht allzu viel her, fügt er hinzu, aber es beliefert die Familie mit einem guten Dutzend

Eiern täglich. Und ich käme nie darauf, wie viel dieser Hühnerstall wert ist. Wollen wir wetten?

Ich lasse mich auf keine Glücksspiele ein, da ich eine Falle argwöhne. Und ich behalte Recht mit meinem Argwohn. Die richtige Antwort lautet Ciccio zufolge vier Millionen Lire: mehr als tausend Pfund.

Und wie kann ein Haufen Latten, Ziegel und Hühnerdraht vier Millionen Lire wert sein?

Ganz einfach: Man braucht dazu nur böswillige Nachbarn, die einen auf der *comune* verpfeifen, weil man keine Baugenehmigung dafür hatte. Ein Rathausbeamter kam hier herauf und erklärte das Ding für *abusivo*. Die Alternative zur Geldstrafe wäre der Abriss der widerrechtlichen Konstruktion gewesen. Aber Salvatore liebt diese Hühner. Sie beliefern nicht nur die Familie mit Eiern: Sie kommen, wenn er sie ruft, sie laufen ihm liebevoll hinterher, wenn er an seinen Gemüsebeeten arbeitet, und er sagt, dass sie seine Gartenfrüchte vor Ungeziefer beschützen, indem sie die schädlichen Insekten aufpicken, bevor sie an die Pflanzen gehen können. Es hätte ihm das Herz gebrochen, sie zu verlieren. Also zahlte Ciccio die vier Millionen.

Schrecklich. Dann habe ich mich hier also doch nicht an die Betuchten und Einflussreichen von Diano rangemacht! Manche Leute, Leute mit Freunden an den richtigen Stellen, können die neuen Häuser, die sie sich am Rand der Dörfer in diesen Hügeln bauen, ungestraft mit hektarweise blanken Fliesen und vorgefertigten Betonbalustraden umgeben; während Ciccio und die Seinen nicht mal einen elenden Hühnerstall bewilligt bekommen. Dafür haben sie aber, wie man sieht, das Herz auf dem rechten Fleck. Und sind natürlich ganz groß im Recyceln.

13

Warum setzen wir uns nicht hin, sagt Ciccio, und trinken einen Schluck, bevor wir uns an die Arbeit machen?

Hinsetzen? Trinken? Wo?

Wir steigen ein zerbröckelndes steinernes Treppchen hinunter, an einem besonders großen und wüsten, völlig mit Efeu überwachsenen Haufen irgendetwas vorbei, und biegen dann unerwartet scharf rechts genau ins Herz dieses Haufens. Der, wie sich herausstellt, gar kein solcher ist, sondern eine dichte Efeupergola, die sich von der hohen Steinmauer der dahinter liegenden Terrasse bis weit über einen gewaltigen quadratischen Eichenholztisch hindehnt, an dem problemlos fünfzehn Leute und mehr Platz fänden. Wozu er natürlich auch gedacht ist. Und dazu auch noch ein ganz besonders schöner Tisch, den ich am liebsten gleich mit nach Hause nehmen würde. So etwas einfach auf einem Hügel stehen zu lassen! Es ist kaum zu glauben, dass noch kein herumstreunender Antiquitätenhändler vorbeigekommen ist und ihn sich unter den Nagel gerissen hat. Dazu müsste er ihn aber zugegebenermaßen erst einmal finden.

Sobald man sich auf eine der (ebenfalls ziemlich attraktiven) wuchtigen langen Bänke gesetzt hat, die um den schönen Tisch stehen, zufrieden glucksende Hühner zwischen den Füßen, Girlanden dieser tierisch scharfen Chilischoten ringsum über Kopfhöhe zum Trocknen aufgespannt, fällt es einem überraschend leicht, den ganzen Schutt und Müll draußen zu vergessen. Von hier aus sieht man nichts anderes als ungeheure Mengen blauen Himmels und noch blaueren Meeres, Vorhänge von dunkelgrünem Efeu und leuchtend roten *peperoncini* und gelegentlich, wenn eine willkommene Brise die Blätterranken teilt, kurze Ausblicke auf vollkommene *orti*, die sich weiter unten hinziehen. Schief an einem der grünen Fensterläden, die eine Seitenwand dieser Laube bilden, ist ein Lichtschalter festgenagelt. Jetzt pass auf!, sagt Ciccio und drückt darauf: und inmitten des Efeus leuchtet eine Glühbirne auf. Richtiger Strom! Ich bin beeindruckt. Erst recht, als ich erkenne, dass der rostige alte Kühlschrank, der unter seiner eigenen Pergola aus Weinlaub malerisch inmitten von Gras und Unkraut steht, nicht nur einwandfrei funktioniert, sondern auch noch voll von herrlich kühlen Flaschen Mineralwasser und Weißwein ist. Also doch nicht bloß alles sinnloses Gerümpel!

Drüben in der Ecke, die von der Treppe gebildet wird, ragt aus einer aufrecht stehenden Steinplatte ein Wasserhahn hervor, unter dem sich eines dieser ovalen steinernen Becken befindet, wie man sie an Dorfbrunnen sieht. Erbleiche vor Neid!, sagt Ciccio, und dreht den Hahn mit theatralischer Geste auf.

Waschechtes Leitungswasser! Ich seh zu, wie es meterweit auf die trockene Erde im Umkreis spritzt. Kein Wunder, dass Salvatores Gemüse meines alt aussehen lässt. Da brauche ich mich ja wohl nicht mehr zu schämen.

Solche Häme weniger glücklichen Mitmenschen gegenüber ist nicht gerade nett, bemerke ich bockig. Wie Ciccio aus leidvoller Erfahrung weiß, muss das Wasser bei mir zu Hause einmal alle zwei Wochen von einem mehrere steile Terrassen tiefer gelegenen Brunnen mit Hilfe einer grässlich unzuverlässigen alten benzinbetriebenen Pumpe (die mir vor gut zehn Jahren ein gewisser Franco *il coltello* verkaufte) in meinen Tank hochgepumpt werden. Das Ding setzt in der Mehrzahl der Fälle mitten in der Prozedur aus; woraufhin Ciccio, für den Verbrennungsmotoren keinerlei Geheimnisse bergen, herbeigerufen werden muss, damit er den Haushalt vor dem Tod durch Vertrocknen errettet. Und was Kühlschränke anbelangt – schön wär's! Ich besitze lediglich ein zwergenformatiges Kühlgerätchen, nicht größer als zwei, drei großzügig bemessene Familienpackungen Müsli, das mit Gas betrieben wird.

Während Ciccio im Kühlschrank nach Erfrischungen kramt, fällt mir ein kleines und vergleichsweise zahmes Häufchen ausgemusterter Haushaltsgegenstände ins Auge, das neben mir zwischen den zwei Bänken liegt. Ich krame es müßig durch und fördere eine kleine hölzerne Kaffeemühle zutage: mit einer gusseisernen Kurbel oben und einem Schublädchen für den gemahlenen Kaffee unten. Ich kurbel und kurbel gerade glücklich vor mich hin, als Ciccio mit den Gläsern zurückkommt. Gefällt sie dir?, fragt er. Nimm sie mit. Die hat seit Jahren kein Mensch mehr benutzt. *La mamma* kauft den Kaffee heutzutage fertig gemahlen. Steck sie in deine Handtasche.

Der Tisch wär mir lieber, sage ich hoffnungsvoll. Oder das fließende Wasser.

Später, sagt der Mann-der-alles-hat.

Als ich dem Backofen, der sich am äußersten Ende dieser recht wohnlichen Terrasse befindet, von Angesicht zu Angesicht gegenüberstehe, erscheint eine Kuhmistbehandlung noch abwegiger als bisher. Zum einen ist es ein frei stehendes Exemplar. Weiterhin gibt er sich, wie unter den gegebenen Umständen kaum anders zu erwarten, für einen unstrukturierten Schutthaufen aus; in diesem Fall für einen kuppelförmigen Haufen recht schöner verwitterter alter Backsteine. Es ist einer dieser einfachen bienenkorbförmigen Backöfen, die es hier seit prähistorischer Zeit gibt: Man zündet darinnen ein Holzfeuer an, und sobald er schön heiß und das Feuer heruntergebrannt ist, schiebt man die Glut beiseite, legt seinen Teig hinein – Brotlaib, Pizza, *focaccia* oder was auch immer – und verschließt die Feueröffnung. Dieser Ofen ist auf einer Seite ganz rissig geworden, wodurch das Ding, *la mamma* zufolge, nicht mehr richtig heiß wird und man einen Haufen Brennholz vergeudet.

Wie ich jetzt erfahre, bin ich dazu auserkoren worden, an einem kühnen wissenschaftlichen Experiment teilzunehmen. Nach allgemeiner landläufiger – und insbesondere Salvatores – Ansicht besteht die einzige Möglichkeit, den Schaden zu beheben, darin, den Ofen abzureißen und ihn völlig neu aufzubauen. Doch ein alter Mann aus dem rund dreißig Kilometer landeinwärts gelegenen Gebirgsstädtchen Pieve di Teco hat Ciccio diese Kuhmist-Flicktechnik verraten; eine Technik, die Salvatore und dessen Kumpels als baren Unfug verdammten, als Ciccio vorschlug, man könnte sie doch einmal ausprobieren. Das waren natürlich dieselben fortschrittsfeindlichen Elemente, die seinerzeit gegen die Modernisierung der Olivenzucht protestiert und die entsprechende Vortragsreihe boykottiert hatten. Die begreifen nicht, sagt Salvatores Sohn, dessen Augen in evangelischem Eifer erglühen, dass die Kuhmistbehandlung nicht nur die Risse abdichtet, sondern auch die Isolierung verdoppelt. Wodurch der Backofen länger heiß bleibt und das Herz seiner Mutter zum Frohlocken bringt. Und das seines Vaters auch, sobald er des Sohnes Gehorsamsverweigerung verschmerzt hat und entdeckt, wie viel weniger Holz er dafür zu hacken braucht.

Ich kann mir schon vorstellen, dass Pieve di Teco nichts Geeignetes vorzuweisen hat, um Salvatores Vertrauen zu gewinnen. Anstelle dieser steilen sonnendurchglühten Küstenterrassen, die so sehr an Salvatores süditalienische Heimat erinnern, haben sie da oben in Pieve kühle Kastanienwälder und sanfte grüne Bergweiden. Anstatt Oliven anzubauen und höchstens mal ein, zwei Ziegen zu halten, haben sie dort riesige Rinder- und Schafherden. Wenn sie überhaupt so weit kommen, berichten Reisende aus unserem Diano-Tal von der erschreckenden Tatsache, dass Olivenbäume dort oben – außer vielleicht in vereinzelten, besonders geschützten Ecken – wegen der viel zu kalten Winter überhaupt nicht gedeihen würden, sowie vom abscheulichen Gebirgsessen, von dem sie sich dort oben hätten ernähren müssen: Butter, wo es von Rechts wegen Olivenöl sein sollte, und viel zu viel Polenta. Die Ärmsten! Wie können sie das nur aushalten?

Genau, sagt mein Herzallerliebster, und genau deswegen bin ich die ideale Helferin bei der heutigen Aufgabe. *Ich* bin frei von dem idiotischen dörflerischen Chauvinismus, der jedem Fortschritt im Wege steht. Und was noch besser ist: Ich habe keinerlei vorgefasste Meinung bezüglich der Frage, wie man einen Pizzaofen reparieren müsse. Er sollte mir allerdings besser etwas Vernünftiges zum Anziehen besorgen, sagt er und bedenkt mein bislang unbeachtet gebliebenes aufreizendes Outfit mit einem geringschätzigen Blick. Er verschwindet im *rustico*, kramt ein Weilchen darin herum und kommt dann mit zwei umfangreichen geblümten Schürzen à la Anna und einem Paar ausgelatschter Damenhausschlappen wieder heraus. Das sind Sachen seiner Mutter, sagt er, aber immerhin praktischer als das, was ich anhabe. Ich kann mir aussuchen, welche Schürze ich lieber haben möchte.

Danke, Ciccio. Fortschritt, ich komme. Also schlucke ich meinen Stolz hinunter, tausche meine modische Fußbekleidung gegen die schlappen schaumgummibesohlten Pantoffeln und wickle mich in die größere und geblümtere Schürze von beiden. Wo sind eigentlich diese Nachbarn, die sich wegen des Hühnergeheges beschwert haben?, frage ich, da ich plötzlich befürchte, sie könnten unerwartet auftauchen und mich in dieser lächerlichen Verkleidung ertappen.

Komm, ich zeig's dir, sagt Ciccio und führt mich durch Salvatores wüstes Land fast wieder dorthin zurück, wo wir das Auto geparkt haben. Ein Stückchen tiefer, direkt jenseits der Kuppe des Hügels, stehen zwei brandneue, todschicke kleine Villen. Beton-Balustraden ja, aber keine unabsehbaren Flächen von Fliesen. Noch nicht.

Zwei Familien, die über den Bauernstand hinausgewachsen sind und ihren *rustico* neu aufgebaut haben, sagt Ciccio. Ursprünglich hatten sie vorgehabt, die Häuschen an Urlauber zu vermieten, dann aber haben sie begriffen, dass sie selbst darin wohnen und stattdessen ihre alten Dorfhäuser vermieten konnten – und zwar für noch mehr Geld, da sie näher am Meer liegen.

Aber von hier aus können die euren Hühnerstall doch gar nicht sehen!, sage ich.

Natürlich nicht, sagt Ciccio. Sie wollten unser Land haben, das ist alles, und als wir nicht verkaufen wollten, haben sie angefangen, hier herumzuschnüffeln und nach Dingen zu suchen, die sie dem *comune,* der Gemeindeverwaltung, melden könnten. Sie hofften auf eine so hohe Geldstrafe, dass wir gezwungen sein würden zu verkaufen, um sie bezahlen zu können, aber mehr als das Hühnergehege haben sie nicht gefunden. Das größere Haus, sagt er, das mit dem sinnlosen Backsteintor, gehört den Teufeln, die die Behörden auf den Plan gerufen haben.

Ich sehe auf einen Blick, dass er Recht hat. Dieses Tor ist ein untrügliches Zeichen von Teufelei. Wer käme wohl auf die Idee, sich ein riesiges, autobreites, aber frei stehendes, mit keinerlei Mauer oder sonstigen Absperrung verbundenes Tor hinzustellen, ein Tor, um das man einfach herumgehen oder -fahren kann? Mit einem höchstens halbmeterbreiten Ziegeldächel darüber, das nicht mal ein Streichholz vor dem Regen schützen könnte? Die Leute von San Pietro haben vollkommen Recht: Das einsame Leben auf dem Lande ist schlecht für die seelische Gesundheit. Ich erfahre mit Genugtuung, dass das verabscheuungswürdige Tor noch nie benutzt worden ist, nicht ein einziges Mal. Jetzt, wo sie nicht mehr zu hacken und zu säen brauchen, streiten sich die Bewohner der zwei Häuser ganztags über Parkplätze, Zufahrtsrechte und darüber, wer wessen Aussicht störe. Die Leute von nebenan fochten das Recht der anderen an, das bisschen Land jenseits des Tors zu benutzen, noch ehe das Ding überhaupt fertig gebaut war. Der Prozess wird sich jahrelang hinziehen. Das stärkste Stück aber ist, fügt Ciccio hinzu, dass dieses Gesinde mit dem Tor doch tatsächlich behauptet hat, das Land seines Vaters sei eine Beleidigung fürs Auge, die den Wert *ihres* Grundstücks mindere! Eine Beleidigung für das Auge! Habe ich schon mal so etwas Hanebüchenes gehört?

*

Der Notwendigkeit, diese Frage zu beantworten, enthebt mich eine Nachbarin, die gerade in dem Moment aus ihrem Haus herauskommt: demjenigen ohne grauenvollem Tor. Sie ist in Pantoffeln und Morgenmantel, aber das scheint sie nicht weiter zu genieren. Warum auch? Wie sehe *ich* schließlich aus? Ihre Pantoffeln sind hochhackige Dinger mit kleinen flauschigen Puscheln von Straußenfedern oben drauf. Der Morgenmantel ist aus anschmiegsamem apricotfarbenen Satin. Schwer zu sagen, ob man sie eher als für die Situation zu aufgedonnert oder zu salopp gekleidet bezeichnen soll – oder sich gleich fragen würde, ob wir nicht beide zu irgendeinem ländlichen Kostümwettbewerb angetreten sind.

Buongiorno, sagt die Dame und misst uns mit kurzsichtigem Argwohn.

Buongiorno!, antworten wir unisono.

Ah! Ciccio! Sie sind's!, sagt sie, hörbar erleichtert. Wie geht's? Wie geht's Ihrer Mutter?

Gut, sagt er. Und Ihnen?

Während die Konversation weiter auf ihren vertrauten altehrwürdigen Gleisen dahintuckert, ertappe ich mich dabei, wie ich die Hausfrau fasziniert anstarre. Sie hat ein süßes kleines Püppchengesicht, ein Gesicht, das man auf Mitte vierzig schätzen würde, solange sie einen von vorne ansieht; aber sobald sie das Gesicht auch nur ein bisschen nach links oder rechts wendet, altert sie schlagartig um zwanzig Jahre. Und da sie redet, ist ihr Kopf natürlich in ständiger Bewegung. Alt, jung, alt, jung... wieder alt... es wirkt wie ein Spezialeffekt aus einem Fantasy-Film. Ich gaffe sie noch immer unhöflich an, als mir bewusst wird, dass sie mich angesprochen hat.

Dann müssen Sie also Ciccios englische Verlobte sein, stimmt's?, sagt sie. Die, von der Francesca mir so viel erzählt hat?

Äh, hm, brummel ich, da ich nicht weiß, wie die korrekte Antwort lauten müsste. Ich fühle mich entsetzlich befangen. Was muss diese Frau sich bloß denken, dass ich hier so unsubtil als Ciccios Mutter verkleidet durch die Landschaft stapfe?

Äh, hm, echot Ciccio und verstummt dann kurz, um nachzudenken. Na ja, fügt er hinzu...

Capisco, sagt unser Gegenüber drohend: Ich verstehe. Und starrt uns dann weiter an, als ob ihr Verständnis keine Grenzen kennen würde.

Na, dann noch mal *buongiorno*, sagt Ciccio, womit wir uns in den Schutz des Pinienwäldchens verziehen, wo ich mich auf das Polster von Nadeln plumpsen lasse und loskichere. Es geht nichts über italienisch-ländliche Moral, wenn man sich wieder wie eine vierzehnjährige Delinquentin fühlen will. Ciccio bleibt allerdings stehen und knurrt Schreckliches über Neugier und Nachbarn und seine Mutter und seine englische Verlobte und die Gestapo.

Was ist eigentlich mit dem Gesicht eurer Nachbarin passiert?, frage ich, sobald er sich halbwegs beruhigt hat. Hat sie sich liften lassen?

Ciccio weiß es nicht genau. Doch Gerüchten zufolge, ja. Beängstigend, nicht? Aber mit dem Herzen ist er nicht bei der Sache. Er ist ein tief besorgter Mann. Hat sich die Neuigkeit über uns denn schon im ganzen Tal verbreitet? Kann es wirklich seine Mutter gewesen sein, die der Nachbarin von mir erzählt hat?

Na, wenn diese Leute die erklärten Feinde deiner Familie sind, dann ist das doch wohl nicht sehr wahrscheinlich, oder?

Falsch. Offenbar wird diese Art Krieg ausschließlich zwischen Männern ausgetragen, und nichts hält deren Frauensleute von einem freundlichen Plausch ab, wenn sie sich zufällig über den Weg laufen.

Wir werden zu seiner Mutter fahren müssen, sagt Ciccio besorgt, und zwar so bald wie möglich. Sie wird sehr gekränkt sein, wenn ihr wirklich schon jemand anders, vor uns, die Nachricht überbracht haben sollte.

Was denn, sage ich, muss ich auch mitkommen? Reicht es nicht, wenn *du* es ihr erzählst?

Nein, das geht nicht. Ich muss mitkommen, sonst wirkt es respektlos. Oder nicht respektabel. Es sieht dann so aus, als hätte ich etwas zu verbergen.

Wirklich? Was genau würde ich denn verbergen?, frage ich neugierig.

Meine fremdländische Begriffsstutzigkeit treibt Ciccio an den Rand der Verzweiflung. Nichts Bestimmtes, sagt er. Eine anständige Frau hätte eben keine Angst, der Mutter ihres Mannes in die Augen zu sehen, das ist alles.

Aber ich hab sie doch schon zigmal gesehen, sie weiß ganz genau, dass ich ihr problemlos in die Augen sehen kann.

Darum geht es nicht: Es ist eine Frage des Protokolls. Wir müssen demnächst bei seiner Familie zu Abend essen, das ist alles.

Komisch. Ich *war* schon bei ihm zu Hause; einmal habe ich sogar am zweiten Weihnachtstag mit der ganzen Familie gefeiert. Und ich habe mich bei ihnen immer pudelwohl gefühlt. Warum macht er jetzt wegen der Sache ein so kummervolles Gesicht?

Diese Pinien hier, sage ich – in der Hoffnung, ihn von der grauenvollen Vorstellung abzulenken, dass irgendjemand glauben könnte, er sei mit mir verlobt –, sind genau dieselben, die man von meiner Terrasse aus sehen kann, guck; also müssten wir logischerweise von hier aus mein Haus sehen können.

Ciccio späht hoffnungsvoll auf die andere Seite des Tals und hält Ausschau nach irgendwelchen topographischen Merkmalen meines kleinen Anwesens, der Besta de Zago. Und ist fünf Minuten später verblüfft, keine Spur davon gefunden zu haben.

Ich für mein Teil bin nicht verblüfft. Mit Logik hat das hier nichts zu tun. Jedes Mal, wenn man die Andeutung eines Ziegeldachs unter den Olivenzweigen erspäht hat, ein Gebäude, das mein Haus sein könnte, dauert es nicht lange, bis man auch den Beweis findet, dass es das *nicht* ist: eine Pinie an der falschen Stelle, oder eine Felsnase, oder einen Weinberg, oder einen ginsterbewachsenen Hang, der da nicht hingehört. Mein Haus ist schon aus der Nähe nicht zu sehen, und aus der Ferne erst recht nicht. Ich hab mich zwar mittlerweile daran gewöhnt, aber fair finde ich das nicht. Ich habe ein schönes Haus, und ich würde mich furchtbar gern, mit von Besitzerstolz geschwellter Brust, von Ferne an seinem Anblick weiden; wenn man mich nur ließe.

Mah!, sagt Ciccio frustriert. Dann komm, sehen wir jetzt zu, dass wir diesen Backofen in Ordnung bringen. Und wir wandern durch Salvatores Schuttabladeplatz zurück, der vielleicht ein bisschen unaufgeräumt aussehen mag, aber mit Sicherheit keine Beleidigung fürs Auge ist. Was ist schließlich ein kaum nennenswerter Mangel an landschaftsgärtnerischen Fähigkeiten, gemessen an einem Tor à la Rancho Monstroso? Wenn man mich jemals vor die Wahl stellen würde, ich würde mich ohne zu zögern für Salvatores Ästhetik entscheiden.

*

Jetzt also zur Kuhmist-Reparaturaktion. Jetzt, in kaltem Zustand, sind die Risse im Backofen praktisch nicht zu erkennen; aber kaum haben wir ein paar Olivenholzscheite hineingewuchtet und in Brand gesetzt, dringt erst spärlich, dann in immer dickeren Schwaden Rauch aus den Ritzen hervor. Ciccio holt mit der Schubkarre den Mist aus dem Auto, und los geht's. Das Rezept des Alten von Pieve ist fraglos ganz schön widerlich: Man verdünnt den Mist mit Wasser zu einer dicken Schmiere und trägt sie schichtweise auf den immer heißer werdenden Ofen auf, bis sich eine gut dreißig Zentimeter dicke Kruste gebildet hat. Sobald er ein paar Eimer angerührt hat, gibt mir Ciccio liebenswürdigerweise ein Paar derbe rosafarbene Gummihandschuhe. Genau das, was mir zur Abrundung meines Outfits noch gefehlt hatte. Jetzt habe ich keine Ausreden mehr (verdammt!), um mich nicht als vollwertiges Mitglied an diesem kühnen technologischen Experiment zu beteiligen!

Da haben wir's. *Das* versteht mein Herzallerliebster offenbar unter einem »richtigen Date«: einen Nachmittag lang in einem qualmenden Ofen stochern und ihn mit Mistbrei bewerfen, von Hühnern umgackert und – angetan mit rosa Gummihandschuhen, alten Hausschlappen und einer hektargroßen Schürze jeglicher Anmut beraubt. Ich klatsche einen Klacks Brei auf den warmen Ofen und verstreiche ihn mit der behandschuhten Handkante so, dass er sich mit seinen Nachbarn vereinigt. Ein weiterer Rauchkringel, dem der Garaus gemacht wird. Schnell, noch eine Hand voll darauf... Ja! Das war's!

Ist das so eine Art Eignungstest für das bäuerliche Leben? Oder sollte ich mich einfach mit der Tatsache abfinden, dass der Kerl nicht *ein* Fünkchen Romantik im Leib hat? Hast du nicht *ein* Fünkchen Romantik im Leib?, frage ich, während ich die gummibewehrte Hand wieder in den Breieimer tauche, getreu dem Grundsatz, dass es besser ist, solche Gedanken nicht für sich zu behalten. Nennst du *das* »richtig ausführen«?, füge ich zur Sicherheit noch hinzu.

Ciccio sieht mich erschrocken an. Nein, *das* sollte doch nicht die Verabredung sein! Hier, sagt er, kramt in der Gesäßtasche seiner Jeans und holt zwei quadratische Pappkärtchen hervor, die er dabei nur geringfügig mit Kuhmist verdreckt. Eintrittskarten für das Afro-Jazz-Konzert heute Abend in Genua, sagt er.

Und tatsächlich bloß zwei Tickets! Sehr schmeichelhaft. Das muss das allererste Mal sein, seit ich ihn kenne, dass Ciccio abends *nicht* in Begleitung von wenigstens einem halben Dutzend Freunden und Verwandten ausgeht. Da nun meiner Ehre Genüge geschehen ist, mache ich mich mit verdoppeltem Elan wieder an die Arbeit. Schon bald habe ich all meine ästhetischen Bedenken über Bord geworfen und werde zu einer immer besseren Kennerin zweideutiger Breiigkeiten. Die ideale Ausrede, um als Erwachsene Schlammkuchen zu backen. Als der Ofen endlich ganz und gar mit Mist bedeckt und ordentlich geglättet ist – die Gummihandschuhe erweisen sich als das dafür geeignetste Werkzeug: Man klatscht nur leicht auf die Pampe, und schon steigt die Feuchtigkeit nach oben und verdampft –, kann man die Reparatur nur als einen vollkommenen Erfolg bezeichnen: Keinerlei Rauch dringt mehr nach außen. Ciccio tanzt begeistert um mich herum – Schau dir das an! Die Skeptiker sind widerlegt! Wart's nur ab, bis sie das zu sehen bekommen! – und tut sein Bestes, um mich zu umarmen, während ich versuche, noch ein paar Holzscheite in den Ofen zu schieben, damit wir auch sicher sein können, dass seine Ummantelung hundertprozentig durchgebacken ist und nicht vom nächsten Regen wieder heruntergespült wird. Was haben gerade anderweitig beschäftigte Frauen nur an sich, dass Männer sie stets in solchen Momenten unbedingt umarmen wollen? Oder passiert das nur mir?

*

Gerade als wir aufbrechen wollen, rennt Ciccio noch einmal in den *rustico* und kommt mit einem ganzen Arm voll eingemachter Köstlichkeiten zurück: Gläser voll Oliven und Auberginenscheiben und marinierten Pilzen und spitzen grünen Paprika *sott'aceto* (in Weinessig) und in Olivenöl eingelegten kleinen runden roten Paprikas mit einer Füllung aus Käse und Sardellen... Wir könnten doch eigentlich etwas mit zu dir nach Hause nehmen, sagt er, die Speisekammer ein bisschen auffüllen.

Wirklich? Aber werden sich deine Eltern nicht aufregen? So hart, wie sie dafür gearbeitet haben, ist es doch nicht fair...

Ciccio sieht mich mitleidig an. Was glaubst du denn, für wen sie das alles machen? Ich sollte den Ausdruck im Gesicht seiner Mutter sehen, wenn sie ihn zufällig mal mit einer Plastiktüte vom Supermarkt in der Hand erwischt! Im Gegenteil, seine Eltern werden sich wie die Schneekönige freuen, wenn sie erfahren, dass wir die Sachen essen. Sie können den Gedanken nicht ertragen, dass ihre Sprösslinge ihr sauer verdientes Geld im Lebensmittelladen ausgeben. Und zweitens, was glaube ich wohl, wie viele Stunden seines Lebens er selbst hier im Gemüsegarten verbringt? Was glaube ich wohl, wo er an seinen so genannten Ruhetagen noch vor Sonnenaufgang hinfährt? Und was glaube ich wohl, wo er ab kommender Woche, wenn er bis zur nächsten Sommersaison das Restaurant nur abends öffnet, seine meisten

Vormittage verbringen wird? Was glaube ich wohl, warum das Restaurant den ganzen Februar, solange die Olivenernte dauert, geschlossen bleibt?

Verzeihung! Ich vergesse dauernd, dass »das Land meines Vaters« nur ein Ehrentitel ist. Und Ciccio sehe ich immer nur im Restaurant arbeiten, nie hier oben.

Mir wird verziehen. Zur Feier meiner neuen Einsicht in Ciccios Leben und Wirken gehen wir mit zwei Körben hinunter und plündern als Dreingabe noch ein paar Meter des *orto*. Jetzt laden wir unsere Beute ins Auto, trinken noch rasch einen Schluck am Wasserhahn, klopfen uns halbherzig die asche- und schlammverdreckten Sachen ab und machen uns, noch immer von einem ausgeprägten Duft nach geräuchertem Kuhmist umweht, auf den Weg. Nur gut, dass es ein Open-Air-Konzert ist.

*

Ich drehe mich zu einem letzten bewundernden Blick nach unserem geflickten Ofen um. Phantastisch! Wie ich jetzt außerdem erkenne, fügt er sich dadurch, dass wir seine ursprüngliche elegante Kuppelform unter einem Gebirge von strohstachligem Mist begraben haben, weit besser in die umgebende Kulturlandschaft ein. Ja: jetzt, nachdem wir mit ihm fertig sind, könnte man ihn – obwohl er zugegebenermaßen vielleicht eine Spur organischer als seine Nachbargebilde aussieht – tatsächlich für einen bloßen Haufen Schutt halten.

14

Gestern hat es fast den ganzen Tag geregnet. Toll. Brauche ich also nicht zum Brunnen hinunter zu laufen, um das Gemüse zu gießen. Das Land sieht grün und erfrischt aus. Bald wird der Brunnen wieder anfangen, sich zu füllen. Ich lechze förmlich nach dem Herbst. Welch ein Luxus, nicht mehr zu schwitzen!

Wieder langärmlige Sachen tragen zu können! Ich kann's kaum erwarten. Die glühende Augusthitze verbrennt hier alle Bodenvegetation zu farblosem Stroh und Reisig; alles Übrige vegetiert nur noch mit Müh und Not vor sich hin. Nur hier und da erinnert noch ein vereinzelter Zitronenbaum mit seinem grün glänzenden Laub daran, wie es einstmals aussah. Aber der Herbst bringt in dieses gen Norden und Osten von einem Ring von Bergen geschützte Tal etwas wie einen zweiten Frühling. Schluss mit der die Augen versengenden, hitzeflimmernden Luft und bleich ausgedörrten Erde. Krokusse, Veilchen und Rosen lassen sich oft zu einer zweiten Blüte verleiten, und neue grüne Triebe werden bald die Hänge bedecken und einen reizenden Kontrast zu den herbstlichen Gold- und Rosttönen des Eichen- und Weinlaubs und dem Silber der immergrünen Olivenbäume bilden.

Meine Nachbarn haben noch einen zusätzlichen Grund, sich über den Regen zu freuen. Ein richtig schönes Gewitter zieht Horden von Weinbergschnecken nach sich. Und eine Horde von Weinbergschnecken zieht hierzulande eine Horde hungriger Weinbergschneckenjäger nach sich. Gestern Nachmittag habe ich Francos Frau Iolanda gesehen, die nach einer erfolglosen Jagd mit leeren Händen auf ihrem *motorino* heimwärts knatterte – sie hatte nicht bis zum Morgen nach dem Regen warten können (wie man eigentlich sollte), weil sie heute mit ihrem Mann ein paar Kühe zum Markt bringen musste. Da ich gewissermaßen mitten im Jagdrevier wohne, habe ich ihr also versprochen, ihr welche hinunterzubringen, falls ich ein paar sammelwürdige Exemplare fände. Obwohl sie schon zu mehr als einer Gelegenheit an ihrem eigenen Tisch miterlebt hat, dass ich absolut unfähig bin, Schnecken zu essen, konnte Iole kaum verheimlichen, dass ihr dieses Angebot eher wie eine verdammungswürdige Extravaganz als wie ein Akt der Freundlichkeit erschien. Jeder vernünftige Mensch würde die Viecher selbst verspachteln und sie ganz bestimmt nicht verschenken.

Trotzdem hüpfe ich im ersten Morgengrauen aus dem Bett und mach mich auf die Pirsch. Was für ein Genuss, nach den letzten paar sonnenversengten Monaten in kühlen feuchten grasigen Winkelchen zu stöbern! Ich bin mir nicht ganz sicher, ob ich außer den großen dicken braunen Schnecken auch die kleineren, mit den cremefarbenen gestreiften Häuschen sammeln soll. Zum Glück entscheide ich mich dagegen. Nur restlos verzweifelte, ausgehungerte Leute, erfahre ich später, würden so minderwertige Geschöpfe verzehren: Sie sind so bitter, dass man sie wochenlang mit süßen Blättern und Kleie füttern muss, damit sie überhaupt genießbar werden.

Ich bekomm eine ordentliche Plastiktüte von der richtigen Sorte voll und kehre nach Haus zurück. Aber mittlerweile ist Essens- und Siestazeit, und es gehört sich nicht, Leute zu dieser Tageszeit zu besuchen. Also setze ich mich stattdessen an meinen Laptop, um ihm ein paar Anekdoten anzuvertrauen. Als ich ins Hier und Jetzt zurückkehre, ist es unversehens acht Uhr abends. Mist: Abendessenszeit. Und anschließend Schlafenszeit. So seltsam das auch klingen mag, gehört es sich auch jetzt nicht, Leute zu besuchen; es sei denn, man hat sich vorher verabredet.

Mit der Notwendigkeit konfrontiert, die Nacht mit meinen Schnecken zu verbringen, kippe ich die kleinen Süßen in einen großen Dampfkochtopf, damit sie über Nacht nicht im Plastik ersticken, und gebe ihnen eine Hand voll schöne feuchte Blätter, damit sie was zu beißen haben und in der Zwischenzeit nicht austrocknen oder ungebührlich abnehmen. Den Deckel des Drucktopfs lege ich falsch herum drauf, so dass die Tierchen einerseits genügend Luft bekommen, andererseits nicht ausbüxen können. Obwohl sie, in einem derartigen Schlaraffenland untergebracht, eigentlich kaum den Wunsch verspüren dürften, das Weite zu suchen; sollte man jedenfalls meinen. Dann schiebe ich den Drucktopf unter die Spüle, damit er Ciccio nicht ins Auge fällt, falls dieser es nach der Arbeit noch zu mir heraufschaffen sollte. Was nicht sehr wahrscheinlich ist, denn wir haben Freitag, einen der Tage, an denen, wie er mir versichert, seine Gäste einfach nicht nach Hause und ins Bett finden. Falls er aber doch aufkreuzen sollte, würde er kaum der Versuchung widerstehen können, sie zu kochen. Und was noch schlimmer ist: Sobald er sie gekocht hätte, würde er nicht der Versuchung widerstehen können, seine ganze Überzeugungskraft aufzubieten, um mich dazu zu bringen, meine Vorurteile über Bord zu werfen und die Dinger zu essen. Zwecklos. Ich hab's schon zigmal probiert. Und ich weiß, dass sie sehr lecker schmecken. Aber sobald ich mich durch zwei, drei von ihnen durchgekaut habe, siegt meine Erziehung über meine Geschmacksknospen, und ich krieg nichts mehr hinunter.

*

Ich hatte nicht geahnt, dass die Schnecke, so träge, treu und doof sie auch erscheinen mag, nicht nur ein Wesen von unbezwingbarer Wanderlust ist, sondern auch eines, für das ein schwerer Dampfkochtopfdeckel kein Hindernis darstellt. Am nächsten Morgen komme ich nach oben und finde überall Schnecken. Schnecken auf halber Höhe, die schleimspurig über Vorhänge und Wände, Türen und Fenster kriechen; Schnecken, die knuspernd unter den Füßen zermatschen, als ich nach der Kaffeekanne suche, um meine Gehirnzellen zu beleben, während ich über das Problem nachdenke; Schnecken auf dem Abtropfbrett, in der Spüle und der Abwaschschüssel; Schnecken, die über all die Teller kriechen, die ich mich gestern Abend irgendwie nicht mehr überwinden konnte abzuspülen. Sie tummeln sich auch auf dem Sofa und den Sesseln und feiern ein Gelage in dem Korb mit frisch gepflücktem Spinat, den ich auf dem Fußboden vor der Gartentür vergessen habe. Es ist ein ganzes Stück schwieriger, sie aus allen Ecken und Winkeln des Hauses herauszuklauben, als es gestern gewesen war, sie im Freien zu sammeln. Mittlerweile sind infolge verschiedener flucht- und todbedingter Ausfälle erheblich weniger da als gestern. Trotzdem schnalle ich, da es jetzt elf und somit endlich eine absolut zivile Besuchszeit ist, meine halbe Plastiktüte Schnecken pflichtbewusst auf den Gepäckträger meines *motorino* und düse hinab zu Ioles Haus und großer luftiger Küche, auf halbem Zickzackweg durch San Pietro. Francos Frau ist von oben bis unten mit Mehl eingestäubt, nachdem sie gerade Ravioli fertig ausgerollt hat, und will sich einen wohlverdienten vormittäglichen *caffellatte* kochen. Ob ich ebenfalls einen möchte?

*

Entgegen meiner Gewohnheit lehne ich dankend ab. Ich habe dafür einen mehr als stichhaltigen Grund. Als ich das letzte Mal hier war und mit ihrem Mann Franco einen *caffellatte* trank, kam Iole plötzlich mit einem schäumenden Eimer Milch herein und erklärte, mein Kaffee sehe so gut wie kalt aus und ihr Mann tauge als Gastgeber überhaupt nichts, strahlte mich verschwörerisch an, als sei sie im Begriff, mir eine besondere Leckerei zu bieten, und kippte mir einen ordentlichen Schwapp dampfender kuhwarmer Milch direkt in die Tasse. Es war schon viel, dass ich das Zeug ohne zu würgen hinunterbekommen habe: Es war nicht die Milch als solche, sondern die Wärme – beziehungsweise die Vorstellung, *woher* die Wärme kam.

Heute sehe ich zwar nirgendwo schaumige Milcheimer lauern, aber trotzdem: Vorsicht ist die Mutter der Porzellankiste. Und natürlich kommt die Milch heute aus einer schönen kalten Flasche aus dem Kühlschrank. Verdammt. Iole wirft endlich einen Blick in meine Schneckentüte und hält sich, wie bei Ligurern so üblich, nicht mit langen Höflichkeitsfloskeln auf. Sie kann gar nicht glauben, dass ich mir die Mühe gemacht habe, ihr eine so winzige Menge zu bringen. Was soll sie denn damit anfangen? Schnecken, erfahre ich jetzt, sammelt man entweder säckeweise oder gar nicht. Meine halbe Tüte reicht ja nicht mal für einen *antipasto*, sagt Iole; ich kann sie genauso gut wieder mitnehmen – draußen in der freien Natur sind sie als Stammeltern weiterer Generationen immer noch nützlicher als in ihrer Küche.

Also so was! Die Menge mag dürftig sein, aber ich habe sie mit viel Liebe gesammelt. Ich stampfe beleidigt davon und gelobe, nie wieder irgendwem einen Gefallen zu tun, besonders nicht den zu Rohmilchattacken neigenden Gattinnen halsabschneiderischer Rosstäuscher, die durch die Hügel streifen und völlig grundlos wehrlosen Leuten eine Heidenangst wegen ihrer Dächer einjagen. Ob ich meine armen zurückgewiesenen Schnecken einfach bei der Kirche von San Pietro im Flussbett laufen lassen soll? Kommt mir ja eigentlich wie eine entsetzliche Verschwendung vor. Doch die Götter sind mir hold. Gerade als ich an der Brücke von meinem *motorino* absitze, kommt mir eine kleine himmelblaue Ape entgegengekäfert. Sobald sie näher kommt, entsprießen ihr winkende Arme und schreiende Köpfe. Ciccios Freund Marco, und neben ihn gequetscht, Ciccio selbst. Sie fahren rechts ran: Sie haben sich gerade eine Trockenmauer angesehen, deren Reparatur man Marco angeboten hat, oben in der Nähe des Klosters von Diano Arentino. Ciccio wird ihm ein paar Tage lang vormittags zur Hand gehen, weil er doch ab nächster Woche keine Mittagessen mehr zu kochen hat und Marco sonst niemanden finden kann, der ihm assistieren könnte. (Blöde Idee, meint Marco, er kommt auch allein prima zurecht. Aber Ciccio hat ja einen Sturkopf wie ein Muli, also soll er von ihm aus mitkommen.)

In Diano Arentino gibt's ein Kloster? Komisch: Seit Jahren starre ich jeden Morgen hinüber nach Arentino, aber ich hatte nicht gewusst, dass es da ein Kloster gibt. Na, und ob's da eins gibt, sagt Marco, der neuerdings dort oben wohnt. Hier unten in der Nähe des Meeres sind die Immobilienpreise dank der Touristen dermaßen in die Höhe geschossen, dass viele Einheimische seit einiger Zeit in die halb verlassenen Hügeldörfer zurückkehren – was sich heutzutage umso mehr lohnt, als die – landeinwärts gelegenen – familieneigenen Olivenhaine kein Klotz am

Bein mehr sind, sondern wieder eine lohnende Einkommensquelle darstellen. Marco hat gerade ein Haus für sich, seine Frau Laura und ihr Söhnchen Michele fertig renoviert. Das ehemalige Haus seiner Oma. Wir müssen bald raufkommen und es uns ansehen, sagt Marco. Und das Kloster auch.

*

Ich zeige den Jungs meine Schnecken und klage ihnen mein Leid. Da hast du's!, sagt Marco zu Ciccio. Genau die Gelegenheit, die du brauchtest! Bring sie deiner Mutter!

Genial!, sagt Ciccio. Als Nicht-Ligurerin wird seine Mutter Francesca selbst so eine lächerlich geringe Schneckengabe mit Freuden annehmen. Und uns liefert sie einen Grund, gemeinsam bei ihr zu erscheinen, was ihr, sollte sie noch nicht Bescheid wissen, eine Ahnung von der Art unserer Beziehung verschaffen wird. Während der Besuch, falls sie doch schon Bescheid wissen sollte, als offizielle Vorstellung gelten kann, so dass sie keinen Grund mehr hat, beleidigt zu sein. Wenn wir Glück haben, lädt sie uns auch zum Essen ein.

Aber einen Blumenstrauß solltest du ebenfalls mitbringen, sagt Marco. Ein anständiges, respektvolles Mitbringsel, das sie den Nachbarinnen zeigen kann; sonst machst du eine *brutta figura*.

Ciccio wiegelt verächtlich ab. Seine Mutter, sagt er, macht sich nichts aus solchen Kinkerlitzchen.

Falsch, sagt Marco in dem besonderen Ton, den er immer einsetzt, um Ciccios unbändigen Enthusiasmus zu zügeln. Sie hat lediglich gelernt, von dir keine zu erwarten. Kein Grund, deine Freundin so dastehen zu lassen, als hätte sie keine Manieren. Sie kann unmöglich mit lediglich einer Tüte Schnecken bei deiner Mutter aufkreuzen!

Was mich betrifft: Wenn Marco meint, man müsse einer Mutter Blumen mitbringen, bin ich sicher, dass dem auch so ist. Es geht allerdings schon stark auf Mittag zu, und die Geschäfte werden jeden Augenblick schließen. Ich schwinge mich also wieder auf meinen *motorino*, und wenige Minuten später bremse ich quietschend vor Diano Marinas einzigem Blumenladen. Der Rollladen ist schon halb unten. Ich wische geduckt hinein und schnapp mir das erste respektabel aussehende Bukett, das ich sehe: einen großen Strauß goldbrauner Chrysanthemen. Die Verkäuferin schlägt das Ding mit finsterer Miene in etliche Meter Zellophan ein. Sie bindet um das Ganze ein Band und zieht dieses mit einem Messer ab, damit es sich kräuselt. Schwarzes Band, sehe ich jetzt. Sehe ich vielleicht so aus, als würde ich zu einer Beerdigung gehen?

Könnte ich bitte eine etwas fröhlichere Farbe haben?, sage ich. Die Frau wirft mir zwar einen tödlichen Blick zu, bindet aber ein neues, rotes Band um den Strauß. Viel besser. Danke.

Jetzt stampft sie hinter mir aus dem Geschäft, zieht den Rollladen scheppernd herunter und schließt ihn demonstrativ mit einem Vorhängeschloss ab. Vor mir braucht sie ihren Laden nicht so zu verrammeln. Ich hab hierzulande noch nie einen Fuß in ein Blumengeschäft gesetzt – hab nie den geringsten Drang dazu verspürt, schließlich wohne ich inmitten gewaltiger Mengen der schönsten Wiesenblumen – und werde es in absehbarer Zeit auch gewiss nicht wieder tun, keine Angst.

Ciccio und Marco sind auf der Terrasse der nahe gelegenen Bar Marabotto und lassen sich von Cousin Paletta die neusten Neuigkeiten erzählen. Geschafft!, sage ich und schwenke triumphierend meine Chrysanthemen.

Die drei starren mich offenen Mundes an. Eine tödliche Stille breitet sich aus.

Was zum Teufel ist denn jetzt schon wieder los?

Ganz einfach. In Italien sind Chrysanthemen Blumen für die Toten, für Friedhöfe und Begräbnisse, nicht für die Lebenden. Deswegen werden sie auch mit schwarzem Band zusammengebunden. Und deswegen sollte ich sie besser schleunigst in den nächsten Mülleimer stecken.

Macht nichts, sagt Ciccio und bedenkt Marco dabei mit einem

besonders strahlenden und verantwortungslosen Lächeln. *La mamma* wird sich über die Schnecken riesig freuen.

15

Das Haus von Ciccios Mutter liegt in einem kleinen Orangen- und Zitronenhain in einem abgelegenen Nest landeinwärts von Diano Marina, diesseits des Bahnübergangs: einem Ortsteil, der allerdings seltsamerweise zu Diano Castello gehört. Muss früher mal Teil von dessen Ländereien gewesen sein. Ich bin bislang nur zu Weihnachten und Neujahr hier gewesen, deswegen bin ich überrascht, das Haus fast völlig unter einem Dschungel von Weinranken, Bougainvilleen, Gartenwicken und Clematis verborgen vorzufinden, zwischen die sich in jedem freien Eckchen Gartenkürbisse, mannshohe Sonnenblumen und ein ganzes Wäldchen von Topinambur drängen. Als ob Francescas Mann nicht schon genug Futter anbauen würde! Den größten Teil der Terrasse haben ebenfalls Pflanzen fest im Griff, in Töpfen vielfältigster Größe und Beschaffenheit. Im Zentrum des Ganzen, unter dem ausladenden Mandarinenbaum, der vor der Haustür wächst, steht Francesca in ihrem Küchengärtchen zwischen den Frühlingszwiebeln und pflückt gerade ein paar Lorbeerblätter.

Francesca ist ein kleines Persönchen (sie reicht mir gerade eben bis an die Schulter) mit einem silberdurchzogenen Mopp kurzer Locken und einem konstanten Ausdruck lächelnder Ratlosigkeit, als rechnete sie jeden Augenblick damit, irgendetwas nicht zu verstehen. Und sich trotzdem köstlich darüber zu amüsieren. Als sie mich heute grüßt, sieht sie allerdings noch ratloser aus als gewöhnlich. Sie hält mich von sich ab, um mich gründlich in Augenschein zu nehmen, zwickt mich fest in die Oberarme, so als wollte sie feststellen, ob ich für den Backofen tauge, wirft ihrem Sohn einen scharfen Blick zu und erklärt streng, ich sei seit dem letzten Mal, als sie mich gesehen hat, ganz schön abgemagert.

Das bin ich natürlich nicht – wie könnte ich auch, wo Ciccio mein Leben mit den köstlichsten Leckerbissen versüßt? Aus dieser Bemerkung schließe ich, dass Francesca über meine neue Beziehung zu ihrem Sohn Bescheid weiß. Nicht meine Figur hat sich verändert, sondern deren Bedeutung. Was für eine Enttäuschung, feststellen zu müssen, dass jetzt, da mich endlich jemand für dünn befindet, er das ganz bestimmt nicht als Kompliment meint. Ich bin als Schwiegertochtermaterial gewogen und für zu leicht befunden worden.

Na trotzdem, nun zum Geschäftlichen: Ich halte ihr meine Tüte Schnecken hin und mache mich auf Hohn und Spott gefasst. Aber nichts da. Francesca ist entzückt. Wie vernünftig diese Kalabresen doch sind! Und welch erfreulich fortschrittliche Vorstellungen von der idealen menschlichen Gestalt sie doch haben!

Francesca führt mich und meine Schnecken zum Mandarinenbaum, der nicht nur dem Tisch und den Stühlen darunter köstlichen Schatten spendet, sondern auch als praktische Freiluft-Abstelleinrichtung dient. Unter und auf seinen Ästen angebracht und herabhängend gibt es eine Unzahl von Regalen, mit weiteren blühenden Pflanzen auf einigen von ihnen, während andere allerlei Nützliches wie Kerzenständer und Gefäße voller Wäscheklammern tragen. Hoch oben in seinen Zweigen hängt ein alter hölzerner Vogelbauer. Wir tun sie einfach da rein, sagt sie. Als ich genauer hinschaue, sehe ich, dass der Käfig schon ein paar Dutzend Schnecken enthält. Komisch: Man würde doch eigentlich denken, dass man – *wenn* man schon einen Schneckenkäfig hat – ihn eher irgendwo in einem schattigen feuchten Eckchen auf dem Boden halten würde als hoch oben in einem Baum. Und doch: Soweit man das bei nach außen hin so emotionslosen Geschöpfen überhaupt beurteilen kann, scheinen die Schnecken mit ihrer luftigen Behausung durchaus glücklich zu sein. Aberwitzig! Als mein Mitbringsel zu den übrigen Weichtieren gekippt wird, kann ich mir ein Kichern nicht verkneifen.

Francesca kichert mit. Man muss sie aber da oben halten, sagt sie, damit sie aufhören, Erde zu fressen. Immer wenn sie in ihrem Garten eine findet, tut sie sie da einfach zu den anderen, bis sie genug für eine leckere Mahlzeit hat. Sie füttert sie mit süßen Kräutern und eingeweichten Haferflocken, so dass sie, wenn sie in den Kochtopf kommen, auch schon eine köstliche Füllung haben. Wie Ciccio vorhergesagt hatte, werden wir aufgefordert, zum Essen zu bleiben. Glücklicherweise nicht zu Schnecken, denn selbst die beste Sorte muss vor dem Verzehr ein paar Tage lang auf Diät gesetzt werden. Zuerst einen Salat, sagt Francesca, dann *pasta al sugo* und dann Rippchen mit Fleischklößen.

Hat sie auch bestimmt genug da?, frage ich.

Aber natürlich! Sie kocht immer genug für ein halbes Dutzend Leute. In diesem Haus weiß man nie, wie viele am Tisch sitzen werden. Sollte irgendetwas übrig bleiben, wird's später schon irgendjemand essen. Allerdings hat sie in der Küche gedeckt – bin ich beleidigt, wenn wir da essen?

Natürlich nicht, sage ich.

Francesca ist von dieser Antwort zutiefst beeindruckt. Was für ein gutes Mädchen sie doch ist! Ist es nicht großartig, dass es sie überhaupt nicht stört, in der Küche zu essen?, sagt sie lobend zu ihrem Sohn.

Komisch. Kann es in Italien viele Frauen geben, die sich rundheraus weigern würden, in der Küche zu essen? Ich hab keine Ahnung. Trotzdem bin ich froh, so gut anzukommen.

In der Küche sitzt Salvatore zeitunglesend am Tisch. Er steht auf, um mir die Hand zu geben.

Drinka wine!, verkündet er enthusiastisch und klopft mir dabei auf die Schulter. Salvatore hat vor zwanzig Jahren während eines kurzen Aufenthalts als Emigrant in Australien etliche englische Sätze gelernt, und es macht ihm Freude, sie bei mir auszuprobieren, wann immer wir uns treffen, um zu sehen, ob sie noch immer funktionieren. Gesagt, getan: Er flitzt hinters Haus zu seinem Weinschuppen und kehrt mit einer dieser Riesenflaschen *vino d'uva* zurück. Ich nippe vorsichtig an meinem Glas, da ich mich gut erinnere, was für ein tierisch starker Stoff das ist, während Salvatore seins in einem einzigen Zug leert und sich sofort nachschenkt. Mitten auf dem Tisch liegt zwischen Salz, Pfeffer und sonstigen Würzzutaten ein Häufchen von diesen bestialischen selbst gezüchteten Chilischoten; und bevor Francesca seinen Teller auch nur vor ihm abgestellt hat, greift sich Salvatore eine davon und drückt sie sich mit der Messerklinge schnippelbereit gegen den Daumen. Und los geht's mit einem köstlichen Salat, dessen Hauptingredienz, so uneinladend das auch klingen mag, Batzen von knusprig geröstetem Vollkornbrot sind. Aber mit klein geschnittenen Tomaten, Knoblauch, Olivenöl, ein paar Zweiglein vom Thymianstrauch draußen vor der Tür und einer aufgeschnittenen Mozzarella – und in Salvatores Fall mehreren *peperoncini* – angemacht, erweist er sich als köstlich saftig-und-doch-knackig. Für dieses Gericht, sagt Francesca, muss man unbedingt die birnenförmige Eier-Tomatensorte nehmen. Nimmt man die runden, *tondo liscio*, oder die dicken fleischigen *cuore di bue*, wird der Salat viel zu wässerig und taugt nichts. Hier eine Unterbrechung der kulinarischen Belehrung, da ich die gemeingefährlichen Chilis abwehren muss, die Salvatore mir, wann immer ich nicht hingucke, auf den Teller zu schnippeln versucht. Aus *diesem* Kampf gehe ich siegreich hervor; aber Salvatore bricht schon den nächsten vom Zaun, diesmal um mein Weinglas, das er, kaum dass ich einen Schluck getrunken habe, wieder bis zum Rand auffüllt. Ich löse schließlich das Problem, indem ich die Hand entschlossen darauf lege.

Aber wo kommt das wunderbare Brot bloß her?, frage ich.

Nicht von hier, sagt Francesca. Sie bekommt es von einem Mann, der sich seinen Lebensunterhalt damit verdient, zwischen Kalabrien und Ligurien hin und her zu pendeln und *soul food* für ausgewanderte Südländer zu importieren. Als sie noch ein junges Mädchen war, hat ihre Familie das selbst gebacken. Man konnte sich nicht leisten, den Backofen zu häufig anzuheizen, also hat man am Backtag ein, zwei frische Brotlaibe zerbröckelt und, bevor der Ofen wieder ausgekühlt war, noch nachgebacken. Dadurch wurde es haltbar gemacht. Natürlich könnte sie es immer noch selbst backen, aber in einem normalen Herd würde es nichts werden, und der Pizzaofen befindet sich oben auf ihrem Land.

Das weiß sie schon, sagt Ciccio, sie ist mitgekommen und hat mir geholfen, ihn zu reparieren.

Wirklich?, sagt Francesca. Was für ein gutes Mädchen sie doch ist!, fügt sie hinzu und bedenkt mich mit einem weiteren nachdenklich abwägend-abschätzenden Blick.

Mah!, kommentiert sein Vater unwirsch. Nennst du das »reparieren«? Ihn mit einem Haufen Kacke zuzuschmieren? So ein Blödsinn!

Wart ab, bis du ihn ausprobiert hast, sagt Ciccio noch unwirscher, bevor du Blödsinn dazu sagst.

Könnte ich vielleicht auch so ein Knusperbrot bestellen?, werfe ich rasch ein, um die Situation zu entschärfen.

Francesca ist von diesem Beweis gesunden Menschenverstandes – oder der Absicht, ihren einzigen Sohn so zu ernähren, wie er es gewöhnt ist? – zutiefst beeindruckt und erklärt beifällig, dass sie mir eins besorgen wird. *E così semplice!*, sagt sie, zu Ciccio gewandt. Sie ist so schlicht!

Ich knuspere mich trotzdem weiter durch meine köstlich ländlichen Croûtons. Ich bin mir nicht ganz schlüssig, was ich von diesem zweifelhaften Kompliment halten soll; ich hoffe allerdings, dass sie meinen Geschmack meint. Und ja, wie sich herausstellt, meint sie genau das. Zunächst einmal wäre da meine erstaunliche Fähigkeit, in Küchen zu essen. Und dass ich eine nützliche Tüte Schnecken mitgebracht habe anstelle eines albernen Blumenstraußes oder eines ähnlichen Blödsinns (selbstgefälliger Stupser-unter-dem-Tisch seitens Ciccio). Und die Tatsache, dass ich mir nicht zu gut dafür bin, mich beim Mithelfen oben in der *campagna* schmutzig zu machen. Und mein Interesse an gutem, einfachem Essen. Außerdem, fügt Francesca hinzu, habe ich auch einen schönen, gesunden Appetit: Und jetzt, bei genauerem Hinsehen, bin ich vielleicht doch nicht so mager, wie sie anfangs gemeint hatte.

Na toll.

Während Francesca die Nudeln aufträgt, besteht Salvatore darauf, dass ich die Hand von meinem Glas nehme. Er muss mir nachschenken, sagt er, damit wir auf Bettys Gesundheit anstoßen können. Da kannst du dich wohl nicht weigern, oder?

Nicht? Wer zum Teufel ist denn diese Betty? Mit einem Anfall von Gekicher erklärt Francesca, dass er die Königin von England meint.

Salvatores teuflischem Grinsen entnehme ich, dass er auf unsere Betty ganz und gar nicht gut zu sprechen ist, aber als Ausrede dafür, mir nachgießen zu können, ist sie allemal gut genug. Ob ich schon mal in Australien gewesen bin?, fragt er. Da unten sind die ja ganz verrückt nach ihr.

Nein, sage ich, aber ich würde gerne mal hin.

Nein, würdest du nicht, sagt Salvatore, das kannst du mir glauben!

Ich bin also noch nicht viel herumgekommen?, fragt Francesca. Ob ich zum Beispiel schon mal in Rom gewesen bin? Denn falls nicht, sucht ihre jüngste Tochter, Annetta, jemanden, der sie nächste Woche begleitet, wenn sie zu irgendwelchen Prüfungen da hinfährt. Warum fahre ich nicht einfach mit? Es sei nur für eine Nacht, und eine der Prüfungen sei außerdem in Englisch, da könnte ich Annetta doch im Zug noch abfragen…

Ciccio stupst mich wieder unter dem Tisch an. Nicht zu fassen, dass *la mamma* mir so schnell eine so verantwortungsvolle Aufgabe innerhalb der Familie anbietet!

Hilfe! Stunden über Stunden im Zug, bloß um den einen Abend in Rom zu verbringen; und das mit der launischen Annetta, dem verhätschelten Nesthäkchen, das außerdem, als ob das noch nicht reichte, in einer äußerst angespannten Vorprüfungsstimmung sein wird. Muss ich das alles wirklich auf mich nehmen, um Francescas Gunst zu gewinnen?

Salvatore entbindet mich der Notwendigkeit zu antworten, indem er plötzlich rabiat wird. Ich hab keine Ahnung, worum es geht – er brüllt wie ein Berserker, größtenteils in kalabrischem Dialekt, und ich werde nie so mehrsprachig sein wie ein durchschnittlicher italienischer Bauer. Francesca wechselt sich darin ab, ihm Vorhaltungen zu machen und sich bei mir zu entschuldigen, sagt, es liege alles am Wein, und lacht hilflos angesichts ihrer Unfähigkeit, ihn zum Schweigen zu bringen. Ciccio schaltet sich jetzt auch noch ein, brüllt fast ebenso laut wie sein Vater und sagt ihm, er solle sich nicht so haben. Schlechter Schachzug. Salvatore legt noch ein paar Dezibel zu und fuchtelt mit seinem Obstmesser vor dem Gesicht seines Sohnes herum.

Der Ausbruch, erfahre ich, sobald sich die Wogen ein wenig geglättet haben, wurde durch die Tatsache ausgelöst, dass Ciccio mir Apfelstückchen gegeben hatte. Nach dem Fleischgang haben wir angefangen, uns durch die verschiedenen Nüsse und gerösteten Kürbiskerne und Stückchen Obst und Käse zu knabbern, mit denen offenbar jede richtige süditalienische Mahlzeit endet; Ciccio hat ganz friedlich einen Apfel geschält und mir gelegentlich ein Scheibchen gereicht. Schockierendes Verhalten. Dass er für eine Frau Äpfel schält, ist der endgültige Beweis dafür, wie tief Salvatores Sohn gesunken ist. Er wird nie ein richtiger Mann sein. Francesca fällt von ihrem strategisch günstigen Posten an der Spüle aus in unser Gelächter über ihren Mann ein. Aber es stimmt, sagt sie, so lange sie verheiratet sind, hat er ihr nicht ein einziges Mal einen Apfel geschält. *Sie* hat es immer nur für *ihn* getan.

Glücklicherweise verpuffen Salvatores Wutausbrüche ebenso rasch, wie sie aufflammen. Als seine Frau anfängt abzuräumen und sein Sohn was von Reaktionären und Geistesgestörten vor sich hinknurrt, fällt ihm eine weitere australische Wendung ein.

Come inna backa yardi, sagt Salvatore, *for-a coffee.*

Ich helfe Francesca, die Espressokanne und eine Flasche von diesen enorm starken Kräuter-*digestivi* hinauszutragen, ohne die der italienische Verdauungsapparat außerstande ist, seine Arbeit erfolgreich abzuschließen. Wir setzen uns im weinüberwucherten *backa yardi* unter den Mandarinenbaum mit seiner kostbaren Last von Schnecken und nippen an unseren Tässchen, während Francesca mir sämtliche verschiedenen Salatsorten benennt, die in säuberlichen Reihen um uns herum wachsen. Nun entspinnt sich eine kleine Kontroverse darüber, wessen Rauke besser gedeihe – ihre hier unten in ihrem Küchengarten oder seine da oben in der *campagna*. Gerade als ein Krieg unausweichlich erscheint, erinnert der letzte Schluck Kaffee Salvatore an eine hierzu passende australische Anekdote. Sie handelt davon, wie er einmal einen Freund mit schlimmen Brustschmerzen zwecks moralischer Unterstützung zum Arzt begleitete. Nicht dass sein Englisch auch nur eine Spur besser als das des Freundes gewesen wäre, aber trotzdem sind, wie Salvatore meint, zwei immer besser als einer. Der Arzt hielt dem Freund das Stethoskop an den Rücken und fragte sie, ob sie einen *coffee* wollten.

Nein danke, antworteten sie höflich und sahen den Arzt merkwürdig von der Seite an. Etwas unpassender Augenblick, um Leuten einen Kaffee anzubieten, fanden sie beide. Aber der exzentrische Arzt wollte partout kein Nein akzeptieren; ständig wiederholte er sein Angebot und sah sie dann erwartungsvoll an. Sie fanden es zunehmend empörender, wie wenig ernst der Mann das anstehende medizinische Problem nahm, als ihnen plötzlich aufging, dass er ihnen natürlich keinen Kaffee *anbot*, sondern zu erfahren versuchte, *wie viele* Tassen Kaffee der Kranke täglich trank. Klar! So etwas würde ein Arzt natürlich wissen wollen.

Vier bis fünf, sagten sie also, sobald der Groschen gefallen war, und zeigten die Zahl, um weiteren Missverständnissen vorzubeugen, auch noch mit den Fingern an. Aber der Arzt wurde nur immer aufgeregter und verlegte sich zuletzt auf die Pantomime.

Beim Gedanken daran bricht Salvatore in dröhnendes Gelächter aus. Da das Englische eine äußerst merkwürdige Sprache ist, sind *cough-i* und *coffee* ein und dasselbe. *Caffè* bedeutet *tossire*, husten! Wie hätte einer da bloß darauf kommen sollen? Lächerlich! Das ist auch der Grund, warum er nie viel Englisch gelernt hat.

Das ist nicht der Grund, sagt Francesca; das liegt eher daran, dass keiner von uns beiden die Zeit hatte, die Sprachkurse zu besuchen, wegen der Kinder, und weil sie jeden Tag von früh bis spät arbeiten mussten. *Che ridere!*, fügt sie hinzu. So was Komisches! Aber sie hat noch immer diesen ratlosen Ausdruck im Gesicht. Und sobald das Fotoalbum der Familie hervorgeholt worden ist (von der traditionellen vierstündigen italienischen Mittagspause ist erst höchstens die Hälfte rum, also kein Grund zur Hetze), sehe ich, dass Francesca ein Leben geführt hat, das *jeden* ratlos machen würde. Wir beginnen mit einem schüchternen barfüßigen Mädchen, das zwischen den Maultierkarren und den Katzenköpfen ihres süditalienischen Heimatstädtchens mit einem Eimer an einem steinernen Rokokobrunnen steht: ein Bild aus dem neunzehnten Jahrhundert, könnte man meinen. Vier Jahre später und achthundert Kilometer weiter nördlich befinden wir uns plötzlich zwischen den hellen modernen Straßenlaternen und den blanken asphaltierten Straßen der italienischen Riviera der Fünfzigerjahre; Francesca posiert – jetzt nicht mehr barfuß, sondern mit modisch spitzen Schuhen – voller Stolz an der marmornen Balustrade, die die Bucht säumt, neben sich ihre zwei für das Foto herausgeputzten Töchterchen; sie ist schon wieder schwanger und voller Träume für die Zukunft. Träume, die sich bald zerschlugen, sagt sie, als sie sich mit Salvatore und den zwei Kleinen in zwei winzigen Zimmern oben auf den Hügeln in Diano Castello wiederfand. Ein einziges Schlafzimmer für alle vier und nicht mal ein Bad. Damals war niemand bereit, Leuten aus dem Süden eine anständige Wohnung zu vermieten. Und was noch schlimmer war – damals sprach hier in der Gegend kaum jemand Italienisch, nur Ligurisch; und sie selbst hatte in ihrer Kindheit nur Kalabrisch gesprochen, weshalb es mit ihrem Italienischen auch nicht weit her war. Ich hätte sie mal sehen sollen, wenn sie einzukaufen versuchte. Es gab ja damals keine Supermärkte, man konnte sich nicht einfach Sachen nehmen und sie in den Korb legen, wie man das heutzutage tut – man musste wissen, wie die Dinge hießen, sich da vor alle hinstellen und sich lächerlich machen, indem man dem Kaufmann zu erklären versuchte, was man haben wollte. (Ich weiß genau, was sie meint – in meiner Anfangszeit habe ich hier genau die gleichen Probleme gehabt.)

Das einzige Foto aus dieser schwarzen Zeit zeigt sie auf den Stufen der Kirche von Castello nach der Taufe ihrer dritten Tochter – der ratlose Blick ist bereits erkennbar. Dann, ehe alles noch schlimmer wird, ab nach Australien: jetzt mit vier Kindern, an die Reling des großen weißen Ozeandampfers gelehnt, die großen Schwestern in modischen Sechzigerjahre-Klamotten, der kleine Ciccio in kurzen Hosen und Socken, mit lausbübisch leuchtenden Augen, fest an der Hand.

Salvatore fuhr alleine voraus, sagt sie, um für die Familie den Boden zu bereiten. Dank unserer Betty fand er einen entsetzlichen Job in einer Kläranlage und endlich ein anständiges Haus, und Francesca und die Kinder konnten nachkommen.

Allerdings, sagt Francesca, wurde der Suezkanal plötzlich dichtgemacht, und ihr Schiff musste den Kurs wechseln und ganz um Afrika herumfahren. So bekamen sie und ihre Kinder unterwegs alle möglichen aufregenden exotischen Orte zu sehen.

Ciccio sagt, er könne sich undeutlich an einen märchenhaften Hafen irgendwo in Afrika erinnern, mit Affen und Papageien und schreienden Straßenhändlern mit den wunderbarsten Dingen. Aber alles zu teuer – bis seine findige *mamma* darauf verfiel, im Speisesaal des Schiffes nach den Mahlzeiten alle übrig gebliebenen Brötchen einzusammeln, sie von Bord zu schmuggeln und sie an Land gegen Spielsachen für ihre Kinder einzutauschen. Francesca bestreitet dies aufs Entschiedenste. Ciccio war damals noch ganz klein, sagt sie. Wie sollte er sich an so etwas erinnern können? Aber sie lacht und hat dabei ein gewisses geschäftstüchtiges Blinzeln in den Augen. Jedenfalls war Australien nach der spannenden Überfahrt eine furchtbare Enttäuschung. Das Haus war riesig, mit einer Unmenge von Schlafzimmern und Bädern und Toiletten und Wasserhähnen. Aber es gab keinerlei Leben auf den Straßen, keine kleinen Läden oder *piazze*, wo man Leute hätte kennen lernen können oder um einen Abendspaziergang zu machen. Abends verrammelten sich die Leute einfach in ihren Häusern.

Beziehungsweise die Männer, wirft Salvatore ein, gingen in die Bar. Aber da haben sie nichts Zivilisiertes getan, wie etwa Karten spielen oder Zeitung lesen oder schwatzen. Es gab da nicht mal Stühle. Die standen einfach an der Theke und schütteten sich Alkohol in den Rachen, bis sie umkippten. Oder kotzten. Oder beides, fügt er angewidert hinzu, während er die Flasche hebt und sich redlich bemüht, uns allen noch einmal nachzuschenken, völlig unbeeindruckt von den leichten Klapsern, die seine Frau ihm auf das Handgelenk gibt. Das Land war auch noch flach wie ein Pfannekuchen, trockener Staub, so weit das Auge reichte, eine lange Reihe von Häusern entlang einer endlosen Straße. *Wenn* es allerdings mal regnete, kamen Unmassen von Schnecken heraus – und die Australier taten so, als sei man verrückt, wenn man sie einsammelte! Die haben sie überhaupt nicht gegessen! Wie du, fügt er nach kurzem Nachdenken hinzu. Er geht rasch zu einem weniger kontroversen Thema über. Genauso die Artischocken, sagt er, überall wilde Artischocken, und die haben sie nicht mal angerührt. Wo man auch hinsah, Unmengen leckerster Artischocken! Salvatore denkt, dass den Australiern einfach nichts schmeckte, was kostenlos war. Sie meinten, es könne nichts taugen, wenn es nichts kostete.

Ich muss eingestehen, dass ich noch nie eine wilde Artischocke gegessen oder auch nur bewusst gesehen habe; allerdings weniger, weil ich ein Vorurteil gegen Essen hätte, das nichts kostet, als vielmehr aus schlichter Unwissenheit. Ich nehme mir vor, mich von Ciccio so bald wie möglich mit den Dingern bekannt machen zu lassen.

Nächstes Foto: Hier sieht man Francesca draußen vor ihrer ersten und einzigen »richtigen« Arbeitsstätte, dem trostlosen Wellblechschuppen eines Fleischverarbeitungsbetriebs, wo sie tapfer lächelnd neben einer Gruppe anderer Frauen steht – allesamt aus Jugoslawien, sagt sie, so dass die Kommunikation auch da nicht so einfach war.

Pah, *Arbeit* nennst du das?, unterbricht Salvatore. Fünf Stunden am Tag?

Sie ängstigte sich zu Tode, fährt sie fort, demonstrativ ohne auf ihren Mann zu achten. Und direkt am ersten Tag stahl ihr jemand ihre Lieblingsjacke aus dem Umkleideraum. Ihre große Schwester in Kalabrien hatte sie ihr gehäkelt. An dem Tag hatte sie ein solches Heimweh, dass sie gar nicht aufhören konnte zu weinen.

Vier Jahre später, und wieder in Ligurien; eine große Erleichterung, selbst für eine bloße Zuschauerin wie mich. Die Odyssee ist zu Ende, die Fotos zeigen jetzt vertraute Gesichter und Orte.

Das Beste an der ganzen Sache, sagt Francesca stolz, war, dass das Schiff bei ihrer Rückfahrt nach Osten fuhr, durch den Panamakanal. So dass sie und ihre Kinder, als sie wieder in Italien landeten, einmal ganz um die Welt gekommen waren. Stell dir das bloß vor! Sie legt ihrem Sohn den Arm um die Schultern und drückt ihn fest an sich. Also, wenn *das* kein guter Einstieg ins Leben für dich ist…!

16

Das ist Romeo, sagt Anna. Den hat mir das Schicksal gesandt, um meine Gebete zu erhören.

Ah, gut, sage ich zurückhaltend, während ich aus dem Haus trete und in die ausgestreckte Hand eines kleinen, rüstigen, lebhaften Individuums einschlage, das ich in meinem ganzen Leben noch nicht gesehen habe. Hat Anna etwa, trotz seiner ritterlichen Mithilfe während der *passata*-Krise, insgeheim etwas gegen Ciccio? Ist der Typ hier ein in ihren Augen akzeptablerer Ersatz, den sie für mich ausfindig gemacht hat? Was, frage ich mich, hat das Schicksal denn jetzt wirklich für mich auf Lager?

Romeo ist ein Cousin Toninos und rein zufällig hier oben in Ligurien, sagt Anna. Er ist hergekommen, um ein bisschen gute Meerluft zu atmen, während er sich von einem Arbeitsunfall erholt.

Romeo schwingt zur Bestätigung einen unförmig bandagierten Daumen in die Höhe.

Und ich werde nie erraten, was er von Berufs wegen macht!, sagt Anna. Dieser Franco wird sich noch umgucken! Dächer! Er ist ein waschechter Dachdecker!

Mir dämmert's. Also keine Romanze, sondern Instandsetzungsarbeiten.

Die Ärzte sagen, er dürfe frühestens in einem Monat wieder zu arbeiten anfangen, aber einen Kostenvoranschlag kann er mir sofort machen.

Ursprünglich stammt er aus Sizilien, erzählt mir Romeo, aber er hat vor zehn Jahren seine Heimatinsel verlassen, um auf dem Kontinent Erdbebenschäden zu reparieren. (Mit »Kontinent« meint er, wie ich nach einem Augenblick der Verwirrung erschließe, das italienische Festland.) Und irgendwie hat er es seitdem nicht geschafft, wieder nach Hause zurückzukehren. Ständig kommen neue Katastrophen dazwischen, die seine Dienste erforderlich machen.

Gehört mein Dach bereits in die Kategorie »Katastrophe«? Um ehrlich zu sein, wundert mich das nicht übermäßig. Ich habe mit einem Schraubenzieher tief in diese benagten Balken gestochert und bin nirgendwo auf nennenswerten Widerstand gestoßen. Bloß Sägemehl, von ein paar Splittern zusammengehalten. So viel zu Umbertos Ferndiagnose. Entgegen allem Anschein muss er ein eingefleischter Optimist sein. Vielleicht ist er ja deswegen so alt geworden?

Der mir vom Schicksal gesandte Mann geht ins Haus und steigt auf meinen Tisch, um sich die Balken aus der Nähe anzusehen, wobei er sich vorher für alle Fälle mit meinem Gemüsemesser bewaffnet. Anna bleibt vorsichtshalber draußen. Romeo stochert an den Stellen herum, die Franco freigelegt hat, dann stochert er noch ein bisschen drum herum. So etwas hat er noch nie gesehen, sagt er entsetzt. Was in aller Welt sind das für Monsterviecher, die meine Balken zu Holzpuder verarbeitet haben?

Ich glaube, sie heißen *tarli*, sage ich. Romeo wirft mir einen komischen Blick zu. *Tarli?*, sagt er. Sind Sie sicher? Dann habt ihr aber ganz schön gemeingefährliche *tarli* hier oben in Ligurien.

Meint er also, dass ein neuer Dachstuhl her muss? Er prüft noch ein paar weitere Balken. Sagen wir es mal so, entgegnet er: *Er* möchte in einer Winternacht, während es draußen stürmt, nicht unter diesem Dach sitzen. Es könnte gut gehen, oder auch nicht.

Das hatte ich gewusst. Fränkie Messer ist unschuldig. Mein Dach ist hin. Ich raffe all meinen Mut zusammen. Hängt's bald wie ein Ei durch?, frage ich.

Wie zwei Eier, sagt Romeo grinsend.

Mit einem gigantischen Meterband bewaffnet, flitzt er hinaus, um sich das Problem von außen anzusehen. Als sie ihm nachschaut, entgeht Annas Adleraugen nicht, dass an meiner Wäscheleine eine von Ciccios weißen Kochjacken hängt. Ist der Junge vom Restaurant also schon hier eingezogen und hat seine Mutter verlassen? Sie wird ja nicht allzu froh darüber sein, oder?

Was ist jetzt wohl die richtige Antwort? Trotz unseres Besuchs bei Francesca und Salvatore, der zumindest so viel bedeutet, dass ich jetzt Ciccios offizielle Freundin bin, liegen wir mit unseren nächtlichen Treffen, soweit ich weiß, noch voll in einer Grauzone. Und ich weiß eigentlich selbst nicht so genau, ob Ciccio nun bei mir eingezogen ist oder nicht. Im Laufe der letzten paar Wochen haben etliche seiner Habseligkeiten, Plastiktüte um Plastiktüte, ihren Weg von seiner Bleibe jenseits des Tals in die meinige gefunden; und so gut wie nichts davon ist wieder zurückgekehrt. Aber wir haben nicht darüber gesprochen, was das genau bedeuten soll. Noch zu früh für Festlegungen. Und was ist mit meiner Schwester? Sie könnte ja schließlich irgendwann zurückkommen wollen. Also beantworte ich nur den Teil der Frage, auf den ich eine Antwort weiß. Keine Sorge, sage ich, Ciccio wohnt schon seit Jahren nicht mehr bei seiner Mutter. Er hat eine eigene Wohnung. Wie jeder normale Mensch, füge ich, vielleicht etwas unhöflich, hinzu. Aber ich hab mich nie daran gewöhnen können, dass Männer in Italien bis weit in die Dreißiger hinein bei ihrer *mamma* wohnen bleiben. Oder sogar, wenn sie sich nicht zum Heiraten durchringen können, ihr ganzes Leben lang, bis sie kampflos zu einem eigenen Haus kommen, wenn die Eltern endlich, mit den Füßen zuerst, aus selbigem ausziehen. Versucht man Italiener nach dieser Sitte zu fragen – die, wie sie einem erklären werden, während der Sechziger- und Siebzigerjahre auszusterben begann, dann aber vampirgleich aus dem Grab wiederauferstand –, sagen sie einem in den meisten Fällen, der Grund für diese Renaissance sei schlichter *egoismo*. Erwachsene Kinder wohnen weiter zu Hause, weil *la mamma* für sie kocht, ihnen die Wäsche wäscht, bügelt und was sonst nicht alles, während Papa die Rechnungen bezahlt. Sie sind zu *egoisti*, um sich selbstständig zu machen. Sosehr ich mich auch bemühe, mich in diese Geisteshaltung hineinzudenken, ergibt sie für mich keinen Sinn. Ich kann mir nicht helfen, aber ich meine (zweifellos als die Engländerin, die ich bin), dass Egoismus, wenn es denn solcher ist, die Kinder ganz im Gegenteil dazu anstacheln würde, sich aus der elterlichen Umarmung loszureißen und sich um Unabhängigkeit zu bemühen – selbst wenn dies zerknitterte Klamotten, Stapel von dreckigem Geschirr in der Spüle, graue Ränder in der Badewanne, eine reine Junkfood-Diät und alles Übrige beinhaltet.

Ein undurchdringliches Geheimnis – aber glücklicherweise keines, das ich in Ciccios Fall durchdringen müsste. Und hier oben auf den Olivenbaumterrassen gibt es nicht allzu viel Betätigungsfelder für die italienische Version von Egoismus. Keine Stromrechnungen (wenn man Solarzellen hat). Zum Heizen genügend Olivenzweige für den Ofen. Nichts, was man kaufen müsste mit Ausnahme von Kerzen und ab und zu mal einer Gasflasche für den Kühlschrank. Und bei Bedarf eine neue Prepaid-Karte für das Handy. Nicht mal Gemeindeabgaben sind zu bezahlen, weil dieses Häuschen nie als *abitabile* oder »bewohnbar« eingestuft wurde. (Ich weiß nicht, wer diese Klassifizierungen vornimmt, oder nach welchen Richtlinien er sie trifft, und habe auch ganz bestimmt nicht vor nachzufragen, um nicht zu riskieren, dass er mich am Ende noch umklassifiziert. Manchmal aber, wenn Schlafenszeit ist und es wie aus Kübeln gießt, habe ich den Verdacht, dass der entsprechende Beamte vielleicht doch gar nicht so Unrecht hatte.) Die Wäsche wird in den Waschsalon von Diano Marina geschafft (um Wasser zu sparen); und Bügeln ist sowieso nicht drin, weil ich nicht annähernd genug Watt habe, um ein Bügeleisen heiß zu bekommen. Ciccio hat ein uraltes Plätteisen mit heraufgebracht, das seine Mutter als Türstopper benutzt hatte: ein reizend schlichtes Gerät, das man zum Aufheizen einfach auf die (holzbefeuerte) Kochplatte legt, so dass Ciccio sich in Notfällen Kragen und Manschetten bügeln kann. Und da er für sein Leben gern kocht, übernimmt er das größtenteils – ob wir nun bei ihm im Restaurant essen oder hier –, während ich mich an mein vertrautes Kräuterhacken und den Abwasch halte. Ciccio schwört, diese Arbeitsteilung habe rein gar nichts damit zu tun, dass meinen Kochkünsten etwa noch irgendwelche englischen Eigenarten anhaften würden. Ganz ehrlich.

Zu meiner Überraschung reagiert Anna auf die Mitteilung, Ciccio sei schon vor Jahren aus dem mütterlichen Nest ausgeflogen, alles andere als entsetzt. Was für eine liebe Frau sie doch ist. Ein guter, selbstständiger Junge!, sagt sie. Genau das, was du brauchtest – ein Mann, der selbst auf sich aufpassen kann!

*

Jetzt kehrt Romeo, mit Meterband und bandagiertem Daumen ringend, von seiner Dachbesichtigung zurück.

Das ist einer, der ganz sicher *nicht* auf sich aufpassen kann!, sagt Anna. Würde ich ihr glauben, dass ein schlecht gelaunter Priester Romeo die Verletzung absichtlich beigebracht hat?

Eigentlich nicht, aber ich könnte es ja versuchen. Romeo setzt sich hin und erzählt, wie es dazu kam.

Er hatte den Auftrag bekommen, das durch ein Erdbeben beschädigte Dach einer Kirche in der Nähe von Assisi zu reparieren. Bei der Unzahl von eingestürzten Dächern, die es in der Gegend gab, herrschte ein erheblicher Mangel an ausgebildeten Dachdeckern, daher konnte Romeo keinen Trupp von Facharbeitern zusammenstellen. Anstatt zu warten, erklärte sich der Pfarrer mit dem Vorschlag einverstanden, die Sache – unter Romeos Aufsicht – von ungelernten Kräften erledigen zu lassen. Die Arbeit würde sich dann vielleicht ein bisschen länger hinziehen, aber zumindest würde sie gemacht werden. Zusätzlich würde seine Kirche dadurch natürlich noch ein paar Pluspunkte für angewandte christliche Nächstenliebe einheimsen.

Also brachte Romeo schließlich den Trupp an, den er auf die Beine gestellt hatte. Er hatte die jungen Männer aus einer Liste ausstiegswilliger Junkies ausgewählt, die ihm von einer Neapolitaner Drogenberatungsstelle zugesandt worden war; wodurch er allerdings in Sachen Nächstenliebe, wie sich herausstellte, für die Begriffe des Pfarrers weit übers Ziel hinausgeschossen war. Als der Gottesmann die langen Haare, die Ohrringe, die Tätowierungen sah und die entschieden süditalienischen Akzente hörte, traf ihn beinahe der Schlag. Was würde seine ehrbare Gemeinde sagen, wenn sie sah, wie diese *drogati* das heilige Dach ihrer heiligen Kirche bevölkerten? Also nahm er Romeo beiseite und erklärte ihm klipp und klar, die Bande komme für ihn nicht in Frage. Romeo könne gern mit einem neuen Trupp von Arbeitern wiederkommen – oder eben wegbleiben.

Romeo, seinerseits ein Mann mit entschieden süditalienischem Akzent, hielt zu seinem Haufen. Es waren gute, kräftige Jungs, die aufrichtig ein anständiges Handwerk erlernen und ein neues Leben anfangen wollten und sich redlich Mühe gaben, sich zu bessern. Na ja, jedenfalls die meisten von ihnen (hier ein leichtes Zögern – es gab also wohl ein schwarzes Schaf in Romeos Herde, aber er beschließt, sich dazu nicht zu äußern).

Und wenn der Priester sie nicht akzeptierte, würde er Romeo auch nicht bekommen. Genau so sagte Romeo es ihm. Es stand zehn zu eins, dass der Schwarzrock einlenken würde. Der Mann hätte sich eigentlich gleich denken können, dass alle anständigen, kurzhaarigen Dachdecker mit norditalienischem Akzent, einer einwandfreien Vergangenheit und ohne Ohrringe schon anderweitig beschäftigt waren. Und so kam er ein paar Tage später auch wirklich an und gab klein bei. Aber da es mit seiner christlichen Gesinnung nicht weit her war (jedenfalls nicht nach Romeos Begriffen), hatte er keineswegs vergeben und vergessen, was für eine *brutta figura* er gemacht hatte. Er doch nicht! Weit davon entfernt, die andere Backe hinzuhalten, verhielt er sich zunächst unauffällig und wartete vielmehr die *chiusura* ab, das »Verschließen« des Daches, das traditionell so vonstatten geht, dass der betreffende Pfarrer hinaufsteigt und den letzten Ziegel feierlich festnagelt. Als der Dachdeckermeister würde Romeo ihn natürlich begleiten und den Nagel halten, während der Gottesmann hämmerte. Und wer hätte das gedacht! Unerklärlicherweise rutschte dem Priester die Hand aus: Der Hammer landete, mit der ganzen Wucht der heiligen Madonna, auf Romeos Daumen. Er wackelt mit dem dick bandagierten Resultat des Massakers vor unserer Nase. Hier ist sie, sagt er, des Priesters Rache!

Romeo macht sich zu einer zweiten Umrundung des Hauses auf und kehrt unter allerlei bedenklichen Lautäußerungen zurück. Er würde sagen, wenn ich schon mal dabei bin, sollte ich die ganze Chose in Stahlbeton aufziehen lassen.

Nicht sein Ernst, oder? Warum das denn?

Das ist die Art von Dach, die heutzutage die meisten Leute haben wollen. Holz ist nur was für historische Gebäude. Restaurationsarbeiten und so Zeug. Aber Beton ist sauberer; und ein besserer Schutz gegen Erdbeben.

Wirklich? Was Sauberkeit angeht, kenne ich mich, zumindest im Zusammenhang mit Dächern, nicht aus; aber ich könnte schwören, aus zuverlässig klingender Quelle die Faustregel gehört zu haben: Je weniger starr ein Gebäude ist, desto besser übersteht es Erdbeben. Der beste Beweis für die Richtigkeit dieses Satzes sind die ganzen Dörfer hier in der Gegend: Trockensteinmauern und hölzerne Dachstühle; und etliche von ihnen stehen schon seit dem zwölften Jahrhundert, als die Terrassierung der Hänge und der Olivenanbau hier erst überhaupt begannen. So lange haben sie die gelegentlichen Rüttler, die wir hier unter der Rubrik »Erdbeben« abbekommen, unbeschadet überstanden. (Manchmal klirren ein paar Tassen; oder man wacht nachts davon auf, dass das Bett einen kleinen Hüpfer macht; später erfährt man, dass es ein Seebeben gegeben hat, dessen Epizentrum irgendwo vor Genua lag, knapp hundert Kilometer von hier entfernt. Kein Grund zur Sorge, es sei denn, das Haus ist so vernachlässigt, dass es ohnehin jeden Augenblick einstürzen kann, wie Ninos *rustico*. Oder es schwebt einem eine dicke Betonplatte über dem Kopf, wie Romeo sie vorschlägt.)

Er weiß nicht genau, fügt Romeo hinzu, ob die heutigen Baubestimmungen mir gestatten würden, mein Dach einfach so wieder aufzubauen, wie es vorher gewesen war. Andererseits, sagt er, wenn er es sich recht überlegt, würde es mehrere Männer ein paar Tage Arbeit (und mich ein Vermögen) kosten, den ganzen Sand, Kies und Zement für die Betonversion per Schubkarre unseren engen Pfad hochzuschaffen. Wenn ich möchte, dass er die Sache übernimmt, könnte er also die mutmaßlichen Bestimmungen auch ebenso gut vergessen. Aber so oder so, fügt er hinzu, sollte später mal ein übereifriger Gemeindebeamter schnüffeln kommen, wäre es für mich das Klügste zu bestreiten, dass ich überhaupt je ein anderes Dach gehabt habe.

Wirklich? Warum? Der *comune* hätte doch bestimmt nichts dagegen, wenn ich mein Dach einfach so wieder aufbauen lasse, wie es vorher gewesen war. Ich würde die Sache viel lieber mit amtlicher Genehmigung machen. Wenn sie einem schon für einen ungenehmigten Hühnerstall eine Strafe von tausend Pfund aufbrummen, wie teuer kann es dann für ein ganzes Dach werden?

Sei nicht leichtsinnig, sagt Anna. Du weißt nicht, wie die Bürokratie in diesem Land ist. Es ist viel vernünftiger, erst die Arbeit zu erledigen und gegebenenfalls anschließend eine Strafe zu zahlen, als zu fragen und keine Genehmigung zu bekommen.

Mir kommt das nicht besonders vernünftig vor, aber andererseits bin ich nur eine arglose Ausländerin im Lande Macchiavellis.

*

Ich brauche das neue Gefühl von Unsicherheit, das dieses Wissen (oder Fehlen desselben) mit sich bringt, nur ein paar Stunden lang – und die meisten davon ohnehin schlafend – zu erdulden, als auch schon eine weitere Katastrophe über mich hereinbricht, die das Dach als bloße Lappalie erscheinen lässt. Kurz nach dem Morgengrauen wache ich von – ist's möglich? Nein, das kann nicht sein! – einem leisen Geknusper in der Zimmerdecke über mir auf. Ich springe wie von der Tarantel gestochen aus dem Bett, ziehe die Kommode von der Wand heran und klettere hinauf. Ciccio brummelt irgendwas und dreht sich im Bett um. Schhh!, zische ich ihn von oben zwischen den Balken an. Ich kann nichts hören!

Er gibt einen unverbindlichen Schnarcher von sich und legt sich wieder geräuschvoll auf die andere Seite. Himmelherrgott!

Kann er nicht einen Augenblick still sein? Jetzt höre ich es wieder. Ja. Leise, aber unbestreitbar. Wie kann ich das bislang nur überhört haben? Ich klettere hinunter und lege mich wieder aufs Bett, vom Schock wie gelähmt. Ciccio!, flüstere ich, sobald ich wieder meiner Stimmbänder mächtig bin. Keinerlei Reaktion. Ich liege da und starre an die warm leuchtende terrakottageflieste Decke über mir, eine schöne Decke, die mir normalerweise viel Freude bereitet. Jetzt allerdings nicht. Auf diesen Fliesen lasten mehrere Tonnen Mörtel. Die Fliesen wiederum ruhen auf Sparren, die ihrerseits von ebenjenen Balken getragen werden, in denen das Geknusper vonstatten geht. Auf der Mörtelschicht befindet sich eine weitere Lage Fliesen, diesmal mit dem Gesicht nach oben statt nach unten: der Fußboden der Küche und des Wohnzimmers. Man stelle sich nur vor, das alles abzutragen und neu aufzubauen! Da könnte man genauso gut das ganze Haus abreißen und wieder bei null anfangen. Das Dach zu erneuern (das bei Licht betrachtet nicht viel mehr ist als ein paar Holzbalken und ein Haufen ineinander gefügter roter Ziegel) wäre dagegen ein reines Kinderspiel.

*

Jetzt heißt es handeln. Diesel. Spritzen. Schnell. Nach den Geräuschen zu urteilen, sind hier unten nur ein paar Knusperer am Werk, und *diese* Balken sind leicht zu erreichen. Meine Zimmerdecke ist noch zu retten, auch wenn das Dach erledigt ist. Ich zieh mir irgendwas über, schnapp mir mein Portemonnaie und flitze los. Nicht nötig, Ciccio zu wecken. In zwanzig Minuten bin ich wieder zurück. Der *motorino* steht zur Abwechslung einmal da, wo er hingehört; aber während er mich, von Kopfstein zu Kopfstein holpernd, zu Tal trägt, beschleicht mich die Furcht, die Beschaffung einer Injektionsspritze könnte sich als schwierig erweisen. Ich werde einem Apotheker die wenig glaubwürdig klingende Geschichte glaubhaft machen müssen, dass ich keine Fixerin bin, sondern eine ganz normale Heimwerkerin, die ihrer

Decke ein paar Dieselinjektionen verabreichen möchte. Ich kann nur hoffen, dass die – auf unserer, dieselorientierteren Seite des Bahnübergangs gelegene – Apotheke von San Pietro schon geöffnet hat. Andernfalls könnte sich bald im ganzen Tal herumsprechen, dass ich ein Junkie geworden bin: eine *drogata*, und dazu noch eine, die ihre Sünden mit den hanebüchensten Lügengeschichten zu bemänteln sucht.

Nichts davon geschieht. Spritzenkaufen erweist sich hierzulande als ein Kinderspiel. Das war mir bislang nie aufgefallen, da Spritzenkaufen nicht direkt zu meinen Gewohnheiten zählt, aber in der Apotheke hängen die Dinger ganz selbstverständlich päckchenweise an Drehgestellen, zwischen den Hühneraugenpflastern und den elastischen Handgelenkverbänden. Man braucht nicht mal danach zu fragen. Wie kommt's? Das ist hier ganz normal, sagt Frau Apothekerin, denn die Leute benutzen die Dinger zu Hause. Beispielsweise verpassen viele liebende Mütter ihren Kindern einmal im Monat eine Vitaminspritze. Einmal war sie im Urlaub in London, vertraut sie mir an, und konnte gar nicht glauben, dass niemand ihr eine Spritze verkaufen wollte, obwohl sie den Leuten im Laden erklärte, sie sei selbst Apothekerin, habe entsetzliche Kopfschmerzen und müsse sich ganz dringend ein Schmerzmittel spritzen.

Als ich wieder den Hügel hinaufknattere, frage ich mich, ob diese, sagen wir, Vertrautheit mit der Nadel, der Grund dafür sein könnte, dass so viele Italiener, und zwar scheinbar vollkommen vernünftige Leute, in ihrer Jugend angefangen haben, sich Heroin zu spritzen, ohne sich etwas dabei zu denken. Was die schreckliche landesweite AIDS-Epidemie zur Folge hatte, der vor ein paar Jahren Anna und Toninos ältester Sohn zum Opfer fiel – um nur ein hiesiges Opfer zu nennen – und mit deren Auswirkungen wir noch heute leben müssen. Wenn die Nadel ein vertrauter Haushaltsgegenstand ist, den *la mamma* früher regelmäßig benutzte, und kein Angst einflößendes medizinisches Gerät oder Emblem des verzweifelt-verkommenen Junkie, wie in meinem eigenen Land, dann erfordert es vermutlich nicht mehr Selbstüberwindung, sich den ersten Schuss zu setzen, als seinen ersten Schluck Alkohol oder Zug Nikotin zu probieren.

Als ich spritzenstarrend nach Hause komme, schläft Ciccio noch immer tief und fest. Ich denke mir, dass ich mit meiner Dieselspritzaktion und dem entsprechenden Gelärme besser warte, bis er aufgewacht ist. Heute ist das erste Mal seit Ewigkeiten, dass er ausschlafen kann. Gehe ich also am besten erst mal rauf und bereite das Frühstück vor. Heiliger Herrgott! Ich hab noch nicht mal einen Kaffee getrunken. Und das wird mir erst jetzt bewusst. So ernst ist also die Lage. Mein Leben gerät völlig aus den Fugen.

Ciccio soll jetzt bitte bitte endlich aufstehen. Ich muss ihm unbedingt davon erzählen. Aber wenn man ihn weckt, ist er immer ganz abscheulich. Wie kann ich die Illusion erzeugen, er sei von selbst aufgewacht? Ich hole Kaffeekanne und -geschirr so klirrend aus dem Schrank, wie ich mir gestatten kann, ohne regelrecht ruhestörend zu sein. Kein Lebenszeichen. Ich laufe ein paarmal schwerfüßig im Zimmer auf und ab, erinnere mich aber dann an das Geknusper in der Zimmerdecke unter mir und ziehe mich sofort zurück. Was, wenn ihm alles auf den Kopf fällt?

Wieder unten, schwenke ich ihm die Kaffeetasse mit Bedacht unter der Nase hin und her, bevor ich sie auf seinem Nachttisch abstelle. Ja. Seine Lider zucken. Ich warte mit meiner Mitteilung, bis er sich verschlafen auf einem Ellbogen aufgestützt und einen Schluck getrunken hat.

Hier unten haben wir ebenfalls Käfer, sage ich in einem morgendlich sanften, beruhigenden Ton.

Äh, hm, sagt Ciccio und trinkt einen zweiten, großen Schluck. Zu früh, fügt er hinzu. Was?

Hier unten haben wir ebenfalls Käfer, wiederhole ich.

Bist du sicher?, sagt er. Dann sei mal einen Moment leise, damit ich lauschen kann, fügt er hinzu und legt sich wieder hin. Bloß eine tückische Ausrede, um noch eine Runde zu schlafen. Auf das nächste, absolut hörbare Knusper-und-Knack zeigt er keinerlei Reaktion. Dann mache ich mich also an die Arbeit. Wenigstens kann er nicht behaupten, er sei nicht darauf vorbereitet gewesen.

Als ich mit meinen Spritzen und dem Dieselkanister zurückkomme, ist Ciccio im Bad verschwunden. Er musste sowieso aufstehen, sagt er, er muss runter nach Diano Marina und die vier Palmen vor dem Hotel Paradiso stutzen.

Wirklich? Wie viele verschiedene Jobs hat er eigentlich? Seit er angeblich den Vormittag frei hat, scheint sein Leben noch hektischer als sonst geworden zu sein. Paletta beim Umzug einer alten Dame helfen, die Straßenmöbel der Bar Marabotto für den Winter wegpacken, mit seinem Vater Beete hacken, für seinen Freund Gianni, der es nicht mehr geschafft hat, in aller Herrgottsfrühe Gemüse ausfahren; dann natürlich oben in Civezza eine Mauer für seine Schwester Giusi verputzen, seine Mutter nach Imperia zum Markt fahren und zwei ganze Tage lang am Motor des kleinen Fischerboots herumbasteln, das er und Paletta unten im Hafen liegen haben.

Ich wusste gar nicht, dass man Palmen stutzt, sage ich.

Tut man aber, sonst hängen die letztjährigen Wedel noch monatelang braun und hässlich herum. Ciccio hat das früher ziemlich häufig gemacht, aber dann hat er aufgehört. Übel gefährlicher Job, so kilometerhoch in der Luft zu hängen und mit einer Machete herumzuhacken. Er hat nein gesagt, aber die Frau vom Hotel ist im Restaurant aufgekreuzt und hat in einem fort gejammert, sie könnte sonst niemanden finden. Früher hatte er den Wartungsvertrag für deren Garten, also fühlt er sich irgendwie verantwortlich. Trotzdem, ein bisschen Dieselspritzen, bevor er fährt, ist natürlich immer drin. Wir teilen die Spritzen unter uns auf, und zwanzig Minuten später fließt jeder Ritz und jede Spalte jedes einzelnen Balkens buchstäblich von Diesel über. Ich habe sogar daran gedacht, das Bett mit schmutzigen Sachen aus dem Wäschekorb abzudecken, so dass kaum ein Tröpfchen drauf gekommen ist. Na ja, außer am Fußende. Vielleicht sollte ich besser die Laken wechseln. Ciccio ist mit seiner Machete aufgebrochen. Mittags ist er im Tropical auf ein Sandwich, sagt er, falls ich Lust haben sollte, hinunterzukommen.

*

Den Rest des Vormittags verbringe ich an meinem Laptop, ohne allerdings allzu viel zustande zu bringen, da ich alle zehn Minuten in mein neuerdings garagenduftendes Schlafzimmer hinab tipple, um nach etwaigem Todesröcheln im Gebälk zu lauschen. Wenigstens gibt's hier unten kein offenes Feuer. Ist auch gar nicht nötig. Das Schlafzimmer ragt tief in den Berghang hinein und behält das ganze Jahr über eine gleich bleibend angenehme Temperatur, nie zu heiß, nie zu kalt. Das liegt daran, dass es eigentlich als *cantina* gedacht war. Aber die Schwester und ich entschieden schon vor vielen Jahren, dass es weitaus vernünftiger wäre, uns da nachtsüber selbst einzulagern, als diesen klimatischen Schatz für irgendwelche Lebensmittel zu vergeuden. Als die Mittagessenszeit naht, bin ich schon so oft hinauf und hinunter gelaufen, dass sich meine Wadenmuskeln anfühlen, als hätte ich eine Woche an einem Fitness-Foltergerät hinter mir. Bislang weist das Todesröcheln, wenn es denn eines ist, eine bemerkenswerte Ähnlichkeit mit dem gewohnten Geknack und Geknusper auf. Aber nun, der Diesel wirkt ja wohl auch nicht sofort, denke ich mir. Zwischendurch könnte ich schwören, dass das Geknusper irgendwie langsamer und lethargischer klingt. Dann wieder kommt es mir manischer denn je vor. Allerdings könnte ja beides ein Zeichen des nahenden Todes sein, oder? Ich bin am Ende meines Lateins. Ich habe meiner Schlafzimmerdecke noch nie so viel Aufmerksamkeit gewidmet wie heute. Ich weiß, dass ich damit aufhören sollte. Wenn man ständig auf Lauschposten steht, stirbt ein Käfer nie. Habe ich bestimmt schon mal irgendwo gehört. Die einzige Lösung ist, hinunter zur Bar Tropical zu fahren und mich mit einem dieser Walnussbrötchen mit Gorgonzolafüllung abzulenken, die sie dort so gut hinkriegen.

17

Bislang war das Dorf Diano Arentino für mich nicht viel mehr als eine hübsche Aussicht auf der anderen Seite des Tals: ein Durcheinander von Ziegeldächern mit einem zwiebelhaubigen *campanile*. Und der Austragungsort einer wunderschönen *festa*. Arentinos (bald bevorstehende) Jahres-Fete ist ein toller Abend mit Massenverköstigung und Tanz zu lauter Akkordeon- und Saxophonmusik auf der Piazza am unteren Ende des Dorfes. Aber wie sehr verändert sich die Perspektive eines Ortes, wenn man sich erst mit einem Einwohner angefreundet hat! Heute erfahre ich durch Ciccio, dass Arentino auch die letzte Hoffnung für viele psychisch Kranke ist und in ganz Italien wegen seiner Wunderheilungen berühmt.

Wir befinden uns auf dem Rückweg von einem horrormäßigen Ausflug in die Berge und wollen noch kurz bei Marco und Laura vorbeisehen, bevor Ciccio zur Arbeit muss. Heute Morgen hat mich Ciccio ohne Vorwarnung in seinem neuen Geländewagen entführt, um mir die Hochweiden oben bei Nava zu zeigen, *Le Navette*, wo die Kühe den Sommer verbringen. Anfangs ist es begeisternd, sich auf dem Dach der Welt wiederzufinden, noch höher sogar als die gelegentliche weiße Wolke, die sich vor den eichen- und eschenzottigen Hügeln abzeichnete. Zwei Gämsen liefen uns mit weiten Sätzen entgegen, machten dann kehrt und flitzten davon, als sie den Wagen sahen. Dann weiter die Flanke eines glatten grünen Tals entlang, das sich zuletzt, weit, weit unten, zu einem Furcht erregend fernen Abgrund verengte; darin silberglänzendes Wildwasser unter einem Schleier von Dunst. Durch die Mondlandschaft eines felsigen Hochplateaus, das die Grenze zu Frankreich bildet. Durchdringende Pfiffe, die von Hang zu Hang gellen: eine Familie von Murmeltieren. Mittlerweile war der Weg gemeingefährlich eng, ein dürftiger Einschnitt im fast lotrechten Hang des Berges. Unerträglich schön, und unerträglich schrecklich. Was, wenn uns plötzlich jemand entgegengekommen wäre? Überdosis Adrenalin. Zu beängstigend. Ich wollte aussteigen. Jetzt sofort.

Aber nichts da. Es geht noch eine Stunde so weiter, sagte Ciccio, bevor wir, bei Limone, etwas weniger irrsinnige Straßen erreichen würden. Wir konnten ja umkehren, wenn ich wollte. Wir waren allerdings schon eine Dreiviertelstunde unterwegs. Ich dachte rasch nach. Hier zu wenden konnte eigentlich nur bedeuten, in den Abgrund zu stürzen. Und wenn wir es doch irgendwie geschafft hätten und wären zurückgefahren und uns wäre wider alle Wahrscheinlichkeit doch ein Auto entgegengekommen, dann hätten wir uns auf die unbefestigte, bröckelige Talseite der Straße quetschen müssen, um ihm auszuweichen. Nein danke. Vorwärts!, rief ich tapfer.

Wenn du Angst hast, sagte Ciccio, dem ich nichts vormachen konnte, dann beobachte einfach die Hinterräder im Außenspiegel, und es geht dir gleich besser. Dann siehst du nämlich, wie weit sie vom Abgrund entfernt sind. Ich sah's. Locker zehn Zentimeter. Schätzungsweise. Nicht sehr beruhigend. Jetzt eine so enge Haarnadelkurve, dass wir, um herumzukommen, ein Stück zurücksetzen mussten, abgrundwärts, und, als wir auf dem lockeren Schotter bremsten, noch sanft weiterrutschten. Ich gehöre nicht zu den Leuten, die die Augen zumachen, wenn sie Angst haben. Aber genau das habe ich während der ganzen letzten halben Stunde der Fahrt getan.

Ich habe mich oft abfällig über Besitzer von Geländewagen geäußert, die damit nie ins Gelände fahren. Ich werde nie wieder ein Wort darüber fallen lassen. Besonders Ciccio gegenüber nicht. Und wie sehr weiß ich jetzt das nette, kleine harmlose Diano Arentino zu schätzen – jetzt, nach all diesem Grauen und Schrecken! Dieser schroffen, wilden Schönheit, meine ich natürlich.

*

Er will nur mal kurz vorbeischauen, sagt Ciccio, um sich zu vergewissern, dass Marco sich nicht davonschleicht und diesen Trockenmauerjob allein anfängt. Marco ging es in letzter Zeit nicht gut, und er hätte den Job eigentlich gar nicht übernehmen dürfen. Er ist noch nicht wieder richtig auf dem Damm. Aber er hat für den Umbau seines Hauses ein Vermögen ausgegeben, und er braucht das Geld dringend.

Das Haus (das, wie schon gesagt, früher Lauras Oma gehörte) erweist sich als ein hohes, schmalbrüstiges Gebäude, das in ein Labyrinth von Gässchen hineinragt. Seine uralten Steinmauern heben sich kein bisschen vom Gedränge der benachbarten Häuser ab; dann aber treten wir in einen geräumigen, luftigen Küchen-Wohnbereich mit einer offenen weiten Wendeltreppe in der Mitte: direkt wie aus einem James-Bond-Film aus den Siebzigerjahren. Die Treppe hoch, und wir finden die große Laura und den kleinen Michele auf einer weiß ummauerten Dachterrasse, die gemütlich inmitten der roten Ziegeldächer der Nachbarshäuser sitzt. Ich lass mich auf einen Liegestuhl plumpsen. Nützliche Wäscheleinen spannen sich kreuz und quer über den hinteren Teil der Terrasse, während man nach vorn hinaus den puren Luxus einer umwerfenden Aussicht auf das ganze Tal hat, bis direkt hinunter zum Meer. Unter uns rauschen Baumkronen: ein paar Palmen für den Chic, und darunter, fürs Einkommen, ein Meer von Olivenbäumen. Wir gratulieren Marco. Toll geworden.

Marco und sein Vater haben das alte Giebeldach vollständig abgetragen, sagt Laura, um diese Terrasse zu bauen.

Das Dach abgetragen? Nicht einmal meine Erschöpfung nach der Überdosis Adrenalinrausch kann mich davon abhalten, hier nachzubohren. Haben sie zufällig, frage ich behutsam, dafür irgendeine Art von Baugenehmigung beantragt?

Bin ich verrückt? Natürlich nicht. Sie warten einfach bis zum nächsten *condono* – einer Art Generalamnestie für Hausbastler, die in der Regel beim Tod eines Papstes erlassen wird. Was nach dem Zustand des gegenwärtigen Amtsinhabers zu urteilen nicht mehr allzu lange dauern dürfte, sagt Marco vergnügt. Sobald der *condono* bekannt gegeben worden ist, beichtet man jede Bausünde, die man begangen hat; und nach Entrichtung einer kleinen Geldbuße ist alles vergeben und vergessen.

Ciccio lacht über mich. Er hat bereits (in einem unbekümmerten Ton, der mich ärgert) gesagt, ich würde mir nur deswegen solche Gedanken über Gemeindebestimmungen machen, weil ich Engländerin bin; und ich würde wahrscheinlich auch für mein Leben gern Schlange stehen. Und mein Dach bräuchte sowieso nicht abgerissen zu werden. Wir werden das Problem schon mit diesen paar Litern Diesel im Handumdrehen lösen, sagt er, sobald er dazu kommt, ein paar Leitern zu mir hinaufzuschaffen, aus denen er ein Baugerüst zusammenbasteln kann. Das hat mich nicht übermäßig beruhigt. So liebenswert er in vielerlei Hinsicht auch sein mag, ist Ciccio ein unheilbarer Optimist, und seine Stärke liegt zweifellos eher in der genialischen Improvisation als in der wohl überlegten Handlung. Und wann wird er diese Leitern überhaupt bringen? Wenn sich andererseits auch der zuverlässige Marco nicht um den *comune* schert, dann wird das wohl schon seine Ordnung haben, wie schwachsinnig die Methode mir auch vorkommen mag.

Was du brauchst, sagt Marco, ist ein richtiger, ernsthafter Fachmann, der dir ein verlässliches Gutachten über dein Dach erstellt.

Ja! Genau! Welch eine Freude, das endlich jemanden laut aussprechen zu hören! Schluss mit diesem Herumtappen in einem Nebel von Mutmaßung und Unwissenheit! Aber gibt es so jemanden?, frage ich bang (nicht, dass mir diese Rettungsleine, kaum vor die Nase gehalten, auch sofort wieder weggerissen wird!).

Aber natürlich, sagt Marco. Ulisse, den Dachdecker von Diano Borello. Ulisse hat so viel einschlägige Erfahrung, wie ich mir nur wünschen kann, und außerdem nichts mit Betondächern am

Hut – er deckt ausschließlich mit Ziegeln. Man wird ihn sofort kontaktieren und seinen überragenden Verstand auf die Lösung des Problems ansetzen.

Was für faszinierende Namen Dachdecker hierzulande doch haben! Dieser spezielle hat sogar einen ganz *besonders* Vertrauen erweckenden. Ulisse. Klingt genau nach dem richtigen Experten für mich.

*

Des Geredes über Dächer überdrüssig, hat sich Ciccio an den Rand der Terrasse verzogen, wo er mit Michele und einem Spielzeugfernrohr spielt. Aber das Spiel ist nicht so unschuldig, wie es aussieht. Ciccio versucht wieder einmal, mein Haus auf der anderen Seite des Tals auszumachen. Das hat sich bei ihm zu einer richtig fixen Idee ausgewachsen. Da ich selbst ein paar Jahre lang unter dieser Fixierung gelitten habe und weiß, wie schwer man sie wieder loswird, versuche ich ihn abzulenken, indem ich eine gesündere Beschäftigung vorschlage, etwa einen Spaziergang zum Kloster. Ciccio aber ist fest entschlossen, die Aussicht, von der ich schon so lange träume, für mich zu finden. Wir *müssen* doch Besta de Zago von hier oben aus sehen können! Überleg doch, wie deutlich man den Campanile von Arentino von deinen Fenstern aus sehen kann!

Aber natürlich ist von meinem Häuschen nicht das Geringste zu sehen. Nicht mal durchs Fernrohr.

Laura dagegen sagt, sie hätte nichts dagegen, sich ein bisschen die Beine zu vertreten. Sie geht mit mir zum Kloster, und Marco kann ja nachkommen, sobald Ciccio zur Arbeit gefahren ist. Also machen wir uns auf, der kleine Michele vorneweg auf seinem Tretroller, der vom Kopfsteinpflaster gehörig durchgerüttelt wird. Schon nach ein paar Metern treffen wir Lauras Mutter, Maria Chiara, die – warum nicht? – genauso gut mitkommen kann. Und da wären wir auch schon: der Kirchplatz. Da ist der Campanile, und guck, halb dahinter versteckt ist das Kloster. Es erstreckt sich den jenseitigen Hügelhang hinab, vom Dorf weg, was wohl der Grund sein dürfte, warum ich es nie gesehen habe. Klein, aber in seiner Art vollkommen. Laura deutet zum Rand der hohen Terrasse unter uns. Ich schau hin und sehe einen zum Leben erwachten mittelalterlichen Holzschnitt. Man stelle sich das nur vor: Während der letzten achthundert Jahre – die Kirche wurde extra um 1120 erbaut – hätte man zu jedem beliebigen Zeitpunkt herkommen können, und hätte genau dasselbe Bild gesehen. Eine Reihe von Mönchen in langen Kutten und Sandalen, die unten im Kloster-*orto* ihre Gemüsebeete hacken. Ich bin mir nicht ganz schlüssig, ob das ein erschreckender oder ein erfreulicher Gedanke ist. Jedenfalls bekomme ich davon Gänsehaut. Laura muss natürlich alles verderben: Sie erklärt mir, das seien überhaupt keine Mönche, sondern Priester. Ist mir nicht aufgefallen, dass sie gar keine Tonsur haben? Das Kloster ist inzwischen ein Priesterseminar, sagt sie: Aber es gehört ihm noch immer gut die Hälfte des Dorfes, sowohl an Olivenbäumen als auch an Häusern.

Als ich mich jetzt über die Brüstung lehne, um mir diese Holzschnittszene genauer anzusehen, stelle ich fest, dass eine ganze Reihe von Mönchen, ich meine Priestern, Schwarzafrikaner sind. Was in aller Welt tun *die* denn hier?

Warum sollten sie *nicht* hier sein?, sagt Lauras Mutter. Das sind doch schließlich Christen, oder?

Da ist was dran. Trotzdem, in diesem Tal leben nicht eben viele Schwarze.

Nicht nur leiden wir hier oben keinen Mangel an schwarzen Priestern, sagt Laura, sondern es gibt auch einen schwarzen Bischof, der eine enge Beziehung zum Ort hat: Padre Milingo. Er ist ein berühmter Exorzist, fügt sie mit unbefangenem Stolz hinzu. Ob ich noch nie von ihm gehört habe?

Nein, habe ich nicht. Wie es der Zufall so will, ist mir meines Wissens nicht ein einziger Exorzist namentlich bekannt.

Sollte ich jemals einen brauchen, erklärt mir Maria Chiara, ist

Padre Milingo genau der Richtige. Er kann böse Geister wie kein Zweiter austreiben. Arentino ist der beste Ort in Italien, wenn man für seine geisteskranken Verwandten eine Wunderheilung benötigt. In besonders schwierigen Fällen bietet Padre Milingo Einzelsitzungen an, aber zweimal im Jahr veranstaltet er hier in Diano Arentino einen Massenexorzismus.

Wirklich? Erstaunlich.

(Noch erstaunlicher ist der Andrang bei dieser Austreibungszeremonie, wie ich ein paar Monate später selbst feststellen werde. Die engen gewundenen Sträßchen gestopft voll von parkenden Autos, wie sonst nur, wenn eine *festa* im Gange ist. Gleichzeitig aber die un-festlichste Stimmung, die man sich nur vorstellen kann. Ein Heulen und Zähneknirschen erfüllt die Luft. Überall auf den Straßen sieht man Grüppchen von stöhnenden und betenden Menschen, die sich gegenseitig stützen und sich und ihre armen geistig behinderten Angehörigen in einen Zustand der Hysterie hineinsteigern. Manche der Bittsteller legen den Weg vom Auto zur Kirche auf den Knien zurück und murmeln dabei in einem fort Ave Marias.) Padre Milingo wird schon bald erheblich berühmter werden, als er nämlich durchbrennt und heiratet, sich aber gleichzeitig weigert, seine Stellung innerhalb der kirchlichen Hierarchie aufzugeben; was der (zum Leidwesen von Marco, der wohl weiter auf seinen *condono* wird warten müssen, noch immer muntere) Papst höchst ärgerlich findet. Einstweilen aber habe ich nicht nur noch nie von diesem Padre gehört, sondern es ist mir ebenso neu, dass es heutzutage noch Leute gibt, die ernsthaft daran glauben, Geisteskrankheiten seien die Folge von Besessenheit durch böse Geister. So viel zum Thema Rückbesinnung auf die guten alten Traditionen.

Immerhin erfahre ich, dass Marco und Laura, indem sie die (ganze sechseinhalb Kilometer entfernten!) Fleischtöpfe von Diano Marina verließen und heimkehrten, um ihren Sohn in dieser streng präfreudianischen Umgebung aufzuziehen, die Herzen eines ganzen Clans von Verwandten glücklich gemacht haben.

Ja, Lauras Vater ist so sehr erfreut, sagt Lauras Mutter, dass er sich erstaunlicherweise mit dem Gedanken trägt, nächste Woche seine Frau, seine Tochter und seinen Schwiegersohn zur *festa* zu begleiten. Wie wunderbar wäre es, wenn er Marco (immerhin jetzt acht Jahre nach seiner Hochzeit mit Laura) endlich vor den Augen des ganzen Dorfes öffentlich anerkennen würde!

*

Das wäre es wirklich. In den strengen Augen von Lauras Vater sind Marcos Sünden zahlreich und mannigfaltig; zwei aber haben von jeher deutlich aus der Menge der anderen herausgeragt. Erstens ist Marco gut anderthalb Köpfe kleiner als die junonische Laura. Und hierzulande wird von einem kleineren Mann mit einer größeren Frau automatisch angenommen, er müsse irgendetwas Heroisches geleistet haben, um eine solche Trophäe mit nach Hause nehmen zu dürfen. Lauras Vater, Carlo, hat schon immer Anstoß an der Tatsache genommen, dass Marco die eindrucksvolle *figura* eines Mannes mit einer schönen strammen Frau machte, ohne andererseits das Geringste vorweisen zu können, was ihn zu diesem Besitz berechtigt hätte. Alles durch pure Ausstrahlung geschafft, ohne eine konkrete Leistung, die sie untermauert hätte. Zweitens mag Marco zwar hier geboren und aufgewachsen sein, aber wie auch Ciccio ist er kein richtiger Hiesiger. Bis Laura ihre Absicht bekannt gab, Marco zu heiraten, hatte Carlos schlimmster Alptraum darin bestanden, dass sie mit jemandem aus Faraldi, im Tal nebenan, enden könnte. Oder aus Diano Castello. Aber ein Sohn von *calabresi*! Von Leuten, die nach Carlos Überzeugung in der niederträchtigen Absicht hergekommen waren, die Macht der Mafia über die ganze Halbinsel auszuweiten, und uns nebenbei unsere Arbeitsplätze, unser Land und unsere Frauen zu stehlen? Undenkbar!

Nichts von alledem stellte für Maria Chiara, wie sie erklärt, das geringste Problem dar – vielleicht, weil sie zu Hause arbeitete und keinerlei Land oder Frauen besaß? –, aber ihr Mann

Carlo weigerte sich monatelang, Marco auch nur zu sehen. Noch schlimmer wurde es, als er erfuhr, dass Marco nichts anderes vorzuweisen hatte als einen Job als selbstständiger Altpapier- und Pappkartonsammler, eine Ape und seines Vaters hundert und mehr »Pflanzen«, die damals, als die Nachfrage nach einheimischem Olivenöl auf dem absoluten Nullpunkt lag, überhaupt nichts einbrachten und zudem einen eindeutigen Beweis für die landräuberischen Neigungen dieser Süditaliener darstellten.

Jetzt allerdings hat Marco für alles gesühnt. Er hat ihre Tochter zu den guten alten Sitten zurückgeführt. Jedenfalls fast: Ihren Teilzeitjob in einer Bar in Diano Marina aufzugeben, weigert sich Laura bislang standhaft. Aber niemand könnte *das* Marco zum Vorwurf machen; er redet ihr schließlich selbst ständig zu, da zu kündigen. Wie auch immer, sagt ihre Mutter, jetzt, nachdem sie wieder in Arentino ist, wo sie hingehört, ganze sechseinhalb Kilometer von den verderblichen Einflüssen des Badeortes entfernt, wird sie schon bald zur Vernunft kommen.

Ach ja?, sagt Laura streitbar.

Und was noch besser ist: Marcos Oliven sind nun doch etwas wert, jetzt nachdem die Betuchten dieser Erde endlich eingesehen haben, was für ein Wahnsinn es ist, sich mit billigem Samenöl und miesen, sauren Olivenölen aus überhitzten Landstrichen zu ernähren. Das ligurische Extra-Vergine-Öl hat sich durchgesetzt, und Marco hat seine verachteten Haine in alter Herrlichkeit und Produktivität wiederhergestellt; und wo er schon dabei war, sich auch der vernachlässigten Terrassen von Lauras Familie angenommen. Während Lauras Vater, der allmählich kindisch wird, sich langsam mit seinem süditalienischen Schwiegersohn anzufreunden scheint. Und zwar bis zu dem Grad, dass er zur Überzeugung gelangt ist, die plötzlich boomende Nachfrage nach ligurischem Öl sei einzig und allein den Anstrengungen Marcos zu verdanken.

*

Als Marco zu uns stößt, stelle ich zu meiner Erleichterung fest, dass er die positiven Gefühle, die seine Frau und seine Schwiegermutter Padre Milingo entgegenbringen, keineswegs teilt. Milingo ist ein gefährlicher Mann, erklärt Marco, dessen zwielichtigen Aktivitäten zum Wohle der Volksgesundheit und der öffentlichen Sicherheit unverzüglich ein Riegel vorgeschoben werden sollte.

Gut. Es freut mich festzustellen, dass es hierzulande auch Leute gibt, die ihre Zweifel am Exorzismus als der geeigneten Behandlung für psychisch Kranke haben.

Ja, der Mann stellt eine Gefahr für das Gemeinwesen dar, sagt Marco. Denn was sollte diese ganzen Geister des Wahnsinns – Geister, die, sobald Milingo sie ausgetrieben hat, dazu verurteilt sind, schutz- und obdachlos durch Diano Arentino zu schweifen – daran hindern, sich im Kopf und im Leib unschuldiger Einheimischer einzuquartieren, die nichts Böses ahnend gerade vorbeikommen? Zum Beispiel in seinem eigenen Vater, um nur einen zu nennen. Er war kerngesund, bis er hier heraufkam, um ihm beim Umbau des Hauses zu helfen – genau in der Woche der Austreibungen. Und schau ihn dir jetzt an! Kann das ein bloßer Zufall sein? Marco glaubt nicht *einen* Augenblick daran.

Warum?, sage ich nervös. Was ist denn los mit ihm?

Die Sache fing damit an, sagt er, dass sein Vater sich plötzlich weigerte, weiter mit der Familie zu essen; zunächst dachten sie, er schmolle lediglich mit ihrer Mutter. Aber dann kam heraus, dass er das Mädchen vom Dorfladen dazu gebracht hatte, ihm jeden Tag belegte Brote zu machen – mit der Erklärung, seine Frau versuche, ihn zu vergiften! Die ganze Familie kam vorbei und versuchte, ihn zur Vernunft zu bringen, aber das war reine Zeitvergeudung. Er weigert sich, sich von einem Arzt untersuchen zu lassen; und Marcos Mutter weigert sich, weiter mit einem Mann zusammenzuleben, der sich jedes Mal einbildet, sie versuche ihn aus dem Weg zu räumen, wenn sie ihm einen Teller Pasta hinstellt. Zuletzt hat er einen ganzen Topf Kichererbsen aus dem Fenster geschmissen – um ein Haar hätte er die Witwe von nebenan getroffen –, und Marcos Mutter droht, ihn aus dem Haus zu werfen. Und was glauben wir wohl, wer ein hübsches großes Haus hat, frisch renoviert, mit haufenweise Platz? Es sieht ganz danach aus, als ob sie ihre schöne ausgebaute *cantina* zu einem Schlafzimmer für einen verrückten Vater umfunktionieren müssten. Der dann Marco und Laura ebenfalls zum Wahnsinn treiben kann.

Und an all dem ist Padre Milingo schuld! Der Mann ist ein Fluch für das Dorf.

18

Ich steig gerade auf der Piazza beim Restaurant von meinem Mofa ab, als ein steinalter grauer Renault quietschend neben mir zum Stillstand kommt. Heraus klettert Salvatore: Er schmunzelt über meine erschrockene Miene, hebt die Hand zum Gruß, zieht etwas aus dem Kofferraum heraus und entfernt sich federnden Schrittes in Richtung Lokal. Von der einen sehnigen Faust baumeln zwei an den Füßen mit einem Stück orangefarbener Nylonschnur zusammengebundene gerupfte Hühner herab; mit der anderen schleift er einen großen knolligen Sack hinter sich her. Ich folge ihm, als er hineingeht und sich mit schlenkernden Hühnern und rumpelndem Sack seinen Weg zwischen den Tischen hindurchbahnt, ohne sich um die Unruhe zu scheren, die er unter den Gästen auslöst. Ich warte respektvoll, während er die Hühner hinlegt, den Sack auf den Küchentresen wuchtet und dem Küchenchef ein paar feierliche Küsse verabreicht; dann erst komme ich an die Reihe.

Die ersten Kartoffeln, verkündet Salvatore seinem Sohn. Ich hab deinen Schwestern je eine Ladung vorbeigebracht; das ist dein Anteil. Großartig, sagt Ciccio, während er den Sack öffnet, das Gesicht an die Öffnung hält und einen tiefen Schwall Duft nach feuchter Erde und Kartoffeln einatmet. *Gnocchi!*, sagt er, als er, von der Inspiration berührt, wieder zum Vorschein kommt. Wir werden uns ein Festessen aus Kartoffel-*gnocchi* machen. Langsam fängt der Herbst an, und *gnocchi* sind ein perfekter Schutz gegen die Kälte. Andererseits ist der Sommer noch nicht ganz vorbei, es gibt noch eine Menge Basilikum, und so können wir *gnocchi al pesto* essen.

Gut: Der Punkt wäre also geklärt. Bringt er mir dann bei, wie man die Dinger macht? Denn das einzige Mal, als ich mich bislang, nach Rezeptbuch, daran versucht habe, sind meine *gnocchi*, sobald das Wasser aufgekocht ist, zu Brei zerflossen, und ich hatte am Ende einen einzigen Klumpen, einen einzelnen gigantischen *gnocco*, der wie ein ekliger pampiger Pfannkuchen auf der Wasseroberfläche waberte.

Dann machen wir sie zusammen, sagt er, oben bei dir. Heute Abend nach der Arbeit, falls er früh genug fertig wird, um genug Zeit zu haben, sich richtig auszuruhen, bevor wir uns ans Kochen machen.

*

Salvatore guckt mich irgendwie komisch an. Ob er vielleicht noch nicht allzu viele erwachsene Frauen kennen gelernt hat, die nicht wissen, wie man *gnocchi* macht? Oder ist es etwas Schlimmeres? Missbilligt er die Intimität, die seines Sohnes beiläufige Entscheidung impliziert, die *gnocchi* bei mir zu Hause zu machen? Wie mir zwei von Ciccios Schwestern, Marisa und Annetta, erzählt haben, hat Salvatore, als sie versuchten, *la mamma* Details über meinen Besuch bei ihnen zu entlocken, es kategorisch verboten, in seiner Anwesenheit über unsere Beziehung zu reden. Die Schwestern schienen es lustig zu finden, wie ihr Vater den süditalienischen Patriarchen herauskehrt, und begriffen nicht, warum ich das stressig finden könnte. Tu ich aber. Äußerst stressig. Und unbegreiflich dazu, da ich mit Salvatore zuvor stets bestens ausgekommen bin. Was hat er auf einmal gegen mich? Kann er wirklich meinen, ich hätte seinen Sohn entmannt, indem ich ihn zwang, sich seine Äpfel selbst zu schälen? Während des Olivenbaumstutzkurses schien er ein ziemliches Auge auf mich als potenziellen Fang für Ciccio geworfen zu haben – sogar ein ziemlich auffälliges, mir peinliches Auge. Hat er vielleicht herausgefunden, dass ich weniger Olivenbäume in die Ehe mitbringen würde, als er gedacht hatte? Bestimmt nicht. Kurz vor ihrer Abreise berechnete meine Schwester, dass unsere Öl-Einkünfte zumindest die fürstliche Summe überholt hatten, die wir in England von der Stütze bekämen. Und da sie die Olivenhaine Italiens gegen das kosmopolitische Flair Bulgariens eingetauscht und mir ihren Anteil vorerst überlassen hat, bin ich jetzt sogar eine noch bedeutendere Olivenbaumbesitzerin, als ich vorher war. Zweimal diejenige, die ich mal war, könnte man sagen. Bei der nächsten Ernte werden meine Einkünfte auf einen fetten, mehr als doppelten Sozialhilfesatz hochschnellen. Aber vielleicht hat Salvatore ja davon erfahren, dass wir das Bett geteilt haben, ohne dass bislang ein Wort vom heiligen Stand der Ehe gefallen wäre? Oder ist ihm möglicherweise zu Ohren gekommen, dass ich Ciccio – als er, Salvatore, sich weigerte, den häretischen »drastischen Schnitt« auf dem Land der Familie zu dulden – erlaubt habe, ihn an mehreren Terrassen meiner Bäume auszuprobieren? O Gott. Es ist fast alles möglich. Mit einem solchen Sündenkatalog sollte ich der Vorsehung danken, dass er überhaupt noch mit mir redet. Wie schaffe ich es noch, ihm in die Augen zu sehen?

*

Die Hühner, die er gebracht hat, sind zu alt, als dass man sie essen könnte, sagt Salvatore, sobald er über dieses Was-auch-immer hinweggekommen ist. Das sind zwei seiner Legehennen, schon von geradezu biblischem Alter – aber wenn man sie ein paar Stunden lang köcheln lässt, ergeben sie eine hervorragende Brühe. Er dachte sich, er könnte ja schon mal damit anfangen, die zu schlachten, die nicht mehr so gut legen. Keine Verwendung mehr für diese alten Hühner, hm? Ihr seid nun mal erledigt, sagt er und stupst sie ermutigend an. Er wird sich auch keinen Ersatz mehr für sie holen, das war's, jetzt wo er die ganze Hühnerhaltung ohnehin aufgeben muss.

Ciccio bleibt abrupt stehen. Was meint Salvatore damit, die Hühnerhaltung aufgeben? Sein Sohn hat gerade erst ein Vermögen an Bußgeld für seinen Hühnerstall hingeblättert, und jetzt will er keine Hühner mehr halten?

Salvatore wechselt auf seine gewohnt erschreckende Weise unversehens von guter Laune zu schwärzester Wut und brüllt seine Antwort in trommelfellzerreißendem Kalabrisch. Nun sind meine Kenntnisse selbst des hiesigen ligurischen Dialekts nicht gerade berühmt, aber mit diesem exotischen süditalienischen Idiom bin ich hoffnungslos überfordert. Zum Glück bekomme ich wenigstens die Hälfte der Auseinandersetzung mit, denn auch wenn Ciccio und seine Schwestern das Kalabrische ausgezeichnet verstehen, da sie es ihr Leben lang von ihren Eltern gehört haben, antworten sie immer auf Italienisch.

Salvatore bedenkt seinen Sohn mit einem anhaltenden, mir unverständlichen Gebrüll.

Allein deshalb haben wir doch überhaupt die Geldstrafe gezahlt!, antwortet Ciccio. Damit du das Ding *nicht* abzureißen brauchst!

Ein weiterer, noch längerer Beitrag von Seiten seines Vaters, dessen eichenfarbene Gesichtszüge allmählich einen interessanten Violettton annehmen.

Warum hast du mich dann nicht wenigstens gefragt? Bevor du angefangen hast, es abzureißen?, schreit Ciccio.

Wieder brüllt Salvatore los und begleitet seine Ausführungen mit dieser eine Feige wägenden Geste (»was zum Teufel willst du eigentlich?«), die sein Sohn auch ständig benutzt.

Natürlich habe ich dir das erklärt!, antwortet Ciccio. Bildest du dir ein, ich blättre deswegen vier Millionen Lire hin, und *erklär* es dir nicht?

Weiteres Gebrüll von Salvatore,

Vier Millionen Lire!, brüllt Ciccio in gleicher Lautstärke zurück und scheint nicht weit davon entfernt zu sein, sich die Haare auszureißen. Oder vielleicht auch seinem Vater. Ich hab bezahlt, damit du diesen *maledetto* Hühnerstall behalten konntest, damit du ihn nicht abzureißen brauchtest!, wiederholt er.

Zum Glück für meine Trommelfelle steckt Franchino jetzt den Kopf durch die Durchreiche, bedeutet uns durch aufgeregte Gesten, etwas weniger Krach zu machen, und ruft seinen Partner hinaus. Ciccio wird draußen im Garten am Tisch von Stammgästen verlangt, die gerade gehen wollen und sich beim Koch bedanken möchten.

Ciccio geht. Salvatore brüllt weiter.

*

Albtraum. Mutterseelenallein mit einem brüllenden Salvatore und zwei toten Hühnern. Salvatore feuert jetzt eine *noch* lautere Breitseite Gebrüll ab. Ich weiche entsetzt zurück. Nein, alles in Ordnung. Ich war nicht gemeint. Er hat nur gerade seinen Sohn vor der Durchreiche vorbeigehen sehen und hat ihm noch rasch ein paar Verbalinjurien an den Kopf geworfen. Jetzt wendet er sich, wieder bester Laune, mir zu: Zeit für ein paar Englischübungen.

Chicki!, schreit er freudig in meiner Sprache, packt eines von beiden am Hals und wedelt mit dessen Schnabel vor meiner Nase herum, während der arme Leidensgenosse kopfüber am anderen Ende der orangenen Schnur baumelt.

Ah. Vielleicht ist ja doch alles in Ordnung? Ja, pflichte ich ihm bei. *Chicken*. Aber wie ich aus Erfahrung weiß, will Salvatore nichts davon wissen, dass es in einer beliebigen Sprache ein beliebiges Wort geben könnte, das *nicht* mit einem Vokal endet.

Chicki!, wiederholt er, schüttelt den Vogel abermals durch und funkelt ihn grimmig an. Jetzt tut er so, als würde er ihm den Hals umdrehen. *No speaka Englisha, no jobbi!*, erklärt er ihm triumphierend. Eh?, fügt er auf Internationalisch hinzu, dann stößt er mir den Ellbogen in die Rippen und grölt vor Lachen.

Eine bissige Anspielung, wie ich vermute, auf die einstige Haltung der Australier italienischen Einwanderern gegenüber. Sosehr es mich auch erleichtert festzustellen, dass Salvatores Missbilligung meiner Beziehung zu seinem Sohn auf keinerlei persönlichen Gründen beruht, bin ich zu durcheinander, um auf seinen Slapstick-Ton einzugehen.

Komische Farbe, Ihre Hühner, sage ich schwächlich in seiner Sprache. Besser gesagt: in einer seiner Sprachen. Aber es stimmt: Sie haben eine dunkelbraune Haut, wie irgendein Wildgeflügel. Jedenfalls ganz anders als jedes Huhn, das mir bislang untergekommen ist.

Oldi!, sagt Salvatore, der offenbar lieber weiterhin englische Konversation betreiben möchte. *Very oldi!* Hier aber lässt ihn sein Wortschatz im Stich. Zäh wie Holz, fügt er auf Italienisch hinzu: Aber die Brühe wird voller Aroma sein. Er führt sich die Knöchel an die Lippen und drückt einen dicken Schmatz darauf, um mir eine Vorstellung von diesem Aroma zu geben.

Einer plötzlichen Eingebung folgend, frage ich Salvatore, ob er mit uns zu Mittag essen möchte.

Aber bestimmt nicht! Zunächst einmal *hat* er schon zu Mittag gegessen. Wie jeder vernünftige Mensch, wartet er mit dem Essen nicht bis (Blick auf die Uhr) fast zwei. Ihm liegt seine Verdauung zu sehr am Herzen, um solchen Unfug zu treiben. (Ich werfe ebenfalls einen Blick auf die Uhr, weil es mich doch wundert, wie schnell die Zeit verflogen sein soll. Aber hier genehmigt sich Salvatore offenbar gewisse dichterische Freiheiten: Es ist erst Viertel nach eins.) Und zweitens hat sein Sohn keinen anständigen Wein mehr im Haus, also könnte er ja sowieso nicht hier essen, oder?

Natürlich würde niemand von Salvatores Generation auch nur im Traum daran denken, ohne ein Glas Wein etwas zu essen. *L'acqua fa ruggine*, sagen sie, wenn man etwas Derartiges vorschlägt – Wasser macht rostig. Konnte Salvatore tatsächlich ein solcher Connaisseur sein, dass er es nur deswegen ablehnte, hier zu essen, weil die Weinkarte nicht seinen Ansprüchen genügte? Klingt ziemlich unwahrscheinlich, wenn man Salvatores insgesamt doch recht rustikales Naturell berücksichtigt.

Jetzt fällt mir allerdings ein, dass Ciccio mir einmal (ziemlich verärgert) erzählt hat, dass sein Vater, wenn er aus irgendeinem Grund gezwungen ist, außer Haus zu essen, immer seine eigene Flasche von seinem eigenen, selbst gekelterten Wein mitnimmt und unter keinen Umständen irgendetwas anderes anrührt. Was seinem Sohn – zumal bei wichtigeren gesellschaftlichen Anlässen wie Hochzeiten oder Taufen, wenn der ganze Clan in einem Restaurant feiert – ziemlich peinlich ist. Salvatores privater Weinvorrat fällt auf wie ein bunter Hund, ist er doch in diesen anständigen Anderthalbliterflaschen für richtige Kerle abgefüllt, die sich unmöglich zwischen die halb so großen Muttersöhnchenflaschen schmuggeln lassen, die das Restaurant auftischt. Als dem einzigen Sohn fällt Ciccio in diesen Fällen die undankbare Aufgabe zu, der Geschäftsführung zu erklären, warum das Flaschenungetüm da herumsteht. »Nehmen Sie's bitte nicht persönlich – mein Vater besteht darauf, seinen eigenen Wein mitzubringen, weil er davon überzeugt ist, Ihrer sei voller Chemikalien...«

Hier im Lokal seines Sohnes kann Salvatore allerdings meist essen und trinken, ohne die Anwesenheit irgendwelcher Fremdsubstanzen befürchten zu müssen, da er einen großen Teil des Hausweins selbst liefert. Ist er denn schon alle?, frage ich.

Natürlich ist er alle! Ich glaub doch wohl nicht im Ernst, dass sein Sohn ein paar Flaschen zurückbehält, damit sein alter Papa gelegentlich bei ihm zu Mittag essen kann? An irgendwelche Auswärtigen von Gottweißwoher verkauft, die ihn wahrscheinlich nicht mal zu schätzen wissen, Leute, die wahrscheinlich viel lieber dieses Gesöff trinken würden, das man im Laden bekommt! Und was das Schlimmste ist, raunt mir Salvatore vertraulich zu, er weiß ganz genau, dass der Hausbesitzer Pierino noch ein gutes Dutzend Liter von der letztjährigen Ernte in seiner *cantina* versteckt haben muss. Er bekommt jährlich sieben große *damigiane*, als Teil der Pacht. Rechne es dir selbst aus, sagt Salvatore und tippt sich mit dem Zeigefinger unters Auge, um mir zu verstehen zu geben, wie schwer es für Pierino wäre, irgendetwas vor Salvatore geheim zu halten – insbesondere etwas, das mit Wein zu tun hat. Wie könnte er *nicht* noch genügend übrig haben, um dem Erzeuger ein paar Liter anzubieten, für den Fall, dass er Lust bekommen sollte, hier oben, im Schoß der Familie, zu Abend zu essen? Aber von wegen! Da sitzt er, der Kerl ...!

Ich hüte mich natürlich zu erwähnen, dass eine ganze Riesenkorbflasche vom fraglichen Wein – sechundfünfzig Liter davon – in meiner Speisekammer steht, wo Ciccio und Marco sie per Schubkarre meinen haarsträubenden Pfad entlang hingeschafft haben. Was ist doch Ciccio für ein unmöglicher Mensch! Ich muss ihm mal gehörig die Meinung sagen, von wegen wie er seinen armen alten Papa behandelt. Und für die Kartoffeln und die Hühner hat er auch kaum danke gesagt. Trotzdem, füge ich besänftigend hinzu, es dauert ja doch nicht mehr lange, bis Sie den neuen Wein haben, oder? Falsches Thema. Er gerät wieder in Rage.

Bah! Der neue Wein ist doch frühestens nach vierzig Tagen genießbar, oder? *Wenn* er überhaupt jemals fertig wird, heißt das, was kaum der Fall sein wird, wenn er sich auf seinen Sohn verlässt ... Und wenn man die Trauben zu lange hängen lässt, dann ist der Wein ruiniert, was bedeutet, dass man den Jahresbedarf an Wein für das Restaurant irgendwo kaufen muss, und das Restaurant ist dann auch ruiniert. Außerdem ist für nächstes Wochenende Regen vorhergesagt, so dass die *vendemmia*, die Weinlese, vorher über die Bühne gehen muss, sonst muss man die Trauben noch eine Woche hängen lassen, denn wenn man die nassen Trauben liest, muss man sie sofort, noch am selben Tag, pressen, oder der Wein ist ohnehin zum Teufel. Und das Restaurant auch, da kann mein Sohn dann nämlich sehen, wie das ist! (Die Lautstärke steigert sich allmählich zu einem Fortissimo.) Und die Trauben noch am Tag der Lese zu pressen wäre für jeden zu viel, besonders für einen Mann seines Alters, selbst wenn zwei seiner Schwiegersöhne tatsächlich kämen, um mitzuhelfen; was aber absolut in den Sternen steht, weil sie nämlich genau solche Nichtsnutze sind wie sein Sohn und man sie nicht dazu kriegt, irgendetwas zu machen, obwohl sie gar nichts dagegen haben, ihren Anteil vom Wein mitzunehmen, o nein, *da* gibt's keine Probleme…

Keine Angst! Sie kommen!, rufe ich so laut ich kann, sobald sich in der Lärmkulisse eine winzige Lücke von Stille auftut.

Ach ja?, sagt Salvatore ungläubig.

Ja, sage ich. Ich hab erst heute Morgen gehört, wie Ciccio mit Osvaldo und Giovanni telefoniert hat, und sie kommen alle drei. Hundertprozentig. Nicht schon jetzt am kommenden Ruhetag, aber am nächsten. Und irgendeine Tante von Franchino kommt, um Ciccio im Restaurant zu vertreten.

Endlich beruhigt sich Salvatore.

Wo wird der Wein eigentlich gemacht?, frage ich, um ein nettes neutrales Gesprächsthema bemüht. Oben in der *campagna*, wo wir den Pizzaofen repariert haben? (Himmel Herrgott, warum musste ich jetzt *damit* anfangen?)

Aber ganz bestimmt nicht! Wie komme ich bloß auf *die* Idee? Warum in aller Welt sollte er den Wein dort machen, wenn sein Weinberg oben bei Pornassio liegt, fünfundzwanzig Kilometer landeinwärts? Bin ich denn noch nie da gewesen? Warum komme ich nicht einfach auch? Es gibt für alle genug zu tun, keine Sorge! Hilfe! Ist das jetzt so etwas wie ein Test? Natürlich komme ich, sage ich, wenn Sie meinen, dass ich irgendwie von Nutzen sein kann…

Zu meinem großen Erstaunen klopft mir Salvatore auf die Schulter und sagt, ich sei ein gutes, einfaches Mädchen. Hui. Dann kann ich also doch nichts so Schlimmes ausgefressen haben. Vielleicht war er vom reparierten Pizzaofen ja insgeheim doch angetan?

*

Dicht gefolgt von Franchino, kehrt Ciccio zurück: ohne eine Ahnung vom bedeutenden Durchbruch, den ich in meinen Beziehungen zu seinem Vater erzielt habe. Franchino scheint vor unterdrückter Belustigung schier zu platzen. Ja, kaum sind sie aus der Sichtweite der Gäste, lässt er sich auf einen Hocker fallen und lacht prustend los.

Salvatore und ich sehen uns verständnislos an. Ciccio funkelt seinen Partner an. Das ist überhaupt nicht komisch, sagt er. Franchino lacht trotzdem weiter. Ciccio guckt weiter finster drein. Und bricht plötzlich ebenfalls in Gelächter aus.

Wie sich herausstellt, wollte einer der Stammgäste, ein Fettsack aus Turin, der vorbeigekommen war, um einen Tisch für heute Abend zu bestellen, unbedingt wissen, worum es sich bei dem äußerst interessant aussehenden Federwild handelte, das der alte Herr gerade in die Küche gebracht hatte. Etwas ganz Besonderes, nicht wahr? Ciccio erwiderte, nur aus Jux – er könnte sich jetzt dafür in den Hintern beißen, er hätte wissen müssen, dass der Mann keinen Sinn für Humor hatte! –, diese Vögel seien für ihn und das Personal reserviert. Es seien zwei Hühner, die aus ihrem Stall entkommen waren und (fügte er wild improvisierend hinzu) ein Jahr lang in Freiheit gelebt hatten. Das Futter aus frischen Bergkräutern habe dem Fleisch diese dunkle Farbe verliehen. Eine echte Rarität: Wie man ihm erzählt habe, sei der Geschmack absolut unvergesslich. Auf keinen Fall also würde er diese Hühner unmöglich an irgendwelche Gäste vergeuden.

Der Gast merkte nicht, dass er auf den Arm genommen wurde. Im Gegenteil, er begann darauf zu pochen, als treue Stammgäste hätten er und seine Gesellschaft doch wohl wenigstens Anspruch auf eine Kostprobe von dieser Delikatesse. Ciccio stand wie vom Blitz gerührt da und fragte sich, wie in aller Welt er die Sache abbiegen sollte, ohne dass sich der Mann auf den Schlips getreten fühlte. Mittlerweile war der Nachbartisch, deutsche Stammgäste mit einem Ferienhäuschen in der Umgebung und ausreichenden Italienischkenntnissen, um dem Gespräch folgen zu können, ebenfalls aufmerksam geworden. Irgendwie gelang es Ciccio nicht, sich aus der Sache herauszuschwindeln. Und jetzt haben wir den Schlamassel. Acht Leute kommen heute Abend eigens her, um ein paar alte Suppenhühner zu essen. Er wird sich irgendetwas ausdenken müssen, damit die zähen Biester bis dahin nicht nur genießbar sind, sondern auch noch köstlich schmecken – komme, was da wolle. Was bleibt ihm schließlich anderes übrig? Wenigstens wird bei zwei kleinen Vögeln für acht Leute wirklich nicht mehr als eine Kostprobe abfallen. Aber *die* wird absolut exorbitant schmecken müssen.

Ciccios Augen suchen bereits die Küchenregale nach den vorhandenen Möglichkeiten ab, Suppenhühner butterzart zu machen. Ich sehe ihm an, dass die kulinarische Herausforderung ihn schon jetzt zu reizen beginnt. Salvatore, der sich bis dahin über die Geschichte amüsiert zu haben schien, vollführt wieder einen seiner blitzartigen Stimmungswechsel. Und schon brüllt er wieder los. Sein Sohn ist ein Idiot! Bildet sich ein, ein Restaurant führen zu können? Was denkt er sich denn? Kein Mensch könnte aus diesen alten Suppenhühnern was anderes machen als einen Topf Minestrone!

Wart's ab, sagt Ciccio.

Nun, Ciccio mag seinem Vater gegenüber gemein sein, aber man kann nicht bestreiten, dass sein Vater ihm darin in nichts nachsteht. Ich werde mich diesbezüglich eines Urteils enthalten. Und mache mich einstweilen rar, bis die Familie De Gilio sich wieder zusammengerauft hat. Drinnen keine Gäste mehr; und draußen nur noch zwei, die inzwischen bereits beim Kaffee angelangt sind. Gut. Ich bin ausgehungert. Sobald die weg sind, kann sich das Personal ans Essen machen. Neffe Alberto steht am hinteren Ende der Terrasse und plaudert mit Pierino, bis er den letzten Tisch abräumen kann. Pierino winkt mich zu sich hinüber und schwenkt dabei jovial sein Glas Wein. Sieht immer noch einladender aus als die tobenden Verwandten.

Was für ein Temperament dein Großvater hat!, sage ich zu

Alberto, jetzt da ich endlich frei atmen kann. Wo nimmt er bloß die Energie her, um dermaßen zu brüllen? Alberto kichert. Ich muss mir bei Gelegenheit von Onkel Ciccio die Geschichte von Opa Salvatores Prozess in Australien erzählen lassen, sagt er, wie er den Richter geschlagene zwanzig Minuten lang angebrüllt hat, ohne einmal Atem zu holen.

Ich bin platt. Was hatte Salvatore in einem australischen Gerichtssaal zu suchen?

Jemand hatte auf ihn geschossen, sagt Alberto.

Ich bin noch ein bisschen platter.

Zu dumm, dass er daneben geschossen hat, sagt Pierino, während er mir mit seiner Serviette ein Glas abstaubt. Ohne auf diese blasphemische Bemerkung einzugehen, setze ich mich an den Tisch und nippe wie Sherlock Holmes an meinem Wein, während Alberto losstürzt, um die Gäste zu verabschieden. Ich kenne Salvatores Wein ziemlich gut, da ich ihn zu Haus praktisch jeden Abend trinke. Nein. Salvatore hat Pierinos Trinkvermögen unterschätzt. Das hier ist ein erheblich gröberer Stoff. Und, was macht das Leben?, fragt Pierino.

Ich stürze mich in eine dramatische Schilderung von Bienenattacken beim Kaffee, von zerbröselnden Balken, den fürchterlichen Larven fürchterlicher Käfer namens *tarli*, vor denen man sich Umberto zufolge nicht zu fürchten brauche; von sizilianischen Dachdeckern und deren Gutachten und davon, dass all meine Hoffnungen nunmehr auf einem Mann namens Ulisse ruhen...

Tarli? Pierino traut seinen Ohren nicht. Umberto hat vollkommen Recht; kein Mensch würde sich wegen ein paar *tarli* weiter aufregen. Pierino selbst schläft seit über zehn Jahren in einem Bett, dessen Beine voller *tarli* sind, und das lässt ihn absolut kalt.

Wirklich? Ich kann über Pierinos Kaltblütigkeit nur staunen. Wie kann sich jemand nur in finsterer Nacht vier schwammartigen Bettbeinen anvertrauen, die unentwegt Sägemehl und laute knuspernde Geräusche von sich geben?

Pierinos Nonchalance ist wie weggeblasen. Knuspern? Wer in aller Welt hat mir gesagt, mein Problem seien *tarli*? Nein, nein, *tarli* machen winzige Löcher, Löcher so groß wie Stecknadelköpfe. Und keinerlei Geräusch. Bin ich auch sicher, dass ich dem Ältesten Einwohner die Größe der fraglichen Löcher beschrieben habe? Oder die Geräusche?

Vielleicht nicht... Ich kann mich nicht mehr erinnern, was genau ich gesagt habe.

Na ja, Pierino kennt die Viecher, die ich meine, und das sind eindeutig keine *tarli*. Nein, diese Biester können tatsächlich dein Dach zum Einstürzen bringen! Und im Fußboden habe ich sie auch noch? Da sollte ich wirklich besser aufpassen!

Jetzt begreife ich, dass *tarli* einfache Holzwürmer sein müssen. Kein Wunder, dass Romeo mich ansah, als sei ich verrückt, als ich ihm erklärte, das seien *tarli*. Wie heißen diese großen Biester denn dann?, frage ich verzweifelt. Wie soll ich denn rausfinden, wie ich sie loswerden kann, wenn ich nicht einmal weiß, wie sie heißen?

Ah... Lange Pause, während der Pierino sich das Hirn zermartert. Er persönlich würde sie einfach »diese-großen-Käfer-die-Dachbalken-fressen« nennen – er weiß, dass die alten Leute einen richtigen Namen dafür haben (was denn, *noch* ältere als Pierino?), aber der will ihm partout nicht einfallen. Das wäre aber dann sowieso kein italienischer Name, sagt er, sondern ein dialektaler, der würde mir also auch nicht groß weiterhelfen. Und jedenfalls ist das Gegenmittel gegen jede Sorte Käfer im Holz, ob groß oder klein, *tarli* oder nicht, ganz simpel. Jeder kennt es: Diesel, das ganze Holz damit durchtränken.

Düster danke ich Pierino. Die Balken im Schlafzimmer habe ich aber bereits durchtränkt. Zwei Mal. Und das Geknuspere geht munter weiter. Ich will das deutsche Gift haben. Jetzt reicht's: Ich fahre nach Diano Marina zum Heimwerkermarkt. Und wenn man mir da nicht helfen kann, weiter nach Imperia. Unverzüglich. *Jetzt*.

19

Rund drei Stunden später (wär doch schließlich blöd gewesen, mein Mittagessen ausfallen zu lassen, oder? Und es war ja ohnehin Siestazeit) sause ich wieder hügelabwärts Richtung Bahnübergang und Straßenverkehrsordnung. Sause, weil ich jetzt einen halben Sack Kartoffeln auf dem Gepäckträger meines Mofas festgebunden habe. Ich musste sie mitnehmen, um sicherzugehen, dass ich auch wirklich meinen *gnocchi*-Unterricht bekomme, und das zusätzliche Gewicht verleiht meiner Abwärtsfahrt gewaltigen Impetus. Mein nächster Stopp ist Diano Marinas kürzlich wiedereröffneter Eisenwarenladen, bunt gestrichen und unter neuer Leitung.

Als ich den Bahnübergang erreiche, sind die Schranken geschlossen. Auf beiden Seiten der Absperrung hat sich der gewohnte Schwarm von Vespas und *motorini* an den wartenden Autos vorbeigemogelt und lässt, inmitten der Scharen von Fußgängern, die sich gegen die Schranken quetschen, wie zwei gegeneinander angetretene Schlachtreihen die Motörchen ungeduldig aufheulen. Ich schlängle mich zwischen den Autos nach vorn und schließe mich dem zweirädrigen Pulk an. Zeit, den Sturzhelm aufzusetzen. Bloß geht mir jetzt auf, dass sich auf dem Gepäckträger – dort, wo ich ihn normalerweise aufbewahre – nichts anderes befindet als ein Sack Kartoffeln. Ciccio muss den Helm mit ins Haus genommen haben, ohne nachzudenken. Siehst du, das kommt davon, wenn man mit dem Mofa bis direkt ans Haus fährt. Zum Teufel mit Ciccio! Der Kerl treibt mich ins Verderben! Abgesehen von zwei alten Herrschaften, die aufgrund ihres hohen Dienstalters zweifellos auch jenseits der Schranke von der Helmpflicht befreit sind, bin ich die Einzige oben-ohne. Der Zug donnert vorüber, Menschen und *motorini* ergießen sich, sobald die Schranke aufgeht, in das von ihm hinterlassene Vakuum, und der Sog reißt mich mit auf die andere Seite. Nichts zu machen.

Wenn ich kein Knöllchen riskieren will, werde ich das Mofa das letzte Stück in die Stadt schieben müssen. Bis ich endlich den Ortskern von Diano erreicht, Mofa und Kartoffelsack geparkt und mich zum Eisenwarenladen aufgemacht habe, sind mir bereits zwei Bekannte über den Weg gelaufen. Beide sind mir auf die Nerven gegangen. Zuerst der Deutsche Mario – hier allgemein bekannt als Helmut, weil Mario nicht deutsch genug klingt –, der mit seiner jüngsten Ausbeute an Kitsch & Krempel aus den Trödelläden von Imperia nach Hause unterwegs war. Komm her, sagte er, er *müsse* mir einfach zeigen, was er gefunden hat. Dann Ciccios Schwester Annetta, die aus einem Café herausstürmte, um mir überschwänglich dafür zu danken, dass ich mich bereit erklärt hätte, sie nach Rom zu begleiten – *la mamma* hat es ihr gesagt, sie ist ja so froh, allein hätte sie sich wirklich nicht getraut ...

Ich habe die bildschöne Alessi-Espressokanne aus den Vierzigerjahren beiseite gewischt, mich geweigert zu bestätigen, dass ich nach Rom fahren würde – ich hatte nichts dergleichen gesagt! –, und beiden Nervensägen meine Mission erläutert, meine Suche nach einem Mittel gegen lebensgefährliche riesige Holz fressende namenlose Ungeheuer, die grässlichen Gänge in meinen Balken geschildert und den unmittelbar bevorstehenden Einsturz meiner Schlafzimmerdecke skizziert. Jede für sich haben mir die Nervensägen erklärt, ich redete von *tarli*, und wegen *tarli* bräuchte man sich keinen Kopf zu machen. Nein, habe ich zweimal gesagt, diese Biester sind nicht der heimelige Holzwurm, sondern etwas hundertmal Gefährlicheres. Sie machen *so* dicke Löcher, habe ich hinzugefügt und zur Verdeutlichung meinen kleinen Finger in die Höhe gereckt.

Zwei ungläubige Augenpaare. Warum haben die vermaledeiten Viecher aber auch keinen Namen? Da sie momentan nichts Spannenderes vorhaben, begleiten mich Helmut und Annetta zum Laden, aber ich sehe ihnen an, dass sie die Sache nicht ernst nehmen.

Signor Neue Geschäftsleitung, ein äußerst geschniegelter Herr, entsteigt endlich, nachdem ich seine Ladentür ein dutzendmal auf- und zugemacht habe, um seine Glocke bimmeln zu lassen, den Tiefen seines Warengewölbes und ist nun selbst an der Reihe, sich mit höflicher Miene meine wüsten Übertreibungen anzuhören.

Ah, Sie meinen *tarli*, sagt er.

Nein. Ich meine NICHT *tarli*.

Was meinen Sie dann?, fragt er.

Das ist das Problem. Ich weiß es nicht. Aber sie bohren SO dicke Löcher!, kreische ich wütend und strecke wieder den kleinen Finger in die Höhe.

Er lächelt nachsichtig über die hysterische Ausländerin, verschwindet und kehrt nach geraumer Zeit mit einer Blechdose zurück, die mit spiraligen schwarz-gelben Streifen verziert ist und die schlichte Aufschrift VERNICE PRESERVATIVA LEGNO trägt: »Holzschutzfarbe«. Jede andere hysterische Ausländerin könnte leicht darauf reinfallen. Aber nicht ich. Ich weiß, dass Dosen mit einer derart spärlichen Beschriftung und ohne jede Gebrauchsanweisungen oder sonstige Informationen grundsätzlich uralt sind – älter jedenfalls als die schon seit langem geltenden entsprechenden EU-Richtlinien. Der Kerl ist also entweder ein ignoranter Idiot, oder er versucht mir tückischerweise irgendwelche vorsintflutlichen Ladenhüter anzudrehen. Einst einmal sahen alle italienischen Haushalts-Chemikalien so aus, mit einsilbigen – oder jedenfalls so einsilbigen, wie sich das auf Italienisch bewerkstelligen lässt – Etiketten und attraktiven Mustern in schlichten Grundfarben; Bücher mit sieben Siegeln für jeden, der nicht von Kindesbeinen an damit vertraut war, wozu man sie traditionell verwendete. In meiner allerersten Zeit hier befolgte ich den Rat eines hilfsbereiten Verkäufers und kochte den Siebeinsatz meiner verstopften Espressokanne in einer Flüssigkeit aus einer Flasche, deren Etikett – hübsch lapislazuliblau und mit einem goldenen Sonnenstrahlenmotiv verziert – die schlichte Aufschrift »*Acido muriatico*« aufwies. Als mir ein paar Tage später auffiel, dass in einem Umkreis von mehreren Metern von der Stelle, wo ich den Kochtopf ausgeleert hatte, sämtliche Pflanzen blassgelb geworden und verschrumpelt waren, kramte ich mein Wörterbuch hervor und schlug *acido muriatico* nach.

»Salzsäure«, hieß es da lakonisch. Salzsäure! (Das Ding behauptete außerdem, man könne auch auf Englisch, wenn man Lust dazu hätte, *muriatic acid* dazu sagen. Aber andererseits war das Wörterbuch eine italienische Publikation, deren Herausgeber irgendwie nicht dazu gekommen waren, die vielfältigsten archaischen Lexeme auszumerzen, obsolete Bezeichnungen für bestimmte Teile von Postkutschen und Dienstbotentypen und Variationen fischbeinverstärkter Unterkleidung und anderes mehr. Vielleicht hatten wir einst einmal ja wirklich *muriatic acid* dazu gesagt?) Wie auch immer, es war Salzsäure, und zwar ohne nur die geringste Warnung auf der Flasche, Anweisungen zu empfohlener Verdünnung oder sonst etwas. Und ich hatte damit nur so herumgeschwappt, in der Gewissheit, dass es unmöglich gefährlich sein könnte, weil das ja sonst auf dem Etikett gestanden hätte! Glücklicherweise sind italienische Dosen und Kanister heutzutage, dank der menschenfreundlichen EU-Bürokraten, wie in jedem anderen Land sonst auch, mit Gebrauchsanweisungen und strengen Gesundheitswarnungen bepflastert, so dass sich derlei Ungebührlichkeiten nicht mehr wiederholen können.

*

Seltsamerweise hat der Verkäufer Diesel mit keiner Silbe erwähnt. Ich kann der Versuchung nicht widerstehen, das Mittel selbst zur Sprache zu bringen. Glaubt er, das könnte möglicherweise die Lösung meines Problems sein? Wie komme ich bloß darauf? Er starrt mich an, als sei ich übergeschnappt. Desgleichen Annetta. Desgleichen Helmut. Ganz und gar nicht nett von ihnen, schließlich war das doch nicht mal *meine* Idee. Der Verkäufer weist mit der sanften Stimme, mit der man mit Geistesgestörten zu reden pflegt, darauf hin, dass Diesel – selbst wenn es ein wirkungsvolles Insektizid wäre (woran er keinen Augenblick glaubt) – viel zu übel riechen würde und zudem feuergefährlich sei, als dass man es in Wohnräumen einsetzen könnte.

Ja. Klar. Ist mir bekannt. Das ist schon seit Wochen meine Rede. Wie kommt es bloß, dass Dinge, die oben auf den Hügeln vollkommen vernünftig sind, hier unten am Meer als der reine Irrsinn gelten? Und umgekehrt? Man könnte ohne weiteres meinen, der Bahnübergang zwischen Diano Marina und den übrigen Diano-Dörfern sei doch kein bloßer Bahnübergang, sondern der Übergang in ein Paralleluniversum.

Der Verkäufer stapft ungnädig von dannen, um sich gemäß dem Wunsch der Irren auf die Suche nach einem Produkt mit einem richtigen Etikett zu machen, und kehrt mit einer schönen blanken knallgrünen Dose zurück, über und über bedeckt mit Kleingedrucktem und Abbildungen von Käfern und Schimmel und Pilzen und allen möglichen anderen Holzplagen, jede in ihrem eigenen kleinen weißen Quadrat. Und jedes dieser bebilderten Quadrate ist mit einem dicken roten Kreuz durchgestrichen als Verheißung völliger Vernichtung der entsprechenden Plage. Jetzt kommen wir der Sache schon näher. Bitte schön, sagt er. Deutsches Gift. (Aha! Es gibt also doch gewisse Berührungspunkte zwischen den Kulturen dies- und jenseits der Bahnschranke!) Helmut/Mario der Deutsche behauptet, die Marke in seinem ganzen Leben noch nicht gesehen zu haben. Aber andererseits hat er sich bislang ja auch nicht als besonderer Kenner in Sachen Holzkäfer und deren Ausmerzung zu erkennen gegeben. Da steht, das Zeug sei für Menschen unschädlich, es sei farblos und geruchlos obendrein. Was will man mehr? Dann hat sich der Hersteller also, welcher Nationalität er selbst auch sei, von der Großmächtigkeit des Deutschen Giftes inspirieren lassen, sagt Helmut konstruktiv. Annetta, die das Etikett währenddessen gründlich studiert hat, gibt zu bedenken, dass da jede Menge über Vorbeugung, nichts aber von Beseitigung zu lesen sei. Wird das Zeug die Biester tatsächlich ausrotten, sofern sie schon im Holz sind?

Nun, sagt der Verkäufer, wenn es ausreichend giftig ist, um sie daran zu hindern, sich einzunisten, wird es doch wohl auch ausreichend giftig sein, um sie wieder zu vertreiben, oder?

Diese Argumentation hinkt zwar möglicherweise ein wenig, aber ich kann's nicht erwarten, hier zu verschwinden und mich an die Arbeit zu machen. Okay, ich spar mir die Fahrt nach Imperia. Ich nehm's.

Bald bin ich mitsamt meinem Deutschen Gift (und den Kartoffeln) wieder auf dem Heimweg; und fiebere vor Ungeduld, als ich, kaum jenseits des Bahnübergangs und somit wieder berechtigt, unbehelmt aufzusitzen, in einen Verkehrsstau gerate, der sich größtenteils aus verschiedenen anderen Hügelbewohnern zusammensetzt, meistenteils Frauen, die ebenfalls per *motorino* heimwärts fahren – aber geruhsamer und mit traditionelleren Lasten auf ihren Gepäckträgern: schönen Bündeln von Gras und Blättern für ihre Kaninchen etwa, oder einem Sortiment Gemüse vom *orto* fürs Abendessen. Ganz vorne kriechen zwei Apes, die es ganz besonders uneilig haben. Sechs lange, langsame Bongs aus der Richtung von San Pietro bestätigen mir, dass ich in die Abendessenkochen-Rushhour geraten bin.

Der richtige Zeitpunkt also, um am Born allen Wissens, Luigis Bar, Zwischenstation zu machen und bei einer Erfrischung zu warten, dass die Straße wieder frei wird. Binnen weniger Minuten will jeder wissen, was meine *tarli* denn so machen.

Es sind wohl doch keine *tarli*, sage ich. Das war ein Missverständnis. Sie sind etwas weit, weit Schlimmeres. Sie machen ein lautes knackendes, knusperndes Geräusch und Löcher von *der* Größe, füge ich hinzu, wackle mit dem kleinen Finger und schaffe es gerade eben, einen panischen Kiekser zu unterdrücken.

Ein knackendes, knusperndes Geräusch? Ja, warum habe ich denn das nicht *gleich* gesagt?

Zerstören einen Balken in null Komma nix, wenn sie erst mal drin sind, sagt Pompeo, der sich jetzt, da ich keine rivalisierenden dominanten Männchen bei mir habe, kopfüber in die Debatte stürzt. Hundertmal schlimmer als *tarli*! Spätestens ein, zwei Jahre, nachdem sie sich eingenistet haben, bricht dein Dach einfach zusammen und stürzt ein! Da kannst du nichts dagegen machen! Rein gar nichts. Mir plumpst das Herz in die Hose.

Völlig zerstört, *ah, sì, sì*, fährt Pompeo fort. Da ist keine Hoffnung mehr. Das Dach wird dir sehr bald auf den Kopf fallen. Im Winter, wahrscheinlich, fügt er tröstend hinzu, während eines richtigen Sturms, der Stunden und Stunden andauert, so dass die Ziegel sich mit Wasser voll saugen, bis sie doppelt oder viermal so viel wiegen wie vorher.

Pompeo führt uns eine seiner berühmten Pantomimen-mit-Ton vor: fürchterlich knarrende und knackende Klangeffekte, rings um ihn einstürzende Dachbalken, herunterprasselnde Ziegel, denen er wieselnd und wuselnd zu entkommen sucht. Zum Totlachen. Pompeo gackert bei der bloßen Vorstellung vor sich hin; der Rest der Bar schließt sich ihm an. Schafft es denn niemand, den bedenklichen Zustand meines Daches anzusprechen, ohne ein völlig übertriebenes Gewitter ins Spiel zu bringen? Ich könnte Pompeo kalt lächelnd ermorden. Schließlich nimmt er das Unheil kündende Funkeln in meinem Auge wahr und schraubt ein wenig zurück. Kann aber auch sein, dass es gar nicht so schlimm ist, sagt er. Er kommt demnächst rauf und schaut es sich an, wenn ich möchte. Das heißt, wenn mein junger Mann nichts dagegen hat.

Himmelherrgott noch eins!

Wie wär's denn, wenn ich mein Deutsches Gift ausprobierte?, frage ich und zeige durchs Fenster auf die Dose auf dem Gepäckträger meines *motorino*.

E-uh! Das Plenum ist entsetzt. Wo habe ich denn *das* her? Das ist nicht die Dose vom richtigen Deutschen Gift! Ich sollte nicht auf diesen Eisenwarenhändler hören – der ist nicht von hier, nicht mal aus der Region, sondern ein Stadtmensch aus Mailand oder sonstwo in der Richtung. Ein fauler *longobardo* aus den Ebenen des Nordens, wo kein Mensch je einen Finger krumm macht. Niemand dächte hier auch nur im Traum daran, auf seine Ratschläge zu hören. Nein, natürlich kennen sie ihn nicht persönlich! Aber was würde man schon von so einem dahergelaufenen Stadtfritzen erwarten, der mal eben auf die Idee kommt, sich irgendwo am Meer niederzulassen und irgendeinen kleinen ruhigen Laden aufzumachen, und durch puren Zufall einen Eisenwarenladen dafür findet? Er hat nicht die leiseste Ahnung von den Produkten, die er verkauft, und schert sich auch einen Dreck darum. Da *können* die Sachen doch nur Dreck sein. Halt dich an Diesel!

Die Unzulänglichkeiten der Lombarden und sonstiger *mangiapolenta* oder Polentafresser sind ein Thema, das erwartungsgemäß eine stürmische Debatte auslöst. Früher hätte sich Luigi aufs Entschiedenste gegen derlei Ausbrüche von Regional-Chauvinismus in seiner Bar verwahrt. Aber seit sich die widerwärtig fremdenfeindliche Lega Nord vor einigen Jahren als das politische Organ der Polentafresser vorstellte und die Trennung des reichen und edleren Nordens von anderen, minderwertigen Teilen Italiens verlangte, stelle ich fest, dass er den ungleichen Kampf aufgegeben hat und die Sache einfach laufen lässt. Auffällig ist auch, dass sich der Ausdruck *Longobardi*, die ziemlich lächerlich klingende archaische Form des Wortes »Lombardi«, in dieser Bar zunehmender Beliebtheit erfreut.

Ich trinke meinen Cynar (einen *aperitivo*, das für diese Tageszeit angezeigte alkoholische Getränk: dieses spezielle ist ein seltsam bittersüßes, medizinisch schmeckendes Produkt aus Artischocken, das man ebenso gut nach dem Essen als *digestivo* zu sich nehmen kann) draußen auf der netten ruhigen leeren Terrasse, fernab von allem Lärm, sitze so da und starre hoffnungslos auf die Kirche gegenüber. Ich verzage. Was, wenn es wirklich das falsche Deutsche Gift ist? Was, wenn der Diesel endlich zu wirken beginnt, und dieses Zeug es davon abhält, weiter einzudringen? Was, wenn es mit dem Diesel chemisch reagiert? Wir könnten im Schlaf ersticken. Oder in die Luft fliegen. Besonders, wenn ich meine Nachttischkerze anzünde. Ich wünschte, ich wäre in England. Ich würde in einen netten Heimwerkermarkt gehen und durchlesen, was auf der Rückseite aller einschlägig aussehenden Produkte steht, und ich könnte die Herstellerfirma anrufen und um Rat bitten... Und es gäbe allerlei richtige, amtlich anerkannte Schädlingsbekämpfungsunternehmen...

Mein Gedankengang wird vom *campanile* unterbrochen, der jetzt das asthmatisch knarrende Geräusch von sich gibt, an dem man erkennt, dass er seine Kräfte sammelt, um dem ganzen Tal die Uhrzeit anzusagen. Ruhe und Stille ade. Ich mache mich auf die lang aushallenden Bongs gefasst, die einem, wenn man so nah dran sitzt, jeden einzelnen Knochen erbeben lassen: sechs Stück davon und dann, nach einem weiteren asthmatischen Knarren, ein heiseres Bing. So, wo war ich noch mal? Schädlingsbekämpfung... Aber Moment mal! Hab ich nicht an den Mülltonnen des *comune* schon mal Schildchen mit der Aufschrift »Pestakil Italiana« gesehen? Offenbar eine italienische Dependance der englischen Kammerjägerfirma! Ich erinnere mich, wie mal in meinen Kindertagen ein paar Leute von Pestakil zu uns nach Hause kamen, allesamt in eindrucksvoll identischen Overalls, und irgendetwas gegen den Schwamm in unseren Dielen unternahmen, worüber sich meine Eltern überaus glücklich zeigten. Ich flitze zu den nächstgelegenen Mülltonnen, und sehe nach. Tatsächlich! Und eine Telefonnummer ist auch dabei! Ich nehme zwar nicht an, dass ich es mir leisten könnte, ein richtiges Pestakil-Team kommen und meine namenlosen Biester ausmerzen zu lassen, aber vielleicht könnte ich bei den Leuten wenigstens fachmännischen Rat einholen. Also renne ich zur Telefonzelle auf der Piazza – vielleicht erwische ich ja noch jemanden, Firmen machen hier normalerweise nicht vor sieben Uhr Feierabend –, bekomme aber nur einen Typen an die Strippe, der mit allem, nur nicht mit einem Anruf gerechnet zu haben scheint; und dass dieser Anrufer gar annehmen würde, er wisse irgendetwas über Schädlingsbekämpfung.

Wir legen nur Rattengift hinter den öffentlichen Mülltonnen aus, sagt er, und desinfizieren sie gelegentlich. Das ist alles.

Offenbar, sage ich mir, spreche ich hier mit einem besonders schlecht informierten Portier. Oder einem Nachtwächter, der seinen Dienst zu früh angetreten hat.

Na gut, sage ich höflich, gäbe es dann vielleicht jemand anderen in der Firma, der mir möglicherweise ein paar Ratschläge geben könnte? Ich bräuchte Informationen über die Bekämpfung von Holzschädlingen, füge ich hinzu. Langes Schweigen. Nein, so einen haben wir nicht.

Womit beschäftigt sich Pestakil Italiana denn dann eigentlich genau?

Nur mit der *derattizazione*, sagt er, der »Entrattung«.

Deprimiert schlurfe ich zu meinem *motorino* zurück und schau, nur mal so, auf die Rückseite meiner Dose. Eine Postadresse in Hamburg. Klar.

Was nun? Ob es wohl so etwas wie ein Do-it-yourself- Schädlingsbekämpfungshandbuch gibt? Und falls ja, wo bekomme ich das? In einer Leihbücherei, denken Sie jetzt vielleicht. Aber da lägen Sie schief. Verfügt Diano Marina also möglicherweise über gar keine Leihbücherei? Wieder falsch. Vor ein paar Jahren entdeckte ich durch Zufall, dass der schöne stuckverzierte Palazzo, der im Zentrum von Diano im Schatten seines eigenen gepflegten Palmengartens steht – nach seinem Aussehen zu schließen, das ehemalige Winter-Refugium irgendeines Aristokraten –, insgeheim eine öffentliche Bücherei war. Ich sage »insgeheim«, weil man nie darauf kommen würde, sofern man es sich nicht zur Angewohnheit macht, bei jedem unbekannten und anscheinend von niemandem frequentierten Gebäude die Vortreppe hinaufzusteigen, um sich das winzige Messing-Namensschildchen neben der Klingel aus nächster Nähe anzusehen. Ja: Sobald ich nah genug davor stand, konnte ich tatsächlich *biblioteca pubblica* entziffern. Und eine hiesige Bücherei, sagte ich mir in meiner Arglosigkeit, musste zwangsläufig das haben, wonach ich damals gerade suchte: eine ordentliche topographische Karte unserer Region, beispielsweise eine Generalstabskarte, auf der die alten Saumpfade und Fußwege in der Umgebung meines Hauses eingezeichnet waren. Bislang hatte ich nirgendwo in der Provinz Imperia etwas Derartiges gefunden – nicht für Geld und gute Worte. Ich drückte die Tür auf und trat in einen großen leeren Flur. Keine Spur von einem Schild, auf dem »Eingang« oder »Zur Bücherei« gestanden hätte, ganz zu schweigen von der Fülle an Plakaten und Veranstaltungskalendern, die man in meinem Land mit Stadtbüchereien in Verbindung bringt. War das hier wirklich eine Bücherei?

Zögernd öffnete ich eine zweite Tür. Ein riesiger modriger brauner Raum von der Größe eines Ballsaals. Eine tödliche, hallende Stille. Nicht die geringste Spur von Büchern. Nur zwei kleine Tische, die einsam und verlassen in der Mitte des Zimmers herumstanden, und eine buntscheckige Ansammlung von Stühlen drum herum. Ein leises Rascheln – oder ein Seufzer der Verzweiflung? – lenkte meine Aufmerksamkeit auf ein entlegenes Kabuff, fernab im Schatten zu meiner Rechten. An einem Schreibtisch saß dort eine weibliche Person, die ich für eine Bibliothekarin halten musste. Ich wandere also zu ihr hinüber und grüße. Doch ach, durch meine Anfrage wirkte sie eindeutig vor den Kopf gestoßen. Nein, keine Generalstabskarten; ganz bestimmt nicht. Keine Karte der alten Salzwege durch die Hügel, nein. Nicht einmal einen Stadtplan des Fremdenverkehrsvereins; nein, keine Landkarten welcher Art auch immer, überhaupt keine. Danke, auf Wiedersehen.

Durch und durch ernüchtert, schleppte ich mich durch das Halbdunkel in Richtung Ausgang und Sonnenschein. An der Tür aber musste ich mich einfach noch einmal umdrehen und schauen. Wo zum Teufel hielten die eigentlich ihre Bücher versteckt? Oder hatten sie wirklich keine? Und da plötzlich sah ich sie. Was ich für modrige braune Wände gehalten hatte, waren in Wirklichkeit modrige braune Bücher. Tausende und Abertausende von Büchern, an sämtlichen Wänden und bis hinauf zur sechs Meter hohen Decke. Allesamt in identische Tarn-Schutzumschläge aus fliegendreckbesprenkeltem braunen Papier eingeschlagen.

*

Ich gab es dann ohnehin bald auf, mir einen Generalstabsplan der Umgebung beschaffen zu wollen. Kurz nach meinem Anschlag auf die Bibliothekarin wurde ich hier unten in Luigis Bar eines Abends Zeugin, wie man sich köstlich über einen Trupp armer kleiner Soldätchen amüsierte, junger ahnungsloser Wehrpflichtiger, die zu einer Art Orientierungsmarsch in die Hügel abkommandiert worden waren und sich hoffnungslos verirrt hatten. Zuletzt war ihnen nichts anderes übrig geblieben, als über Funk Hilfe anzufordern, damit man sie aus einer tiefen Schlucht herausholte, die zudem von einer grässlich dornigen und rankigen (selbstverständlich nur einen Dialektnamen aufweisenden) Pflanzenart restlos zugewuchert war. Und das alles nur, weil die amtlichen topographischen Karten hierzulande hoffnungslos veraltet sind.

Nein, sagten mir alle, was ich brauchte, war die Karte der staatlichen Elektrizitätsgesellschaft, der ENEL, die anhand von Luftaufnahmen ständig aktualisiert wird. Muss ja auch genau sein, damit die ENEL ihre in umwegsamem hügeligen Gelände verstreuten Strommasten ausfindig machen kann, wenn sie infolge von Erdrutschen, Erdbeben und was weiß ich nicht alles umfallen. (Oder sich unter einem geballten Angriff namenloser Käfer in Sägemehl auflösen, würde *ich* hinzufügen.) Klingt gut, aber versuchen Sie einmal spaßeshalber, einem Angestellten der ENEL eine Karte zu entlocken. Fängt schon damit an, dass man so einen Angestellten überhaupt ausfindig machen muss... Ich habe es bis zum heutigen Tag nicht geschafft, eine anständige Karte dieser Gegend in die Finger zu bekommen. Ich verlasse mich ausschließlich auf Mutmaßungen und meinen berühmten Orientierungssinn. Was glauben Sie wohl, warum es so wichtig ist, den Trick mit den Kreuzweg-Madonnen zu kennen?

20

Hoffnungslos angelsächsisch war es jedenfalls von mir zu hoffen, mit Hilfe von Gedrucktem irgendetwas zu erfahren. Hier in San Pietro bin ich im Laufe der Jahre wiederholt Zeugin entsetzter Äußerungen über die absonderlichen Sitten der Ausländer geworden, die von werweißwoher hierherkommen, bloß um dann auf Stränden und in Bars herumzusitzen und *Bücher zu lesen*. (Noch häufiger sogar in Diano Marina, wo Urlauber in weit größeren Zahlen zu sehen sind. In Ciccios »BarLady« zum Beispiel.) Haben diese Touristen denn keine eigenen Gedanken, keine gesünderen Interessen, keine andere, sinnvollere Möglichkeit, sich die Zeit zu vertreiben? Haben sie sich überhaupt nichts zu sagen? Wenn nicht, wozu fahren sie denn überhaupt zusammen in den Urlaub? Was für eine Tragödie!

Auch Ciccio hat sich wiederholt dahin gehend geäußert, er finde meine dauernde Leserei ziemlich nervend. Er kann vermutlich nichts dafür, entstammt er doch einer Nation, die a) zwanghaft gesellig ist und b) irgendeiner jüngsten Statistik zufolge weniger Bücher kauft als sonst ein anderes europäisches Land. Lesen ist für Ciccio und Konsorten eine gesellige Beschäftigung, etwas, das man in der Bar macht, mit Hilfe von Zeitungen. In der Bar hören die Leute allerdings alle paar Minuten auf zu lesen und schwenken ihre Zeitung, lesen ihren Tisch- oder Tresennachbarn die interessanten Passagen vor und diskutieren über deren Wahrheitsgehalt. Still dasitzen ist nicht drin. Momentan beschränke ich mein stummes Lesen in Ciccios Anwesenheit auf zehn Minuten täglich. Sobald er es nicht mehr als quälend empfindet, werde ich die Dosis langsam erhöhen. Wenn mein Plan aufgeht, werde ich eines Tages imstande sein, in seiner Anwesenheit einen ganzen Thriller zu lesen, *ohne* für eine Soziopathin gehalten zu werden. Wobei mir einfällt, dass ich selbst ein Buch zu schreiben habe: Zeit, heimzufahren und den Computer anzuwerfen.

*

Zu Hause angelangt, gehe ich als Allererstes ins Schlafzimmer und horche. Es knuspert, aber vielleicht ein Spürchen weniger. Das Tankstellenaroma hier unten ist so stark, dass ich befürchte, wir könnten auch ohne jede Zugabe von Deutschem Gift in die Luft fliegen oder ersticken. Ich schaffe mein Bettzeug ins Gästezimmer. Ich verspritze ringsum noch ein wenig Diesel und drück mir die Daumen. Ist es nicht toll, dass ich an das Dach schon gar keinen Gedanken mehr verschwende. Eines Tages wird der Heiland Ulysses erscheinen, und alles wird gut sein. Also an die Arbeit.

Aber schon keine halbe Stunde später steht das Laptop verlassen da, während ich auf einem Stuhl vor meinen Bücherregalen stehe, um zu recherchieren. Ich kann ja schließlich nichts für meine angelsächsischen Wurzeln, nicht wahr? Zu den Sachen, die ich vor einiger Zeit auf das unerreichbare oberste Regalbrett verbannt habe, gehören auch etliche Publikationen zum Thema »Wie überlebe ich in der Wildnis/der Wüste/einem Fluss voller Piranhas?« – Bücher, die mir Freunde und Verwandte, die gewisse Probleme damit haben, zwischen den Ausläufern der Seealpen und dem Mato Grosso zu differenzieren, im Laufe der Jahre dagelassen haben. Wenigstens eines davon wird doch wohl Informationen über die Lebensgewohnheiten von Käfern enthalten, oder? *Where There Is No Doctor* (ein Survival-Handbuch für Südamerika) und *The SAS Guide To Survival* werfe ich unbesehen beiseite und schlage das Register einer simbabwischen Veröffentlichung auf, die einem verrät, wie man mit zwei Quadratkilometern Land eine sechsköpfige Familie ernähren kann. Insektizide! Da hätten wir's schon. Sammeln Sie vierzig Zigarettenstummel, und kochen Sie sie in einem Liter Wasser auf. Besprühen Sie mit dem Absud Ihre Gemüsepflanzen, aber essen Sie wenigstens einen Monat lang nichts davon. Da kannst du Gift drauf nehmen! Aber irgendwie rückt es die Dinge ins rechte Licht. Absurd, sich wegen ein paar Käfern im Gebälk aufzuregen, wenn man ebensogut gezwungen sein könnte, eine sechsköpfige Familie auf einem briefmarkengroßen Stück Land über die Runden zu bringen. Wie wär's dann mit *Wildlife in House and Home*? Ein ironisches Geschenk eines Bruders, der einen ziemlich tierreichen Aufenthalt bei mir erlebt hatte. (Ich meine mich an einen kleinen Skorpion in seinem Schuh zu erinnern.) Ich habe dieses Buch bis jetzt nur ein paarmal flüchtig durchgeblättert. Närrin, die ich war! Es ist eine hochgradig packende Lektüre, die von Kakerlaken handelt und von Staubmilben und Kreaturen, die Elektrokabel durchkauen – na, wenigstens *das* würde hier oben bei meiner bescheidenen Zwölf-Volt-Anlage keine schlimmen Auswirkungen haben – und, ja! mit einem Abschnitt über sämtliche bekannten Lebewesen, die sich von Holz ernähren.

Deprimierende Neuigkeiten. Holz fressende Tiere, erfahre ich, bohren ihre Tore zur Außenwelt erst dann, wenn sie sich von deinem Balken nach Lust und Laune einverleibt haben, so viel sie wollten, und nunmehr bereit sind, sich zu verpuppen und zu Käfern zu mutieren. Wenn man also ein Loch sehen kann, ist das Tier wahrscheinlich schon ausgezogen. Man hat demnach keinerlei Garantie, dass man durch Einspritzen oder Einnebeln des Ganges irgendetwas erreicht. Mit Gift auf der Außenseite des Holzes kommt man ihnen auch bestenfalls dann bei, wenn sie den letzten Happen vor der Metamorphose zu sich nehmen. Was durchaus erst nach Jahren der Fall sein kann. Offenbar ruft man in solchen Fällen Fachleute zu Hilfe, denn irgendwelche Do-it-yourself-Methoden werden nicht verraten. Die Fachleute versiegeln das Haus und erhöhen die Innentemperatur für achtundvierzig Stunden auf achtzig Grad. Zumindest ist das die einzige Maßnahme, die überhaupt beschrieben wird. Ich frage mich, ob wir das selbst hinbekämen, wenn wir gleichzeitig den alten Paraffinofen, Herd und Kamin einheizten? Natürlich erst, sobald sich die Dieseldämpfe verzogen haben...

*

Ein paar Stunden später, als ich schon längst im Bett liege, kommt Ciccio nach Haus, hörbar von Stolz über geleistete Arbeit erfüllt. Er rumort, summt vergnügt vor sich hin und reißt mich damit aus dem Schlaf; Stille, als er das leere Schlafzimmer entdeckt. Er spürt mich auf und steigt, jetzt wieder summend, zu mir ins Bett. Du hast es also geschafft, ein Gourmet-Rezept für ausgemusterte Legehennen zu kreieren?, frage ich verschlafen.

Er hat. Die Leute waren hin und weg von den Hühnern. Die waren aber auch wirklich gut geworden – er hat die Viecher stundenlang mariniert und sie anschließend auf *ganz* kleiner Flamme *in civetta* geschmort, eigentlich ein Rezept für Wild süßsauer, mit allerlei fein gehackten eingelegten Gemüsen. Er wollte mir ja eigentlich eine Kostprobe mitbringen, aber die Gäste haben alles bis auf den letzten Knochen abgenagt. Trotzdem hat ihn der ganze Spaß ein Vermögen an Gas und Arbeit gekostet. Und wenn er die Geldstrafe für das Hühnergehege mit dazurechnen würde, wären das mit Sicherheit die teuersten Vögel, die er in seinem ganzen Leben gekocht hat...

Aber sag mal, fragt er, was tun wir eigentlich in diesem Zimmer? Pierino hat ihm gesagt, die Biester in den Balken seien nun doch keine *tarli*... ob ich denen noch ein bisschen Diesel verpasst habe?

Hab ich. Aber guck dir das hier an, sage ich und zeige ihm beim Licht der Kerze das faszinierende *Wildlife in House and*

Home, das ich natürlich mit ins Bett genommen habe. Offenbar besteht kaum Hoffnung, denen mit irgendwelchen Giften beizukommen, füge ich hinzu. Und von Diesel steht schon gleich gar nichts drin.

Ciccio gähnt, nimmt mir das Buch aus der Hand und schaut sich Vorder- und Rückumschlag skeptisch an. Aber wie kommst du darauf, sagt er, dass die Leute, die das geschrieben haben, überhaupt wissen, wovon sie reden?

Na ja, sage ich, sie müssen auf jeden Fall mehr als wir wissen, sonst hätten sie ja wohl nicht ein Buch darüber geschrieben.

Ciccio lehnt sich gewichtig in die Kissen zurück. Das ist wahrscheinlich nur ein einziger Haufen Blödsinn, sagt er. Du hast die doch noch nie getroffen, oder?

Was, die Verfasser von *Wildlife in House and Home*? Nein, natürlich nicht.

Na also!, sagt er und wägt dabei die anstößige Veröffentlichung in der flachen Hand. Das ist doch sonnenklar. Du kennst sie nicht; sie kennen dich auch nicht. Warum solltest du ihnen also auch nur ein einziges Wort glauben?

Echt kafkaesk. Liegt *das* dem Verhalten der nichtlesenden Nationen Europas zugrunde? Die Überzeugung, jedes Buch sei ein einziges Lügengespinst? Oder ist es einfach so, dass hierzulande nicht ganz sauber zwischen Roman und Sachbuch unterschieden wird?

Man *braucht* den Verfasser nicht persönlich zu kennen, um seinem Buch Glauben zu schenken, sage ich. Es sei denn, es handelt sich um Belletristik – dann *erwartet* nämlich keiner von dir, dass du daran glaubst.

Siehst du?, sagt Ciccio. Meine Rede! Zum Aus-der-Haut-fahren.

Ich atme tief durch. Also jetzt mal anders: Warum in aller Welt, frage ich, sollte jemand, der keine Ahnung von der Materie hat, sich deiner Meinung nach die Mühe machen, sich einen Haufen Lügen über Holzkäfer auszudenken?

Warum nicht?, sagt der Wahnsinnige. Dass es Blödsinn ist, würdest du ja doch erst merken, wenn es zu spät ist, oder? Dein Geld haben sie, genau wie der Verlag, schon eingesackt. Warum sollten die sich also den Kopf darüber zerbrechen?

Langsam kommen wir in Teufels Küche. Kann ich, eine Frau, die ständig ihre Nase im einen oder anderen Buch stecken hat, ernsthaft eine langfristige Beziehung mit einem Mann ins Auge fassen, der jedes Druckwerk als eine bloße Fundgrube von Lug und Trug betrachtet?

Ich blättere das Buch durch, ob ich nicht vielleicht irgendetwas finde, wodurch ich Ciccios Meinung über dieses unschätzbare Nachschlagewerk ändern könnte. Guck hier, sage ich, da ist ein ganzer Fototeil, damit man das fragliche Untier anhand seiner speziellen Gänge und des Mahlguts, das es hinterlässt, identifizieren kann. (Und bei Kerzenlicht betrachtet, sieht das sogar *noch* schauriger aus.) Das können wir uns morgen früh genauer ansehen.

Ciccio begreift nicht, warum ich unbedingt wissen will, wie die Viecher heißen. Man braucht den Namen seines Feindes nicht zu kennen, um ihn zu töten. Kriege sind das beste Beispiel! Da ist es sogar besser, wenn man ihn nicht weiß. Und wie kann man von ihm erwarten, dass er ein Buch ernst nimmt, das vorgibt, Methoden der Insektenvertilgung zu beschreiben, und Diesel mit keinem Wort erwähnt? In Luigis Bar gab es nicht *einen* Menschen, der nicht sofort »Diesel« gerufen hätte, stimmt's?

Die Bar, das ist's! Deswegen gibt sich in diesem Land niemand mit Büchern ab. Sie haben stattdessen Bars. Na, sage ich böse, wenn du mich fragst, findet man weit mehr Spinner und Lügner in Bars als in Bücherregalen.

Halt dich an Diesel, sagt Ciccio und streicht mir beruhigend über das Haar. Morgen früh gehen wir damit noch einmal durchs Haus.

Es ist wahrhaftig nicht schwer zu erraten, auf welcher Seite des Bahnübergangs du geboren bist, erwidere ich. Ohne auf diese absolut kryptische Bemerkung weiter einzugehen, wickelt sich Ciccio um mich und schneidet ein vollkommen anderes Thema an.

*

Am nächsten Morgen lockt mich ein köstlicher Frühstücksduft, der bis hinunter zu meinem Bett gedrungen ist, in den ersten Stock und zu einem erstaunlichen Anblick. Ciccio liest nicht nur *Wildlife in House and Home*, sondern ist von der Lektüre so gefesselt, dass er mein Hereinkommen kaum bemerkt. Wunderbar! Was für ein leichter Sieg! Als Nächstes kommt Shakespeare dran. Nein, Dante natürlich, ich will ihn ja seinen kulturellen Wurzeln nicht entfremden. Vielleicht muss ich ihm allerdings eine etwas orthodoxere Lesehaltung antrainieren: Momentan steht er auf dem Küchentisch. Normalerweise würde ich ja eher einen Sessel empfehlen, sage ich, wenn du dich ernsthaft aufs Lesen zu verlegen gedenkst. Oder vielleicht das Sofa.

Nacerdes melanura!, sagt er aufgeregt, ohne mich zur Kenntnis zu nehmen. Das sind die! Ach nein. Guck, das können die nicht sein – *Nacerdes melanura* hinterlassen leere Gänge, unsere sind voller Sägemehl. (Kurzes Rieseln desselbigen bestätigt seine Worte.) Ist es dann vielleicht die Larve der Blattwespe? Nein, deren Gänge sind viel enger... die wissenschaftliche Jagdleidenschaft hat Ciccio gepackt: den Kopf im Gebälk, vergleicht er unsere Gänge mit den Abbildungen. Nach einem längeren Ausschlussverfahren haben wir es endlich. Unser ungebetener Gast ist der Gemeine Hausbock, wissenschaftlich *Hylotrupes bajulus*. Unter Anwendung der Regeln, denen das Lateinische bei seiner Entwicklung zum Italienischen meist gefolgt ist, müsste man *Hylotrupes* eigentlich zu »Ilotrupe« updaten können; Ciccio hat allerdings noch nie was von einem solchen Vieh gehört. Hier haben wir aber sein Bild: ein harmlos aussehender grauer schlanker Käfer von fast zwei Zentimetern Länge. Einmal angeguckt und schon wieder vergessen. Ganz anders allerdings seine Larve: eine dicke weißliche Noppenwurst mit monstermäßigen Kauwerkzeugen und keinerlei sonstigen nennenswerten Merkmalen. Die Imago, lesen wir, kann bis zu hundert Eier legen, und jede Noppenwurst-mit-Beißzangen kann sich mit der vollständigen Verdauung deines Dachstuhls bis zu sieben Jahren Zeit lassen; erst dann verpuppt sie sich nämlich. Wir starren hinauf zum Gebälk. Sieben Jahre! Wie viele von den Viechern mögen wohl da drin sein?

*

Ich hatte allerdings offenbar Unrecht zu behaupten, in meiner Heimat gebe es Derartiges nicht. Wie ich beim Weiterlesen erfahre, hat der Hausbockkäfer dank des internationalen Holzhandels angefangen, Teile des ländlichen Surrey heimzusuchen, wo seine Aktivitäten Hausbesitzern und Hausversicherungsunternehmen gleichermaßen Sorge bereiten. Zum Glück für Surrey gehen die Kreaturen allerdings nur dann auf die Balz – und verpesten somit Balken nur dann mit ihrer niederträchtigen nagenden Nachkommenschaft –, wenn die Temperatur über dreiundzwanzig Grad Celsius liegt, was in England nicht allzu häufig der Fall ist. Leider Gottes (jedenfalls vom käferbekämpferischen Standpunkt aus betrachtet) ist dies in Ligurien hingegen nahezu die Regel.

21

Unsere Verbindung ist von den Göttern gesegnet worden. Das ist amtlich. Vom christlichen Gott noch nicht. Wir haben mit dem heidnischen Gott den Anfang gemacht, mit der ursprünglich regierenden Gottheit dieses Tales: dem Waldgott Bormano. Einem äußerst großzügigen Gott, der, als wir ihn – vergeblich, wie wir meinten – zum ersten Mal anriefen, gütigerweise noch binnen Stundenfrist ein Wunder für uns vollbrachte. Ein Wunder, das uns auf einen Schlag viermal so viel Strom bescherte.

Bis dato war von Bormano seit ein, zwei Jahrtausenden nicht viel zu hören gewesen. Als die römischen Legionen, ziemlich lange v. Chr., zum ersten Mal hier ankamen, stellten sie fest, dass die wilden Ligurerstämme dieses Tal dem Bormano geweiht hatten – und bezeichneten es in ihren Landkarten aus Respekt vor der örtlichen Tradition als »*Lucus Bormani*«. Später aber, als das Imperium (und damit ihr Selbstbewusstsein) sich so weit aufgebläht hatte, dass es fast die gesamte bekannte Welt umfasste, traten die Römer vom Vertrag zurück. Bormano, erklärten sie jetzt, sei bei Licht betrachtet niemand anders als ihre Jagdgöttin Diana. Im Interesse der Reichseinheit würden sie die Gegend fortan nach *ihr* benennen.

Bormano überlebte nur mit knapper Not. Mit der römischen Allmacht konfrontiert, konnten seine Verehrer für ihn nicht mehr tun, als eine klammheimliche Vokalverschiebung zu bewerkstelligen: wodurch aus der Göttin Diana der Gott Diano wurde. Zumindest hatten sie ihm seine Männlichkeit zurückgegeben. Dann kam das Christentum. Jahrhundertelang war dieses kümmerliche »o« im Namen des Tals das Einzige, was von Bormanos ehemals stolzem Herrschaftsgebiet übrig geblieben war; während sein Waldheiligtum, unten am Fluss in Diano Marina, vergessen und vernachlässigt mehr und mehr verfiel. Schließlich aber kam, in den 1980er-Jahren, ein Archäologenteam nach Diano, grub die Stätte aus, dokumentierte sie akribisch und – buddelte sie endgültig wieder ein. Klingt barbarisch, ich weiß, aber versetzen Sie sich einmal in die Lage eines armen italienischen *comune*. In diesem Land kann man an jeder beliebigen Stelle mit welcher Absicht auch immer ein Loch graben und fördert mit größter Wahrscheinlichkeit irgendein wichtiges Stück Weltkulturerbe zutage. Natürlich erwartet die Welt jetzt von einem, dass man für seinen Unterhalt aufkommt, und wird erbitterte Vorwürfe erheben, wenn jemand da Müll herumliegen lässt oder sich auf der Ruine verewigt, oder wenn es dort nicht genügend öffentliche Toiletten gibt. Mehr Ärger, als die Sache wert ist. Also hat die Gemeinde von Diano das Problem jetzt ein für alle Mal gelöst. Ein paar LKW-Ladungen Kies über die Stätte gekippt und alles schön glatt gewalzt. Jetzt noch ein schöner stabiler Zaun drumherum, fünf Meter hoch. Und fertig ist er, ein wirkmächtiger neuer Tempel zu Ehren einer modernen, nationale Einheit stiftenden Macht: der Fußballplatz *Lucus Bormani*.

Und da bin ich nun, am Vorabend des Wunders: eine Novizin auf dieser vielschichtigen Kultstätte. Der Platz wird von einer Flutlichtanlage erhellt; heute Abend spielt die Mannschaft, die von Ciccios Restaurant gesponsert wird. Ich bin gewaltsam hierhergeschleift worden. *Natürlich* würde es den Leuten auffallen, wenn ich nicht da wäre, um die Jungs anzufeuern! Ich bin Ciccios offizielle Freundin! Nein, es spielt keine Rolle, wie wenig ich von Fußball verstehe oder mir daraus mache. Alle würden es als Zeichen mangelnden Respekts werten, und Ciccio würde eine *brutta figura* machen. Und schlimmer noch: Sollten sie verlieren, könnten sie auf die Idee kommen, dass es meine Abwesenheit war, die ihnen die *sfiga*, das Unglück, beschert hat ...

Na denn, von mir aus, sage ich, fügsam wie immer.

Nehmen die Pflichten einer Frau, die so dumm war, sich mit einem Italiener einzulassen, denn überhaupt kein Ende? Offensichtlich nicht. Immerhin erweist sich der Schuppen hinter dem Spielplatz als doch kein Schuppen, sondern als eine kleine, aber gut sortierte Bar; so bekomme ich wenigstens ein großes Glas von köstlich kaltem und moussierendem Berlucchi, an dem ich mich für den Rest des Abends festhalten kann. Als ich vor Spielbeginn mit ein paar anderen Tifosi plaudere, erhalte ich sogar eine beinahe interessante Information über den italienischen Fußball. Der Grund, warum es in den großen norditalienischen Städten jeweils zwei Mannschaften gibt – in Mailand etwa Inter und Milan, in Turin Juventus und Torino –, ist der Umstand, dass die ersten süditalienischen Einwanderer, als sie in nennenswerten Zahlen anzukommen begannen, von den bereits existierenden Vereinen nicht gerade mit offenen Armen empfangen wurden und deshalb ihre eigenen gründen mussten. Wer hätte das gedacht! So etwas wie eine italienische Version der Glasgower Intimfeinde Celtic und Rangers. Und das ist ebenfalls der Grund, weswegen Leute mit süditalienischen Wurzeln selbst noch in der zweiten oder dritten Generation treue Fans von Juve sind.

Wenn man allerdings noch nie in die höheren Mysterien des Fußballspiels eingeweiht worden ist, nützen einem selbst die interessantesten Hintergrundinformationen nichts. Ich sitze und starre geistesabwesend auf die hypnotisierende Bewegung des Balles, der hin und her, vor und zurück kullert, jetzt in einem wüsten Gewirr von vielbeinigen Schatten und muskulösen Waden verschwindet, dann wieder eine Bahn über den widernatürlich violett-orangefarbenen Himmel zieht. Und während ich so starre, fange ich mich an zu fragen, ob der Bormano-Kult möglicherweise überhaupt nie ausgestorben ist. Könnte er nicht all diese Jahrtausende lang insgeheim weiterbestanden haben? Könnte nicht irgendjemand im *comune* von Diano ein heimlicher Adept sein? Schon bald fallen ich und mein Glas Berlucchi sanft zurück, rücklings durch die Nebel der Zeiten... die wilden Ligurer aus Bormanos Tal haben sich hier versammelt, um ihren Waldgott gnädig zu stimmen... die Stammesältesten haben ihre jüngsten und stärksten Männer ausgewählt, flink von Fuß und falkenäugig... zweimal elf ihrer kühnsten Jünglinge stellen vor unseren Augen rituelle Jagdszenen nach, spannen jede Sehne und jeden Muskel an, um ihrer Gottheit die gebührende Ehre zu erweisen, und wenden all ihr Jagdgeschick auf, um die symbolische Beute zu erhaschen: einen hasengroßen, irgendwie aufgeschwemmt wirkenden, ja *kugelförmigen* Fetisch – ein aufgeblasenes tierisches Abfallprodukt könnte man doch sagen, nicht? Und jetzt ist das Geschöpf gefangen, verheddert sich in einem gewaltigen wirren Maschenwerk von Stricken... Ein gewaltiger Urschrei entringt sich kehlig den mich umgebenden Gläubigen... *Goooaaal!*

Am Tag darauf feiern Ciccio und ich den vorabendlichen Sieg, indem wir zu unserem Mittagessen unsere allerletzte Flasche von Salvatores Wein leeren, den letzten Rest der letztjährigen Ernte. Bis der heurige Rebensaft reif ist, werden wir nun – o Graus! – Gebräu aus dem Laden trinken müssen.

Die letzten zwei Tage lang war es zwar brütend heiß, aber bedeckt, und während wir essen, sorgen wir uns um unsere Stromversorgung. Die Akkus der Solaranlage blinzeln uns mit ihrem roten »Leer«-Lämpchen an. Keine Sonne da, um sie wieder aufzuladen; also auch keine Musik und keine Chance, uns heute Abend die Videos anzusehen, auf die wir uns so gefreut hatten. Es ist absurd, meint Ciccio, dass wir Elektrizität nur an schönen, sonnigen Tagen haben, also genau dann, wenn wir sie gar nicht brauchen. Wie schön wäre es doch, fügt er verführerisch hinzu, wenn wir uns vor dem Feuer zusammenkuscheln könnten und nicht um unser Licht, unsere Musik und unsere Filme zu bangen bräuchten! Sollen wir uns einen Generator zulegen?

*

Seltsam, was die Liebe nicht alles bewirken kann! Als meine Schwester und ich hier allein wohnten, waren Fernsehen und Videos ein schöner Luxus, ein gelegentliches, überraschendes Geschenk. Ebenso die Musikanlage. An Abenden zu Haus saßen wir gemütlich bei Miniglühbirnchen und Kerzenlicht, lasen oder hörten Radio. Oder beides. Glücklich und zufrieden. Jetzt allerdings wünsche auch ich mir mehr Strom. Wünsche es mir verzweifelt. Ja, die Liebe war's, die diesen Sinneswandel bewirkte. Zunächst einmal wäre da der Ausdruck existenziellen Leidens, der sich Ciccios Miene bemächtigt, sobald ich mich mit einem Buch hinsetze. Dann der Umstand, dass er sich, spätestens fünf Minuten, nachdem ich den World Service der BBC eingeschaltet habe (nach dem ich schwer süchtig bin), an den Kopf fasst und kläglich fragt, wann ich den *trapano* abzustellen gedenke. Ein *trapano* ist ein Bohrer. Oder jemand, der nicht enden wollend absolut langweiliges und keinen der Anwesenden interessierendes Geschwätz absondert. Eine Nervensäge, um im handwerklichen Bild zu bleiben. (Und jetzt, da ich das aufschreibe, wird mir bewusst, dass wir auf Englisch dieselbe Metapher verwenden: *to bore* bedeutet ja gleichzeitig »bohren« und »langweilen«. So was aber auch!) Ciccio verabscheut den geschwätzigen World Service; und er liebt seine Musik, mit der er von seinem Freund, dem DJ Luca, ständig neu beliefert wird und die er, sofern die Stromversorgung es gestattete, Tag und Nacht laufen lassen würde. Ich genieße diesen Ausbruch von Melodischem. Mein Kopf ist, glaube ich, viel zu voll von Wörtern, und die Musik tut mir gut.

*

Ein einziger sonniger Nachmittag würde uns vorläufig genügen, sagt Ciccio. Sprechen wir ein Gebet zu Bormano. Beim Spiel gestern hat er sich ja schon wohlwollend gezeigt.

Stimmt, sage ich, und sollte er sich überhaupt Günstlinge aussuchen, dann doch wohl uns zwei hier oben, wo das kultivierte Land endet und der wilde Eichenwald beginnt: die letzten zwei Menschen, die es genießen, in Seiner herrlichen Wildnis zu leben. Ich trage mein allerletztes Glas der allerletzten Flasche Wein feierlich zur ältesten Eiche hinüber, der steinalten, knorrigen direkt oberhalb des Hauses, die mir schon immer wie der Altar einer Waldgottheit vorgekommen ist, und erhebe es auf Bormano, während ich ein Gebet um ein paar Abendstunden Strom spreche. Ich lege mein ganzes Herz in dieses Trankopfer: Ich wünsche mir inständig, die Solarzelle möge beweisen, dass sie ihren Preis wert war. Die Vorstellung eines dreckigen lärmenden Generators, dem andauernd im entscheidenden Augenblick der Sprit oder sonstwie die Puste ausgeht (wie ich es schon von der vermaledeiten Wasserpumpe gewöhnt bin), ist mir hochgradig zuwider.

Ciccio geht sogar noch einen Schritt weiter. Er trinkt einen

Schluck von seinem Glas und gießt dann den Rest langsam und feierlich in die tiefe Höhlung im unteren Teil des Stammes.

Und da! Schon wenige Sekunden später kommt die Sonne heraus! Wir danken Bormano aus ganzem Herzen und geloben, ihm heute Abend eine Kerze in der Höhlung zu entzünden. Wir ahnen nicht, dass das erst der Anfang war. Nach jahrhundertelangem Dahinschmachten im Limbus der Vergessenheit ist Bormano wieder da, in Topform und von den regelmäßigen wöchentlichen Opferungen von Kickerschweiß und -blut so sehr gekräftigt, dass er es nicht erwarten kann loszulegen und willens ist, für uns mehr als ein paar läppische Sonnenstrahlen lockerzumachen.

Wir machen uns zu einem Spaziergang auf; und wie das in allen besseren Geschichten vom Übernatürlichen geschieht, stoßen wir bald auf einen schmalen, überwachsenen Hohlweg, der uns in all den Jahren noch niemals aufgefallen war. Natürlich folgen wir ihm und finden an seinem Ende, nach einem knappen Kilometer, eine seltsame kleine Ruine – eine Ruine, die jemand offenbar wiederaufzubauen begonnen hatte. Es muss allerdings Jahre her sein, denn man kann nur noch undeutliche Spuren seiner Arbeit erkennen: ein bisschen neuen Zement rings um einen knochentrockenen Brunnen, bereits wild überwuchert; auf dem Dach, unter einem dichten Putz von Schlingpflanzen und Brombeerranken schon kaum mehr auszumachen, einen Flecken mit neuen Ziegeln. Und dann kommt der Busch. Ein großer runder Busch: ein biblisch brennender Busch. Nur dass die Flammen in seinem Inneren doch keine Flammen sind, sondern die Strahlen der Sonne, die sich an einer breiten, flachen, blanken Oberfläche brechen. Irgendetwas ist darin verfangen, inmitten des Gewirrs von Zweigen und Ästchen in seinem Innersten. Wir gehen näher heran. Das ist doch nicht möglich! Oder doch? Wir tauchen die Arme ellbogentief in das Laub und beginnen, an den verhedderten Ranken zu zerren – Knöterich, Waldrebe, Brombeere –, die das Objekt unserer Begierde fest an die Brust des Strauchs gefesselt halten. Tausend Kratzer später haben wir es. Ja! Ein Sonnenkollektor von einszwanzig Breite! Und er sieht intakt aus! Das Ding triumphierend hoch über unseren Köpfen haltend, rennen wir zurück nach Haus. Ciccio holt eine Glühbirne heraus, findet ein paar Kabellängen. Die blanken Enden rasch verdreht, und halleluja! die Birne leuchtet auf, weit über die Hügelhänge hinweg.

Aber wagen wir uns auch aufs Dach, um den neuen Kollektor neben den alten zu montieren? Ich habe Angst, dass unser vereintes Gewicht eine ähnliche Wirkung auf das Gebälk ausüben könnte wie der vielfach beschriene Wintersturm. Aber Bormano wird doch wohl nicht zulassen, dass das Dach einbricht, nachdem er sich unseretwegen so viele Umstände gemacht hat – oder? Als der nächste Tag anbricht, erblickt er ein Nachtlicht, das noch immer in der Höhlung von Bormanos Altar brennt; und unsere vereinten Stromquellen, die stolz in den Himmel ragen und uns Musik spenden – selbst bei bewölktem Himmel.

*

Als ich ein paar Tage später heimkomme, finde ich Ciccio, Marco und Paletta am Küchentisch beim Pokerspielen vor, umgeben von allerlei Enden von Elektrokabeln und Drahtscheren. Lauf mal runter und guck!, sagen sie aufgeregt. Ich tu's. Und da, neben meinem Bett im Gästezimmer, steht die elektrische Nachttischlampe meiner Träume. Ciccio ist mir nach unten gefolgt, um zuzusehen, wie ich sie einschalte. Und aus. Und wieder ein. Eine richtige Lampe! Ich bin hin und weg. Vielleicht brauche ich das Buch ja doch nicht zu Ende zu schreiben, jetzt da ich so einen kompetenten Mann an meiner Seite habe! Und ein bisschen Hilfe von oben, natürlich.

Du kannst die Lampe auch entstöpseln, sagt Ciccio, und sie im anderen Schlafzimmer anschließen. Und oben neben dem Sofa haben wir auch noch eine Steckdose montiert.

Genial! Wenn uns der Sinn danach stünde, könnten wir jetzt

beide Schlafzimmer mit Diesel durchtränken und trotzdem noch im Bett lesen, ohne irgendwelche Feuersbrünste befürchten zu müssen. Trotzdem setze ich weiterhin große Hoffnungen auf die Antikäfer-Terrorkampagne, die ich neuerdings zur Unterstützung der Dieselbehandlungen in unserem eigentlichen Schlafzimmer gestartet habe. Jeden Abend vor dem Schlafengehen flüstere ich einfach drohend in die Finsternis: *Hylotrupes bajulus! Ich weiß jetzt, wer du bist! Du wirst mir nicht entkommen!* Mittlerweile müssen die Biester vor Angst schlottern. Ich *wusste* doch, dass es von entscheidender Bedeutung sein würde, ihren Namen herauszufinden.

Ciccio zieht den Stecker der Lampe heraus: Es ist ein seltsames zigarrenförmiges Gebilde, das keinem Stecker ähnelt, den ich bislang gesehen habe. Er hat die Lampe im Zubehör-Shop einer Tankstelle gefunden, sagt Ciccio. Sie erschien ihm gleich ideal: zwölf Volt, und kein Adapter nötig. Die steckt man einfach in den Auto-Zigarettenanzünder.

Was ist das aber dann, was wir als Steckdose benutzen?

Gute Frage. Neben meinem Nachttisch ist ein großer Plastikwürfel an der Wand befestigt. Und in seinem Herzen steckt eine waschechte Autozigarettenanzünderbuchse. Für den Hausgebrauch. Genau so eine hängt auch im anderen Schlafzimmer, und noch eine im Wohnzimmer. Nicht nur verfügen wir jetzt über eine versetzbare elektrische Lampe, sondern wir werden auch nie wieder befürchten müssen, dass uns die Streichhölzer ausgehen könnten.

22

Babyquallen. Kein Zweifel. Wir sind mit Ciccios kleinem Motorboot in einen Schwarm, eine Schule, eine Milchstraße dieser Tierchen geraten, die jetzt die blaue Meeresoberfläche ringsum, so weit das Auge reicht, bis zum Horizont, übersprenkeln. Manche davon nicht größer als ein Fingernagel, manche bis zu zehn Zentimeter im Durchmesser. Heißt das, dass sie alle unterschiedlich alt sind, eine einzige riesige Großfamilie von Quallen? Jede besitzt ein winziges durchscheinendes Segelchen, mit dessen Hilfe sie sich gemeinsam mit ihren Myriaden von Schwestern, vom Wind wer weiß wohin treiben lässt. Im Kern jeder durchsichtigen Geleescheibe ein kompaktes Herz von intensivem, vibrierendem Blauviolett, das sich vom ebenso intensiven Blaugrün des Wassers abhebt. Umwerfend. Die zwei Farben zusammen bringen die Augäpfel buchstäblich zum Vibrieren. Wie können es bloß so viele sein? Wohin können sie bloß unterwegs sein? Was das angeht, haben sie bestimmt kein Mitspracherecht: stellen lediglich eine Million Spielbälle des Windes dar. Ehrfurcht einflößend. Aber andererseits nicht so gut wie die Delphine. Jeder, der diese Woche mit dem Boot hinausgefahren ist, ist auf Delphine gestoßen. Ausgerechnet heute aber, bei meinem ersten Versuch einer Delphin-Begegnung, bleiben sie stur am Horizont, spielen miteinander und weigern sich, näher zu kommen und mit uns zu spielen. Wir lassen den Motor an und nähern uns im Schleichtempo. Das Spiel gefällt ihnen: Sie schießen davon und fordern uns heraus, ihnen weiter aufs offene Meer zu folgen. Und noch weiter hinaus, bis die Küste fast völlig verschwunden ist. Sie haben gewonnen: Wir haben fast keinen Sprit mehr und müssen umkehren. Aber auch gut. Es ist ohnehin Zeit, nach Hause zu fahren und auf Marco und Laura zu warten. Und auf unser Verhängnis. Sie haben endlich Ulysses zu fassen bekommen und bringen ihn heute Nachmittag mit herauf, damit er sich das Dach ansieht.

Da ich schon mal hier bin, kann ich dir ein bisschen helfen, verkündet Laura, und entwischt, um gleich darauf mit Mopp und Eimer zurückzukehren. O je. Laura macht häufig solche Sachen. Mir bleibt die Wahl, ihr zuzuschauen, wie sie meine ganze Hausarbeit allein erledigt, oder mit anzupacken, mit dem Ergebnis, dass ich mehr putze als sonst während eines ganzen Monats. Der mittlere Weg, der darin bestünde, dass wir beide nichts tun, sondern uns gemütlich hinsetzen und plauschen, bleibt mir leider verwehrt. Und das, obwohl es wieder brüllend heiß geworden ist. Schon ist sie in einem Gestöber von Kehrschaufeln und Wischfeudeln entschwirrt. Soll sie die Vorhänge abnehmen? Was meine ich, ob die nicht mal wieder gewaschen werden sollten? Knirsch. Immerhin, wenigstens lenkt mich das von meinen Grübeleien ab. Ich leg ein bisschen Musik auf, nur um zu beweisen, dass ich das kann, wenn ich will, beiß die Zähne zusammen und lass den Eimer voll laufen.

Und grüble trotzdem. Ulisse kam, sah und ging. Er hat sich als großer, blauäugiger, schlaksiger Mann entpuppt, der seltsam unkoordiniert wirkte für jemanden, der sein Leben auf Hausdächern zubringt, und keiner Vorstellung, die ich mir von einem Ulisse gemacht hatte, im Entferntesten entsprach. Aber er kannte sich ohne Frage aus – und wie versprochen, litt er nicht im Mindesten an Romeos Überzeugung, mein Dach müsse durch eines aus Beton ersetzt werden. Das Ergebnis, zu dem er gelangte – nach dem Gestocher, den Kaskaden von Holzmehl und den *porca miserias*, an die ich mittlerweile schon gewöhnt bin –, lautete, Hylotrupes horribilis habe bereits das ganze Ende des letzten Balkens und den größten Teil des nächsten aufgefressen. Die beiden konnten jeden Augenblick nachgeben und uns mitsamt dem ganzen Dach auf den Kopf fallen. Wahrscheinlich, fügte er hinzu, während eines der nächsten Winterstürme...

Ulisse kann den Job allerdings nicht übernehmen, da er für die nächsten zehn, zwölf Jahre restlos ausgebucht ist. Dies zumindest bedeutet, dass seinem vernichtenden Urteil keinerlei eigennützige Motive zugrunde liegen. Marco fährt ihn gerade wieder zurück, während Laura hier geblieben ist, um mir über den Schock hinwegzuhelfen. Angeblich.

Warum, frage ich Laura böse, während ich vor mich hinschrubbe, fühlt sich bloß jeder bemüßigt, dem ohnehin schon schaurigen Dach-Szenario noch den Sturm draufzusetzen? Es ist schon schlimm genug, mir vorstellen zu müssen, dass mir das

Ding auf den Kopf fällt; da ist es doch wirklich nicht nötig, die Sache noch mit Blitz und Donner, Kälte und Nässe aufzubauschen. Außerdem soll meine Freundin Rose demnächst aus England zu Besuch kommen. Jetzt sieht es so aus, als würde sie damit ihr Leben aufs Spiel setzen. Sollte ich sie besser anrufen und ihr absagen? Laura meint, nicht. Bis zu den ersten richtig schlimmen Stürmen müsste es noch ein, zwei Monate hin sein.

Bloß ein paar Wochen, bis die Stürme kommen. Ulisse kann den Auftrag nicht übernehmen. Romeo ist wieder gen Süden entschwunden, weil man ihm dort einen besseren Job angeboten hat. Ohne einen eng-schlängeligen Pfad, möchte ich wetten, über den er sein Arbeitsmaterial hinaufschleppen müsste. Er hat Anna einen deprimierend hohen Kostenvoranschlag für mich dagelassen nebst der Information, dass er den Job möglicherweise nächsten Sommer würde dazwischenschieben können. *Nächsten Sommer?* Ulisse fiel ebenfalls niemand anderes ein. Ob ich schon an Franco gedacht hatte?

Franco? War das sein Ernst? Franco das Messer?

Es *war* sein Ernst. Das einzige Problem mit Franco, sagte er, war, dass man ihn im Auge behalten musste. Na ja, sagte Marco, dem ebenfalls sonst niemand einfiel, *er* würde mir davon eher abraten. Ständig hört man von irgendwelchen Streichen, die Franco mal wieder ein paar armen unschuldigen Longobardi oder Ausländern gespielt hat, die sich ein Ferienhäuschen kaufen wollten. Ihnen für Grundstück oder Arbeit zu viel berechnen; ihnen wer weiß was erzählen, wie schnell das Haus an das Elektrizitätsnetz angeschlossen werden oder wie leicht es sein würde, Wasser zu irgendeinem verlassenen Gehöft hoch oben in den Hügeln hinaufzupumpen; und natürlich jeden Auftrag mit monatelanger Verspätung erledigen.

Genau, erwiderte Ulisse ungerührt auf diesen Sündenkatalog. Man muss ihn eben im Auge behalten. Franco ist nicht unehrlich. Es ist bloß so, dass er alles immer durch eine rosarote Brille sieht. Franco ist ein Optimist.

Das ist er ganz gewiss. Letztes Jahr zeigte mir ein sehr erboster Mailänder Nachbar das Badezimmer, das Franco für ihn errichtet hatte, sowie den dazugehörigen Bauplan, dem, wie man einräumen musste, Francos Kreation nur sehr entfernt ähnelte. Ich glaube, der Kerl kann überhaupt keinen Bauplan lesen!, sagte der Nachbar böse und wedelte mit letzterem. Und ich sagte es zwar nicht, da ich für Franco ziemlich viel übrig habe, aber ich bin sicher, dass der Mailänder Recht hatte. Denn Franco kann *überhaupt* nicht lesen. Weder Pläne noch sonst was. Aber als der Optimist, der er ist, war er wahrscheinlich sicher gewesen, dass er noch vor Arbeitsbeginn dazu kommen würde, es zu lernen.

*

Laura, die mir jetzt gerade hilft, Dieselrückstände aus dem Schlafzimmer zu beseitigen – ich habe es tatsächlich geschafft, eine Arbeit für uns zu finden, die sogar *meiner* Meinung nach getan werden musste –, ist ganz und gar nicht der Ansicht, dass Franco der richtige Mann sei. Ich gestehe ihr im Vertrauen, dass ich, zum großen Missfallen aller rechtschaffen denkenden Menschen, Franco doch recht gern mag. Außerdem, sage ich, weiß ich, dass Franco, so sehr er auch immer auf seinen Vorteil bedacht sei, uns ebenfalls mag. Diesen Frühling beispielsweise, kurz vor der Abreise meiner Schwester, erschien er in aller Herrgottsfrühe hoch zu Ross und mit zwei Pferden im Schlepp, um uns auf einen Ausritt über den fast vergessenen Saumpfad nach Pairola mitzunehmen, drüben im Faraldi-Tal, wo er mit einem Geschäftspartner zum Frühstück verabredet war. Das Geschäft wurde in nahezu unverständlichem Dialekt abgehandelt und betraf die Verschiebung von Tieren über die französische Grenze, entlang weiterer fast vergessener Saumpfade. Komplizenhafte Rippenstöße. Finger unter dem Auge.

Zum Frühstück nach Pairola!, sagt Laura. *Und* zu Pferd! Kein Wunder, dass er so viel für euch übrig hat. Wer sonst würde ihn bei solchen Wahnsinnsaktionen begleiten?

Aber Ulisse hat schon Recht, sage ich: Francos Verfehlungen sind größtenteils darauf zurückzuführen, dass er ein unverbesserlicher Optimist ist. Es sei denn, sie betreffen Geld, dann sind sie nämlich kulturell bedingt: Franco erwartet von den Leuten, dass sie feilschen, also verlangt er erst einmal einen lächerlich hohen Preis. Die Kunden sollten dann einen lächerlich niedrigen dagegensetzen; und nach entsprechendem Hin- und Hergefeilsche würde man sich irgendwo in der Mitte treffen, beim angemessenen Preis für die fragliche Dienstleistung. Wenn der Kunde aber die Anfangsforderung widerspruchslos akzeptiert, wie das durchaus gelegentlich vorkommt – besonders wenn er nicht aus der Gegend ist und ohnehin keine Ahnung hat, was der angemessene Preis wäre –, wer wäre dann so prinzipienfest zu sagen: Oh! Tut mir Leid! Ich habe einen lächerlich hohen Preis verlangt, weil ich davon ausging, dass Sie mich herunterhandeln würden? Na, wer würde das tun?

Laura bedenkt mich mit einem langen argwöhnischen Blick. Sie hat Recht. Ich höre es ja selbst: Ich suche krampfhaft nach Argumenten, warum ich Franco den Auftrag *doch* erteilen sollte.

Laura merkt, wie sie sagt, dass ich heute nicht richtig mit dem Herzen beim Putzen bin. Warum lassen wir es nicht dabei bewenden und fahren zu ihr? Heute Abend ist *festa* in Arentino!

Ja, gerne! Und schon habe ich die Putzutensilien weggeräumt und meine Lenden gegürtet – in Nullkommanix!

*

Wir brechen früh zur *festa* auf, um sicherzugehen, dass wir einen guten Tisch bekommen, einen in der Nähe der Tanzfläche, damit der kleine Michele während des Essens etwas zum Gucken hat. Wir holen Maria Chiara ab und schlendern den Hügel hinunter zur Piazza, auf der die *festa* abgehalten wird. Das Kloster, ich meine das Priesterseminar, erklärt wenigstens eine der seltsamen Eigenarten, die das Fest von Arentino auszeichnen: nämlich warum es nicht, wie in allen anderen Dörfern, auf dem Kirchenvorplatz gefeiert wird. Ganz einfach. Der Lärm würde die Priester bei ihrem Schönheitsschlaf stören. Die andere seltsame Eigenart hingegen betrifft das Essen. Arentinos *festa* ist ein Ravioli-Fest. Alle übrigen Dörfer in diesem Tal kochen für das *festa*-Essen etwas für die Jahreszeit und ihren Ort Typisches – sie veranstalten etwa eine Waldpilz-*festa* oder eine Froschschenkel-und-Aal-*festa* oder eine Wildschwein-und-Kaninchen-*festa*. Oder was auch immer. Aber Ravioli mit Spinat-Ricotta-Füllung…? Das ist doch wohl eine etwas seltsame Wahl für einen Festschmaus! Zugegeben, sie sind ein ortstypisches Gericht, aber man kann sie das ganze Jahr über bekommen – sogar im Supermarkt. Ist es vielleicht so, dass die *festa* von Arentino bis vor ganz kurzer Zeit nicht unter einem besonderen kulinarischen Vorzeichen stand? Und dass alle interessanteren Möglichkeiten bereits anderweitig vergeben waren?

*

Hier, unter dem üblichen Baum, sitzen die üblichen zwei jungen Mädchen und verkaufen am üblichen wackligen Tisch die Essensbons. Die Speisekarte ist über ihren Köpfen an den Baum genagelt: Und ja, da stehen sie, die Ravioli, wie immer an allererster Stelle. Wir holen uns am Plankentresen, hinter dem mehr als ein Dutzend aufgeregte Arentineser, mit hohen Kochmützen und glänzend roten Gesichtern, an einer ganzen Batterie riesiger Gaskocher zugange sind, unsere Antipasti. Und kehren mit Stapeln knusprig frittierter Borretschröstis (*frisceui*) und dem für unsere Gegend typischen Salat aus Paprika, Tomaten, Oliven und roten Zwiebeln (*cundiun*) zurück an unseren Tisch unter den Lichtergirlanden, die sich von Baum zu Baum über die Piazza spannen. Die Kapelle hat zu spielen begonnen, und die Akkordeon- und Saxophonklänge erfüllen die Luft. Marco verschwindet kurz wieder, um uns Wein zu besorgen. Michele fängt an zu futtern und starrt dabei fasziniert die Musiker an, die in ihren Rüschenhemden auf dem hell erleuchteten Podium unter dem Kastanienbaum sitzen. Der richtige Augenblick, um nach den Ravioli zu fragen. Aber Laura weiß es auch nicht. Es ist schon immer eine Spinat-und-Ricotta-Ravioli-*festa* gewesen, schon seit sie ganz klein war. Marco, der inzwischen zurück ist, hat auch keine Ahnung. Woher denn auch! Er ist ja in Diano Borganzo aufgewachsen. Lauras Mutter kann gar nicht glauben, dass wir alle so schwer von Begriff sind.

Ob ich diese ganzen Eisenringe sehe, die da drüben in die Wand eingelassen sind? Seh ich. Also, in alten Zeiten wurde das Fest nicht nur für die Menschen, sondern auch für das Vieh veranstaltet, und dort drüben wurden Tiere angebunden, eines von jeder Familie. Laura muss sich aus ihrer Kindheit doch wohl noch daran erinnern! Mit der *festa* wurde die Rückkehr des Milchviehs von den Sommerweiden oben in den Bergen gefeiert. Zuerst segnete der Priester die Tiere; dann feierte man die Nacht durch.

Ich verstehe, sage ich hoffnungsvoll. Ich lass mir das ein bisschen durch den Kopf gehen, aber irgendwie ist mir der logische Zusammenhang zwischen Milchvieh und Ravioli nicht so recht einsichtig. Irgendein Zwischenglied fehlt – entweder in der Erklärung oder in meinem Gehirn. Und dabei habe ich erst das eine Glas Wein getrunken. Jetzt ist auch Lauras Vater Carlo aufgetaucht; und, ja! als er sich setzt und zwei weitere Flaschen Wein auf den Tisch stellt, klopft er Marco – befangen – auf den Rücken. Laura macht ein unglaubliches Aufhebens um ihn. Papa! Ich freu mich so, dass du gekommen bist! Marco gibt sich alle Mühe, keine Miene zu machen, als habe er gerade in eine Zitrone gebissen. Es ist nur eine Frage von Sekunden, bis mich der Wein oder das faszinierende Schauspiel der lange erwarteten Aussöhnung von meinen raviolischen Forschungen abbringen werden. Also höre ich auf zu grübeln und frage einfach.

Simpel. Das Wesentliche an dem Fest sind nicht die Ravioli als solche – *che idea*! Was für eine Schnapsidee! –, sondern die *ricotta*. Bevor es Kühlschränke und Supermärkte gab, sagt Lauras Mama geduldig, wie hätte man da an Frischkäse kommen können, solang das Vieh auf der Alm war? *Ricotta* wird aus dem gemacht, was übrig bleibt, nachdem man den Quark abgeschöpft hat, um daraus den Hartkäse herzustellen. Deswegen *heißt* sie ja *ri-cotta*, »wiedergekocht«: Man kocht die Molke erneut auf, um ihr auch noch die letzte Substanz abzugewinnen. Damals konnten sich die Leute nicht leisten, ihren eigenen Hartkäse zu essen; sie stellten ihn ausschließlich für den Verkauf her, und selbst aßen sie stattdessen *ricotta*. Aber *ricotta* ist ja nicht sehr lange haltbar. Solange diese Käsemacher also oben auf den Almen waren, verzehrten sie sie selbst. Das Ende des Sommers und die Heimkehr der Herden läuteten daher ein gewaltiges allgemeines *ricotta*-Schmausen ein. Von jeher haben sich sämtliche Frauen des Dorfes am Vortag des Festes zusammengefunden und ganze Wagenladungen von Ravioli gemacht; und dieses Jahr, erklärt mir Maria Chiara stolz und gibt ihrer Tochter einen leichten Klaps, hat Laura ebenfalls mitgemacht – zum ersten Mal in ihrem Leben!

Aber ihre Mutter braucht sich gar nicht so zu echauffieren, verkündet Laura streitbar. Die guten alten Sitten sind eine feine Sache, und es ist toll, wieder hier oben bei ihren Angehörigen zu sein, aber dass sie ein unselbstständiges Weibchen ohne ein paar eigene Kröten in der Tasche wird, kommt gar nicht in Frage! Und genau das scheinen alle von ihr zu erwarten, fügt sie hinzu und wirft dabei ihrem Mann einen vernichtenden Seitenblick zu. Lauras Mutter lächelt nachsichtig, schüttelt liebevoll den Kopf und streichelt ihr beschwichtigend den Arm.

*

Nachdem ich endlich die große kulturelle Bedeutung der Ravioli verstanden habe, fühle ich mich natürlich verpflichtet, ihnen und all dem, wofür sie stehen, gebührend Ehre zu erweisen, indem ich mich gierig über einen riesigen Teller davon hermache und erheblich mehr vertilge, als für mich gut ist. Ja, so gründlich zolle ich ihnen meinen Respekt, dass ich mich zu meinem Bedauern außer Stande sehe, meinen *secondo piatto* aufzuessen. Tragisch: Es ist eine dieser leckeren meterlangen schneckenförmig aufgerollten würzigen Würste, die mit einem Rosmarinzweig quer aufgespießt und über offenem Feuer gegrillt werden. Dazu gibt's eine Schale *peperonata* und Polenta-Chips. (Ja, gelegentlich schafft es die verabscheute Polenta bis herab in unsere Täler; aber die Dianenser wissen schon, wie man sie zivilisiert: Polenta kalt werden lassen, dünn aufschneiden und in viel gutem Olivenöl schwimmend ausbacken.) Die Versöhnung ist bislang enttäuschend unspektakulär verlaufen. Carlo hat, als er sich setzte, Marco die Hand gegeben – ebenso mir, als man uns miteinander bekannt machte –, hat aber seitdem kaum ein Wort mit ihm gewechselt. Vermutlich ist das aber auch gar nicht nötig. Die schlichte Tatsache, dass sie in aller Öffentlichkeit zusammen am selben Tisch sitzen, genügt, um den bis dato unerwünschten Marco in den Stand eines vorbehaltlos akzeptierten Schwiegersohns zu erheben.

*

Die Polkas und Mazurkas nehmen ihren Anfang, mehrere weitere Flaschen Wein finden ihr Ende, und obwohl Ciccio noch immer nicht aufgetaucht ist, hat sich mittlerweile ein größeres Kontingent seiner Familie eingefunden: seine Schwestern Giusi und Grazia, deren Männer Osvaldo und Giovanni und die zwei kleinen Jungen und zwei großen halbwüchsigen Mädchen, die jeweils zu den zwei Paaren gehören – und an der Spitze der Meute, Salvatore und Francesca. Aber anstatt sich, wie ich eigentlich erwartet hatte, zu uns zu setzen, führt Salvatore seinen Clan zu einem Tisch ganz auf der anderen Seite der Tanzfläche. Ich schaff's lediglich, ihnen über die Köpfe der Essenden und der tanzenden Menge hinweg zuzuwinken. Aber Francesca muss mich scharf im Auge behalten haben, denn im selben Moment, da ich meine Niederlage eingestehe und die Waffen strecke, kommt sie herübergeschossen, entschuldigt sich bei Maria Chiara und meinen übrigen Tischgenossen und entführt mich. Ich muss mitkommen, sagt sie, und meinen Kaffee mit der Familie trinken.

Na, wenn *das* keine öffentliche Anerkennung ist! Da guckst du, was, Marco? Während wir uns zwischen den dicht besetzten Plankentischen, die die Piazza füllen, hindurchquetschen und den Tisch der De Gilios ansteuern, packt mich Francesca am Arm und zieht mich zu sich hinunter, damit sie mir ins Ohr flüstern kann. Sie musste selbst kommen und mich holen, zischt sie, obwohl das eigentlich Salvatores Aufgabe gewesen wäre. (Tatsächlich? Allmählich habe ich wirklich das Gefühl, dass ich mir ein Buch über das ligurische Familienzeremoniell besorgen muss. Aber nein, so etwas gibt's bestimmt nicht.) Sie hätten sich normalerweise zu uns gesetzt, aber dann hat Salvatore Carlo an unserem Tisch sitzen sehen. Was treibt er hier? Er kommt doch sonst nie zur *festa*! Hat er seine Fehde mit seinem Schwiegersohn beendet? Carlo ist ein fürchterlicher Mensch. Zwischen Salvatore und Carlo, fährt sie fort, herrscht seit den schlimmen Zeiten vor vierzig Jahren, als sie noch in Diano Castello wohnten, böses Blut. Salvatore weigert sich bis auf den heutigen Tag, irgendetwas mit ihm zu tun zu haben. Ich erzähl's dir später!, fügt sie hinzu, als wir den Tisch erreichen.

Ich sitze noch nicht richtig, als Salvatore auch schon eine irgendwie vertraut aussehende riesige Flasche hebt – er muss also *doch* noch irgendwo eine eiserne Reserve gebunkert haben! – und darauf besteht, dass ich vor meinem Kaffee ein Glas richtigen Wein trinke. Um mir das Gesöff aus dem Mund zu spülen, sagt er, das ich mit dem Pack da drüben getrunken habe, und schürzt dabei verächtlich die Oberlippe. Um Himmels willen!, sagt Francesca. Lass das Mädchen bloß in Ruhe! Die ganze Familie fängt an, ihn im Chor auszuschimpfen, doch Salvatore füllt ungerührt mein Glas, sein eigenes und das jedes anderen am Tisch, der ihn nicht gewaltsam daran hindert, und bringt dann einen Toast auf Carlos Verderben aus. Also wirklich, Papa!, entgegnet der Chor. Hör auf damit! Carlo hat sich offenbar endlich eines Besseren besonnen: Guck doch, wie er neben Marco sitzt!

Wurde auch langsam Zeit, sagt Salvatore. Er kippt seinen Wein in einem Zug hinunter, steht auf, packt seine Frau, die sich nach Kräften, aber erfolglos bemüht, nicht zu lachen, und entführt sie auf die Tanzfläche, wo sie nicht nur die sehr energische Polka absolvieren, die gerade gespielt wird, sondern den folgenden Walzer gleich mit dazu. Als Salvatore und Francesca kichernd wie zwei Teenager, an den Tisch zurückkehren, entschwinden Giovanni und Grazia und die zwei Mädchen auf die Tanzfläche; und ich fordere Giusi zu einer Mazurka auf. Bis ich zurückkomme, ist Ciccio eingetroffen. Er hat es überhaupt nur deswegen so früh hergeschafft, erklärt er uns, weil er seine letzten vier Gäste eingeladen hat, mit aufs Fest zu kommen. Weiß der Himmel, ob's ihnen gefallen wird. Jetzt sieht er Marco und Carlo erstmals in ihrem Leben an einem Tisch sitzen und geht überglücklich hinüber, um ihnen die Hand zu schütteln. Da sehe ich, dass sich eine kleine Schlange von Leuten gebildet hat, die nur darauf warten, das Gleiche zu tun, als sei dies ein offizieller feierlicher Akt. Mannomann. Eben noch hatte ich gemeint, das laufe ziemlich unspektakulär ab. Und jetzt sieht es aus wie eine Szene aus dem *Paten*.

Die Kapelle ist großartig, raubeinig, ligurisch-ländlich – keine Spur von Abschlussball- oder Tanztee-Gesäusel. Ich drehe mit Giovanni eine Runde, während Ciccio sich ein bisschen ausruht und sich gemütlich ein paar Gläschen Wein genehmigt. Aber mein Blut ist jetzt richtig in Wallung. Als die nächste Mazurka losgeht, muss ich ihn einfach von seinem Stuhl zerren und mit ihm über die gerammelt volle Tanzfläche wirbeln. Ich kann nicht anders. Ich liebe eben dieses Gefühl, Teil einer großen Herde von Menschen zu sein, die allesamt im Gleichtakt dahinwogen. Ich kann mir einfach nichts Schöneres vorstellen. Vielleicht hätte ich als Qualle auf die Welt kommen sollen.

23

Wegen der erbarmungslosen Hektik des hiesigen Lebens ist Ciccio noch immer nicht dazu gekommen, mir das Kartoffel-*gnocchi*-Kochen beizubringen. Heute Nachmittag allerdings müsste der Maître früh heimkommen, und ich werde ihn mit einem Topf genau nach Anweisung vorgekochter Kartoffeln erwarten. Irgendwie seltsam, hier zu sitzen und Kartoffeln zu schälen – eine in diesem Nudelland so ungewohnte Beschäftigung, dass ich geradezu nostalgische Gefühle bekomme.

Ciccio erscheint, unerwartet früh, mit Marco im Gefolge. Sind sie mit ihrer Trockenmauer schon fertig? Schön wär's, sagt Marco. Sie haben noch nicht mal damit angefangen.

Das kommt davon, wenn man verrückten Restaurantkunden zu entkommen hofft, sagt Ciccio. Mauer-Kunden sind unendlich viel schlimmer. Diese eine Kundin beispielsweise hatte es nicht für nötig gehalten zu erwähnen, dass das ganze Dorf eisern gegen ihre Mauer war. Also kamen sie um halb acht Uhr früh an und fanden ein paar Dutzend wütende Nachbarn vor, die dort aufgereiht standen, wo die Mauer hinkommen sollte, sowie die *signora*, die wiederum auf ihrer Türschwelle stand und, die Hände in die Hüften gestemmt, auf die Leute einschimpfte und -zeterte. Schiebt diese *cretini* einfach aus dem Weg, sagte sie zu Marco und Ciccio, als diese aus der Ape stiegen, und ihr könnt anfangen. Ein paar *poliziotti* müssten jeden Augenblick kommen, fügte sie hinzu, um während der Bauarbeiten Wache zu halten.

Was? Sie aus dem Weg schieben? Das kam überhaupt nicht in Frage, dass Marco sich da hinstellte und sich von wütenden Nachbarn anpöbeln ließ (wenn nicht Schlimmeres), während er eine umstrittene Mauer baute, von der er nicht mal wusste – und auch gar nicht wissen wollte –, wozu sie überhaupt gut sein sollte; und das, damit zum Schimpf auch noch die Schande hinzukam, unter *Polizeischutz*!

Stattdessen gingen sie also auf die Demonstranten zu und erfuhren von ihnen, dass sie sogar schon vor Gericht gezogen seien, um der Frau und ihrer Mauer Einhalt zu gebieten. Sie hatte gewonnen, weil das Land rechtmäßig ihr gehörte. Aber der Richter war ein Idiot, und das Dorf würde das Urteil nicht akzeptieren. Wenn sie die Mauer dort hinstellte, würden dreißig Leute gezwungen sein, einen Umweg von insgesamt drei Kilometern zu machen, um zu ihren Oliventerrassen zu gelangen. Rechnet selbst nach: pro Woche insgesamt neunhundert sinnlos verfahrene Kilometer! Und sie brauchte die Mauer überhaupt nicht, das gehe alles nur auf eine idiotische Fehde mit ihrem Schwager zurück. Also würden sie sich von nun an, wann immer irgendwelche Bauarbeiter aufkreuzten, einfach da hinstellen, ganz friedlich. Das war alles. Und sie bedachten Marco und Ciccio mit einem langen und bedeutungsvollen Blick.

Schadensbegrenzung: Was ist dir lieber – eine *signora*, die dir an die Gurgel will, oder die Einwohnerschaft eines ganzen Dorfes? Zeit zu verschwinden. Gerade, als sie wieder in die Ape einsteigen wollten, kamen die zwei *poliziotti* an. Jetzt packte die vor Wut schäumende *signora* Marco am T-Shirt und wollte ihn nicht wieder loslassen. Sie würde ihn verhaften lassen, sagte sie, wenn er nicht sofort mit ihrer Mauer anfing! Ciccio musste sie gewaltsam wegzerren, und Marco, der nicht gerade für seine Gelassenheit berühmt ist, fing an, mit der Faust auf die Ape einzuhämmern – natürlich immer noch besser als auf die *signora* – und wie ein Berserker was von Täuschung und Betrug zu zetern (was die rasch anwachsende Antimauerpartei mit heftigem Beifall quittierte), während die Polizisten, mit nervösen Blicken auf die andere Straßenseite und die kleine Armee, die sich dort allmählich zusammenrottete, der *signora* erklärten, Einmischungen in privatwirtschaftliche Vereinbarungen gehörten nicht zu ihrem Aufgabenbereich.

Aber der Richter hat gesagt, dass sie das machen müssten!, schrie die verhinderte Arbeitgeberin, außer sich vor Wut.

Nein, gnädige Frau, sagten die *poliziotti*, niemand ist verpflichtet, eine Mauer für Sie zu bauen, wenn er nicht will. Als Marco und Ciccio sich absetzten, schleuderte ihnen die *signora* ihren Bannfluch hinterher samt dem Versprechen, sie wegen Vertragsbruchs vor Gericht zu schleifen, wofür sie die peinlich berührten *poliziotti* als Zeugen aufzurufen gedachte.

Trotzdem sieht Ciccio das Ganze nicht so tragisch. Erstens ist es eine gute Sache, dass Marco sich doch nicht mit schweren Steinen abzuschleppen braucht. Er sollte lieber noch eine Zeit lang bei seinen Pappkartons bleiben. Marco seufzt. Er hat schon eine Frau und eine Mutter, herzlichen Dank, da braucht Ciccio ihn nicht auch noch zu bemuttern.

Und zweitens, sagt Ciccio, weiß er jetzt dank Marco, was für riesige Summen die Leute heutzutage für eine Trockenmauer hinzulegen bereit sind. Wagenladungen von Geld! Für eine Arbeit, bei der man sich lediglich mit ein paar Haufen netter stummer Steine abzugeben braucht! Vergleich das doch damit, sich ständig von diesen hirnrissigen *rompicoglioni* (»Auf-den-Sack-Gehern«) von Gästen mit ihren jeweiligen Katzen-Ticks herumscheuchen lassen zu müssen, die wahrscheinlich wieder mal kein Ende finden werden, so dass er heute Abend nicht mit uns unten am Meer ein Glas trinken kann. Oder damit, kilometerhoch in einer scheußlichen stachligen Palme zu hängen, während eine hysterische Hotelbesitzerin einen von unten ankeift, weil man die abgestorbenen Wedel auf ihren Rasen fallen lässt. Oder übrigens auch damit, für diesen anderen hirnrissigen *rompicoglioni* – seinen Vater, der zu stolz ist, um zuzugeben, dass er jetzt, wo er auf die Siebzig zugeht, mehr Hilfe bräuchte, und ständig ungenießbarer wird – oben in der *campagna* ackern zu müssen. Und es gäbe auch bestimmt mehr als genug Aufträge, denn erstens ist heutzutage kaum noch jemand imstande, Trockenmauern zu bauen, und zweitens gibt's jetzt diese neuen Gesetze, die einem verbieten, die Landschaft mit Beton zu verschandeln. Komisch, wenn man bedenkt, wie sauer er und

Marco als Jungs waren, weil ihre Väter darauf bestanden, dass sie lernten, wie man die blöden alten Terrassenmauern auf der *campagna* repariert!

Marco lacht. Wir waren davon überzeugt, sagt er, dass es das Beste sei, die ganze Chose einzureißen und durch schöne moderne Stahlbetonwände zu ersetzen, die nie wieder einstürzen würden. Ständig hätten sie ihren Vätern Vorträge deswegen gehalten. Bis eine fürchterliche Sturzflut kam und ihnen vorführte, dass eine Betonterrasse, wenn sie *doch* einmal nachgibt, in einem einzigen Stück zu Tal schlittert und alles mitnimmt, was ihr im Weg steht – deinen *rustico* etwa, oder die Hälfte deiner Olivenbäume. Danach hat sein Vater überhaupt nicht mehr aufgehört, ihm das unter die Nase zu reiben. Also was auch passiert, schärft er Ciccio ein, erwähne Salvatore gegenüber unter keinen Umständen, was eine Trockenmauer heutzutage kostet.

*

Täusche ich mich, oder reift in Ciccio wieder mal ein Plan heran, der ihn vom Restaurant befreien soll? Ich täusche mich offenbar nicht. Ein ganzes Sortiment von Teilzeitjobs, sagt Ciccio, so dass ihm mehr Zeit bleiben wird, seinem Vater auf der *campagna* zu helfen. Mauern, Gärten, Umzüge und Entrümpelungen, zusammen mit Paletta...

Aber er hat schon die Kartoffeln entdeckt, die in ihrem Sieb abkühlen, eine Schüssel geholt und sie hineingeschüttet, und jetzt sticht er mit einer Gabel sinnend auf sie ein. Der Mann ist eindeutig kochsüchtig. Wie könnte er je sein Restaurant aufgeben?

Die habe ich schon mal für die *gnocchi* vorbereitet, sage ich schnell, für den Fall, dass er es vergessen haben sollte.

Was denn, *daraus* willst du *gnocchi* machen? Daraus können wir doch keine *gnocchi* machen! Geschälte Kartoffeln saugen sich beim Kochen mit Wasser voll, und dann werden die *gnocchi* so schwer wie Blei. Wir werden die hier zu etwas anderem verwenden müssen.

Toll. Danke, dass du's mir rechtzeitig gesagt hast.

Egal, Ciccio ist am Verhungern: Da aus dem Mauerjob ja doch nichts wurde, sind er und Marco nach Arentino hinaufgefahren, um seine Olivennetze zum Auslegen vorzubereiten, und haben mittags in der Bar lediglich ein Sandwich gegessen. Jetzt wäre ein Teller Kartoffeln nicht schlecht. Vielleicht mit ein paar Sardellen.

Tut mir Leid, sage ich. Ich glaube nicht, dass ich Sardellen dahabe.

Klar hast du, sagt er. Die von *la mamma*. Sie sind in der Speisekammer.

Das könnte ohne weiteres stimmen. Je länger Ciccio und ich zusammen wohnen, desto größer wird meine Kollektion namenloser Einmachgläser: eine Sammlung, die mit Annas Verlobungsgeschenk, den Gläsern mit *passata*, ihren Anfang nahm und seither erweitert wurde um viele andere, voll von Francescas geheimnisvollen Kreationen. Jedes Mal wenn er oben in der *campagna* gearbeitet hat, bringt Ciccio ein paar weitere mit, und nur er ist imstande, sie zu identifizieren und sinnvoll einzusetzen. Ich trau mich kaum, eins davon zu öffnen. Selbst wenn ich in einem Glas, sagen wir mal, Pilze erkennen kann, weiß ich immer noch nicht, ob es die sauer eingelegten sind, die man zu den Antipasti isst, oder die mit Knoblauch gebratenen, die man für Pasta-Sauce verwendet. Und Gläser sollte man nur aufmachen, wenn man sie ganz aufzubrauchen gedenkt. Denn wenn sie erst einmal offen sind, vertröpfeln sie Öl und ziehen Staub an und versauen mir die schönen neuen Regale in meiner schönen neuen Speisekammer, die ich zusammen mit meiner Schwester, kurz bevor sie zu den Slawen abwanderte, eigenhändig gebaut habe. Oder man muss sie in den Kühlschrank stellen, so dass dann kein Platz mehr für die Milch übrig bleibt.

*

Aber warum kannst du nicht einfach ganztags bei Salvatore arbeiten, frage ich, wenn es dir doch anscheinend nur darum geht, mehr Zeit zu haben, um ihm zu helfen? Es sind doch genug Land und Olivenbäume da, um euch beide zu ernähren, oder? Und dazu noch der Weinberg. Du bräuchtest dich nicht mehr mit den *rompicoglioni* im Restaurant herumzuärgern und hättest als Draufgabe einen zufriedenen Vater.

Ciccio erschaudert. Ganztags bei seinem Vater arbeiten? Habe ich denn den Film *Padre padrone* nicht gesehen? Vater und Dienstherr in einem! Und zufrieden wäre Salvatore mit Sicherheit nur, wenn's unter diesen Bedingungen abliefe.

Was denn, sie könnten keine gleichberechtigten Partner sein?

Nein. Salvatore ist dazu viel zu tief in den alten Traditionen verwurzelt, sagt Ciccio, während er meine Kartoffeln in mundgerechte Stücke schneidet.

Du würdest verstehen, was er meint, sagt Marco, wenn du seinen oder meinen Vater einmal dabei gesehen hättest, wie sie uns unseren Anteil an der verkauften Olivenernte auszahlen. Sie kämen nicht im Traum auf die Idee, uns zu sagen, wie viel die gemeinsame Arbeit dieses Jahr tatsächlich eingebracht hat. Das ist *ihre* Angelegenheit, uns geht das gar nichts an. Sie geben uns einfach irgendeinen willkürlichen Betrag, als sei's ein Taschengeld. So sind sie eben aufgewachsen: ständig unter der Knute des Vaters, egal wie alt sie waren, bis der Alte endlich den Löffel abgegeben hat. Was glaube ich wohl, warum er so froh war, Lauras heruntergekommene Olivenhaine übernehmen und in Eigenverantwortung bearbeiten zu können? Was glaube ich, warum er für die Gemeinde das Altpapier einsammelt? Nicht etwa, weil sein Vater zu wenig Land hätte! Wusste ich eigentlich, dass im vorigen Jahrhundert, als das eigene Land noch die einzige Einkommensquelle darstellte, so viele Väter ihre erwachsenen Kinder ihr Leben lang wie Sklaven behandelten und sie dann im letzten Augenblick für irgendein eingebildetes Vergehen bestraften, indem sie ihr ganzes Land der Kirche oder sonst jemandem vermachten – und sie dadurch völlig mittellos zurückließen –, dass die Regierung das Enterben leiblicher Nachkommen gesetzlich verbieten musste?

Ist ja gut, ist ja gut!, sage ich. Beruhige dich.

Aber er hat Recht, sagt Ciccio. Salvatore wäre fast geplatzt, als er feststellen musste, dass sein Sohn auch ohne seine geheiligte *campagna* hervorragend über die Runden kam.

Aber habt ihr schon mal versucht, mit euren Vätern zu reden?, frage ich. Wenn man sie nur dazu bringen könnte, sich die Sache einmal genau zu überlegen, könnten sie vielleicht Geschmack daran finden, anstatt *padri padroni* liebevolle, großzügige, partnerschaftliche Väter zu sein.

Schön wär's. Ich hätte Salvatores Reaktion miterleben sollen, als Ciccio ihm vorschlug, auf der ebenen Fläche neben dem *rustico* ein paar Gewächshäuser hinzustellen und in Eigenverantwortung ein kleines Geschäft aufzuziehen – Spargel- oder Basilikumzucht, oder vielleicht auch eine Weinbergschneckenfarm.

Marco verdreht die Augen. Schneckenzucht ist Unsinn. Spargel ist zu empfindlich. Halt dich ans Basilikum.

Gute Idee, sage ich. Um für die Gewächshäuser Platz zu schaffen, müsstest du diesen ganzen Plunder wegräumen, und das wäre für das Grundstück nur von Vorteil. Und die Nachbarn könnten dann auch nicht mehr von einer Beleidigung fürs Auge reden.

Spielt gar keine Rolle. Wird sowieso nichts daraus. Salvatore ist einfach zu dem Schluss gekommen, sein Sohn glaube, er, Salvatore, stehe schon mit einem Bein im Grab, und wolle vorzeitig sein Erbe antreten.

Trotzdem, sagt er beiläufig, könnten wir beide die Basilikumgeschichte ja auch hier bei dir ausprobieren. Unten beim Brunnen, wo die Terrassen schön breit sind, könnten wir ohne weiteres ein paar Gewächshäuser unterbringen. Und eine Zisterne hochziehen, so dass die Bewässerung auch kein Problem wäre.

Basilikum? Gewächshäuser? Wir beide zusammen? Geht das nicht ein bisschen zu schnell? Aber nun, vielleicht gilt das ja auch nur in England, dass man Geschäft und Vergnügen säuberlich auseinander halten sollte.

24

Ciccio entwischt und unternimmt wieder eine seiner gnadenlosen Attacken auf mein Petersilienbeet: Eine gigantische Hand voll metzelt er hin. Ich sehe schon, ich werde eine ganze Terrasse mit dem Zeug bepflanzen müssen, wenn er hier länger zu bleiben gedenkt. Wonach es ganz aussieht. Er spült die Blätter unter dem Wasserhahn und zerschnippelt sie geschickt zwischen Messers Schneide und Daumenballen, so dass sie gleich über die warmen Kartoffeln rieseln. Kann ihm mal einer von uns *la mammas* Sardellen reichen?

La mamma! Dabei fällt ihm ein: Habe ich wegen der Fahrt nach Rom mit Annetta schon alles geregelt?

Nein, sage ich. Ich fahr doch gar nicht.

Was?, sagt der pflichtbewusste Sohn. Aber du kannst *la mamma* doch nicht im allerletzten Moment so hängen lassen, grad mal einen Tag vor der Abfahrt...!

Was soll das heißen, Francesca hängen lassen? Ich hab doch überhaupt nie gesagt, dass ich mitfahren würde! Im Gegenteil, ich habe Annetta klipp und klar gesagt, dass ich *nicht* mitfahren würde.

Also, *la mamma* rechnet jedenfalls fest damit, erwidert Ciccio.

Ja, sagt Marco, sie haben sie in der Bar Marabotto getroffen, wie sie mit *la Zia Mela*, »Tante Apfel«, ihren Verdauungskaffee trank und dabei mächtig damit angab, dass Ciccios *affidanzata* ebenfalls nach Rom fahren würde, um an ihrer Stelle auf Annetta aufzupassen.

Ich bin sprachlos. Annetta fährt ja schon morgen. Ich muss sofort hinunter, sage ich, und Francesca erklären, dass sie irgendwas falsch verstanden hat. Oder denkt sich Ciccio das alles nur aus, frage ich argwöhnisch, um es mir heimzuzahlen, dass ich auf seinen Vorschlag mit den Gewächshäusern so zurückhaltend reagiert habe?

Nein, tut er nicht. O Gott, er wusste es doch, dass so etwas passieren würde, wenn ich mich mit seiner Familie einließ! *La mamma* macht mir dadurch ein riesiges Kompliment, dass sie mich mit dieser Aufgabe betraut. Wenn ich in diesem Land aufgewachsen wäre, dann wüsste ich, was das bedeutet. Jetzt komm schon, so schlimm wird das schon nicht werden! Und wenn ich jetzt ankomme und sage, dass ich nicht fahre, wird *er* eine schreckliche *brutta figura* machen.

Aber ganz bestimmt, sagt Marco in der Rolle des griechischen Chors. Und Francesca wird keine ruhige Minute mehr haben, wenn Annetta allein fahren muss.

*

Das ist absolut hanebüchen. Erst beschließt Ciccios Familie – ohne mich zu fragen –, mich auf eine Mission nach Rom zu schicken. Und dann muss ich mir vorwerfen lassen, dass ich ihn eine *brutta figura* machen lasse, wenn ich nicht mitspiele! Was kommt als Nächstes – der Keuschheitsgürtel?

Es wird sowieso allmählich dunkel. Um diese Uhrzeit eine Mutter zu besuchen, mit dem fatalen Blumenstrauß – beziehungsweise Sack Schnecken – in der Hand, wäre damit gleichbedeutend, einen offiziellen Antrag auf Aufnahme in die Familie zu stellen. *Deswegen* ist die ganze Sache ja dermaßen ritualisiert. Und ist man erst in eine italienische Familie aufgenommen worden, wird man, schlicht gesagt, fortan von *la mamma* herumkommandiert. Selbst wenn *la mamma* ein so lieber und bescheidener Mensch wie Francesca ist. Die Rolle ist eben stärker als die Person. Ergo ist dieses empörende Verhalten ein Zeichen dafür, dass man mich akzeptiert hat. Na ja, irgendwie freut's mich wohl. Ich hab eigentlich nichts dagegen, nach Rom zu fahren. Es erschreckt mich bloß festzustellen, dass es ausgereicht hat, das Salz seiner Mutter zu essen, um ihr symbolisch die Kontrolle über mein Leben zu überantworten.

Also gut, von mir aus, rufe ich unwirsch aus der Speisekammer, wo ich gerade nach Sardellen suche. Schon bevor wir bei seiner Mutter aufkreuzten, stand hier eine erdrückende Anzahl von Gläsern herum. Ich hatte ganz vergessen, dass sie mir dann einige Dutzend mehr von den Dingern aus ihrem Privatvorrat im Weinschuppen geschenkt hat. Vermutlich ein weiterer Beweis meines Akzeptiertseins. In was für einem Behälter die Viecher wohl eingemacht sind?

Ich reiche Ciccio ein riesiges Weckglas nach draußen, und schon bald gräbt er etwas aus dessen salzkörnigen Tiefen aus. Ja, eine Sardelle. Aber mindestens doppelt so groß wie die langen dünnen Läppchen, die man im Laden bekommt.

Ah!, sagt er. Niemand macht solche Sardellen wie *la mamma*! Ich probiere eine: Er hat Recht.

Überhaupt solltest du froh sein, dass du nach Rom fährst, sagt er, während er mit einem gewissen Behagen Sardellen über seinen warmen Kartoffeln zerzupft. Es ist mir bestimmt lieber, mit Annetta in einem netten, ruhigen Zug zu sitzen als weitere tausend Gläser *sugo* in Zeitungspapier einzuwickeln. Wenn ich hier bliebe, würde man mich fraglos zum Tomaten-Ernte-und-Einkoch-Dienst einziehen. Ja, er hat auch einen gewissen Verdacht, warum sich seine kleine Schwester überhaupt zu diesen Prüfungen angemeldet hat…

Jetzt holt er die winzige Eiswürfelschale – die ich selbst nie benutze – aus meinem winzigen Kühlschrank. Er drückt ein paar knallgrüne Eiswürfel heraus. Was ist das?

Der Rest *rucola*-Pesto, natürlich. Gefroren hält sich frischer Pesto monatelang. Ciccio stellt ein paar Pesto-Würfel in einer Tasse zum Auftauen auf den Rand des Holzofens.

Ich grabe mir eine weitere Sardelle aus. Wie macht man die eigentlich?, frage ich. Heute Abend *bekomme* ich meinen Kochunterricht – ob er will oder nicht!

Hab ich mir so gedacht. Was ich bekomme, ist eines von Ciccios üblichen unmöglich nachkochbaren Rezepten. So fängt es an: »Warte, bis du hörst, dass die Sardellenschwärme angekommen sind. Dann fahr zum Hafen von Imperia und kauf eine Kiste davon.« Und wie, bitte schön, hört man von so was? Natürlich indem man eifrig und regelmäßig Bars frequentiert und die Ohren offen hält. In Marcos und Ciccios Schilderung der heutigen Ereignisse sind wenigstens zwei Barbesuche vorgekommen, und mehrere weitere werden folgen. Allmählich beginne ich zu begreifen, dass Ciccio nicht ganz so überarbeitet ist, wie ich zuerst dachte. Wenn er auch nur die kleinste Aufgabe zu erledigen hat, ist er schon um sieben Uhr früh aus dem Haus, aber nicht etwa, weil sie so früh erledigt werden müsste, sondern weil er vorher noch unbedingt in die Bar muss, auf einen unerlässlichen Espresso und einen unverzichtbaren Vorarbeitsplausch unter Männern. Meist ist er um neun bereits wieder zurück, mit frischen Brötchen und brandheißen Neuigkeiten im Gepäck. So behalten die Männer dieses Tals den Finger am Puls der Ereignisse – nicht nur, was die Bewegungen von Sardellenschwärmen anbelangt, sondern auch in Bezug auf solche Dinge wie die Frage, ob man schon jetzt mit der Weinlese anfangen oder besser noch ein, zwei Wochen warten sollte, wo es welche Jobs gibt, wie die diesjährige Olivenernte aussieht und was für Preise dafür in der Mühle zu erwarten sind; außerdem wessen Mann im Wagen einer Frau, die nicht die seinige war, gesehen wurde und umgekehrt; die Lebensgeschichten mit Drogen handelnder Ziegenhirten; und sogar, in Extremfällen, Techniken zur Beseitigung von Holz fressenden Käfern. Landwirtschaftliches Informationsnetzwerk, Warenbörse, Jobbörse und nachbarliche Tugendwacht in einem.

*

Das Sardellenrezept geht folgendermaßen weiter: Vom Hafen geht man zu einem *tabaccaio* und holt sich eine Ladung Meersalz von der grobkörnigsten Sorte. Jetzt legt man die Sardellen einzeln nebeneinander in das Gefäß und bedeckt jede Schicht mit einer großzügigen Hand voll Salzkristalle. Fest andrücken, Glas verschließen. Dann warten, bis sie fertig sind.

Moment mal, muss man die Fische denn nicht vorher ausnehmen?, frage ich.

Natürlich! Und auch filetieren, wenn man möchte, obwohl *la mamma* sich damit nicht groß abgibt. Dann wartest du einfach ein paar Wochen, bis sie gar sind.

Soll ich fragen, wie lange man wartet? Ich wette, ich kann's mir sowieso denken. Alles braucht hierzulande vierzig Tage. Wein, Käse, Oliven, frische Salami: Was auch immer reifen muss, braucht dazu vierzig Tage.

Vierzig Tage?, frage ich.

Genau!, sagt der Küchenchef. Woher weißt du das?

Es wundert mich allerdings zu hören, dass man Salz tatsächlich im Tabakladen kauft. Es stimmt zwar schon, dass außen an den Läden immer dieses große dunkelblau emaillierte Schild hängt, mit dem großen »T« darauf und darunter der Inschrift »*Sali e tabacchi*«, aber ich hatte immer gedacht, das sei nur noch von archäologischem Interesse, ein Relikt aus irgendeiner grauen Vorzeit, als Salz noch teuer und schwer zu bekommen war. Das ist mir nur deswegen noch nicht aufgefallen, erklärt mir Ciccio, weil der Lebensmittelladen von San Pietro gleichzeitig auch ein Salz-und-Tabakladen ist. Soviel er weiß, besteht für Salz noch immer ein Staatsmonopol. Wie für Tabak.

Gibt es dann für das Meersalz staatsmonopolistische Küstenabschnitte?, frage ich. Mit Minenfeldern ringsherum, ein paar Boden-Boden-Raketen und dergleichen mehr? Meinen eigenen Erfahrungen mit der Strenge des Tabakmonopols nach, erschiene mir dies durchaus denkbar. Vor einiger Zeit kam ich zufällig durch eines der bedeutendsten Tabakanbaugebiete Italiens und bewunderte die hohen Trockenscheunen mit den winddurchlässigen Lattenwänden und den langen dicken Strängen goldbrauner Blätter, die darin hingen. Aus einer Laune heraus beschloss ich, da ich schon mal da war, mir ein paar Tabaksamen zu besorgen. Ich würde sie daheim in Ligurien aussäen und dann sehen, wie organisch angebauter, selbst gezogener Tabak so schmeckte.

Ich ging in den ersten *Consorzio Agrario*, an dem ich vorbeikam. Könnte ich bitte Tabaksamen haben? Frau guckt mich an, als sei ich von Sinnen. Oder verkaufen Sie vielleicht Setzlinge?, füge ich hinzu, weil ich mir denke, dass es vielleicht die falsche Jahreszeit ist oder sonst was. Frau und ein örtlicher Tabakpflanzer, der, wie sich herausstellt, in einer dunklen Ecke zwischen den Sicheln gelauert hatte, klären mich rasch auf. *Magari!*, sagen sie. Schön wär's! Wenn die Staatsmonopol sagen, dann meinen sie auch Staatsmonopol. Nicht mal ein Tabakpflanzer kann Tabaksamen kaufen. Der Staat zieht die Setzlinge selbst heran – in einer Art Hochsicherheits-Tabaksilos – und liefert sie, streng abgezählt, im Frühjahr an die Bauern aus. Am Ende der Saison wird die Ernte eingesammelt und dann wieder genau durchgezählt. Außerdem haben die mit den Pflanzen irgendetwas angestellt, sagt der Tabakpflanzer mit einem bitteren Lachen, so dass die Samen, selbst wenn man sie heimlich absammelt (was er und seine Nachbarn natürlich schon mehrmals getan haben), zum allergrößten Teil nicht keimfähig sind. An der Salz- und Tabakbehörde gibt's kein Vorbeikommen.

*

Inzwischen hat Ciccio den *Olio dell'amore* – okay, das Liebesöl – herausgeholt und eine Zitrone halbiert. Ersteres träufelt er auf den warmen Kartoffel-Petersilien-Sardellensalat, letztere presst er aus. Marco gibt noch eine Prise Salz, eine Drehung schwarzen Pfeffer dazu. Einen Klacks Pesto an den Rand. Sie setzen sich und fangen an zu essen. Ich könnte mittlerweile auch wieder einen Happen vertragen. Ciccio reicht mir eine Gabel, damit ich mitessen kann, und gießt jedem von uns ein Glas Wein ein. Keinen richtigen Vaterwein natürlich, sondern irgendein Gebräu aus Trauben und Chemikalien aus dem Laden. Marco ist tief betroffen. Warum haben wir ihm nichts gesagt? Er hätte uns was von seinem eigenen Vaterwein gebracht. Oder sogar welchen von seinem *Schwieger*vaterwein, wovon er und Laura zur Feier seines neuen Status als Persona grata eine ganze *damigiana* zu paarundfünfzig Liter geschenkt bekommen haben.

Ja, bring welchen rauf, sagt Ciccio. Bis zum Martinstag müssen wir uns mit diesem gekauften Zeug behelfen. *Il giorno di San Martino*, rezitiert er, *il mosto diventa vino.* »Am Tag von Sankt Martin der Most wird endlich Wein.«

Wann ist denn nun dieser Martinstag?, fragt die ausländische Ignorantin.

Was meine ich wohl? Vierzig Tage nach der Traubenlese, natürlich. Welche wiederum nächste Woche an der Reihe ist, sobald ich aus Rom zurück bin. Dieses Jahr zu allem Überfluss direkt nach der Tomatenernte. Mit Salvatore als Boss kommt man nie zur Ruhe.

*

Apropos dein Vater und seine Wutausbrüche, sage ich ein paar Mund voll später – Alberto hat mir erzählt, es gäbe da so eine Geschichte, von wegen er hätte einen Richter in Australien angebrüllt...?

Die erste, stark geraffte Version dieser Geschichte, aus dem Munde eines Mannes, der es nicht erwarten kann, sich wieder seinen Kartoffeln zu widmen, lautet wie folgt:

Ort der Handlung: ein Gericht unweit von Melbourne. Salvatore wird in den Zeugenstand gerufen. Ciccio, um die neun Jahre alt, wartet in den Kulissen. Sein Englisch ist erheblich besser als das seines Vaters, und wenn Salvatore hängen bleiben sollte, wird er dolmetschen. Der Richter sitzt auf seinem Thron, die Geschworenen auf ihren Bänken. Der Angeklagte sitzt auf der Anklagebank: Er soll drei Schüsse auf Salvatore abgefeuert haben, während dieser, unbewaffnet und nichts Böses ahnend, mit seinem Sohn auf dem Weg zum Strand war.

Kaum sieht er den Angeklagten, stößt Salvatore einen lauten Wutschrei aus. Der Richter fragt ihn, ob er den Mann auf der Anklagebank erkennt. Salvatore gibt sich alle Mühe, auf Englisch zu antworten, wobei er überall da, wo es ihm aus Gründen des Wohlklangs angebracht erscheint, ein, zwei Vokale einschiebt. Der Richter schaut zunehmend verblüffter drein. Salvatore gibt den ungleichen Kampf auf und verfällt mit umso größerem Elan in seine eigene, der Sachlage angemessenere Sprache, die er durch häufig wiederholtes grimmiges Deuten auf den Angeklagten mimisch untermalt. Nach etwa zehn Minuten beginnt ihm die Luft auszugehen.

Richter: Was hat dein Vater gesagt?

Klein Ciccio (angestrengt nachdenkend: Was war eigentlich der genaue Inhalt der väterlichen Ausführungen?): Äh... Er hat gesagt... Er hat gesagt... dass er sauer ist.

Gerichtssaal bricht in schallendes Gelächter aus.

So als Geschichte ist sie durchaus zufrieden stellend, aber was steckt dahinter? Ist es etwas, das niemals erzählt werden darf, eine Austral-Mafia-Saga, die auf ewig unter dem Schleier der Omertà verborgen bleiben wird? Ich warte, bis der Kartoffelsalat fast alle ist, das zweite Glas Wein die Kehlen befeuchtet und die Inspiration möglicherweise ungehinderter strömt, um die brennende Frage zu stellen.

Warum, sage ich, darauf gefasst, auf eine Mauer des Schweigens zu stoßen, hatte dieser Mann denn überhaupt auf deinen Vater geschossen?

Aber Omertà ist hier gar nicht nötig. Dazu ist die Geschichte viel zu hanebüchen.

Salvatore war mit seinem Sohn losgezogen, um irgendwo an der Küste in der Nähe von Melbourne Muscheln zu sammeln. Sie machten das regelmäßig: fuhren mit dem Bus zu einem nahe gelegenen Strand und sammelten einen ordentlichen Sack voll für ein leckeres Familienessen. Die Australier mokierten sich offenbar nicht nur übers Schnecken- und Wilde-Artischocken-Sammeln, sondern auch übers Muschelessen: Das war etwas, das bloß Ausländer taten. (Sie mokierten sich auch über Leute, die mit großen triefend nassen Säcken neben ihnen im Bus saßen, und Ciccio waren diese Muschelsammel-Ausflüge immer äußerst peinlich – aber das ist eine andere Geschichte.) Um an die Muschelbänke zu gelangen, musste man einen Pfad durch die Dünen entlanggehen und kam dabei am Haus eines Australiers vorbei, der (wovon Salvatore und Sohn allerdings nichts ahnten) besonders wenig von Ausländern hielt. Erst recht von solchen, die Muscheln sammelten. Heute, nach ein, zwei Gläschen, hatte er beschlossen, falls an dem Nachmittag welche auftauchen sollten, ihnen eine Lektion zu erteilen und mit seiner Schrotflinte eins auf den Pelz zu brennen.

Kaum hörte er den ersten Schuss, stieß Salvatore – wie von einem Mann, der die Besetzung seines Landes durch die Nazis überlebt hatte, nicht anders zu erwarten – seinen Sohn zu Boden und warf sich schützend über ihn. Der Verteidiger der australischen Muscheln gab noch ein paar weitere Schüsse ab, musste aber aufhören, ehe er irgendwelche bleibenden Schäden anrichten konnte. Dies lag daran, dass ein weiterer Australier von der anderen Seite, vom Strand her, auf dem Pfad erschienen war. Und dieser andere Australier sympathisierte so wenig mit dem Schießen auf unbewaffnete italienische Muschelsammler, dass er sofort loslief und die Polizei holte.

Und damit: ab zum Kadi.

25

Ich steige mit meiner Schutzbefohlenen, Annetta, einem sanften Kätzchen von einem Mädchen mit großen braunen Augen und einem ansteckend strahlenden Lächeln, in Diano Marina in den Zug. Wir ächzen unter der Last von Proviant, mit dem Francesca uns ausgestattet hat, damit wir die nächsten achtundvierzig Stunden unbeschadet überstehen. Wir werden zwei Nächte in Rom verbringen, da es morgen Abend für die Rückfahrt nur einen sehr langsamen Nachtzug gegeben hätte. Wir haben doppelte, wenn nicht sogar dreifache Rationen mitbekommen, um die Abwesenheit meiner Mutter zu kompensieren, die mich, wenn sie da gewesen wäre, wie Francesca erklärte, natürlich selbst mit mehreren Tonnen Mundvorrat für die Reise versehen hätte. *Magari!* Zum Glück haben wir ein leeres Acht-Personen-Abteil gefunden. Wollen wir hoffen, dass niemand versucht, sich hineinzusetzen, zumindest nicht, bevor wir mit unserem Mittagessen fertig sind.

Annetta sagt, sie habe einen Schwung Unterlagen dabei, damit sie während der Fahrt den Stoff ein letztes Mal durchgehen kann. Während der Zug langsam aus dem Bahnhof rattert und den von wartenden Völkerscharen gesäumten Bahnübergang passiert, fängt sie an, zwischen den Stapeln von nach Knoblauch und Rosmarin duftenden Brathähnchenstücken und *frittata*-Scheiben, den in Alufolie eingewickelten gefüllten Zwiebelhälften und *focaccia*-Stücken, der Plastiktüte voller Tomaten aus dem *orto*, den tröpfelnden Gläsern von gegrillten Auberginen und gefüllten roten Paprikaschoten *sott'olio*, den braunen Papiertüten voll Käse und ganzen Salamis zu kramen.

Bislang hatte ich geglaubt, nur Auslandsreisen würden in der Brust einer italienischen Mutter diese zwanghafte Angst erzeugen, ihre Sprösslinge könnten dem Hungertod entgegenfahren. Der Zug Neapel-Calais, in den ich früher am Ende des Sommers hier immer einstieg, ist mir durchaus noch als ein fahrendes Füllhorn in Erinnerung, beladen mit sämtlichen Arten von Leckereien, die ein paar tausend besorgte *mammas* in das Gepäck ihrer gastarbeitenden Kinder hineinbekamen. Leckereien, die von den jeweiligen Eigentümern – günstigerweise für eine Ausländerin, die lediglich ein paar wenig aufregende schlaffe Schinkenbrötchen dabei hatte – stets und selbstverständlich mit dem gesamten Abteil geteilt wurden.

Jetzt sieht es allerdings so aus, als ob wir selbst in Rom, Francescas eigener Hauptstadt, damit rechnen müssten, schwersten Entbehrungen ausgesetzt zu sein. Immer vorausgesetzt natürlich, wir entkommen den Straßenräubern und Taschendieben, die uns dort auf Schritt und Tritt verfolgen werden. Francesca hat uns eingeschärft, ja jedes Fitzelchen Schmuck abzulegen (und dass ihr nicht eure Armbanduhren vergesst!), ehe wir das Hotel verlassen.

*

Wie hat dich *la mamma* eigentlich herumgekriegt, doch noch mitzufahren?, fragt Annetta, die immer noch am Kramen ist, als das weite blaue Mittelmeer in Sicht kommt: Bis Genua verläuft diese Strecke direkt entlang der Küste.

Ich weiß es auch nicht genau, sage ich finster.

Annetta bedenkt mich mit ihrem gewohnt strahlenden Lächeln. *Deswegen* hat mein Bruder es immer wieder hinausgeschoben, dich mit nach Hause zu bringen, sagt sie. Jetzt werden sie dich mit Haut und Haar vereinnahmen. Und ihr werdet beide wenigstens einmal pro Woche zum Abendessen kommen müssen, sonst gnade dir Gott. Armer Ciccio! Aber *la mamma* mag dich unheimlich gern, stimmt's?

Was man von deinem Vater leider nicht sagen kann, entgegne ich. Bei ihm scheine ich nicht sonderlich gut angekommen zu sein.

Mah!, sagt Annetta, haargenau so, wie ihr Vater das immer sagt. Salvatore macht es sich zum Prinzip, nichts zu loben oder gutzuheißen. Ob ich eigentlich wüsste, dass er noch nicht *ein* Mal in seinem Leben explizit gesagt hat, dass er seine Kinder liebt? Da sei der Herrgott vor, dass er sich eine solche Blöße geben sollte! Und nur gut, dass wir zwei Nächte in Rom bleiben, sonst müssten wir ebenfalls in der *campagna* an seinen Tomaten schuften.

Endlich hat Annetta ihre Pauk-Utensilien gefunden: einen Stoß von langen schmalen Abreißblöcken, für jedes ihrer Prüfungsfächer einen. Ich blättere den für italienische Literatur durch: Die Blätter im Lesezeichenformat sind beiderseits mit winzig klein gedruckten Informationen voll gepackt. Je neun Essays über die wichtigsten literarischen Gestalten der letzten drei Jahrhunderte: ihren gesellschaftlichen und historischen Hintergrund, ihre Hauptwerke und deren Bedeutung, ihren literaturgeschichtlichen Stellenwert. Wahnsinn, sage ich, so toll ausgearbeitete Zusammenfassungen gibt's in England nicht zu kaufen. Die würden für unsere Begriffe wohl zu sehr nach Spickzetteln aussehen.

Wirklich?, sagt Annetta. Aber genau das sind sie doch: Spickzettel. Zum Schummeln. Man reißt die Blätter einzeln ab und faltet sie ziehharmonikaartig zusammen, so dass sie genau in die Handfläche passen. Sie führt es mir vor. Ich bin platt. Was denn, es gibt tatsächlich Verlage, die so was drucken? Und ganz normal verkaufen?

Natürlich: Annetta hat ihre das letzte Mal, als sie in Rom war, in einer Universitätsbuchhandlung gekauft.

Aber was ist mit den Aufpassern?, frage ich, sobald ich diese verblüffende Information verdaut habe. Oder den anderen Prüflingen? Bekommen die's denn nicht mit, wenn man diese Zettel rausholt?

Kein Problem. Alle schummeln; Aufsichten gibt's so gut wie keine; und überhaupt nehmen Hunderte, manchmal sogar Tausende von Examenskandidaten an einer solchen Prüfung teil, die in uralten Sälen und Korridoren und Vorzimmern voller Säulen und Nischen abgehalten wird.

Ja aber besteht denn nicht die Gefahr, dass deine Prüfung für ungültig erklärt wird, wenn man dich erwischen sollte?

Nein, natürlich nicht!, sagt Annetta entsetzt. Wenn die einen wirklich mal erwischen sollten, schimpfen sie einen nur aus. Sie nehmen einem nicht mal die Spickzettel ab – es sei denn, man hat Pech und gerät an einen besonders übellaunigen Typen.

Na, dann ist ja alles in Ordnung. Einen furchtbaren Augenblick lang hatte ich befürchtet, meine Rolle als Anstandsdame und Wärterin könnte von mir verlangen, dass ich ihr den »Unterschleif«, wie es bei uns in der Schule früher geheißen hatte, auszureden versuchte.

Die Spickzettel sind auch wirklich gut gemacht, alles was recht ist. Als wir Genua erreichen, weiß ich bereits eine ganze Menge mehr über die italienische Romantik – beziehungsweise über das Fehlen einer solchen, wofür man Napoleon Bonaparte danken kann, dessen perfide Italienfeindlichkeit selbige im Keim ersticken ließ.

In Genua wird alles sogar noch einen Tick merkwürdiger. Wir haben eine halbe Stunde Aufenthalt, also lassen wir unsere Sachen im Abteil – die anderen Fahrgäste dürften ja ebenfalls überreichlich mit Vorräten versehen sein, also besteht kaum Gefahr, dass jemand unsere klauen wird – und gehen ins Bahnhofscafé. Ich lecke den Cappuccino-Schaum von meinem Teelöffel ab – wie man das halt so macht. Und stoße prompt einen Schmerzensschrei aus. Bei näherer Betrachtung stelle ich fest, dass jemand ein unfachmännisch scharfrandiges Loch durch den Löffel gebohrt hat. Kein Wunder, dass ich mir daran die Zunge blutig geleckt habe. Sind die übergeschnappt, oder was? Warum haben sie das gemacht? Annetta zeigt mir, dass ihr Löffel ebenfalls durchbohrt ist. Damit die Leute aufhören, dauernd die Teelöffel zu klauen, um sich darin ihr Heroin aufzukochen, sagt sie.

Meine Wunden leckend (insoweit das in diesem konkreten Fall überhaupt technisch möglich ist), mache ich mich auf die Suche nach den Bahnhofstoiletten. Auf dem Zug gab es nur diese widerlichen so genannten »türkischen Klos«: Angelegenheiten, bei denen man auf yetiformatigen erhöhten Keramik-Fußabdrücken über einem finsteren Loch balancieren und dann, wenn man die Spülung betätigt, rechtzeitig wegspringen muss, um seine Schuhe vor der plötzlich losbrechenden Flutwelle von Abwässern in Sicherheit zu bringen. Das ist nie ein besonders erbauliches Erlebnis, erst recht nicht, wenn, durch das Loch deutlich sichtbar, dunkle Schwellen unter dir hinwegrattern und der Fahrtwind ungemütlich an den zarten südlichen Bereichen deiner Anatomie entlangstreicht. Ich drück mir also die Daumen und öffne die Tür zur Damentoilette. Ja! Eine ganze Reihe blitzblanker, nigelnagelneuer Kabinen. Andererseits aber auch eine kilometerlange, sich nur äußerst langsam vorwärts schiebende Schlange. Offenbar sind von den rund fünfzehn Klos lediglich zwei in Betrieb. Wie kann das bloß sein?, frage ich die Dame vor mir.

Zitronen, erwidert sie grimmig. Mit Zitronen verstopft.

Ich bin mir nicht ganz sicher, ob ich das richtig verstanden habe. Zitronen?, wiederhole ich.

Ja, Zitronen, sagen alle übrigen Frauen in der Schlange in gleichermaßen empörtem Ton.

Drogati!, fügen sie hinzu. Junkies! Ich stehe unschlüssig am Ende dieser Schlange von Surrealistinnen herum und versuche mir vorzustellen, was für ein Interesse Fixer daran haben könnten, öffentliche Klos mit Zitronen zu verstopfen. Vielleicht als Rache für die durchbohrten Teelöffel? Ich geb's auf. Wenn ich noch länger warte, verpasse ich den Zug. Zurück zu Annetta. Dann eben türkisches Klo.

Aber habe ich vielleicht irgendwas falsch verstanden? *Limoni*... Nein, ich habe mich nicht verhört. Die Frauen haben eindeutig von Zitronen gesprochen.

Sobald wir wieder im Zug sitzen, klärt Annetta mich auf. Da Fixer in diesem Land ebenso chronisch pleite sind wie überall sonst auch, pflücken sie sich lieber eine Zitrone vom nächsten Baum, als dass sie Geld für Zitronensäure ausgeben, um darin ihre Drogen aufzukochen. Vorausgesetzt natürlich, sie können einen funktionierenden Kaffeelöffel auftreiben. Und da sie sich naturgemäß kaum um die Bedürfnisse anderer scheren, schmeißen sie die ausgequetschten Zitronen hinterher kurzerhand ins Klo. So einfach ist das.

Allmählich füllt sich unser Abteil. Zuerst ein freundliches Ehepaar fortgeschrittenen Alters, dann ein jüngerer Mann in Schlips und Anzug, ein Arzt aus Neapel, der, so erfahren wir, nach einem medizinischen Kongress wieder nach Hause fährt. Jetzt eine Mittfünfzigerin, die gerade mit dem Anschlusszug aus Turin angekommen ist und eine Art Overall-Kluft trägt, die ich nicht so recht einordnen kann. Bäuerin? Feministin? Beides? Weder noch? Komisch, wie dieses automatisch ablaufende Kategorisieren, das man im eigenen Kulturkreis ständig vornimmt, einem in der Fremde einfach nicht gelingen mag – egal, wie gut man die Landessprache auch beherrscht. Da kommt man nicht umhin, die Leute so zu nehmen, wie sie sich geben. Was wahrscheinlich gar nicht so schlecht ist, wenngleich mitunter doch recht anstrengend.

Diese unbekannte Sorte Frau hält ein Körbchen auf ihrem Schoß, und schon bald bestaunen und bewundern wir alle den gigantischen *porcino*, der darin auf einem Polster von Farnblättern liegt. Sie hat den Steinpilz heute Morgen gefunden, sagt sie, auf dem Feld neben ihrem Haus; und sie bringt ihn dem mit ihr befreundeten Herrn, zu dem sie gerade fährt, als Geschenk mit. Das ist ihr erstes Rendezvous, vertraut sie uns an, seit ihr Mann sie nach zwanzigjähriger Ehe wegen seiner Sekretärin verlassen hat, und sie befürchtet, sie könnte ohnmächtig werden.

Ohnmächtig werden?, fragen wir alle.

Ja. Das ist ihr schon ein paarmal passiert, dass sie in solchen Situationen in Ohnmacht fällt. Einmal in der Hochzeitsnacht, gerade als sie sich mit ihrem Mann ins Bett legen wollte. Dann, fünfzehn Jahre später, nachdem sie ihn mit vorerwähnter Sekretärin im Bett erwischt hatte und sich daraufhin einen Kerl angelte, um sich und ihrem Mann zu beweisen, dass sie das ebenso gut konnte. Auch diesmal wurde sie ohnmächtig, bevor sie zur eigentlichen Tat schreiten konnte. Ihrem Mann erzählte sie davon allerdings nichts – sollte er sich ruhig die Gerüchte anhören und in seinem eigenen Saft schmoren: Geschah ihm doch nur recht, oder? (Wir pflichten ihr alle eifrig bei.) Obwohl sie an jenem Tag, fügt sie hinzu, als sie unerwartet heimkam und ihn mit der Sekretärin in ihrem eigenen Bett vorfand, seltsamerweise gar keine Szene machte. Sie ging bloß ganz ruhig wieder hinaus, zog die Tür hinter sich zu und räumte die Einkäufe weg, als sei nichts geschehen. Sie verlor kein Wort darüber, fünf Jahre lang nicht, bis auch ihr jüngstes Kind erwachsen war. Dann sagte sie ihrem Mann, es sei an der Zeit, dass er auszieht.

Jetzt empfiehlt der Arzt der Pilzdame, sie solle, bevor sie sich in die Schlafzimmersituation begibt, etwas Hochprozentiges trinken, Annetta ist dagegen: Die Wahrscheinlichkeit, in Ohnmacht zu fallen, ist ja weit größer, wenn man seinen Blutdruck durch Alkohol plötzlich erhöht. Jeder brüllt seinen jeweiligen Ratschlag in den Raum – alle gleichzeitig, wie das in diesem Land so oft geschieht. Aber ist das auch wirklich eine ganz normale italienische Zug-Unterhaltung? Jedenfalls tun alle so, als sei sie es. Das ist vielleicht auch der Grund, warum sie hierzulande keine Oprah Winfrey brauchen.

Sobald unsere Dame ausgestiegen ist, frage ich Annetta, was das wohl für eine war. Einfach eine typische Piemonteserin eines gewissen Alters, erwidert sie. Ich nehme mir vor, mich künftig eingehender mit dem Piemont zu beschäftigen.

26

In unserem Abteil geht's zunehmend bizarrer zu. Annetta bittet mich, ihr beim Zusammenfalten ihrer Spickzettel zu helfen. Sie hätte sie gerne alle fertig, bevor wir in unser Hotel kommen, damit sie sie direkt unter die Matratze legen kann. Dann sind sie morgen schön platt gepresst.

Aber dann sieht doch jeder im Abteil, was wir machen, wende ich ein. Warten wir damit lieber noch ein bisschen. Ich würde diese netten anständigen Leute sehr ungern schockieren.

Verlorene Liebesmüh. Anstandsdame ist ein undankbarer Beruf. Als hätte ich nichts gesagt, holt Annetta ihren Stoß Spickzettelblöcke heraus und fängt an auszuprobieren, wie die einzelnen Blätter am besten zu falten sind, damit man die Kennzahlen am oberen Rand noch lesen kann. Denn natürlich wird zwecks rascher Auffindung der benötigten Seite gleich ein kleines zusammenfaltbares Register mitgeliefert.

Genau wie ich vermutet hatte, dauert es nicht lange, bis unsere Mitreisenden sich für ihre Aktivitäten zu interessieren beginnen. Das ist allerdings die einzige Vermutung, mit der ich richtig lag. Jeder sieht auf den ersten Blick, dass das Spickzettel sind, und niemand ist auch nur im Entferntesten schockiert. Der Arzt möchte uns die spezielle Falttechnik zeigen, die *er* in der guten alten Zeit, als er noch Examina ablegen musste, anzuwenden pflegte. Die Eheleute erinnern sich fröhlich-nostalgisch an die verschiedenen Verstecke, die sie in ihrer Schulzeit verwendeten. Signor Ehepaar sagt, diese Militärhosen mit einer Tasche außen am Hosenbein seien absolut das Beste. Signora Ehepaar meint, Männer hätten es ja sowieso immer leichter: Sie und ihre Klassenkameradinnen hätten sich für die Zettel eigens eine Innentasche in den Rock nähen müssen – wie einen Kängurubeutel. Wahnsinn, sagt Annetta, genau *so* hat sie es auch gemacht! Und schon hat sie ihren Koffer von der Ablage heruntergeholt und ihren Prüfungsrock ausgepackt, und wir alle bewundern die handgenähte Geheimtasche und Annettas Klugheit, sich für ein sarongartiges Teil entschieden zu haben, bei dem die Ausbeulung vorne nicht so auffällt.

Und bald darauf sind wir alle fünf eifrig am Falten: jeder einen Block. Zuvor habe ich tollkühnerweise zu erklären versucht, was die Leute in meinem fremdartigen Heimatland von derlei Betrügereien halten. Jeder bezeugt mir sein tiefstes Mitgefühl. Es muss ja schrecklich sein, in einem Land aufzuwachsen, in dem menschliches Mitgefühl und Kameradschaft so gut wie Fremdwörter sind: in einer Nation kaltherziger Moralisten, die jederzeit bereit sind, ihre Freunde und Kameraden oder (im Falle der Prüfungsaufsichten) ihre eigenen Schüler oder Studenten ohne weiteres zu verpfeifen. Alle sind sich darin einig, dass das ja noch irgendwie nachvollziehbar wäre – wenngleich nicht minder schändlich –, wenn der Petzer sich irgendeinen persönlichen Vorteil von seinem Verrat versprechen könnte. Bin ich auch wirklich sicher, dass das nicht der Fall ist? Bekommt das Aufsichtspersonal nicht *doch* mehr Geld – oder Schüler oder Studenten bessere Noten –, wenn sie Schummeleien vereiteln?

Nein, natürlich nicht, beteuere ich verzweifelt und fange wieder von vorne an. Versuchen Sie sich doch einmal eine Welt vorzustellen, in der es normaler wäre, *nicht* zu betrügen als zu betrügen...

Zum Glück ist es mittlerweile fast sieben, und das Gespräch wendet sich, wie zu dieser Uhrzeit überall in Italien üblich, dem Essen zu. Das gemeinsame Zettelfalten wird vorübergehend eingestellt, und an dessen Stelle tritt ein wetteiferndes Probekosten, bei dem jeder von jedem anderen ein Stückchen zum Probieren bekommt. Und Francesca meiner Meinung nach um mehrere Kopflängen gewinnt.

*

Kaum sind wir aus dem Zug ausgestiegen und auf dem Weg zu unserer Unterkunft, starte ich einen weiteren Versuch, Annetta die Einstellung verständlich zu machen, die meine Nation gegenüber Unterschlagung vertritt. Ich fände es schön, wenn wenigstens *ein* Mensch begriffe, dass ich mich nicht lediglich als Apologetin einer Nation von Spießern, Spitzeln und Petzern verstehe, sondern dass es mir ernst mit der These ist, dass eine Kultur, in der es *nicht* als normal angesehen wird, bei Prüfungen zu schummeln, vielleicht so übel doch nicht ist. Ich erkläre Annetta, dass das Wort *cheating*, »betrügen« – anders als die italienische Entsprechung, die eher ein harmloses »Unartigsein« suggeriert –, im Englischen keinerlei positive Konnotationen besitzt. Annetta hat mir gerade gesagt, der neapolitanische Arzt sei ein netter Kerl gewesen, aber er machte nur nächtlichen Bereitschaftsdienst. Und nur schlechte Ärzte enden doch mit solchen Jobs, oder? Gehe ich recht in der Annahme, frage ich Annetta, dass es solche vorgedruckten Spickzettel, wie du sie hast, auch für Medizin-Examina gibt? Wahrscheinlich, sagt sie, muss es ja wohl. (Bis zu dieser Offenbarungsfahrt habe ich immer angenommen, das tiefe Misstrauen der Italiener ihren Ärzten gegenüber sei lediglich ein Aspekt ihres allgemeinen Misstrauens gegen überhaupt alles – wie zum Beispiel gegen Informationen aus Büchern oder Essen, das weiter als fünfzig Kilometer von zu Haus zubereitet worden ist –, jetzt sehen wir, dass es durchaus einen triftigen Grund für diese Paranoia gibt.) Na bitte, sage ich triumphierend, meint Annetta dann nicht, dass durch das Beseitigen solchen Betrugs eine neue Gattung von Ärzten entstehen würde, auf deren Fachkenntnisse man sich wirklich verlassen könnte? Annetta will das nicht pauschal ausschließen, aber es ist eine derart hypothetische Möglichkeit, dass sie sie der Überlegung kaum für würdig erachtet.

Wir kommen bei der Porta Maggiore an und stellen fest, dass Annetta uns in einer Studentenpension voller amerikanischer Rucksacktouristen einquartiert hat. Und kaum haben wir unser Gepäck aufs Zimmer getragen und uns in die Eingangshalle gesetzt, um etwas zu trinken, als Annetta doch tatsächlich ihre Spickzettel auspackt und auf den großen gemeinsamen Kaffeetisch häuft. Ich sehe schon mehrere blank geschrubbte ehrliche amerikanische Studentengesichter, die sich uns interessiert zuwenden. Es ist eine Frage von Minuten, wenn nicht sogar von Sekunden, bevor jemand fragt, was das da ist.

Tu die Dinger weg, zische ich ihr eindringlich zu. Ich hab dir doch erklärt, wie die angelsächsische Welt zum Betrug steht!

Das geht nicht, erklärt sie, sie muss sie so schnell wie möglich unter ihre Matratze legen. Und sie fängt an, die Zettel säuberlich nach ihren Registerzahlen zu ordnen, und zieht dabei die Knickfalten mit den Nägeln nach, damit die Miniatur-Leporellos umso flacher werden.

Wozu sind die gut?, fragt ein interessierter texanischer Akzent.

For exam, sagt Annetta. Zum Glück ist ihr Englisch eher rudimentär.

Das sind einfach Übungsbögen, sage ich nonchalant auf Englisch. Für eine Prüfung in italienischer Literatur. *Erklär denen bloß nicht, wozu die gedacht sind!*, sage ich zu ihr auf Italienisch und geb mir dabei alle Mühe, es wie ein lustiges Geplauder klingen zu lassen. Die würden nie begreifen, dass du ein nettes Mädchen sein und trotzdem bei Prüfungen schummeln kannst.

So viel zum Thema gute Ratschläge. Mein geistig zurückgebliebener Schützling fällt mir einfach ins Wort und plappert weiter auf Englisch.

I hide!, verkündet sie mit einem strahlenden unschuldigen Lächeln. *Examination!*, fügt sie hinzu. *Look!* Und sie führt vor, wie sie die Spickzettel hinter den Bund ihres Rocks schieben wird. *No see!*, erklärt sie triumphierend. Unsere Mit-Hotelgäste starren sie entsetzt an. Das hatte ja kommen müssen. Ich hatte es doch gewusst. *Is she cheating?*, fragen drei von ihnen gleichzeitig im Brustton puritanischen Entsetzens.

Cheating, yes!, sagt sie triumphierend, als sie das Wort wiedererkennt, das ich ihr gerade im Zug beigebracht habe. *I put now under bed!*, fügt sie verschwörerisch hinzu. *Make very small!*

Die jungen Bürger der Vereinigten Staaten von Amerika tauschen Blicke blanken Abscheus. Warum, o warum nur! musste ich ihr dieses Wort beibringen? Schon nach wenigen Minuten strafen sämtliche Anwesenden – mit Ausnahme von mir und dem jungen Hotelmanager, einem iranischen Flüchtling – die bekennende Betrügerin mit offener Verachtung.

Annetta, die daran gewöhnt ist, von jedem, den sie kennen lernt, *simpatica* gefunden zu werden, ist ratlos und verletzt. Was hat sie nur getan, um eine solch herzlose Behandlung zu verdienen? Immerhin kann sie ausgiebig mit Majid, dem netten Iraner, schwatzen, der uns in ähnlich rudimentärem Englisch erzählt, er habe noch kein einziges Wort Italienisch gelernt, obwohl er schon seit einem Jahr in Rom arbeite, da er nie aus dem Hotel komme und die Gäste hier allesamt englischsprachig seien. Dafür sei sein Englisch schon erheblich besser geworden, und das sei doch schließlich das Einzige, was zähle, denn er habe vor, zu seiner Schwester nach Kanada auszuwandern, sobald er seine Papiere beisammen hat.

Die übrigen Gäste sind von meinem britischen Akzent fasziniert. Sie scheinen allesamt Fans der Sitcom *Absolutely Fabulous* zu sein. Los, sag noch was, Edina!, feuern sie mich dauernd an. Grausam von ihnen. Edina? Hätten sie nicht wenigstens Patsy nehmen können? Das ist ein schwerer Schlag für eine Frau, die ihre ganze Kindheit lang davon träumte, eine große Mimin zu werden. Und sie fahren entschlossen fort, meiner kriminellen Freundin die kalte Schulter zu zeigen. Offenbar sind Amerikaner sogar noch prinzipieller gegen jegliche Form von Mogeln als wir Briten. Keiner sieht Annetta in die Augen. Meine Gefühle veranstalten plötzlich eine Achterbahnfahrt. Arme Annetta! Wie können die denn so sicher sein, dass sie *keinen* triftigen Grund zu schummeln hat – etwa eine betagte Oma mit Alzheimer, die sie ernähren, oder einen Bruder, dem sie das Studium finanzieren muss? Ich weiß überhaupt nicht, wo ich hingucken soll. Momentan erklären mir die Jungpuritaner, Rom gehöre nicht nur Italien: Es sei ein Teil des Weltkulturerbes, und es schockiere sie zutiefst zu sehen, wie die Italiener die Kulturschätze mit Müll und Dreck und Graffiti einsauen. Ich kann diesem Haufen strenggläubiger Moralisten doch unmöglich erklären, dass nach meinen heutigen Erfahrungen zu urteilen es ganz Italien vollkommen normal findet zu mogeln, oder?

Was sagen die?, fragt Annetta, der meine säuerliche Miene aufgefallen ist.

Die wollen, dass du deinen Hintern hochbringst und dich daran machst, Rom zu säubern, erkläre ich ihr.

*

Am nächsten Tag ziehe ich los, während Annetta sich wie alle anderen fröhlich durch die Prüfung mogelt, um ein paar römische Ruinen abzuklappern und mich an Antikem satt zu gucken.

Magari!, Im Park gegenüber dem Kolosseum versucht ein junger Senegalese verzweifelt, eine verletzte Jungmöwe unter einem parkenden Auto hervorzulocken. Sie stirbt ganz bestimmt, erklärt er, als ich einfach weitergehen will, wenn man sie da stehen lässt. Gemeinsam fangen wir das arme Möwenjunge, und da mein neuer Freund kaum ein Wort Italienisch spricht, bleibt es an mir hängen, Passanten anzuquatschen und um Beistand zu bitten. Warum habe ich mich da bloß hineinziehen lassen! Wenn man sich in San Pietro auf die Straße stellte und Passanten fragte, wer in der Gegend für die Rettung verunglückter Möwen zuständig sei, könnte man des höhnischen Gelächters der ganzen Talschaft sicher sein. Verpass dem Vogel einen Stein auf den Kopf, dann hat er's hinter sich!, würden sie sagen. Oder: Versuch doch, ihn zu braten! Zum Glück ist es hier in Rom ganz anders. Jemand holt per Handy einen Parkwächter herbei, und der nimmt sich dann endlich der Sache an.

Durch das Erlebnis emotional völlig ausgelaugt, gebe ich meine touristischen Pläne auf und kehre in eine Bar ein, um mich bei einem Cappuccino auszuruhen. Wunderbar! Die Römer sind so sehr an die Verrücktheiten der Ausländer gewöhnt, dass sie nicht mit der Wimper zucken, wenn man mitten am Nachmittag einen Cappuccino bestellt. Weder starrt einen der Kellner verblüfft an, noch fragt er einen, ob man gerade aufgestanden sei, noch werfen einem die übrigen Gäste komische Blicke zu, sobald sie sehen, was man serviert bekommt.

Ich hebe die römische Zeitung auf, die auf meinem Tisch liegt, und lese, dass sechsundfünfzigtausendundzwei Prüflinge an den heutigen Examina teilnehmen. Und dass das Erziehungsministerium hat verlauten lassen, die Kandidaten dürften während der Prüfung keine SMS verschicken oder empfangen. Aber wie der Journalist anmerkt, hat diese Erklärung lediglich den Charakter einer Empfehlung. Sie sei nicht als verbindliche Regel zu verstehen, deren Übertretung etwa mit dem Ausschluss vom Prüfungsverfahren geahndet werden würde. Also, schließt er, ist es wahrscheinlich nicht allzu schlimm, wenn man die eine oder andere Text-Message abschickt oder empfängt.

Annetta kehrt triumphierend zurück. Die Prüfung ist glänzend gelaufen, sagt sie: Als Aufsicht hatte sie einen sehr netten Herrn, der gar nichts dagegen hatte, ihr ein paar Tipps zu geben, als sie mit einer der Fragen nicht so ganz klarkam.

Mittlerweile ist fast Abendessenszeit, und wir beschließen, in eine einfache *trattoria* zu gehen, um ein bisschen was vom nichttouristischen Rom zu erleben. Wir landen in einem Lokal, gleich um die Ecke vom Hotel, das direkt einem Bild von Toulouse-Lautrec entsprungen sein könnte. Und zwar einem aus einer seiner besonders heruntergekommenen Perioden. Derbe Lustbarkeit, erschlaffende Oberweiten, ein halb weggetretener Betrunkener in der Ecke, überschwappende Weinkaraffen, neonblauer Lidschatten und verschmierter zinnoberroter Lippenstift – es ist alles da. Ich ertappe mich bei dem Gedanken, dass man den Geruch nach Armut und Alkohol in 3D weit deutlicher mitbekommt als durch Betrachtung eines Gemäldes.

Sobald man sich hingesetzt und gesagt hat, dass man etwas essen möchte, knallt einem die Kellnerin (schludrig hochgestecktes Fusselhaar, giftgrüne Mascara und haufenweise schwarze Elastik-Spitze) einen Teller Minestrone und einen Korb Brötchen nebst einer Literkaraffe Wein auf den Tisch; dann bestellt man seinen *secondo* nach der Tageskarte. Wir essen die mit viel Pasta eingedickte Suppe, warten ziemlich lange und trinken den Wein fast aus. Jetzt taucht die Kellnerin wieder auf und teilt uns mit, was immer wir bestellt hätten, sei alle. Also bestellen wir etwas anderes. Abermaliges längeres Warten, mehr Wein, noch einmal das Gleiche. Als man uns endlich mitteilt, die einzigen *secondi*, die es noch gebe, seien Kutteln oder Kalbsbries, sind wir schon zu betrunken, um aufzustehen und zu gehen. Wir würden garantiert längelang hinfallen. Und außerdem amüsieren wir uns viel zu gut, um jetzt zu verschwinden, auch wenn wir wegen des breiten römischen Akzents, des mangelhaften Zahnbestands der übrigen Gäste und unseres überhöhten Blutalkoholgehalts kaum ein Wort von dem verstehen, was um uns herum gesprochen wird. Also entscheiden wir uns für das Kalbsbries, *animelle*, weil wir uns im Augenblick beide nicht erinnern können, welcher unappetitlichen Gegend des Kalbs das Kalbsbries entspricht, während wir bezüglich der Kutteln keine Zweifel hegen. Was immer die *animelle* ursprünglich auch gewesen sein mögen – auf unserem Tisch landen sie in dünnen, goldbraun panierten Scheiben und erweisen sich als sehr lecker, ein bisschen wie ganz besonders zartes Hühnchen. Nein, ich will's gar nicht wissen, herzlichen Dank.

Als wir uns endlich verabschieden, geht der Gesang bereits in Gegröle und das Geschäkere in Gegrapsche über. Trotzdem: Obwohl wir völlig vergessen haben, unsere Armbanduhren im Zimmer zu lassen, hat kein Mensch versucht, sie uns zu klauen.

Wieder im Hotel, setzen wir uns mit Concierge Majid zu einem beschwipsten Plausch zusammen und erfahren, dass er hier praktisch ein Gefangener ist. Der Hotelbesitzer hatte versprochen, ihm eine Arbeitserlaubnis zu beschaffen, wenn er sechs Monate bliebe, aber es ist nichts in der Richtung passiert. Und Majid kann nicht einmal beim entsprechenden Amt nachfragen, ob der Mann überhaupt eine beantragt hat, weil er sich ja dann als Illegaler verraten würde. Er weiß nicht, was er tun soll. Und solange er nicht irgendein amtliches Dokument hat, sitzt er in Italien fest. Als wir ihm gute Nacht wünschen und schlafen gehen wollen, erfahren wir, dass er nicht einmal ein eigenes Zimmer hat: Er schläft in der Küche, auf einer Matratze, die er jede Nacht herausholt und auf den Fußboden legt.

Zu seinem Glück ist Annetta seinetwegen so empört, dass sie gelobt, ihre hoch entwickelten Fähigkeiten auf dem Gebiet des Betrugs für sein Wohl einzusetzen. Binnen Monatsfrist ist er auf wundersame Weise in den Besitz bildschöner gefälschter Papiere gelangt und schafft es den Klauen des Hotelbesitzers zu entrinnen und sich, nach einem äußerst schweißtreibenden Zwischenstopp in Heathrow, nach Kanada durchzuschlagen – wo sich sein Ingenieursdiplom möglicherweise als irgendwie brauchbar erweisen wird.

27

Was für eine Erleichterung, in die Normalität meines hübschen, friedlichen Tals zurückzukehren! Ciccio holt mich am Bahnhof von Diano Marina ab. Beeil dich, sagt er, zu Hause erwarte mich eine Überraschung. Überraschung Nummer eins springt mir sofort ins Auge, sobald wir die Tür öffnen. Es hat sich wieder mal eine Sturzflut namenloser Einmachgläser ereignet. Der Küchentisch ist unter der Flut von Gefäßen nicht mehr zu erkennen. *Passata*: Natürlich, schließlich hat er in den letzten zwei Tagen mit seinem Papa Tomaten eingemacht. Überraschung Nummer zwei: Ciccio hat eine brillante Methode ersonnen, wie wir die Brut von *Hylotrupes* in Schach halten können, während wir auf den lang ersehnten Dachdecker warten. Guck da hoch!, sagt er stolz. Ich tu's und sehe, dass das lautstärkste Stück Balken, drüben in der Ecke über dem Fenster, über und über mit dreizölligen Nägeln gespickt ist. Es sieht aus wie ein schwebendes Nadelkissen. Oder wie eine überdimensionale Voodoo-Puppe. Ist das eine Käferfalle?

Nein. Er saß so da und lauschte dem Geknusper, erzählt mir Ciccio, als ihm die Idee kam, dass man eigentlich nur die Position des Knusperns zu orten und dann schlicht einen Nagel da hineinzuhämmern bräuchte, um die gemeine Noppenwurst-mit-Beißzangen zu erledigen. Ein voller Erfolg! Er kann beschwören, dass wenigstens eine der Kreaturen endgültig verstummt ist. Er könnte seine Schwester Grazia, die Krankenschwester, bitten, uns ein Stethoskop zu besorgen. Dann könnten wir die Mistviecher ganz exakt lokalisieren, eins nach dem anderen…

Ich bin sprachlos. Da oben stecken mindestens fünfzig Nägel – und alles für einen einzigen Knusperer. Ciccio mag als Koch und als Gemüsebauer ein Genie sein, möglicherweise auch als Fischer und als Trockenmaurer, aber in mir keimt allmählich der Verdacht, dass er als Heimwerker nicht allzu viel taugt.

Allerdings war keine dieser Überraschungen diejenige, von der er gesprochen hatte. Unten, sagt er, nimmt mich bei der Hand und führt mich ins Schlafzimmer. Er hat unser Bettzeug wieder dort hineingeschafft, obwohl das Zimmer noch immer mächtig nach Eau de garage duftet. Da ich ihn nicht verletzen möchte, gebe ich mir alle Mühe, erfreut auszusehen. Vielleicht fassen ja richtige Männer Laken und Federbetten nicht an, weshalb dies, wie Äpfelschälen, einen weiteren Vorstoß in Richtung sexuelle Gleichberechtigung darstellt?

Halt einfach den Mund und hör hin!, sagt Ciccio. Ich gehorche und horche. Totenstille. Es ist gar nichts zu hören. Ciccio wackelt Groucho-Marx-mäßig fragend mit den Augenbrauen. Und? Immer noch nichts. Dann begreife ich: Nichts! Mein Gott! Hat der Diesel endlich doch funktioniert?

Natürlich. Womit schlagend bewiesen wäre, behauptet Ciccio, dass man keine Bücher oder Namen braucht, um Käfer auszurotten.

Ich persönlich bin mir da nicht so sicher. Wahrscheinlich haben sie jeglichen Lebenswillen verloren, als ihnen klar wurde, wie nah wir ihnen auf den Fersen waren. Es würde mich nicht wundern, wenn überhaupt nur mein letztes drohendes Zischen vor meiner Abreise den Ausschlag gegeben hätte. Aber trotzdem wunderbar. Die Decke wird nicht einstürzen. Und wer braucht schon Sauerstoff, wenn er so eine himmlische Ruhe hat?

Außerdem, sagt das Genie, hat er alles für meine lang ersehnte *gnocchi*-Lektion vorbereitet. Da sieht man, wie sehr er mich vermisst hat. Die Kartoffeln sind schon vorgekocht und dürften inzwischen insoweit abgekühlt sein, dass man sie pellen kann.

Ich bin gerührt. Aber komm, lass uns doch erst noch einen

Kaffee trinken, sage ich. Ich hab absolut erstklassige ganze Bohnen aus Rom mitgebracht, so dass wir endlich die hübsche kleine hölzerne Kaffeemühle ausprobieren können...

Ein Kaffee zu dieser Tageszeit?, sagt der Restaurateur. Bin ich wirklich sicher? Macht mich der auch nicht nervös?

Arrgh! Nicht *das* schon wieder! Ich hab eine fünfstündige Zugfahrt ohne einen Tropfen Kaffee hinter mir. Ich habe zwei ganze Tage in Gesellschaft seiner Schwester Annetta zugebracht und irrwitzige italienische Theorien über den Kaffeegenuss über mich ergehen lassen müssen. Ich stampfe wie eine bockige Alice im Wunderland mit dem Fuß auf. Ich werde NIEMALS nervös, sage ich, egal, wie viel Kaffee ich trinke, und ich bin diese albernen Diskussionen über das Thema leid. Außerdem ist Kaffee ganz besonders reich an Antioxidantien, habe ich im *Guardian* gelesen, also bitte!

Ich finde, du klingst schon jetzt ziemlich nervös, meint Ciccio beiläufig, während er ein Ei aus dem Kühlschrank holt und es behutsam neben die Kartoffeln auf die marmorne Arbeitsfläche legt. *Ich* würde an deiner Stelle keinen trinken.

Ich atme tief durch, schaffe es, nicht aus der Haut zu fahren, und hole meine Tüte köstlich duftender Kaffeebohnen heraus. Ich staube die hübsche Kaffeemühle ab, schiebe oben die Öffnung auf und schütte eine ordentliche Hand voll glänzender Bohnen hinein. Während ich kurble, erinnere ich mich wehmütig an den Tag, als meine Schwester und ich hier eingezogen sind. An jenem Morgen haben wir drei ganze Kannen getrunken, eine nach der anderen, um unsere neu errungene Freiheit von besorgten italienischen Augen und landesspezifischen Kaffeeregeln und -vorschriften zu feiern. Jetzt schau sich einer an, was ich mir eingebrockt habe: Ein überzeugter Verfechter der italienischen Kaffeeneurose ist praktisch bei mir eingezogen, sitzt mir gegenüber und erzählt mir, ich dürfe keine Tasse Kaffee trinken, weil ich davon *nervosa* werden würde!

Hoffnungslos. Während ich mahle, doziert mein Typ unerbittlich weiter über die nervenaufpeitschende Wirkung des Kaffees. Vielleicht fühle ich mich einstweilen noch gut – ich bin schließlich noch jung und kräftig –, aber die Auswirkungen meines gewohnheitsmäßigen Kaffeemissbrauchs werden sich langsam addieren, bis ich eines Tages, in fortgeschrittenerem Alter, einen (nicht näher spezifizierten) totalen Zusammenbruch erleiden werde. Ich gebe mir alle Mühe, nicht zuzuhören, während ich kurble und mahle und alle paar Umdrehungen eifrig das Schublädchen aufziehe – teils um festzustellen, ob ich schon genug gemahlen habe, vor allem aber aus reiner Freude an der Sache. Von wegen unruhiger Schlaf! Soweit ich weiß, wende ich ein, ist Italien das einzige Land der Erde, das Kaffee zu einem Medikament umfunktioniert hat. Nach jeder Mahlzeit sind unbedingt vier Teelöffel eines tierisch starken Absuds einzunehmen, oder der Verdauungsapparat gibt seinen Geist auf, während es zu jeder anderen Tageszeit reines Gift ist.

Endlich ist das Schublädchen voll. Ich leere es behutsam in den Filtereinsatz der Espressokanne aus. Es ist nichts dabei, füge ich entschlossen hinzu, während ich die Kanne auf den Herd stelle und daneben den Wasserkessel, Kaffee zur Erfrischung zu trinken, so wie ich das tue.

Plötzliche Stille. Ciccio weiß, was ich damit meine: Ich meine damit, dass ich meinen Kaffee mit viel heißem Wasser verdünne – eine dieser hochkonzentrierten fingerhutgroßen Portionen, die er trinkt, ergibt bei mir einen ganzen Becher, und zwar einen ganz schön starken, nach normalen, nicht-italienischen Maßstäben. Er wendet stets die Augen voller Abscheu ab, wenn ich diese Gräueltat verübe. Es ist dies eine so widerwärtige Handlung, dass man die durch das zusätzliche Wasser bewirkte Verdünnung unmöglich als mildernden Umstand werten kann.

Die Kanne fängt an zu zischen, als das kochende Wasser unter Hochdruck in den oberen Auffangbehälter schießt. Kurz darauf zeigt eine Serie lauter Gurgler an, dass der Kaffee fertig ist. Herrliches Aroma! Ich nehme die Kanne vom Herd, gieße mir einen Schuss ein, fülle mit Wasser auf und drehe mich, die Tasse in der Hand, zu meinem Schlussplädoyer um. Diese ewigen Diskussionen über Kaffee hängen mir allmählich zum Hals raus, verkünde ich kämpferisch, und ich mache das nicht länger mit. Ich habe gelernt, deiner Kultur gegenüber tolerant zu sein, füge ich hinzu, und wenn wir zusammenleben wollen, wirst du einfach lernen müssen, *meiner* gegenüber ebenfalls tolerant zu sein!

Ich führe die Kaffeetasse trotzig an die Lippen und nehme einen großen Schluck. Der Effekt ist völlig im Eimer, als ich schlucke, einen entsetzten Augenblick lang innehalte und dann, nach Atem keuchend, fast explodiere. Der Kaffee ist grauenvoll. Nicht lediglich grauenvoll: *qual*voll. Er schmerzt und brennt höllisch – aber nicht so wie ein Ofen brennt, sondern wie ein Madras-Curry. Ich stürze mich auf das nächstgelegene Stück Brot, steck es mir in den Mund und kau verzweifelt, um den Schmerz von der Zunge zu bekommen.

Ciccio starrt mich verblüfft an. Was in aller Welt ist mit dir los?, fragt er.

Ich kann noch immer nicht reden. Ich steh nur keuchend da, wische mir den Schweiß von der Stirn und fächle mir mit einem Küchenhandtuch Luft zu. Hat der Mann im Kaffeegeschäft irgendetwas Scharfes zu den Kaffeebohnen getan? Um mir einen Streich zu spielen? Aber warum sollte er das tun? Ich kenne ihn doch überhaupt nicht.

Au! Au!, sage ich und hopse von einem Fuß auf den anderen. Könnte *Ciccio* da was hineingemogelt haben? Ist das irgendein machiavellistischer Plan, um mich ein für allemal vom Kaffeetrinken abzubringen? Nein, wie sollte er das praktiziert haben? Ich hab den Beutel doch gerade erst ausgepackt. Schließlich schaffe ich es, ein paar Worte hervorzukeuchen.

Er ist scharf!, sage ich. *Piccante!* Als wäre er voll von Chili. Ich kaue weiter wie verrückt an meinem Brot herum. Wird immer noch nicht besser.

Ciccio geht allmählich ein Licht auf. Breites Grinsen. Es ist wirklich Chili!, sagt er. *Deswegen* lag die Kaffeemühle zuoberst auf dem Stapel. Salvatore benutzte sie, um seine mörderischen getrockneten Chilis zu zermahlen, um Chilipulver für die Pasta zu machen.

Der herzlose Ciccio, der Chili fast so sehr liebt wie sein Vater, findet das urkomisch. Kennt er denn kein Mitgefühl für die leidende Mitkreatur?

Eine Strafe Gottes, meint er selbstgefällig. Der endgültige Beweis dafür, dass Er in der Kaffeefrage auf der Seite der Italiener steht.

*

Also jetzt ran an die *gnocchi*. Erster Schritt: die Kartoffeln zu einem schönen Brei zerdrücken. Ciccio reicht mir eine Gabel, und ich mache mich an die Arbeit. Und was das für eine Arbeit ist, mit nichts als einer Gabel. Ich frage mich, ob ich nicht meinen englischen Kartoffelstampfer herausholen sollte. Man müsste doch annehmen, dass er dafür wie geschaffen wäre. Andererseits – zehn zu eins, dass es einen absolut zwingenden Grund dafür gibt, warum Italiener weder den Wunsch noch das Bedürfnis nach einem solchen Gerät verspüren. Egal: Ich kratze all meinen Mut zusammen und öffne trotzdem die Schublade.

Wie wär's, wenn ich den hier benutzen würde?, frage ich zaghaft.

Ciccio mustert das Ding argwöhnisch. Was ist das?

Das benutzen wir in England, um Kartoffeln zu zerstampfen, sage ich und führe ihm sogleich die traditionelle Kartoffelstampfmethode meines Heimatlandes vor. Genial, sagt er und schnappt mir die Schüssel unter der Nase weg. Lass mich mal probieren!

Er stampft; er staunt; er stampft noch ein bisschen weiter. Kartoffelstampfen ist wahrscheinlich der einzige Aspekt des *gnocchi*-Machens, bei dem ich mit Sicherheit *keine* Nachhilfe brauche.

Als der Kartoffelbrei fertig ist, sehe ich zu meiner Verblüffung, wenn nicht sogar Empörung, wie Ciccio eine Tüte Mehl aufreißt und den Inhalt einfach so auf mein schönes sauberes marmornes Abtropfbrett schüttet. Und über das Ganze kippt er, so mir nichts, dir nichts, die Stampfkartoffeln. Also wirklich! Warum verschwendet er nie einen Gedanken daran, was für einen Schweinestall er produziert? In einem Restaurant mag's ja noch vertretbar sein, aber zu Hause geht das doch nicht!

Oj, sage ich, oder etwas in der Richtung. Es ist wirklich nicht nötig, so einen Schweinestall zu produzieren. Ich hab genug Schüsseln, weißt du?

Aber das ist kein Schweinestall, erfahre ich. Das gehört sich so. *Gnocchi* – oder jede Art von Pasta – macht man immer direkt auf der Arbeitsfläche, nie in einer Schüssel, wo man einfach nicht genügend Platz zum Rühren und Kneten, geschweige denn Ausrollen und Schneiden hätte. Sobald ich diesen Punkt verstanden habe, drückt Ciccio in die Mitte seines Mehl-und-Kartoffel-Hügels eine große Vertiefung; in die kommen dann das Ei, Salz und etwas Wasser. Nichts davon irgendwie abgemessen, versteht sich. Ich stehe neben ihm und beobachte aufmerksam, wie er alles von der Mitte aus mit der Hand verknetet und dabei bis ganz zuletzt einen Ringwall von Mehl übrig lässt, der die eher schmierige Mitte im Zaum halten soll – so wie Bauarbeiter Wasser in einen Haufen Sand und Zement einarbeiten.

Der fertige *impasto* wird mit leichter Hand zu langen dünnen Würsten ausgerollt, die man dann mit einem Messer in *gnocchi*-formatige Stücke zerteilt. Ciccios Stücke werden alle gleich groß. Meine nicht. Erstes Anzeichen einer Kaffeevergiftung vermutlich.

Jetzt nimmt man eine Gabel zur Hand und rollt und schnippt damit jedes einzelne Stück mit einer einzigen trickreichen Bewegung über die bemehlte Arbeitsfläche, wodurch aus dem eher unförmigen Bröckchen ein hübsches Oval mit einer Längsfalte und vier davon ausgehenden parallelen Kerben wird. Sieht kinderleicht aus: Lass mich mal probieren!

Für den Anfang produziere ich ein halbes Dutzend platte zermatschte Klumpen, die eine fatale Ähnlichkeit mit den Sprösslingen von *Hylotrupes bajulus* aufweisen. Schließlich kriege ich, was die Form angeht, allmählich den Dreh raus, aber da ich zu fest drücke, werden meine *gnocchi* außen ganz klebrig. Es ist eine wahnsinnig langwierige Arbeit. Können wir diesen pfriemeligen Teil am Schluss nicht einfach weglassen?, frage ich. Wären die *ohne* die Dekoration, einfach so als Walzenstückchen, nicht genau so gut?

Nein, wären sie nicht. Die vierfach gekerbte Falte ist keine bloße Dekoration. Sie ist die Voraussetzung dafür, dass die Hitze tief in die *gnocchi* eindringt und sie so durch und durch gar werden. Ich möchte doch bestimmt nicht, dass sie einen rohen klitschigen Kern zurückbehalten, oder?

Wahrscheinlich nicht, nein. Ich händige dem Fachmann die Gabel aus und mach mich etwas eingeschnappt an die Aufgabe, die mir jetzt traditionsgemäß obliegt: ein staudengroßes Büschel Basilikum und eine halbe Knolle Knoblauch für den *pesto* fein hacken.

Scorbutica, sagt Ciccio und lacht über meinen Gesichtsausdruck.

Wie war das? Wie sich herausstellt, bedeutet das neue Wort so viel wie »knurrig« oder »übellaunig«. Aber je länger ich darüber nachdenke, desto mehr scheint es mir mit dem englischen *scurvy*, »Skorbut«, zusammenzuhängen. Mangel an Ascorbinsäure, auch bekannt als Vitamin C. Jetzt möchte ich der Sache auf den Grund gehen. Gibt es eine Krankheit namens *scorbo*? Nein, aber es gibt eine, die *scorbuto* heißt, die haben Seeleute früher immer gekriegt. So ist das also! Er hat mich gerade als eine skorbutische Teerjacke bezeichnet! Ist Knurrigkeit etwa ein Symptom des Skorbuts?

Ciccio weiß es auch nicht, aber er meint, ich bräuchte mir deswegen keinen Kopf zu machen. Vielleicht habe ich ja irgendwo ein Buch, in dem ich das nachschlagen könnte?

Pah. Während ich versuche, mir deswegen keinen Kopf zu machen, und neidisch aus dem Augenwinkel mit verfolge, wie geschickt er *gnocchi* auf dem marmornen Abtropfbrett abzieht, kommt mir eine Erleuchtung. Allerdings nicht in Bezug auf Seefahrerleiden früherer Zeiten, ja nicht einmal auf die *gnocchi*, sondern auf das Abtropfbrett.

Diese moderne Annehmlichkeit – samt dazugehöriger Spüle – hat Pompeos Vater um das Jahr 1944 ins Haus gebracht; sie ist allerdings mindestens zwei- bis dreihundert Jahre älter, vielleicht sogar älter als das Haus selbst. Pompeos Vater stahl – oder besser gesagt: *befreite* – sie aus einer hiesigen Kirche, deren Pfarrer beim Einmarsch der Nazis abgehauen war und seine Schäfchen im Stich gelassen hatte. Dieser Priester verdiente es nicht, sollte er irgendwann mal zurückkommen, seine Küche intakt vorzufinden, denn wenn er schon nicht bleiben und das Leid seiner Pfarrkinder teilen wollte, dann hätte er sich wenigstens in die Hügel schlagen und den Partisanen seelischen und praktischen Beistand leisten sollen – wie Pompeo jedem, der ihm auch nur die kleinste Chance dazu gibt, in ziemlicher Ausführlichkeit darlegt.

Die runde Spüle ist aus einem würfelförmigen Marmorblock herausgehauen und kann nicht viel mehr als fünfzig Zentimeter im Durchmesser haben, und ich habe mir oft gesagt, dass das dazugehörige, aber aus einer eigenen, dünneren Marmorplatte gearbeitete Abtropfbrett – fast anderthalb Meter lang und gut fünfzehn Zentimeter breiter als die Spüle – seltsam unproportioniert wirkte. Außerdem hat es keine Rillen, die das Wasser in die Spüle ableiten würden, weswegen es seine Funktion als Abtropfbrett nur ziemlich mangelhaft erfüllt. Eben eine dieser kleinen Unvollkommenheiten, sagt man sich da, die im Laufe der Weiterentwicklung des Küchendesigns nach und nach behoben wurden. Andererseits ist es ein so wunderhübsches Stück, dass man's nie gegen etwas Funktionelleres austauschen würde. Und es hat ringsum einen gut zwei Zentimeter hohen Rand, der verhindert, dass das Wasser auf den Boden schlabbert. Jetzt aber, da die *gnocchi* allesamt auf ihr eingemehltes Tablett kommen und ein, zwei Stunden lang ruhen dürfen, bevor wir sie kochen, ertappe ich mich bei der müßigen Frage, wie ich diese neue, grässlich klebrige *gnocchi*-Schweinerei wegkriegen soll. Blendender Erkenntnisblitz! Mit einem Mal begreife ich, dass die Marmorplatte völlig fehlerlos ist, so wie sie ist. Sie ist gar keine ungeschickte Vorstufe eines Abtropfbretts, sondern eine perfekt designte Pastaknet- und -ausrollfläche. Wenn man tagtäglich große Mengen richtig klebrigen Nudelteigs kneten muss, und zwar nicht in einer Schüssel, sondern auf einer ebenen Marmorplatte, was wäre da vernünftiger als eine Arbeitsfläche, die nahtlos in die Spüle übergeht und sich somit ruckzuck im Handumdrehen abwischen lässt? Danke, Ciccio. Und Applaus auch den pastaknetenden Priestern von einst.

28

Es wird gerade erst hell, als unser Konvoi – drei Wagenladungen Leute – über den steilen Pass ins Tal von Imperia röhrt. Unser eigenes Tal wird nach Norden zu von hohen Bergzügen abgeschlossen, die keine Straße bezwingen könnte. Wenn man weiter landeinwärts in Richtung Piemont und Alpen oder das Land der Langobardi fahren will, muss man nach Diano Arentino und dann, wie wir, weiter in Richtung Westen. Wir haben allerdings keine so weite Reise vor. Knapp fünfzehn Kilometer hinter Pieve di Teco, einem schönen alten Städtchen mit einer schiefergepflasterten und von niedrigen, vierschrötigen Arkaden gesäumten Hauptstraße, die seit dem Mittelalter praktisch nicht mehr verändert wurde, biegen wir ins Arroscia-Tal ein, wo die Weinberge bereits die Oberhand über die Ölbaumterrassen gewinnen. Ringsum und über uns ragen dicht bewaldete Berge, die aus dieser Entfernung wie mit Samt bezogen erscheinen, jäh empor – eine zu steile und zu felsige Landschaft, als dass sie je die Mühe des Terrassierens und Bebauens gelohnt hätte. Wir sind nur wenige Kilometer von den Weinbergen entfernt, aus denen der edle Ormeasco kommt. Die meisten von ihnen, sagt Ciccio, liegen in der Umgebung von Pornassio, ein paar Kilometer talwärts von Ormea – und ja, der Name »Pornassio« klingt auf Italienisch genauso zweideutig wie auf Englisch. Weswegen der Wein ja auch stattdessen nach Ormea benannt wird.

Meine bisher einzigen Erfahrungen mit der hiesigen Weinherstellung habe ich bei dem allzu früh verstorbenen und bitterlich beklagten Domenico gesammelt, unserem ersten Mentor, dessen Weinberg viel zu klein war, als dass er auch nur annähernd die für seinen Jahresbedarf an Wein nötige Menge Trauben produziert hätte. Kein vernünftiger Mensch würde gutes Olivenland für Reben verschwenden, die schließlich ganz ausgezeichnet an Stellen gedeihen, an denen Olivenbäume nicht überleben könnten. Also ist es hier üblich, ein paar Reihen der jeweils bevorzugten Rebsorte anzubauen – genug, um dem Wein den erwünschten Geschmack zu verleihen – und als Füllmaterial eine LKW-Ladung Trauben zu kaufen, die zu dieser Jahreszeit in riesigen Mengen und vielfältigsten Sorten aus sämtlichen Weinbaugebieten des Landes hierhergeschafft und unten an der Kreuzung von Diano feilgeboten werden. Es sei denn, man hat, wie Salvatore, weiter oben in den Hügeln, wo ohnehin keine Olivenbäume gedeihen würden, ein Stück Land, das man ganz für den Weinbau verwenden kann. Ich freu mich riesig darauf, an einer richtigen *vendemmia* teilzunehmen, wenngleich ich meine Begeisterung verheimlichen muss, denn bereits das geringste Anzeichen davon verleitet meine Mitfahrer erfahrungsgemäß zu lautstarken hämischen, spielverderberischen Prophezeiungen, ich würde mich anschließend vor Rückenschmerzen und Erschöpfung nicht mehr rühren können.

Im ersten, von Salvatore gesteuerten Auto sitzen Francesca, Annetta, Marisa (die mit dem schändlichen Drückeberger Beppe verheiratet ist) und deren Sohn Alberto. Im Zweiten sitzen Grazia und Giusi mit den übrigen Kindern: Grazias zwei halbwüchsigen Töchtern und Giusis jeweils zehn und zwölf Jahre alten Söhnen. Ciccio und ich fahren mit Osvaldo und Giovanni, den anderen Schwiegersöhnen. Was gar nicht gut ist, da es, wenn Osvaldo und ich zusammen sind, keine fünf Minuten dauert, bis wir uns gewaltig in die Haare geraten. Es war schon schlimm genug, als er der Lega Nord anhing, die damals rassistische Ressentiments gegen Süditaliener schürte und die Sezession forderte. Ich frage Sie: Ist das nicht verwunderlich bei einem Mann, der in eine große süditalienische Familie eingeheiratet hat, mit der er ganz hervorragend auskommt? Das Schlimmste an der ganzen Sache ist, dass ich Osvaldo trotz allem gern mag. Man kann sich prima mit ihm unterhalten, solange sich das Gespräch nicht um Politik dreht, und er hat einen erfreulich regen, wenngleich ganz schön wirren Verstand. In dem einen Moment schwadroniert er lautstark über die Prinzipien seiner üblen Lega, im nächsten regt er sich gewaltig über seine eigenen norditalienischen Eltern auf, weil sie sich geweigert haben, im Anschluss an die Firmung seines ältesten Sohnes – ihres ersten Enkelkindes! –, zu der sie eigens angereist waren, am traditionellen Festessen teilzunehmen. Sie könnten unmöglich so tief sinken, erklärten sie, in einem öffentlichen Lokal, wo jemand sie sehen könnte, mit einem Haufen Süditalienern gemeinsam zu essen. Osvaldo schäumte vor Wut.

Dann, bei unserem letzten Zusammentreffen, unten in Diano Marina, ging unser üblicher Streit los, und ich habe ihm – recht beleidigend, wie ich fand – an den Kopf geworfen, seine ach so geschätzte Lega Nord sei ein mieser Haufen Faschisten. Man stelle sich meine Verblüffung vor, als er dagegenhielt, der Faschismus sei doch völlig in Ordnung, jedenfalls in seiner modernen italienischen Ausprägung. Und ebendieser Partei habe er sich, nach Austritt aus der Lega, neuerdings angeschlossen. Da blieb mir die Spucke weg. Nun sitze ich also mit einem erklärten Faschisten in einem Auto. Bitte bitte mach, dass er den Mund hält. Streng genommen habe ich *sowieso* keine Lust zu reden, weil es dazu noch viel zu früh am Tag ist, aber ganz bestimmt und unter keinen Umständen möchte ich mit einem Faschisten reden.

Aber denkste: Schon legt er los und verbreitet sich über die absurde These, unter rassereinen Norditalienern gebe es keine Homosexualität. In unser Land, erklärt er, wurde diese Perversion aus Nordafrika und Arabien importiert. (Diese Behauptung entbehrt nicht einer gewissen irrwitzigen Logik, wenn man weiß, dass die Lega Nord oft unterstellt, alle Italiener von Rom an abwärts seien mit arabischem Blut »kontaminiert«.)

Und was, sage ich, ist mit den alten Römern? Die waren ja nicht gerade für ihre militante Heterosexualität berühmt!

Meine Rede!, sagt Osvaldo triumphierend. (Mist. Ich hatte völlig vergessen, dass er Rom ja ebenfalls hasst.) Ihre nordafrikanischen Provinzen hatten sie doch schließlich pervertiert! Aber hier oben, wo das Blut noch rein ist – und er meint damit nicht die Jauchegruben großer Städte wie Mailand und Turin mit ihrem entarteten Rassenbrei –, *gibt* es keine Homosexuellen. Er fordert mich heraus, ihm auch nur *einen* Homosexuellen in unserem Tal zu nennen.

Wer hier in der Gegend schwul ist, sage ich, *muss* doch in irgendeine Großstadt fliehen, wenn er nicht von deinesgleichen drangsaliert werden will!

Für Osvaldo ist der Fall damit erledigt. Sie hat zugegeben, dass es hier keine Homosexuellen gibt, oder?

Ciccio wirft seinem Schwager im Rückspiegel einen langen, mitleidigen Blick zu und sagt leise: »*Eppur' si muovono.*«

Ein kurzes Nachdenken und mir fällt ein, dass dies Ciccios Version der aufsässigen Worte ist, die Galileo Galilei vor ein paar hundert Jahren ausstieß, nachdem er unter Androhung der Todesstrafe von der Inquisition gezwungen worden war, seine ketzerische Lehre zu widerrufen, die Erde drehe sich um die Sonne. *Eppur' si muove*: »Und sie bewegt sich *doch*.«

Verblüfft hält Osvaldo endlich den Mund. Und Ciccio nutzt die zeitweilige Stille, um sich lautstark über sein Restaurant Sorgen zu machen. Heute ist sein offizieller Ruhetag, aber er musste sich auch morgen frei nehmen, weil dann ja die Trauben noch gepresst und gekeltert werden müssen. Franchinos Tante Nandina ist eine tolle Köchin, aber falls ihr ein paar von diesen anspruchsvollen Fress-Freaks aus Mailand oder Turin ins Haus schneien sollten, könnte sie durchaus die Nerven verlieren. Also haben sie abgemacht, dass Franchino, sollte einer dieser überzeugten Gourmets anrufen und einen Tisch bestellen wollen, behaupten wird, es sei schon alles ausgebucht. Aber was, wenn er ihre Stimmen am Telefon nicht rechtzeitig erkennt?

Zehn Minuten weiter die schlängelige enge Straße hinauf schießen die ersten Sonnenstrahlen zwischen den östlichen Bergkuppen hervor und lassen die traubenschweren Reben ober- und unterhalb von uns aufleuchten, die – nur von gelegentlichen halb verfallenen Weilern unterbrochen – gespenstisch in den Nebelbänken des Arroscia dahintreiben. Endlich sind wir da und stolpern, noch halb im Schlaf, aus den Autos. So wenige Luftkilometer von zu Haus, aber schon um mehrere Grad kälter. Ein Durcheinander von Häusern und Ziegeldächern, Mauern und Innenhöfen, die allesamt halb verlassen wirken. Wir schlurfen eine grasbewachsene Gasse hinunter und bleiben vor einer großen, altersgrauen Holztür stehen. Es ist nichts zu hören außer dem unsichtbaren Fluss, der irgendwo am unteren Ende des Weinbergs vorüberrauscht. Francesca holt einen riesigen eisernen Schlüssel aus der Tasche ihrer Schürze und lässt uns hinein. Das wär sie also: die *taverna* der Familie. Wir treten in einen riesigen gewölbeartigen Raum, der keine einzige senkrechte Linie aufweist, sondern dessen weiß getünchte Wände sich direkt vom Boden aus sanft emporkrümmen und an einer Bosse im Scheitel der Decke zusammenstoßen. Anders als man meinen könnte, ist eine *taverna* kein Wirtshaus, sondern ein besserer *rustico* – also nicht lediglich ein Vorratsspeicher, sondern gleichzeitig eine Arbeitsstätte, an der man besagte Vorräte verarbeitet und in Gefäße abfüllt – und erheblich zivilisierter als ein gewöhnlicher *rustico*.

Wieder einer dieser großen Tische, die eine Spezialität der Familie De Gilio zu sein scheinen, eine große Anzahl kaum zusammenpassender Stühle, ein Holzofen; eine Reihe marmorner Arbeitsflächen, alle nebeneinander an einer Wand, und eine gigantische weiße Porzellanspüle. Niedrigere bogenförmige Durchgänge führen in weitere halbdunkle Räume; in einer Ecke eine Holztreppe. Francesca holt aus einem Schrank ein seltsames Gerät, das wie eine Höhensonne aus den Fünfzigerjahren aussieht: ein Heizstrahler, der, wie sich herausstellt, an eine große Gasflasche angeschlossen wird. Es lohnt sich nicht, den Ofen anzumachen – bald steigt die Sonne über die Hügel, und dann wird es ohnehin heiß. Sobald der Heizstrahler etwas willkommene Wärme in den Raum faucht, macht sich Francesca auf die Suche nach einer Kaffeekanne. Salvatore und Ciccio, Giovanni und Osvaldo sind in einem der hinteren Räume verschwunden. Ich folge ihnen. Ein penetranter Geruch nach Weinhefe. Auf einem Podest an der Rückwand des Raumes stehen vier mächtige, mannshohe und fast ebenso breite Holzfässer: die *botti*, in die, sobald wir die Trauben gelesen und zerquetscht haben werden, die Maische gefüllt wird, um eine Woche lang zu gären. Außerdem noch ein riesiger Stapel Kisten für die Traubenlese.

Im Hauptraum sind Grazia und Giusi inzwischen dabei, gewaltige Mengen Proviant auf den Marmorplatten aufzustapeln; Marisa und Rosi fördern aus den Tiefen einer wunderschönen Anrichte (ja, die hätte ich auch gern!) Tassen zutage, die Annetta ihnen nach und nach abnimmt und ausspült: Sie sind seit dem Frühling, als die letzten *damigiane* abgefüllt wurden, nicht mehr benutzt worden. Alberto steht vor dem Heizstrahler, wärmt sich die Hände und beklagt sich bitterlich (wie das Siebzehnjährige zu tun pflegen) über die Ungerechtigkeit des Lebens. Er hat schon den ganzen Sommer lang in Onkel Ciccios Lokal arbeiten müssen; jetzt ist er wieder in der Schule, müsste sich eigentlich auf seine Prüfungen vorbereiten – und trotzdem wird er in aller Herrgottsfrühe aus dem Bett gezerrt, um hier heraufzukommen und sich einen abzufrieren, und alles nur wegen ein paar Fässern blödem Wein, von dem er sowieso nichts haben will. Er kann Wein nicht ausstehen. Wein ist was für spießige alte Knacker. Er mag nur Bier.

Das reicht jetzt, Alberto!, sagt seine Mutter Marisa. Natürlich muss er seine Prüfungen machen – wie will er es sonst im Leben zu was bringen? Onkel Ciccio unterbricht sie mit allgemeinen Bemerkungen über die Undankbarkeit der Jugend und dem Hinweis darauf, wie viele von Albertos Freunden sich nach diesem Job im Restaurant sämtliche Finger abgeleckt hätten... Jetzt meldet sich Salvatore brüllend zu Wort. Lieber Bier als Wein? Ist Alberto vollkommen übergeschnappt? Bier ist das Ungesündeste überhaupt! Er hat seinerzeit eine ganze Menge Biertrinker gesehen, und sie sind wahrlich kein erfreulicher Anblick, das kann Alberto ihm glauben! Nun fällt ein Schwarm Tanten ein und bombardiert den Jungen mit Bemerkungen über Pflichtbewusstsein und Familiensinn und die unzähligen Dinge, die die Verwandten schon für ihn getan haben, und die moralische Verpflichtung, Großeltern, die allmählich in die Jahre kommen, helfend zur Seite zu stehen und so weiter und so weiter... Jetzt schreien sämtliche De Gilios durcheinander, und einer lauter als der andere. Alle heißt das, mit Ausnahme von Albertos vier jüngeren Cousinen und Cousins, die sich nach draußen zwischen die Weinstöcke geschlichen haben und ein gedämpftes Gekicher vernehmen lassen.

Francesca lacht hilflos, ruft mit der speziellen hohen, piepsigen Stimme, die sie immer einsetzt, um sich bei solchen Massenbrüllereien Gehör zu verschaffen, »*Calma, calma!*«, und wischt sich mit ihrer Schürze die Tränen aus den Augen – immer abwechselnd. Noch immer lachend, kommt sie zu mir herüber und nimmt mich beim Arm. Mir ist nicht ganz klar, was sie komischer findet: mich oder ihre Familie. Sie guckt immer wieder zu mir hinauf, um zu sehen, was für ein Gesicht ich mache, guckt dann wieder die anderen an, und jedes Mal mit dem Resultat, dass sie sich den Schürzenzipfel vor den Mund halten muss, um nicht laut loszuprusten.

Zuletzt trägt Salvatore den Sieg in dieser Dezibel-Schlacht davon und schafft es, seine abschließenden Bemerkungen zum Thema Bier für alle vernehmlich loszuwerden: Alberto sollte auf seinen Großvater hören, die Finger vom Bier lassen und sich an guten, gesunden, zivilisierten Wein halten! Alberto hätte in Australien dabei sein sollen: Da hätte er Leute erlebt, die sich mit Hilfe von Bier in sabbernde Idioten verwandelten! Das hätte ihn aber *ganz* schnell von dem Zeug kuriert!

Alberto antwortet darauf mit einem dieser unverschämt ausdrucksleeren Blicke, die Siebzehnjährige so gut draufhaben. Dann schlurft er gelangweilt von dannen, um den Schwagern und den jüngeren Kindern zu helfen, die gerade dabei sind, armvollweise knallbunte Plastikkisten in die fernsten Ecken des Weinbergs zu tragen, und dort inmitten von Nebelschwaden und reifer Traubenpracht verschwinden.

Da ich nicht als Drückebergerin dastehen möchte, kippe ich schnell meinen Kaffee hinunter, greif mir einen Stapel Kisten und folge ihnen. Sie lassen am Ende jeder Reihe von Reben ein paar Kisten liegen. Der Weinberg reicht bis ganz hinab an den rauschenden Arroscia – seichte Gumpen diesseits, drüben eine zerklüftete farnige Felswand. Jetzt wo der Nebel sich verzieht, sieht man ein Stück weiter den Fluss entlang den surreal wirkenden buckligen Bogen einer Brücke: nicht breiter als ein Fußpfad und von der Seite gesehen so dünn, dass man meint, sie müsste eigentlich vom ersten Hochwasser weggerissen werden. Giovanni, der die Reihen abgeht und die Gartenscheren verteilt, klärt mich auf. Es ist die geheimnisvolle Kraft des Schiefers, der unter der größten Belastung am stärksten ist, die es gestattet, den Bogen so schmal und scheinbar so zerbrechlich zu bauen. Aber er steht schon seit Römerzeiten da, und während andere, jüngere Brücken von Gewittern und Hochwassern weggeschwemmt worden sind, steht diese so sicher wie ein Fels.

*

Jetzt geht's los: Wir fangen am flussseitigen Ende an, so dass wir am Mittag, wenn wir alle von der Arbeit müde sein werden, die *taverna* sowieso schon fast erreicht haben und die Kisten nicht mehr so weit zu schleppen brauchen. Inzwischen ist die Sonne über den Hügel gestiegen und beginnt uns den Rücken zu wärmen, während wir dauflosschnippeln und die strotzenden taufeuchten Trauben in unsere Kisten häufen.

Da seine Familie zur Abwechslung einmal den Mund hält und, ganz in die Lese vertieft, langsam die Reihen abschreitet, beschließt Salvatore, das Thema des Tages fortzuführen, und hält uns, halb unsichtbar zwischen den Weinstöcken, einen Vortrag über die Übel des Bieres. Dank diesem verderblichen Gesöff, erklärt er uns, kennen die Australier keine echte Geselligkeit und haben jegliche Selbstachtung verloren. Nach getaner Arbeit tun sie nichts anderes, als sich so schnell sie nur können Bier in den Rachen zu schütten, bis sie umkippen oder die Bar schließt – je nachdem, was zuerst der Fall ist. Dann sieht man erwachsene Männer nach Hause stolpern und dabei vor sich hinbrabbeln und sabbern wie Säuglinge. Weiß Ciccio noch, wie Salvatore ihn einmal mit in die Bar nahm, als er noch klein war? Ja. Salvatore kaufte ihm eine Limonade, und im Lokal roch's widerlich nach vergammelndem Brot.

Ganz genau!, sagt Salvatore aufgeregt. Denn nichts anderes ist Bier ja auch: vergammeltes Brot! Oder jedenfalls vergammeltes Getreide, was ja letztlich auf dasselbe hinausläuft.

Ciccio erinnert sich auch daran, wie er in einem Graben einen betrunkenen Australier fand, der dabei war, ganz, ganz langsam im fünfzehn Zentimeter tiefen, schlammigen Wasser unterzugehen ...

Alberto, hörst du auch zu?, brüllt Salvatore über die fünfzehn Meter Weinberg hinweg, die ihn jetzt von seinem Enkel trennen. (Alberto scheint ein ganzes Stück langsamer als wir anderen voranzukommen.) Hörst du, was mit Biertrinkern passiert?

Ja, Opa, antwortet Alberto müde.

Der Besoffene im Graben! Salvatore stößt einen vergnügten Lacher aus. Wir sind doch hin und wollten ihm helfen, nicht? Konnten ihn ja nicht einfach absaufen lassen. Er aber hat uns bloß ganz weggetreten angeguckt und hat dann klar und deutlich gesagt: »Verpisst euch, blöde Itaker!«

Ja, sagt Ciccio, und wir haben ihn trotzdem hochgezogen, bis er aus dem Wasser raus und in Sicherheit war, aber er hat es noch mal gesagt.

Und ob er das hat, bestätigt Salvatore und schmunzelt noch ein bisschen vor sich hin. Und wenn jemand lieber im Matsch absaufen möchte als von einem Italiener gerettet zu werden, dann hat er meinen Segen. Also, hab ich ihn wieder reingestoßen. Siehst du!, sagt er, jetzt wieder lauter, damit Alberto die Moral von der Geschichte auch ganz bestimmt mitbekommt. Alles wegen dem Bier!, brüllt er triumphierend.

Und das war noch nicht mal alles: Nachdem sie weitergegangen waren, sahen sie ein paar Nachbarn von ihnen. Jugoslawen oder was in der Richtung. Kommen an dem Mann vorbei und bleiben ebenfalls stehen. Salvatore rief ihnen zu, sie könnten sich die Mühe sparen, aber sie verstanden ihn nicht. Der Betrunkene machte es noch einmal, pöbelte die Jugoslawen genau so an; und landete wieder in seinem Straßengraben. Vielleicht ist er gestorben.

*

Ehe die erste Stunde vorbei ist, weiß ich, dass die Muskeln, die man benutzt, um just über Kopfhöhe hängende Trauben abzuschneiden, welche sind, die man im normalen, täglichen Leben nie benutzt. Meine Arme schreien danach, wieder herunter zu dürfen. Allmählich wird es auch bemerkenswert heiß. Was bin ich doch für ein Weichei! Ich zwinge mich, weiterzuarbeiten und so gut es geht Haltung zu bewahren. Aber wie sich herausstellt, hat Salvatore bei der Planung seines Weinbergs dieses Problem vorhergesehen. Die Hälfte der Weinstöcke ist pergolaartig hochgezogen, so dass die Trauben einem knapp über dem Kopf hängen; die andere Hälfte ist zu ordentlichen schulterhohen Spalieren gebunden. Komm hier rüber, sagt Francesca, als sie meine mühsam gewahrte Haltung bemerkt, und mach hier mit mir an den niedrigen weiter. Genial. Ich fühle mich wie neugeboren. Das einzige Problem ist bloß, dass einem jetzt, während die Pergola doch immerhin ein wenig Schatten spendete, die Sonne gnadenlos aufs Haupt knallt. Salvatore hat sich zum Schutz das klassische an den Ecken geknotete Taschentuch auf den Kopf gesetzt; die jüngeren Männer sind sich zu sehr der *figura* bewusst, die sie machen, um es ihm nachzutun. Ich wünschte mir, ich *hätte* so ein Tuch: Ich würde es mir ohne Zögern aufsetzen. Außerdem ist es so, dass die meisten Trauben zwar in Schulter- bis Hüfthöhe hängen, man aber nicht vergessen darf, sich hinunterzubücken und nach den vereinzelten zu suchen, die zwischen den unteren Blättern versteckt wachsen. Andernfalls dauert es nicht lange, bis Francesca mir mit einer Extrakiste hinterherzockelt und gutmütig über meine Inkompetenz schmunzelt, während sie die übersehenen *grappole* erntet.

Salvatore gebührt allerdings eine Eins plus in Weinberg-Design: Ist es erst mal so weit, dass einem das Hirn kocht und der Rücken wegen dieser niedrigen Weinstöcke höllisch wehtut, haben sich die Armmuskeln ausreichend erholt, um den nächsten Abschnitt der schattigen Pergola in Angriff zu nehmen. Und umgekehrt. Als wir uns das nächste Mal über den Weg laufen – er auf der einen, ich auf der anderen Seite derselben Zeile –, spreche ich Salvatore mein Lob aus.

Ja!, sagt er. Weil er nämlich ein bisschen Phantasie hat! Nicht wie die Typen nebenan, fügt er hinzu und deutet verächtlich auf den angrenzenden Weinberg, wo sämtliche Weinstöcke auf Schulterhöhe gezogen sind. Diese erbärmlichen *cipollini*!

Cipollini sind Frühlingszwiebeln. Das klingt wie eine ziemlich barsche Abkanzelung für Weinstöcke, die zumindest *meinem* ungeübten Auge relativ gesund und stark erscheinen. Aber wer bin ich schon, dass ich widersprechen dürfte? Ein Glück, dass ich's mir verkneife. Wie sich nämlich zu gegebener Zeit herausstellen wird, ist »Cipollini« der Nachname der fraglichen phantasielosen Nachbarn. Signor und Signora Frühlingszwiebel. Wenigstens der Name ist recht phantasievoll.

*

Als ich nach der Toilette frage, erklärt mir Francesca entschuldigend, es gebe nur ein altes Klosetthäuschen, ein Plumpsklo. Plumpsklos stören mich nicht, da ich selbst jahrelang mit einem solchen ausgekommen bin. Prima, sage ich. Wo ist es?

Seht ihr?, ruft Francesca, an alle näheren und ferneren Anwesenden gewandt, laut aus. Ein Plumpsklo stört sie überhaupt nicht! Guckt sie euch an!, fügt sie hinzu und breitet dabei die Arme aus, als führte sie mich ihrer Familie in all meiner Herrlichkeit vor. Gar kein Problem! So *brava*! So *semplice*!

Bei jedem Zusammentreffen mit Francesca scheine ich ein bisschen schlichter zu werden. Das müsste eigentlich gut sein: Es ist das Gegenteil von *sofisticata*, was auf Italienisch, anders als auf Englisch, üble Konnotationen besitzt, suggeriert es doch etwas Über-Elaboriertes, ja geradezu Verfälschtes, Gepanschtes. Aber seien wir mal ehrlich – es ist kein allzu weiter Schritt von »schlicht« zu »tumb«, oder? In diesem speziellen Fall etwa habe ich (den finsteren Blicken nach zu urteilen, mit denen mich Annetta und Marisa bedenken) eine schon lang andauernde Kampagne für die Konstruktion eines richtigen Klos heimtückisch unterminiert. Francesca ist überhaupt die Einzige, die sich über meine vorurteilsfreie Einstellung Erdklos gegenüber zu freuen scheint.

29

Als es Mittag wird, haben wir bereits ein halbes Haus voll Trauben gepflückt. Zeit, mit Francesca und Grazia in die schön kühle *taverna* zu gehen und das Essen vorzubereiten. Auf der Anrichte liegt unter einem eingemehlten Küchentuch eine große Kugel Teig, schön aufgegangen und fertig zum Zerteilen und Ausrollen – eine wunderschöne Arbeit, die großen runden Klöpse zu *focaccie* auszuziehen, dann mit den gespreizten Fingerspitzen tiefe Dellen in den Teig zu drücken, die das Olivenöl und das Salz, mit denen man die Fladen besprenkelt, aufnehmen sollen. Draußen auf dem Hof steht ein weiterer dieser bienenkorbförmigen Öfen, und da die tüchtige Francesca ihn schon vor einer Stunde angeheizt hat, ist er jetzt bereits heiß genug. Abgesehen davon, keine Kocherei: nur ein großer Haufen Salamis, Schinken und Käselaibe, die wir zur *focaccia* essen werden, ein großer Korb Tomaten, ein weiterer mit roten und weißen Gemüsezwiebeln, reichlich Olivenöl und ein paar Flaschen Wein aus Salvatores Geheimvorrat. Und fünfzehn *focaccie*, die es zu backen gilt. Wir schleppen den Tisch nach draußen und legen die Essenssachen aus, fangen dann an, die *focaccie* eine nach der anderen in den Ofen zu schieben, und holen sie knusprig und goldbraun mit der Holzschaufel wieder heraus. Plötzlich ist die Luft von diesem köstlichen Duft nach frischem Brot erfüllt. Ich bin total ausgehungert. Sobald wir die – mittlerweile von einer Wolke von Bienen und Wespen umsummten – restlichen Traubenkisten aus der Sonne und der Fauna geholt und in die kühle Sicherheit der *cantina* (wo sie morgen ausgepresst werden sollen) geschafft haben, werden wir essen. Ciccio und Marisa veranstalten, lachend und schreiend, mit Giovanni und Osvaldo, Rosi und Grazia, den Halbwüchsigen Federica und Manuela und sogar den Kleinen Lorenzo und Daniele (die sich mit Kisten, die fast so groß sind wie sie selbst, tapfer durchs Gras schlagen) mit den letzten paar Kisten ein Wettrennen den Weinberg hinauf. Alle brechen atemlos am Tisch zusammen.

Francesca verteilt Teller und Messer und *focaccie*; und sobald wir alle fröhlich vor uns hinmampfen, beschließt sie, uns mit ein paar netten gehässigen Anekdoten aus ihrer alten kalabrischen Heimat zu unterhalten. Salvatores Heimatdorf, erklärt sie, mag sich großspurig Santa Cristina d'Aspromonte nennen, aber es ist bloß ein unbedeutendes Bergkaff von ignoranten analphabetischen Schäfern.

Salvatore stößt einen Knurrlaut aus, ist aber noch zu sehr mit Spachteln beschäftigt, um schon jetzt zurückzuschlagen.

In Mellicucca, fährt seine Frau fort, dem anständigen Marktflecken, aus dem *sie* kommt, erzählt man sich eine Geschichte über Santa Cristina, und die geht folgendermaßen:

Warum wird Jesus am Kreuz immer barfuß dargestellt? Weil er seine Sandalen in Santa Cristina hat stehen lassen! Er wanderte gerade auf seines Vaters Geheiß durch Kalabrien und ließ in jedem Dorf ein Geschenk zurück. Aber nachdem er einen Tag in besagtem Kaff verbracht hatte, erkannte er, dass die Einwohner so hoffnungslos unbedarft waren, dass keine in seiner Macht stehende Gabe ihnen hätte helfen können. (Diese Legende vom umherziehenden und Geschenke verteilenden Jesus scheint in der italienischen Folklore fest verwurzelt zu sein. In unserem Tal erzählen einem die Einwohner rivalisierender Dianos hämisch kichernd vom Sack Ignoranz, den Jesus seinerzeit in Diano San Pietro vergaß. Die heidnische Version der Geschichte muss so beliebt gewesen sein – und so hervorragend geeignet zur Verunglimpfung von Nachbarn –, dass sie dem Christentum aufgepfropft wurde.) In seiner Eile, von diesem erbärmlichen Weiler wegzukommen, vergaß Jesus, seine Sandalen wieder anzuziehen. Er war so erleichtert, davongekommen zu sein, dass er seine schmerzenden Füße erst bemerkte, als er die steinige Talsohle erreicht hatte. Aber jetzt wieder zu diesem gottverlassenen Dorf hinaufgehen, um sein Schuhwerk zu holen...? Nie im Leben!

Eher als noch einmal nach Santa Cristina zurückzukehren, wollte er seinen Job barfuß zu Ende führen.

Da hört ihr's also!, sagt Francesca und zwinkert uns spitzbübisch zu. Aus so einem Kaff kommt *er*! Außerdem hat Salvatore selbst die paar kümmerlichen Krümel Zivilisation, die sein Dorf zu bieten hatte, gar nicht mitbekommen. Er hat nur zwei Jahre lang die Schulbank gedrückt, denn mit sieben hat ihn seine Familie schon als Ziegenhirten verdingt. Ging gar nicht anders, bei dem wenigen Geld, das sie hatten. So konnte er nicht mal von Vater und Mutter noch ein bisschen dazulernen. Er setzte kaum mehr einen Fuß ins Dorf – geschweige denn in die Schule – außer an Feiertagen, wenn sein Dienstherr ihn zusammen mit den Ziegen von den Bergen herunterholte. Richtig lesen gelernt, sagt sie, hat er erst (und zwar mit ihrer Hilfe!) mit achtzehn, als sie schon verlobt waren.

Als Rache setzt Salvatore bereits an uns zu verraten, was man sich in Santa Cristina von den Leuten aus Mellicucca erzählt, während er wie üblich versucht, mir mein Weinglas trotz all meiner Proteste wieder randvoll zu füllen, als ihn der letzte Bissen Käse aus der pantagruelischen Vielfalt, die vor ihm ausgebreitet liegt, an eine noch unterhaltsamere Geschichte aus seinen Tagen als Ziegenhirte erinnert: die Geschichte von seiner Käsewoche. Francesca lacht erwartungsvoll: Die ist wirklich gut, nicht sie.

Bei uns Ziegenhirten, erzählt uns Salvatore, wurde zweimal die Woche gebacken, unten im Tal in der *taverna* – dort, wo der Käse gemacht wurde und wo man auch seine Ziegen zum Melken hinunterbrachte, sobald sie ihre Zicklein bekommen hatten. Es gab den üblichen frei stehenden Brotofen, wie diesen hier, nur doppelt so groß. Außerdem, fügt er beiläufig hinzu und wirft dabei seinem Sohn einen unheilvollen Blick zu, hatte niemand das Ding mit Kuhscheiße zugekleistert.

Wie denn auch, erwidert Ciccio, arm wie Kirchenmäuse, wie die waren, hatten die doch gar keine Kühe! Und mit diesen kleinen dürren Kackpastillen, die die Ziegen produzieren, käme man nicht weit…

Wie auch immer, fährt Salvatore mit strenger Miene fort, Brot wurde zweimal die Woche gebacken, und er zog dann mit seiner Herde runter, um sich die zwei großen flachen Laibe abzuholen, von denen er bis zum nächsten Backtag leben würde. Er muss damals elf oder zwölf gewesen sein, und so rotzfrech, wie man das in dem Alter eben ist. Man musste seine Ziegen ein Stück weiter oben am Hang zurücklassen, hinuntergehen und den Brotbäckern sagen, dass man da war, dann wieder zu seiner Herde hinaufsteigen und warten, bis der nächste Schwung Brot aus dem Ofen kam und man hinuntergerufen wurde. Irgendwie bekam Salvatore an dem Tag aber nicht mit, wie er gerufen wurde. War er vielleicht in der Sonne eingeschlafen? Oder hatten sie ihn vielleicht gar nicht gerufen? Wie auch immer – er wartete und wartete; und als er endlich hinunterstieg, um nachzusehen, was los sei, war kein Brot mehr für ihn übrig. Er war nicht gekommen, sagten sie, also hatten sie es jemand anders gegeben, und jetzt würde er bis zum nächsten Schwung warten müssen. Verzweifelte Situation! Wenn er so lange wartete, würde er mit seiner Weiderunde furchtbar in Verzug geraten; er würde die Hütte, in der er übernachtete, nicht vor Einbruch der Dunkelheit erreichen.

Da sitzt er also im Schatten hinter der *taverna* und brütet vor sich hin, als er einen Blick durch ein offenes Fenster wirft und einen leckeren Haufen frischer runder Käselaibe sieht – wenigstens ein Dutzend von den Dingern! Er hatte eine dieser alten Militärjacken an, die mit einer großen weiten Tasche, die hinten ganz um den Rücken herumging – wir wissen schon, welche er meint (ich nicht, aber egal) – und plötzlich *wusste* er einfach, dass er sich einen Käse schnappen und in die Tasche stopfen musste und dann wie der Teufel zu seiner Ziegenherde zurückrennen. Früher oder später, wenn er wieder herunterkam, würde es gewaltige Schläge setzen, aber wen kümmerte das schon? Ein ganzer Käse, nur für ihn allein!

Eine Woche später hatte er nicht nur das ganze Ding aufgegessen, sondern aus Angst vor der sicheren Strafe auch noch zwei Tage gehungert. Schließlich stieg er wieder hinunter ins Tal und nahm seine Abreibung in Empfang. Was *waren* das für Prügel! Trotzdem konnten keine Prügel der Welt die selige Erinnerung auslöschen. Salvatores Augen leuchten beim bloßen Gedanken daran auf. Eine ganze Woche nichts als Käse! Er kann ihn noch heute schmecken, sagt er und grinst wie die Grinsekatze aus Alice im Wunderland höchstpersönlich. Und schneidet sich einen weiteren dicken Batzen *pecorino* ab.

*

Zu Beginn dieser recht verblüffenden Geschichte hatte ich mich darauf eingestellt, Mitleid mit jemandem zu empfinden und mimisch auszudrücken, der gezwungen gewesen war, sich eine Woche lang von nichts anderem als Käse zu ernähren. Wie üblich alles falsch verstanden. Wie ich nach der Erzählung von Lauras *mamma* hätte wissen müssen, war Käse früher ein Luxusnahrungsmittel und stand denen, die ihn direkt oder indirekt herstellten, selbstverständlich nicht zu. Nicht einmal hier im vergleichsweise wohlhabenden Norden. Wie hätte da ein bescheidener Hirtenjunge aus dem armen Süden je so etwas in die Finger bekommen sollen?

Was haben Sie denn normalerweise gegessen?, frage ich.

Das Brot, natürlich: die zwei flachen runden Laibe, mit so viel Chili gespickt, wie er auftreiben konnte, und wenn er Glück hatte, einem Spritzer Olivenöl und einer Scheibe roher Zwiebel.

Das hätte ich auch schon gewusst, wenn ich nur einen Augenblick nachgedacht hätte. Und vielleicht ein bisschen *ricotta*?, frage ich, jetzt da mein Gedächtnis endlich wieder funktioniert.

Wo denke ich hin! Die *ricotta* war ausschließlich den Eigentümern der Herden und den Käsemachern vorbehalten. Nie im Leben hätten die Hirtenjungen etwas davon abbekommen!

Ich reagiere irgendwie seltsam auf diese Geschichte. Ich möchte am liebsten weinen. Da sitzen Salvatore und Francesca in dieser modernen G-8-Welt vor einem Tisch, der unter seiner Last von Lebensmitteln ächzt – kein Mangel an Käse, gottlob! – und tragen gleichzeitig in ihren Köpfen eine andere Welt mit sich herum, in der Entbehrungen und Hunger und Kinderarbeit ein normaler Teil des Lebens sind. Die frischen Chilischoten rechts neben Salvatores Teller, von denen er sich noch heute praktisch mit jedem Bissen eine in den Mund steckt, legen davon Zeugnis ab. Während ich mir, wie die meisten Europäer meiner Generation, derlei Dinge nur als zeitlich oder räumlich unendlich weit entfernte Phänomene vorstellen kann. Kleine Ziegenhirtenbuben irgendwo in Indien oder Südamerika, ja; oder eben vor ein, zwei Jahrhunderten in meinem eigenen Land. Von der *Penguin History of Food in Britain*, die ich mir mal (in der ahnungslosen Erwartung, darin allerlei faszinierende alte Rezepte zu finden) in einem Trödelladen gekauft hatte, weiß ich, dass Landarbeiter auch bei uns etliche Jahrhunderte lang praktisch nichts anderes aßen als Brot. Keine leckeren ländlichen Gemüsesuppen, kein deftiges Bauernfrühstück. Alles lauter moderne Erfindungen. Brot mit nichts morgens, mittags und abends. Trostlos. Aber, wie gesagt, schon sehr lange her.

Salvatore aber, der jetzt direkt vor mir sitzt, erlebte eine Kindheit mit nichts als trocken Brot in einer einsamen Hütte; keine Schule, dafür Arbeitgeber, deren Recht, ihn zu verprügeln, völlig außer Frage stand; danach Krieg, Besatzung, wirtschaftlicher Zusammenbruch und gleich mehrere Male Auswandern. Kein Wunder, dass er und Francesca die ganze Familie dazu zwingen, auf dem Land mitzuarbeiten, ihre Kinder und Schwiegersöhne zum Wahnsinn treiben mit ihrer Überzeugung, die *campagna* in Schuss zu halten sei weit wichtiger als ihre »richtigen Jobs«. So können sie sicher sein, dass die Familie nie wieder wird hungern müssen. Wie könnte eine Arbeitsstelle – etwas, das jederzeit, aus völlig unbeeinflussbaren Gründen, von heute auf morgen wie Schnee in der Sonne verschwinden kann – »richtiger« sein als das? Wie um den Kontrast noch zu unterstreichen, erscheint jetzt Rosi, die Erfolgreiche der Familie (sie leitet in San Remo eine eigene Touristik-Agentur, die Kreuzfahrtschiffe mit ortskundigen Reiseleitern für alle Urlaubsziele am Mittelmeer versorgt), mit einer winzigen hypermodernen Videokamera und fängt an, uns zu filmen, wie wir unsere Mahlzeit beenden.

Jetzt nachdem jeder aufgegessen hat, bricht wie üblich die De Gilio'sche Version der babylonischen Sprachverwirrung aus. Also mache ich mich auf, die Teller zum Spülen hineinzutragen. Ich weiß nicht, ob die Mitglieder dieser Familie wirklich alle gleichzeitig reden und einander nie zuhören, oder ob es mir als Ausländerin einfach nur schwerer fällt, die mentalen Filter einzuschalten, die es einem ermöglichen, den einen Gesprächsfaden vom anderen zu unterscheiden. Trotzdem meine ich, als ich meinen Stapel Geschirr pflichtbewusst in Richtung Küche balanciere, aus dem allgemeinen Getöse Francescas Stimme herauszuhören, die jeden, der ihr gerade zuhört (also vermutlich niemand), darauf hinweist, was für ein schlichtes Mädchen ich doch bin.

Während Grazia und Francesca den Kaffee kochen, nehmen mich Annetta und Marisa mit nach oben, um mir zu zeigen, wo die Männer heute Nacht schlafen werden: Es ist ein großer luftiger Dachboden, in dem ein großes altes Bettgestell und ein halbes Dutzend Feldbetten der italienischen Armee stehen. Ich hab keine Ahnung, von welchem Krieg diese Feldbetten übrig geblieben sind, aber sie sind praktisch unverwüstlich: Man findet sie in unseren Hügeln überall, in den Häusern wie außerhalb, wo sie als Bett, Sofa, Tisch und Werkbank Dienst tun. Man fragt sich, welches militärische Genie sie entworfen haben mag, und warum. Absonderlicherweise nehmen sie zusammengeklappt kaum weniger Platz weg als aufgebaut, und sie sind so schwer, dass ein Einzelner sie gerade eben heben, aber mit Sicherheit keine drei Meter weit schleppen kann. Das liegt daran, dass sie (mit Ausnahme der Auflagefläche) ganz aus massivem Gusseisen bestehen. Wurden italienische Soldaten zu irgendeiner Zeit wirklich dazu gezwungen, gusseiserne Bettgestelle hinter sich herzuschleifen, wenn sie in den Krieg zogen? Marisa und Annetta wissen das auch nicht. Ich muss daran denken, bei Gelegenheit Salvatore danach zu fragen. Falls ja, wundert es mich nicht, dass die italienische Armee als feige galt: Hat man erst mal ein Lager mit derart tonnenschweren Betten aufgeschlagen, ist man garantiert so erledigt, dass man sich einen Monat lang nicht mehr von der Stelle rühren kann.

Neben dem großen, richtigen Bett steht eine kleine tönerne Öllampe: eins dieser Aladdin-Dinger mit einem dicken Docht, der aus dem Schnabel herausguckt, ganz verrußt und schmierig vom langjährigen Gebrauch. Dann funktionieren die also wirklich?, frage ich die Schwestern. Ich hab zu Hause auch so eine, die Nachbildung einer römisch-britischen Lampe, die mir meine Mutter mal geschickt hat, und die tut nichts anderes als gewaltig zu qualmen, und nach spätestens zehn Minuten geht sie aus. Sehr ärgerlich. Marisa grinst. Sie wettet, ich habe dafür mein gutes Extra-Vergine-Öl benutzt, stimmt's? Natürlich. Damit funktionieren die Dinger doch, oder? Mit Olivenöl.

Schon, sagt Marisa, aber nicht Extra Vergine. Um Licht zu erzeugen, brauche ich billiges, saures Öl; einfach jede beliebige Sorte, auf der nicht »Extra Vergine« steht.

Wirklich? Ja. Was glaube ich wohl, warum auf der ganzen Welt so viel Nicht-Extra-Vergine-Öl produziert wird, Zeug, das niemand zum Essen nehmen würde – jedenfalls nicht, solange er eine andere Wahl hat? Das *ist* überhaupt nicht zum Essen gedacht. Wird alles als Lampenöl produziert. War jahrhundertelang in ganz Südeuropa und Nordafrika ein wichtiger Wirtschaftszweig. Was glaube ich wohl, was die Leute vor Einführung des Petroleums benutzten? Offenbarung! Und wenn ich darüber nachdenke, nennen wir diese alten Paraffinlampen mit

Docht und Glasaufsatz in England doch immer noch »Öllampen«, oder?

*

Wieder unten, werfe ich einen Blick in den zweiten Nebenraum. Voll von riesigen gläsernen *damigiane*, Unmengen von Salvatores bevorzugten Anderthalbliterflaschen und mehreren sehr schicken Flaschentrockengestellen: wie hölzerne Weihnachtsbäume anzusehen, mit schräg nach oben starrenden Stock-Zweigen, die es einem erlauben, mehrere Dutzend frisch ausgespülte Flaschen gleichzeitig zu trocknen. Ich muss unbedingt auch so etwas haben, auch wenn ich selbst nicht so genau weiß, wozu. Als ich wieder hinausgehe, stolpere ich über etwas Gemeingefährliches, das mir den Fuß zerquetscht und den Knöchel aufschürft. Ich japse schrill auf und lasse mich auf den nächsten Stuhl plumpsen. Ich bin in eine unglaublich komplizierte kalabrische Mausefalle getappt; eine Mausefalle, die Salvatore mit seinen eigenen Händen aus allerlei Steinen und Stöcken konstruiert hat. Und da siehst du, wie gut sie funktioniert!, sagt Salvatore, höchst amüsiert.

Mein Kompliment, entgegne ich kühl, während ich meine Blessuren untersuche.

Während Francesca und Annetta zur Spüle laufen, um mir kalte Kompressen zu machen, schleppt der Übeltäter sämtliche Bestandteile seiner Falle herüber und stapelt sie auf dem Tisch auf. Er wird mich von meinen Höllenqualen ablenken, indem er mir beibringt, wie man diese nützliche, Kosten sparende Vorrichtung baut. Siehst du? Ein großer flacher Stein, ein paar kleinere Steine, ein kurzes Ästchen, das man mit seinem Taschenmesser einkerbt; und ein langes Stück Schilfrohr, dessen eines Ende man zu einer Art überformatigem Angelhaken zurechtschneidet. Jetzt stapelt man alle Bauelemente (den flachen schweren Killer-Stein zuoberst) säuberlich aufeinander, steckt ein Stück Brot auf die Hakenspitze des Schilfrohrs, das jetzt auf dem gekerbten

Ästchen ruht, und hat damit einen hochempfindlichen Auslöser. (Guten Käse zum Mäusefangen vergeuden? Ihr spinnt, ihr Engländer!) Wie Salvatore mir nun vorführt, bringt selbst die leiseste Berührung am Brot die ganze Konstruktion zum Einsturz, wodurch jegliches sich darunter befindliche Ungeziefer (oder Teil der menschlichen Anatomie) unweigerlich platt gemacht wird. Auf den plötzlichen Knall nicht vorbereitet, verschüttet Francesca Kaffee über die ganze Anrichte. Herrgott noch eins! Muss der Tisch unbedingt mit Steinen voll gerümpelt sein? Kann ihr Mann zur Abwechslung nicht einfach einmal still sitzen?

*

Später am Nachmittag ergibt es sich, dass ich und Ciccio am selben Pergola-Abschnitt pflücken, er auf der einen, ich auf der anderen Seite; Grazia und Annetta arbeiten an der nächsten Reihe. Gemeinsam schleifen wir unsere vollen Kisten zum Einsammeln ans Ende unserer Reihe.

Dein Vater scheint von der Ofenreparatur ja immer noch nicht sonderlich begeistert zu sein, oder?, sage ich.

Ach, der stellt sich immer so an, meint Ciccio.

Ja, sagt Annetta, in Wirklichkeit freut er sich wie ein Schneekönig. Er findet es toll, wenn Ciccio auf eigene Faust loszieht und in der *campagna* arbeitet, ohne dazu geprügelt werden zu müssen.

Aber es ist doch komisch, sage ich, dass er Reparaturmethoden aus Pieve di Teco so sehr misstraut. Wir sind hier doch nur ein paar Kilometer von Pieve entfernt, oder? Und den Weinberg hier hat er doch schon seit Jahrzehnten?

Ja. Aber Ciccio glaubt, dass hier ein Missverständnis vorliegt. Es stimmt zwar schon, dass er die Kuhmist-Technik durch einen alten Mann in Pieve di Teco kennen gelernt hat; aber der alte Mann aus Pieve hatte die von einem Verwandten, der gerade bei ihm zu Besuch war. Einem Neffen aus einer bereits vor einer Generation ausgewanderten Seitenlinie der Familie, der hierher zurückgekommen war, um seine Wurzeln wiederzufinden. Ein Neffe – reden wir nicht um den heißen Brei herum – aus Argentinien.

Was? Argentinien! Wir haben also am Ofen deines Vaters eine – nur vom Hörensagen bekannte – argentinische Reparaturtechnik ausprobiert?

Das will Ciccio so nicht durchgehen lassen. Nein, berichtigt er, am Ofen seiner *Mutter*.

Na, wessen Ofen auch immer, sage ich ungeduldig, da ich mich nicht vom eigentlichen Thema abbringen lassen will. Es wundert mich gar nicht, dass dein Vater dir nicht erlauben wollte, mit irgendeiner obskuren Technik vom anderen Ende der Welt an seinem Ofen herumzuexperimentieren! Armer Mann!

Mah!, sagt Ciccio. Hat doch funktioniert, oder?

*

Aber es muss toll gewesen sein, sage ich ein paar Kisten später wehmütig, mit einem Vater aufzuwachsen, der einem so interessante Geschichten erzählte und einem beibrachte, Wein zu machen und Do-it-yourself-Mausefallen zu basteln und all so Sachen!

Magari!, sagt Ciccio. Er hat seinen Augen nicht getraut, als er sah, wie sein Vater mir die Mausefalle erklärte – so lieb und freundlich. Als sähe er einen ganz anderen, völlig fremden Vater.

Stimmt, sagt Grazia. Seiner Meinung nach zieht man einen Sohn am besten so auf wie einen Obstbaum: beizeiten ordentlich zurückstutzen, damit er umso kräftiger wird. Und die Ernte umso besser ausfällt.

Eher wäre der Himmel eingestürzt, fügt Giusi hinzu, als dass er Ciccio gegenüber je ein lobendes Wort verloren hätte.

Armer Ciccio. Und armer Salvatore, wenn man's sich recht überlegt. Was für eine Vergeudung!

Schon in Ordnung, sagt Ciccio grinsend. Ein Krüppel bin ich ja dadurch nicht geworden, oder?

Ist ja auch kein Wunder, sagt Grazia. So wie wir anderen dich verwöhnt und verhätschelt haben!

Aber überleg doch, was *papà* selbst für eine Kindheit hatte, sagt Rosi. Was kann man da schon erwarten? Er hatte eigentlich gar keine. Und es gab ja auch eine ganze Menge schlechterer Väter.

Also, das bestimmt. Ciccio erinnert sich an einen Jungen aus San Pietro, den er von der Schule her kannte: Wenn der etwas angestellt hatte, band ihn sein Vater zur Strafe an einen Baum auf seinem Stück Land, direkt an der Straße, als sei er ein Stück Vieh. Und ließ ihn manchmal sogar bis nach Einbruch der Dunkelheit dort stehen. Wenn sie an ihm vorbeikamen, guckten Ciccio und seine Freunde zur Seite und taten so, als hätten sie ihn gar nicht gesehen, um ihm die Schande zu ersparen. Mehr konnten sie für ihn nicht tun…

30

Zeit, wieder mal einen meiner unbeabsichtigten Anschläge auf Ninos Grund und Boden zu verüben.

Rose ist aus England eingetroffen, und ich bin mit ihr in eine der Bars unter den breiten Arkaden gegangen, die die Hafenpromenade von Imperia säumen. Interessanterweise hat der Eigentümer, ein Freund Ciccios und großer Liebhaber alles Spanischen, als Spezialität des Abends eine italienische Version von Sangria angesetzt, und da Patrizia uns fährt, haben wir einen ganzen Krug davon getrunken, während wir gemütlich draußen saßen und zuschauten, wie ein großes graues russisches Schiff, weit hinten im Zollhafen, unvorstellbare Mengen Weizen in den Bauch der Nudelfabrik Agnesi löschte. Es pumpte das Zeug einfach direkt aus dem Stauraum heraus: ein ununterbrochener Strom von Getreide, der in einem gewaltigen Rohr emporfloss, in der Luft eine anmutige Kurve beschrieb und dabei für einen Moment im Licht der Hafenbeleuchtung aufglitzerte, dann durch einen gigantischen Trichter in den Eingeweiden des Gebäudes verschwand und der Vergessenheit anheimfiel. Nein, natürlich nicht der Vergessenheit. Pasta ist ein edler Tod für Weizen. Und diese Fabrik hier produziert ein Drittel aller Nudeln, die in Italien verzehrt werden, klärt uns Patrizia auf.

Erstaunlich für uns Ausländerinnen, dass das dazu benötigte Getreide aus Russland kommt. Aber natürlich kann es in diesem gebirgigen Land unmöglich genügend ebene Flächen geben, um das ganze Getreide anzubauen, das man braucht, damit jeder Mann, jede Frau und jedes Kind wenigstens einmal – oft auch zweimal – am Tag seinen Teller Nudeln auf den Tisch bekommt. Die endlosen russischen Ebenen beliefern die italienischen Pastaesser schon seit Jahrhunderten mit Weizen, sagt Patrizia: nur von gelegentlichen kleinen Aussetzern wie Revolutionen, Kriegen und Ähnlichem unterbrochen. Ob ich mir die Agnesi-Packung denn noch nie richtig angesehen habe? Also, ehrlich gesagt, nein. Prompt wird uns unter viel Aufhebens und lautem Stimmengewirr, als ginge es um irgendeinen Notfall, eine aus der Küche herausgebracht. Und da haben wir auch den Beweis, das Agnesi-Logo: ein galeonenartiges Getreideschiff, das, auf der letzten Etappe seiner Fahrt vom Schwarzen Meer mit geblähten Segeln die Wellen durchschneidend, den sicheren Hafen von Imperia ansteuert.

Aus den Nebeln des Vergessens steigt jetzt ein Bild in mir auf: Ich erinnere mich, einst einmal gelernt zu haben, wie es zur russischen Revolution kam. Die Geschichte begann irgendwann im 19. Jahrhundert, als die russische Aristokratie erkannte, wie viel Geld sie dadurch aus ihren Ländereien schlagen konnte, dass sie Weizen ins restliche Europa exportierte, und sich allmählich dazu durchrang, ihre armen Leibeigenen freizulassen, damit es fortan die Gesetze des Marktes übernähmen, sie – auf eine nette, modern-unpersönliche Weise – bei der Stange zu halten. Dazu eine Prise Industrialisierung, ein paar Intellektuelle, die nach demokratischen Rechten schrien, und fertig war die Revolution. Bislang war mir nie die Frage in den Sinn gekommen, wer denn nun so gewaltige Mengen Getreide aufkaufen mochte, dass der russische Feudalismus seinem Untergang entgegentorkelte. Waren es die Italiener? Wurde die russische Revolution, zumindest indirekt, durch die Pasta ausgelöst? Die anderen wissen es auch nicht. Trink noch eine Sangria, meint Patrizia.

Patrizia, Eigentümerin des dichtesten Mopps schwarzer Locken, den ich je gesehen habe, und Mutter zweier kleiner Kinder, verrät uns jetzt, dass sie gerade einen Job bei der Stadtbücherei von Imperia bekommen hat. Da Filz und Vetternwirtschaft hierzulande absolut gesellschaftsfähig sind, starte ich sofort eine flammende Rede über die Bedeutung eines Archivs für Heimatgeschichte und insbesondere einer Sammlung detaillierter Karten der Region. Jawohl! Eines Tages *werde* ich – komme, was da wolle – diesem unauffindbaren Bergpfad nach Testico auf die Schliche kommen!

Patrizia ist eine allein erziehende Mutter, oder besser gesagt, eine Witwe, deren Mann entsetzlich jung starb. Und sie dürfte Ciccio (mit dem sie auf der Schule war) in der Disziplin »Millionen Minijobs auf einmal« mühelos schlagen. Mal arbeitet sie in der Grundschule, mal im Rathaus; gelegentlich bedient sie in der Boutique; dann wieder ist sie diejenige, die einem in der Bar Tropical das Walnussbrötchen serviert; im Sommer ist sie oben auf den Hügeln, damit ihre Töchterchen ein bisschen frische Luft tanken, und dann kann man ihr auf dem Hof ihrer Cousine Ivana begegnen (der Matriarchin des Schafe züchtenden Zweigs der Familie), wo sie einem eine frische *toma di pecora* verkauft – einen Käse mit verblüffend langem Stammbaum: Bereits Plinius der Ältere ließ sich im Jahre des Herrn 77 über die Köstlichkeit ligurischen Schafskäses aus, der *so* gut schmeckte, dass die Alten weder Kosten noch Mühen scheuten, um ihn auf die Märkte der Ewigen Stadt zu schaffen. Und hat man erst einmal Ivanas *toma* gekostet (auch bekannt als *formaggio d'Alpe*), versteht man auch, warum.

Ab und zu zieht Patrizia auch los und übernimmt so genannte – staatlich geförderte – »gesellschaftlich relevante Projekte«. Dazu gehört eben auch der Bibliotheksjob. Besitzt die Stadtbücherei von Imperia denn eine gesellschaftliche Relevanz?, frage ich. Klingt mir nicht wahrscheinlich, nach den Erfahrungen, die ich mit derjenigen von Diano gemacht habe. Aber Patrizia verrät mir, dass gegenwärtig ein neuer, frischer Wind durch die italienischen Bibliotheken weht. Es sind Bestrebungen im Gange, sie von bloßen Archiven in öffentliche Informationszentren umzuwandeln, was zu erbitterten Kämpfen zwischen der alten, archivarischen und der für die Interessen der Öffentlichkeit eintretenden jungen Garde führt. Was wiederum zur Folge hat, dass man durchaus das Gefühl hat, etwas gesellschaftlich Relevantes zu tun, ja.

Das kommunistisch-spanische Thema des Abends wird nun durch einen Schwung fröhlich lärmender Fischer fortgeführt, die in einem kleinen Boot auftauchen und uns auf Spanisch bitten, ihnen etwas zu trinken zu besorgen. Sie sind Kubaner, erklären sie, und sie haben keine Erlaubnis, an Land zu gehen. Sie sollten eigentlich auf ihrem Hummerfangschiff bleiben, das da drüben vor Anker liegt, fügen sie hinzu und deuten in Richtung offene See. Ihre Kameraden winken uns vom Schiff aus zu – ein halbes Dutzend Männer mit piratenmäßigen Kopftüchern, die gerade dabei sind, ihre Wäsche an quer über das Deck gespannten Leinen aufzuhängen. Im Vergleich zum riesigen grauen russischen Kahn, neben dem es festgemacht hat, sieht ihr Boot aberwitzig klein, chaotisch und schlampig aus. Sind sie wirklich *damit* von Kuba hergefahren?

Ja, sind sie. So verbringen sie ihr Leben, immer hin und her zwischen Ligurien und der Karibik, und fangen unterwegs Hummer. Hier in Italien setzen sie allerdings nie einen Fuß an Land – denn dazu bräuchten sie Visa. Aber die *doganieri*, die hinten am Zollhafen Wache schieben, sind nett und tun so, als würden sie es nicht bemerken, wenn sie gelegentlich hier zu den Hafenkneipen rüberrudern, wo sie immer jemand finden, mit dem sie ein paar Worte wechseln können – und von dem sie, mit etwas Glück, auch etwas zu trinken bekommen. Wir reichen ihnen einen Krug italienische Sangria hinunter. *Sangria!* sagen sie. In Italien?

Wie unentwirrbar vernetzt die Welt doch ist!, beteuern wir einmütig: ein einziges großes verheddertes Gewirr von Kulturen und Nationen, von hin und her fliegenden Waren – jeder hängt irgendwie mit jedem anderen zusammen, und dass es reine Einbildung ist zu meinen, wir seien so voneinander abgegrenzt, so verschieden...

*

»Verheddert« ist auch das passende Stichwort für die nächste Episode. Heute Nacht ist kein Mond am Himmel, und sobald Patrizia uns, ziemlich benommen, an unserer heimischen Haarnadelkurve abgesetzt hat, stellen wir fest, dass wir vergessen haben, die Taschenlampe mitzunehmen. Beziehungsweise – schließlich kann ich kaum erwarten, dass meine an Straßenlaternen gewöhnten Gäste an so etwas denken, sollte ich lieber zugeben, dass *ich* es vergessen habe. Nicht das kleinste Fitzelchen Mond, und diesmal auch kein hilfreiches Leuchtfeuer der Nachbarn. Keine Sorge, sage ich munter, das habe ich schon millionenmal gemacht. Mir ist klar, dass Rose an die schmale Stelle denkt, an der's drei Meter tief in die Brombeeren hintergeht. Ich tu's ja selbst. Warum *mussten* wir aber auch diesen dritten Krug Sangria bestellen?

Als wir, uns zaghaft an der hangseitigen Terrassenmauer entlangtastend, beinah die gefährliche Stelle erreicht haben, streicht mir etwas, das gar nicht da sein dürfte, Grauen erregend-gespenstisch übers Gesicht, über den Arm. Ich erstarre. Bringe es fertig, nicht loszukreischen. Der Gast darf auf keinen Fall beunruhigt werden. Ob das ein riesiges Spinnennetz ist? Ich wedle mir mit den Armen blindlings vor dem Gesicht herum und tu gleichzeitig nach bestem Vermögen so, als sei alles in Ordnung. Ein halber Schritt vor, und was immer es sei, ist weiterhin da, entsetzlich federnd-nachgiebig. Das gespenstische Gespinst spannt sich quer über unseren Weg, hängt von der nächsthöheren Terrasse herunter, schwebt über den Pfad hinweg zur nächsten Terrasse hinab, verhüllt die Terrassenmauern, schwingt sich wieder empor bis zu den unsichtbaren Ästen der Bäume über uns. Wo fängt es an? Wo hört es auf? Ohnehin viel zu zäh für Spinngewebe. Olivennetze! Nino ist heute Nachmittag hier oben gewesen und hat seine Netze ausgelegt. Hatte ich doch gesagt, dass der Mann ein Workaholic ist. Alle anderen haben sich bislang damit begnügt, ihre Netzrollen links und rechts an den Enden ihrer Terrassen aufzustapeln. Aber wie sollen wir jetzt hier durch? Warum hängen die überhaupt in der Luft? Hat sie der Wind in die Äste hochgeweht? Hat es hier oben einen Sturm gegeben, von dem wir unten in Imperia nichts mitbekommen haben?

Eines weiß ich: Wir dürfen Ninos Netze unter keinen Umständen zerreißen. Selbst wenn das bedeuten sollte, dass wir kehrtmachen und in meinem Auto übernachten müssen. Letzten Herbst hat unser übereifriger Freund Gianni, als er uns beim Vervollständigen unseres Brennholzvorrats für den Winter half, mit seiner Kettensäge ein Loch in ein brandneues Netz geschlitzt, das Nino gerade erst ausgelegt hatte. Als Nino – normalerweise die Ruhe und Gelassenheit in Person – anderntags den Schaden sah, blieb er gute fünf Minuten lang wie angewurzelt stehen und schimpfte: so laut, dass man ihn noch am anderen Ende des Tals hören konnte. Schimpfte über mich. Eine einzige Litanei all der Sünden, die ich im Laufe der letzten zehn Jahre gegen ihn verübt hatte. Wie ich einmal mein Auto so rücksichtslos geparkt hatte, dass er mit seiner Ape nicht mehr vorbeikam, als er seine Olivenernte abholen wollte; wie ich einmal, als ich eine Terrassenmauer hinuntergesprungen war, einen Ast seines Kirschbaums abgebrochen hatte; der Diebstahl seiner Steinplatten; der Dachziegel seines *rustico*, den jemand durch einen achtlosen Steinwurf zerschlagen hatte; und jetzt, ein Loch in seinem brandneuen Netz! Würde es denn *niemals* enden?

Ich musste bei ihm vorstellig werden und mich in aller Form und Ausführlichkeit entschuldigen, und das nicht nur ein, sondern zwei Mal, ehe er sich endlich beruhigte. (Und mir eingestand, dass wir vielleicht ja doch keine Steine auf sein Dach geworfen hatten. Ohnehin ein eher akademisches Problem, da das fragliche Gebäude mittlerweile keine Seitenwände mehr besaß – aber trotzdem, es war mir wichtig.) Jedenfalls ist Nino, sofern man ihn nicht unmenschlich provoziert, eine wahre Seele von Mensch, und ich habe mir geschworen, mich nie wieder gegen ihn zu versündigen.

*

Also, wie kommen wir an dem Ding vorbei, ohne es zu beschädigen? Nino ist mit Sicherheit wohl überlegt vorgegangen, und bei Tageslicht würden wir sein System ganz ohne Zweifel durchschauen. Sollen wir unter den Netzen durch? Drüber weg? Außen rum? Unmöglich festzustellen. Die Finsternis wird immer ägyptischer – so als drücke einem jemand einen Bausch schwärzesten Samts aufs Gesicht. Ich unternehme einen letzten Versuch, das Netz hinunterzutreten und, eine tastende Hand an der Terrassenmauer, behutsam darüber hinwegzubalancieren. Nichts zu machen. Mit jedem weiteren Schritt spannt sich das Ding nur umso straffer. Unmöglich weiterzugehen, ohne ein großes Loch hineinzutreten – oder aber nach links in den Abgrund zu fallen. Untenrum können wir nicht laufen, das gäbe wegen der Steilwand einen Umweg von fast einem Kilometer. Obenrum ist die einzige Möglichkeit. Ich höre auf, so zu tun, als sei alles in Ordnung, und fordere Rose mit stützend und tröstend ausgestreckter Hand auf, den Rückmarsch anzutreten. Ich sehne mich wie verrückt nach meinem schönen gemütlichen Bett. Und dabei ist es nur einen Katzensprung entfernt!

Wieder am Auto angelangt, klettern wir die Mauer hinauf zur nächsthöheren Terrasse und schürfen uns dabei Handgelenke und Knie ausgiebig auf. Nicht gut, immer noch überall Netze. Noch eine Wand hoch – und ja! Keine Netze mehr. Jetzt brauchen wir uns nur noch Ninos schön ebene oberste Terrasse entlang Baum für Baum in Richtung Haus vorzutasten und eine harmlose Felswand hinunterzuklettern, und dann sind wir auch schon da.

Doch siehe! Als wir die Felsen erreichen, da leuchtet, Wunder über Wunder, ein Licht: das kleine goldene Licht einer Kerze, die im Fenster brennt! Als er von der Arbeit heimkam, muss Ciccio die vergessene Taschenlampe gesehen haben. Wie habe ich jemals ohne einen Mann leben können? Home, sweet home. Kein gebrochenes Genick. Netze unberührt. Und ab ins Bett.

*

Am nächsten Morgen sehe ich, dass Nino sich erwartungsgemäß große Mühe gemacht hatte, uns einen freien Durchgang zu lassen. Nicht über seine Netze hinweg, sondern unten drunter. Einen schönen Tunnel aus weißer Gaze, zur Seite des Abgrunds hin mit langen Stangen abgestützt, hangseits mit Draht an den Ästen der Olivenbäume befestigt. Jetzt, bei Tag, von blauem Himmel und silbrigem Laub überwölbt, und im Sonnenlicht glitzernd, sieht die Konstruktion zauberhaft aus, ein romantischer Wandelgang aus Batist, wie für eine Waldelfenhochzeit aufgebaut. Und sie wird dort bleiben, bis der Februar kommt und mit ihm die Olivenernte. Wunderschön. Ich werde nur dieses letzte, herabhängende Stück hochbinden, um etwaigen anderen Sangria-Trinkern, die uns womöglich in finsterer mondloser Nacht zu erreichen versuchen, die Sache ein wenig zu erleichtern.

31

Kaum ist Ciccio heimgekommen und nach einem langen und anstrengenden Arbeitstag – er hat die Maische ausgepresst und den ablaufenden Most in die *damigiane* gefüllt, wo er jetzt vierzig Tage lang ruhen wird – aufs Sofa geplumpst, als es auch schon an die Tür klopft. Hinter der Glasscheibe zeichnet sich eine gnomenhafte borstenhaarige Gestalt ab. Pompeo, mit einer Flasche *vino d'uva* bewaffnet. Er muss gesehen haben, wie Ciccio hier heraufkam – wie sonst hätte er wissen können, dass er keinen Anstandswauwau brauchte?

Er dachte, er guckt mal eben vorbei, sagt er, um zu sehen, was das Dach so macht. Ach wirklich? Oder hatte ihn nicht vielmehr die Neugier gezwackt, Ciccio in situ in Augenschein zu nehmen? Hat dafür auch genau den falschen Augenblick ausgesucht. Ciccio liegt erschlafft auf den Polstern, für das ungeübte Auge in nichts von den faulen ausländischen Urlaubern meiner zweifelhaften Vergangenheit zu unterscheiden. Mühsam rafft er sich auf und gibt dem Gast höflich die Hand. Aus Angst, Pompeo könnte irgendwelche wenig schmeichelhaften Schlussfolgerungen ziehen, liefere ich ihm ein rasches Resümee von Ciccios bisherigem Arbeitstag. Phuu. Gerettet. Den Jahresbedarf an Wein zu keltern ist gut: Vätern bei dieser Tätigkeit zu helfen, ist sogar noch besser. In Pompeos Auge blitzt ein eindeutig beifälliges Leuchten auf. Ciccio lässt sich wieder auf das Sofa fallen. Jetzt aber darf er das, glaube ich.

Er kann's gar nicht glauben, meint Pompeo, dass das Dach wirklich runter muss (offenbar weiß er nicht mehr, dass er zu den Ersten gehörte, die genau das vorhersagten). Er hat mit Ulisse gesprochen, und der meinte, die Sache sei hoffnungslos.

Ciccio erklärt von seinem Leidenslager aus, dass es eine Erlösung wäre, wenn ihm das Dach genau in diesem Moment auf den Kopf stürzte. Pompeo aber hat bereits unsere jüngste Umbauarbeit bemerkt und jegliches Interesse am Dach verloren. Seit die Schwester und ich letztes Frühjahr unsere Speisekammer gebaut haben, ist er nicht mehr hier gewesen.

Was, fragt er missbilligend, ist aus dem anderen Fenster in der Rückwand der Küche geworden? Wir haben es in eine Tür umgewandelt! Brauchten wir wirklich zwei Hintertüren?

Wie schafft es Pompeo bloß immer, mir das Gefühl zu geben, das Haus gehöre in Wirklichkeit immer noch ihm? Nein, nein, sage ich beschwichtigend, wir haben bloß da draußen noch einen kleinen Anbau errichtet, an der kühlen Nordseite, um Lebensmittel aufzubewahren.

Was?, sagt Pompeo. Aber ihr hattet unten doch schon eine *cantina*! Und musstet daraus natürlich Schlafzimmer machen! (Wie viele andere traditionell denkende Bürger von San Pietro, hat sich Pompeo nie mit dieser blasphemischen Umfunktionierung abgefunden. *Wenn* irgendetwas unter der Hitze leiden muss, dann sollte man selbst es sein, und nicht die Vorräte: Denn man selbst wird's schon überleben, während die Lebensmittel schlecht werden könnten. Und man selbst könnte dann verhungern. Kapiert doch jedes Kind. Es stimmt zwar, dass wir beim Umbau der *cantina* von Pompeos Ururgroßvater alles auf die eine riskante Karte setzten, dass die moderne Zivilisation nicht einfach so über Nacht verschwinden würde. Andererseits scheinen wir bislang damit Recht behalten zu haben. Außerdem – sollte die Marktwirtschaft zusammenbrechen und die Rückkehr zur Subsistenzwirtschaft erforderlich werden, könnten wir ja einfach unsere Betten wieder nach oben schaffen, oder?

Nein, sage ich, der Anbau ist längst nicht so groß wie eine *cantina*. Auf Englisch nennen wir das *larder* (Speisekammer); *lardaio* würde man auf Italienisch vermutlich dazu sagen.

Ein *lardaio*? Ein ganzer Raum, nur um *lardo* darin aufzubewahren? Kein Wunder, dass ihr Engländer solche Probleme mit euren Cholesterinwerten habt!

Ein Zimmer voll Schmalz. Etymologisch betrachtet muss das

ursprünglich tatsächlich so gewesen sein. Diese arglosen Italiener haben wirklich keine Ahnung. *Lardo*, das Wort, das wir der Bequemlichkeit halber hier verwenden, bezeichnet nicht die geschmacksneutrale bleiche Masse puren ausgelassenen Schweinefetts, die sich hinter dem sprachgeschichtlich verwandten englischen *lard* verbirgt, sondern eine pikante Köstlichkeit, gespickt mit schwarzen Pfefferkörnern und Thymianzweiglein, die man hauchdünn aufgeschnitten isst; eine Art mehr als durchwachsenen geräucherten Frühstücksspecks, der einem schier im Munde zergeht. So gesehen wäre es gar nicht so dumm, ein ganzes Zimmer voll *lardo* zu haben.

Schon ist Pompeo in den *larder* eingedrungen, der, wie wir wissen, weder *lard* noch *lardo* enthält, sondern bloß meine rekordverdächtige Ansammlung namenloser Einmachgläser – allesamt, wie man bei den hiesigen Sitten annehmen darf, mit einem erklecklichen Anteil an gutem, gesundem Olivenöl gefüllt und jetzt, dank der neu hinzugekommenen Kollektion von *passata*-Gläsern, zu schier unvorstellbaren Ausmaßen angewachsen. Er ist zutiefst beeindruckt.

Alles von Ciccios Mutter, sage ich, da ich mich nicht mit fremden Federn schmücken möchte. (Eingemachtes ist immer von *la mamma,* egal, wie viele Leute noch daran mitgewirkt haben. Genauso wie Wein immer »Vaters Wein« ist.)

Gut, gut, sagt Pompeo und richtet einen durchdringenden Blick auf Ciccio. Von seiner Mutter also? Und, sagt er nach einer nachdenklichen Pause, steht der Tag schon fest?

Ciccio stöhnt gequält auf.

*

Jetzt eröffnet uns Pompeo zu unserer großen Überraschung, Ulisse habe Recht: Wir sollten die Dachreparatur Fränkie Messer anvertrauen. Ist das sein Ernst? Normalerweise reicht die bloße Erwähnung von Francos Namen, um Pompeo auf die Palme zu bringen. Woher der plötzliche Sinneswandel?

Ganz einfach, sagt Pompeo. *Wenn* unser Pfad für etwas gedacht war, dann für Lasttiere. Das ganze Material und Gerät zu uns hinaufzuschaffen könnte für moderne Bauunternehmer ein größeres Problem darstellen, aber für einen Mann mit der richtigen Huftier-Ausstattung wäre es ein Klacks. Auf diese Weise wurde das Haus ja überhaupt gebaut – mit Hilfe von Pferden und Mauleseln, die das ganze Material anschleppten. Und in Pferdedingen, das wissen wir doch alle, macht Franco keiner was vor. Außerdem, fährt Pompeo fort und zählt dabei die einzelnen Punkte an seinen Fingern ab, sind wir ja keine hilflosen *stranieri*, fremde Ausländer, die die Landessprache nicht beherrschen. Franco weiß, dass wir hier Freunde haben, die uns vor seinen Halsabschneidereien beschützen – wie er gemerkt haben dürfte, als er versuchte, unseren Brunnen weiterzuverkaufen. Also brauchen wir lediglich jemanden, der uns einen ehrlichen Kostenvoranschlag macht, damit wir wissen, was wir Franco für die Arbeit realistischerweise anbieten sollten, und wir sind auf der sicheren Seite. Wir haben sogar schon zwei davon, sage ich: einen von Annas Cousin Romeo und einen von Ulisse. Na, dann ist ja alles in Ordnung! Machen wir den Wein auf, und stoßen wir darauf an!

*

Zum Abschied schüttelt Pompeo Ciccio die Hand und sagt ihm, er sei ein guter Sohn – ganz anders als so viele junge Leute, die einfach verschwinden und ihre alten Papas mit der ganzen Arbeit sitzen lassen! Kein Vergleich!

Plötzlich ärgere ich mich ganz furchtbar über Salvatore. Schau sich das doch einer an: Leute, die Ciccio kaum kennen, machen ihm Komplimente, was für ein guter Sohn er sei, während sein eigener Vater ständig nur nörgelt und kritisiert und es offenbar schon seit Ciccios Kindheit nie anders gehalten hat! Es wundert mich wirklich, dass aus Ciccio kein stotternder verunsicherter Psychokrüppel geworden ist. Seinem Vater hat er das jedenfalls nicht zu verdanken!

Ciccio lacht. Salvatore mag ihn immer angeschnauzt und abgekanzelt haben, aber Ciccio hat nie auch nur einen einzigen Augenblick lang daran gezweifelt, dass er ihm am Herzen lag. Durch sein Verhalten *ihm* gegenüber hat er das vielleicht nie gezeigt, dafür aber umso deutlicher durch sein Verhalten anderen gegenüber. Ciccio erinnert sich beispielsweise, wie er einmal, so als Elf-, Zwölfjähriger in einem Laden ein Zelt klaute, damit er und seine Freunde zelten gehen und am ersten Mai den Sonnenaufgang vom Berg aus sehen konnten. Als Salvatore das sündteure Ding sah, packte er den Jungen am Schlafittchen und schleppte ihn zurück zum Geschäft, damit er es zurückgab und sein Verbrechen gestand. Schmach und Schande. Aber als sie gerade gehen wollten, wandte sich der Geschäftsinhaber an Ciccio. Das tust du nicht wieder, Junge, hörst du? Sonst...

Blitzschnell hatte Salvatore seinen Sohn beschützend an sich gedrückt und starrte den Ladenbesitzer mit blutrünstiger Miene an. Was soll das heißen: *Sonst?*, bellte er. Sonst *was?* Der Einzige, der meinen Sohn bestrafen darf, bin ich! Kapiert? Und mit Ciccio fest an der Hand, war er aus dem Laden gestürmt.

So großartig find ich das zwar nicht, aber Ciccio beharrt darauf, dass er nichts anderes brauchte, um sich der Liebe seines Vaters hundertprozentig sicher zu sein. Tja, schön, wenn es bei ihm funktioniert hat. Es vergeht allerdings keine halbe Stunde, und schon wirft er mir vor, ich unterminiere seinen Seelenfrieden weit schlimmer, als Salvatore es jemals gekonnt hätte. Als Rose von ihrem Nachmittagsspaziergang heimkehrt, ertappt sie uns bei unserem ersten ernsten Krach. Es geht dabei um Kompost. Da der Komposteimer unter der Spüle voll war, ist Ciccio losgezogen, um ihn auszuleeren. Anstatt aber die Treppe hinunter zum Haufen zu gehen, schlägt er den Weg zu Ninos Land ein. Will er die Abfälle etwa von da oben auf den Haufen hinunterkippen? Kann das Zeug aus knapp fünf Metern Höhe überhaupt an der richtigen Stelle landen? Wird es nicht danebenspritzen und auf dem Pfad landen?

Seit Ciccio bei mir eingezogen ist (falls er es denn getan hat), bemühe ich mich – ohne allzu großen Erfolg –, ihn dazu zu bringen, den Begriff des Komposts als solchen anzuerkennen. Bei uns in der Gegend scheint noch niemand was von Komposthaufen gehört zu haben. Liegt es vielleicht daran, dass die Leute hier von jeher Haustiere gehabt haben, an die sie alle ihre Abfälle verfüttern konnten? Die von Francesca werden noch immer zu den Hühnern heraufgeschafft – oder den Nachbarshunden vorgesetzt, je nachdem, ob fleischlicher Natur oder nicht. Oder ist es bloß so, dass es keinen Wert hat, Kompost zu machen, wenn man so weit weg von seinem Gemüsegarten wohnt, dass man das Zeug anschließend kilometerweit schleppen müsste? Oder beides? Wie auch immer – hier in Besta de Zago, wo der Müll bis ganz runter zum Container bei der Kirche von Colla hinuntergeschafft werden muss, ist Kompostieren doppelt sinnvoll. Ein Komposthaufen beseitigt all das widerliche suppenartige Zeugs, das man nur äußerst ungern durch die Gegend schleppen würde, und das Resultat tut den Reben und Zitronenbäumen unheimlich gut. Trotzdem hat Ciccio den Komposthaufen als solchen, obwohl er ziemlich beeindruckt wirkte, als ich ihm das Endresultat vorführte, nur unter allerlei Zähneknirschen akzeptiert. Jetzt gibt er zu, dass er die Abfälle, anstatt damit bis zum Haufen zu stiefeln, meist einfach mit Hilfe der alten *zappa* oder Spitzhacke, die er immer bei unserem letzten Olivenbaum stehen lässt, begraben hat. Schließlich hat er nicht immer Lust, sagt er, die Fleischabfälle, die er nicht auf den Kompost kippen darf, säuberlich herauszusortieren; und schaden tut's ja schließlich niemandem.

Das könnte ja unter Umständen zutreffen, wenn er die Abfälle unter *unseren* Bäumen begraben hätte. Aber er hat's auf Ninos Land getan! Ist er denn von allen guten Geistern verlassen?

Auf Ninos Land ist es viel leichter, ein Loch zu graben, sagt Ciccio. Er pflegt es besser. *Dein* Boden ist doch schon bestimmt seit Jahren nicht mehr richtig umgegraben worden, oder?

Himmel hilf! Auf Ninos Land! Ohne ihn um Erlaubnis zu fragen! Bitte, lieber Gott, mach, dass die Abfälle ganz schnell verrotten, und dass Nino nie etwas davon bemerkt!

32

Rose und ich beenden gerade ein friedliches Frühstück in der Morgensonne. Ciccio ist auf der nächstunteren Terrasse und stellt die Bremsen an meinem *motorino* nach. Plötzlich fängt er an zu brüllen, zu scheppern, mit Schraubenschlüsseln um sich zu schmeißen und sich überhaupt, wie es einer arglosen britischen Beobachterin erscheinen könnte, einem unbeherrschbaren Tobsuchtsanfall hinzugeben. Ich finde es interessant festzustellen, dass dieses Verhalten Rose zutiefst beunruhigt, während ich zu meiner nicht geringen Genugtuung kaum mit der Wimper gezuckt habe. Bis vor kurzem standen mir die Haare, wann immer Ciccio brüllte, schepperte – und vor allem schmiss –, gut britisch zu Berge und legten mir dringend nahe, zu ihm hinzugehen und ihn nach Möglichkeit zu beruhigen, ihm vernünftig und nett zuzureden und überhaupt allgemein lieb zu sein. Schwerer Fehler. Wie Ciccio mir schon wiederholt erklärt hat, ist ein solcher Krawall lediglich ein ganz privater Ausdruck von Verärgerung, der mit nichts und niemandem zufällig Anwesenden irgendetwas zu tun hat, ganz besonders nicht mit mir. Ich sollte den Anfall schlicht ignorieren, bis er von selbst wieder abklingt, andernfalls könnte es passieren, dass ich selbst angeschnauzt werde.

Leicht gesagt, aber wenn jemand sich bei mir zulande dermaßen aufführte, würde er ganz bestimmt nicht erwarten, ignoriert zu werden. Wie könnte etwas so Lautes und Auffälliges ein privater Ausdruck von Was-auch-immer sein? Auch wenn ich es mal schaffte, mich an die Herstelleranweisung zu halten und den Tobsuchtsanfall und dessen Produzenten sich selbst zu überlassen, bedeuteten die Bemühungen, das Nicht-zu-ignorierende zu ignorieren, für mich einen solchen Stress, dass, wenn erst der vertraute, gut gelaunte Ciccio ohne irgendwelche äußeren Eingriffe wieder zum Vorschein gekommen war, *meine* Laune in den meisten Fällen gründlich verdorben war und ich meinerseits zu allerlei Brüllen, Scheppern und Schmeißen neigte. Bloß, dass es in meinem Falle eine gut-britische, *durchaus* Aufmerksamkeit heischende schlechte Laune war.

Aber schau mich nur heute an!, sage ich zu Rose, der ich gerade all diese Zusammenhänge erläutert habe. Ich sitze ganz ruhig da und rege mich kein bisschen auf.

Rose meint, dass sie denselben Zustand wohl durch tiefe Zen-Meditation erzielen könnte, dass sie es aber doch vorzöge, sich zu diesem Zweck in ihr Schlafzimmer zurückzuziehen, wo es ein bisschen ruhiger zugeht. Eine knappe halbe Stunde später haben sich die Dinge insoweit beruhigt, dass das friedvolle Zwitschern der Vögel und das Gezirp der Winterzikaden nur noch in Abständen von vereinzeltem Geschepper und blasphemischen Verwünschungen der *porca miseria di una lurida vacca della puttana di* et cetera pp. kontrapunktisch untermalt werden, als Tonino unten auf dem Pfad auftaucht. Meine Erklärungen von eben bestätigend, zuckt er angesichts des röhrenden Wahnsinnigen, der sich mit meinem *motorino* herumschlägt, mit keiner Wimper. Sagt einfach nur *salve*, als sei das ganz und gar nichts Ungewöhnliches. Und Ciccio antwortet darauf mit einem heiteren *salve*.

Siehst du, was ich meine?, sage ich zu Rose, die jetzt, da das Geschrei abgeklungen ist, gerade ihre Meditationsklause verlässt.

Mannomann, sagt Rose mit viel Gefühl.

*

Heute fangen wir an, unsere Olivennetze auszulegen: auf den unteren Terrassen und auf denen, wo das Auto steht. In der Nähe des Hauses können erst welche hin, wenn das Dach repariert ist – die Bauarbeiter würden sie mit ihrem Hin- und Hergetrampel in sicherlich binnen einer halben Stunde zerfetzen. Rose, die früher eine geraume Zeit als Bühnen- und Kostümbildnerin gearbeitet hat, ist (sobald der Schreck ihrer ersten Begegnung mit dem Objekt verflogen ist) voller Bewunderung für Ninos Hochzeitstunnelkreation und kann es gar nicht erwarten, sich an dieser landschaftsgestalterischen Verpackungsaktion zu beteiligen. Sobald der Hügelhang mit Hektarn von weißer Gaze verhüllt ist, werden wir unten bei Anna und Tonino – die das Gleiche mit ihren Terrassen veranstalten – *alla bracia* schmausen. Und da wir eine Vegetarierin dabei haben werden, buddle ich ein paar zusätzliche vegetarische Lebensmittel aus. Zum Glück enthält die Speisekammer eine große Auswahl von Tommasos Käsen: Wir haben uns nämlich endlich dazu aufgerafft – obwohl Ciccio (natürlich) kurz davor steht, sämtliche Brücken zu seinem Restaurant hinter sich abzubrechen –, den Ziegenhirten zu besuchen, und haben Rose auf eine Wanderung die unbefestigte Straße hinauf und die Saumpfade entlang bis zum kleinen Berghof mitgenommen, der sich, in einem Talknick verborgen, auf einer überraschend ebenen und fruchtbaren Weidefläche voller Bäche, wuchernder Schilfrohrdickichte und üppiger, schattiger Aprikosenbäume befand. Und mitten in dieser Idylle stand ein ganzer Weiler von heruntergekommenen, baufälligen steinernen *rustici* herum, die Tommaso, darauf deutend, uns jeweils als sein Wohnhaus, seine Ziegenställe, seine Melkschuppen, seine Käserei und seine in den Fels gegrabenen, höhlenartigen Käsereifungsräume identifizierte. Die Peppinos waren allerdings nicht zu sehen; sie waren weiter oben und behielten die Ziegen im Auge – so hoffte und glaubte er jedenfalls, sagte Tommaso und warf mir einen strengen Blick zu.

Doch bevor er und Ciccio sich auf die anstehenden Käsegeschäfte konzentrierten, musste Tommaso uns sein jüngstes, brandneues Projekt vorführen – etwas, wofür sich der Gastronom mit Sicherheit brennend interessieren würde. Ohne ein weiteres Wort zu verraten, führte er uns zur Terrasse, die sich, von einem kleinen Birnbaumhain und einem Haufen Steine abgeschirmt (die er gerade erst zusammengesammelt hatte, um die Zufahrt aus Richtung Moltedo zu ermöglichen), unmittelbar unterhalb der übrigen Gebäude befand. Und in der Tat zierte bereits ein Kraftfahrzeug die bukolische Umgebung. Ein schrottreif aussehender Lieferwagen, von dessen Flanken die schon verblassten Worte »Hamburger, Hot Dog, Panini, Eis Cream« abblätterten. Für einen Apfel und ein Ei erstanden, sagte Tommaso, und für seine Zwecke wie geschaffen. Guckt doch mal rein!

Wir guckten. So viel zum Thema Fast Food: Auf einer dicken Strohschicht lag eine riesige schnarchende Sau, den Kopf halb unterm Zink-Tresen versteckt, während ein Wurf winziger ringelschwänziger rosiger Ferkel auf ihr herumpurzelten, markdurchdringend quiekten und sich um die Zitzen balgten. Er plane, verkündete Tommaso, künftig außer Käse auch Schweinefleischprodukte herzustellen. Guckt, wie schön dick die Ferkelchen schon sind! Allesamt dazu bestimmt, sagte unser Gastgeber mit hörbarer Freude, zu Schinken und Salamis verarbeitet zu werden, wie nur er sie zu machen verstand. Wir dürften es nicht versäumen, im Frühling noch einmal vorbeizukommen.

Toll. Genau die Sorte Sightseeing, über die sich eine Vegetarierin freuen dürfte. Wie idiotisch zimperlich ich doch andererseits selbst bin. Ich fühlte mich ganz mies, wie ich da vor diesen lebendigen und (vergleichsweise) niedlichen Wesen stand und mich über die Möglichkeit ausließ, sie zu gegebener Zeit, wie beworben, in Form von Hotdogs oder *panini* zu verspeisen. So viele Jahre in Ligurien, und immer noch nichts dazugelernt. Ja, sagte ich, mich kühn über meine absurde Reaktion hinwegsetzend und Roses Blicken entschlossen ausweichend, natürlich werden wir uns ein, zwei *salami* holen.

Während Ciccio und Tommaso jetzt, drei Meter von uns entfernt, halblaut murmelnd Geschäftliches beredeten, gingen Rose und ich uns diese in den Berghang hineingebauten Kammern ansehen, in denen Reihen um Reihen von Käsen in kleinen, vorn mit Gaze verschlossenen Fächern (so dass die Luft zirkulieren konnte, sagte Tommaso, die Fliegen aber nicht) still vor sich hinreiften. Und wir bekamen ein paar Kostproben kostenlos mit: je zwei von seinen kleineren Käsesorten, jeweils frisch und gereift, eingepackt in die traditionellen uralten Tragetaschen, tausendfach recycelt, aber noch immer für all das zu gebrauchen, wofür sich ein alter Jutesack als ein bisschen zu groß erwies. Dann, sobald wir uns zur Besiegelung welcher geschäftlichen Abmachung auch immer allseits die Hand gegeben hatten, verschwand Tommaso abermals in den dunklen Tiefen eines weiteren halb verfallenen Gebäudes und kehrte mit einem versiegelten Einmachglas zurück, das wir zu unserer bisherigen Ausbeute dazulegen durften. Eine Delikatesse, sagte er, als er uns diese beigefarbene, irgendwie nach Sahnefrischkäse aussehende Substanz überreichte: die müssten wir für einen besonderen Anlass aufbewahren. Soweit ich verstand, hieß das Zeug »*bruss*«. Einen italienischen Namen hatte es nicht – wozu auch? Es war eine einheimische Spezialität für Einheimische. Ciccio freute sich maßlos. Heutzutage macht kaum noch jemand *bruss*!

Aber das nächste Mal, rief uns Tommaso hinterher, als wir mit unserer Beute aufgebrochen waren und er offenbar seine Großzügigkeit bedauerte, das nächste Mal würden wir bezahlen müssen!

*

Rose macht das Netzeauslegen sogar noch mehr Spaß, als sie erwartet hatte. Ich binde ihr einen Beutel mit dreizölligen Nägeln vor den Bauch und erkläre ihr, dass sie, sobald wir die Netze den Hang hinunter ausgerollt und in Position gebracht haben, die Nägel einfach wie überformatige Heftnadeln verwenden und die Netze damit rund um die Stämme befestigen muss, mit entsprechenden Biesen und Abnähern über jedem größeren Stein und jeder Mauer. Und ich schärfe ihr ein, die Nahtstellen doppelt umzuschlagen, bevor sie sie zusammenheftet, damit uns die

Oliven nicht durch die Ritzen wegkullern. Nach derartiger Instruktion machen wir uns an die Arbeit. Als wir mittags zu Annas und Toninos Land hinuntersteigen, hat Rose vielleicht ein bisschen weniger Boden abgedeckt als wir, aber in ästhetischer Hinsicht ist ihre Arbeit wahrhaft bewunderungswürdig. Ninos Netzpergola kann ihr nicht das Wasser reichen. Sie hat drei Terrassen mit einem wunderschönen, komplizierten Dessous eingekleidet; und die zwei störenden Felsen auf der vierten Terrasse unterhalb des Hauses ziert jetzt etwas, das bemerkenswert einem spitzen Büstenhalter im Stil der Fünfzigerjahre ähnelt.

*

Ah!, sagt Anna, als sie Rose die Hand reicht, sie hatte gehört, bei uns sei eine Freundin zu Besuch. Eine Akrobatin, stimmt's?, fragt sie und sieht Rose hoffnungsvoll an. Arbeitet sie in einem Zirkus?

Ganz und gar nicht, erwidere ich verblüfft. Natürlich unterziehe ich Rose jetzt einem strengen Verhör bezüglich jeder auch nur annähernd akrobatischen Verhaltensweise, der sie in letzter Zeit nachgegangen sein könnte. Nach anfänglichem Leugnen gesteht sie, dass sie am Ende ihrer frühmorgendlichen Spaziergänge immer den Saumpfad hinunterschlendert, um sich an der Ruhe und dem Frieden der Bucht von Diano Marina zu erfreuen. Sobald sie den vermeintlich verlassenen Strand erreicht hat, führt sie eine halbe Stunde lang Tai-Chi-Übungen durch. Sie ahnt natürlich nicht, dass sich hinter jedem Paar grüner Fensterläden, die auf die Bucht blicken, ein Paar Augen verbergen, die jede ihrer Bewegungen fasziniert verfolgen.

Als er und Tonino sich daranmachen, das Holz für unser Mittagessenfeuer aufzuschichten, wuchtet sich Ciccio ein beachtliches Stück Stamm auf die Schulter und klappt dann mit schmerzverzerrtem Gesicht abrupt zusammen. Sein Nacken ist wieder »festgenagelt«. Keine Ahnung, warum: Im Restaurant hat es in letzter Zeit keinerlei Ärger gegeben. Hat er vielleicht zu viel *aria* abbekommen? Rose, die sich normalerweise auf derlei Dinge versteht, fordert ihn auf, sich mit gekreuzten Beinen auf den Boden zu setzen, und behandelt den betroffenen Bereich mit einer sehr professionell aussehenden Massage, auf die der Patient allerdings offenbar nicht anspricht.

Nun stellt sich Anna der medizinmännischen Herausforderung. Sie braucht lediglich drei Gläser, sagt sie – die finden wir in der Außenspüle hinterm Haus. Und die Flasche Öl, die neben dem Gasherd steht. Ach ja, und die Schachtel Streichhölzer. Und ein Stückchen Stoff, möglichst trocken, aus dem Haufen in der Ecke. Ja, dort drüben. Es muss allerdings Baumwolle sein, nichts Synthetisches. Sie brennt ein Eckchen an, schnüffelt prüfend. In Ordnung. Jetzt drei Fünfhundert-Lire-Münzen (sofort fangen wir alle an, in unseren Taschen zu kramen) und ein Stück Faden – ah ja, da hängt ihr ja einer aus der Schürze. Rose, ein Fan alternativer Behandlungsmethoden, ist fasziniert: Was wird Anna mit diesem Sammelsurium von Sachen wohl anfangen?

Die Behandlung beginnt: Jede Münze wird in ein kleines, vom Stück Stoff abgerissenes Quadrat eingewickelt und mit dem Faden verschnürt, so dass sie wie ein winziges Weihnachtspaket aussieht. Jetzt werden die hervorstehenden Ecken Stoff mit Olivenöl getränkt. Ciccio wird aufgefordert, ins Haus zu gehen und sich hinzulegen, und die kleinen öligen Bündel werden ihm, mit der flachen Seite nach unten, rings um die schmerzende Stelle aufgelegt. Anna reißt ein Streichholz an und hält die Flamme an die aufragenden Zipfel von öldurchtränktem Stoff. Sobald sie Feuer gefangen haben, stülpt sie die Gläser über die Flammen. Es freut mich, meinen Lesern mitteilen zu können, dass das Feuer schon nach ein, zwei Sekunden aus Sauerstoffmangel verlischt, so dass der Patient *nicht* bei lebendigem Leibe verbrennt. Jetzt aber beginnt das Fleisch unter dem Glas, langsam und beängstigend, wie in einem Albtraum Steven Spielbergs, sich gleichsam aus freien Stücken blasig aufzuwerfen. Die entstandene Beule wird röter und röter, geschwollener und praller, je mehr

Blut in sie hineingesogen wird, bis sie schließlich das Glas zur Hälfte ausfüllt; während die Haut ringsum sich zu einer maßlos vergrößerten Orangenschale runzelt. Nur gut, dass der Patient Roses Gesicht nicht sehen kann – oder auch meines: Unsere von Abscheu entstellten Mienen würden schwerlich zum Heilungsprozess beitragen.

Jetzt braucht er nur noch zehn Minuten lang still zu liegen, sagt Anna, und er ist wieder kerngesund. Und sie eilt geschäftig wieder hinaus, um sich weiter um das Mittagessen zu kümmern. Rose und ich könnten beschwören, dass wir diese Behandlungsmethode, zusammen mit Aderlass und Blutegeln, schon irgendwo abgebildet gesehen haben, als Beispiele für sinnlose und absurde mittelalterliche Heilpraktiken. Und machen uns entsprechend Sorgen. Aber nach zehn Minuten taucht Ciccio wieder auf und behauptet, wieder topfit zu sein. Und wenn ich jetzt so darüber nachdenke, scheinen Blutegel neuerdings ja auch eine Art Comeback zu feiern.

Wie immer außerstande, die Kocherei jemand anders zu überlassen, hat Ciccio die Regie über die *bracia*, das zu bloßer Glut heruntergebrannte Feuer, an sich gerissen (wehe dem, der in diesem Land versucht, etwas über einem Feuer zu grillen, das auch nur das kleinste Flammenzünglein aufweist!) und verteilt schon bald gegrillte Schnitzen Fenchel und geviertelte rote Zwiebeln, die er zuvor mit Hilfe eines buschigen Zweigleins Rosmarin vom Strauch neben der Tür mit Olivenöl bepinselt hat. Am Rand des Grillrosts brutzelt eine Witzfigur von einem Hühnchen – das aussieht, als sei es von einer Dampfwalze überfahren worden – still vor sich hin; Ciccio hat das Tier irgendwie aufgeschnitten und flach gedrückt, damit es umso besser gart. Der Vogel mag lächerlich aussehen, aber er duftet schon jetzt mehr als verführerisch. Keinerlei Kräuter oder Gewürze: nur Hühnchen pur. Das Olivenholz allein wird ihm ausreichend Würze verleihen. Neben das platt gewalzte Huhn kommen hauchdünne Scheibchen eines dunklen Fleisches, die beim Garen goldbraun und knusprig werden, etwa wie Fleisch-Chips: Annas Beitrag zu unserer Mahlzeit, und absolut köstlich. Völlig uninteressant für Rose, die sogar noch weniger begeistert erscheint, als man uns mitteilt, es handle sich dabei um Scheibchen von Rinderherz.

Roses Vegetariertum ist für den armen Tonino völlig unbegreiflich, und er redet ihr immer wieder zu, doch ein wenig vom Hühnchen zu nehmen, Huhn zähle doch schließlich nicht als Fleisch! Die »Hühnchen-ist-kein-Fleisch«-Theorie hat sich Rose, seit sie in diesem Lande weilt, schon etliche Male anhören müssen, und ich sehe ihr an, dass sie kurz davor steht zu explodieren. Aus Angst, sie könnte verhungern, grillt ihr Ciccio etwas *bruschetta*. Wie viel Theater ausländische Essensfetischisten darum auch veranstalten mögen, ist *bruschetta* nichts anderes als Toast. Dem klassischen Rezept zufolge röstet man sich eine Scheibe Brot, halbiert eine Knoblauchzehe, reibt mit der Schnittstelle das Brot energisch ein, und fertig ist die Chose. Öl oder Butter braucht man nicht zuzugeben, da das heiße Brot die ätherischen Öle des Knoblauchs nebst dessen Aroma in sich aufsaugt. Verboten ist es allerdings nicht. Und wenn man mag, kann man das Brot auch mit einer aufgeschnittenen Tomate abreiben. Sehr lecker, in einer ansonsten toastfreien Zone wie Italien.

Um Rose weitere Qualen zu ersparen, beschließe ich, mich über sämtliche hiesigen diätetischen Regeln hinwegzusetzen und den Käse gleich aufzutischen. Warum sollte sie ihn nicht gleich essen, wenn sie möchte, zu ihrer *bruschetta*? Köstlich, sagt Rose. Der Frische, unorthodoxerweise auf ihre getoastete Scheibe geschmiert, ist mild und sahnig. Der Reife duftet scharf und aromatisch. Keiner von beiden hat dieses Ziegenbock-Aroma, vor dem sie sich gefürchtet hatte. Jetzt wird sie den Käse-im-Glas probieren. Sie öffnet ihn und zuckt entsetzt zurück, um mir das Gefäß mit tränenden Augen und zugehaltener Nase zu reichen. Ich schnüffle daran. Ganz schön stinkig. Mit möglichst weit ausgestreckten Armen stochere ich mit dem Messer ein wenig darin herum. Sobald sich die Dämpfe der ersten Explosion ein wenig verzogen haben, ist er ja vielleicht gar nicht so übel. Tonino reißt mir das Einmachglas aufgeregt aus der Hand. *Bruss!* Ist das wirklich *bruss?*, fragt er, während das einheimische Kontingent unserer Runde sich aufgeregt um ihn drängt. Das Zeug ist heutzutage offenbar so gut wie gar nicht mehr zu bekommen. Tonino ist hellauf begeistert.

Auf allseitiges Drängen hin probiere ich einen Bissen davon auf einem Eckchen meiner *bruschetta*. (Wie leicht lassen sich jahrhundertelange Traditionen über Bord werfen!) Schmackhaft, aber unglaublich scharf, als sei er voller Chili. Das liegt daran, dass er so reif ist, meint Anna. Den gibt es auch jünger, dann ist er viel milder. *Wovon* die reife Version dieser Käsespezialität tatsächlich voll ist, erfahre ich, sobald ich zu Ende gekaut habe: nicht Chili, sondern einer Art mikroskopisch kleiner Käsemilben. Wenn man aufmerksam ins Glas schaut, sieht man tatsächlich, wie der Käse davon wimmelt. Rose steht auf und macht einen kleinen Spaziergang.

Nun wendet sich das Gespräch der Frage nach der Herkunft dieses wundersamen Stoffs zu. Wer hat ihn gemacht? Wo habe ich ihn bekommen? Kann ich ihnen auch was besorgen? Als Ciccio Tommaso als den Urheber nennt, wundern sich Anna und Tonino sehr. Was denn, ist er schon aus dem Gefängnis raus? Großzügig überlasse ich das Glas unseren freundlichen Gastgebern als Geschenk. Bin ich auch wirklich sicher? Will Ciccio den Käse nicht haben? Nein, den will er ganz bestimmt nicht, sage ich und werfe ihm einen warnenden Blick zu. Wir haben schon so mehr als genug Ungeziefer im Haus. Bitte nehmt das Ding und behaltet's.

33

Es ist an der Zeit, Rose einem richtigen ligurischen Zwanzig-Gänge-Menü auszusetzen. Schluss mit den Kuhherzen und Käsemilben! Wir sitzen in unserem absoluten Lieblingsrestaurant, »Da Maria«, oben in Cosio d'Arroscia, Patrizias Heimatort. Wir sind mit der üblichen Freundesschar aus Diano in dem üblichen halben Dutzend Autos hergefahren, mit den üblichen viertelstündlichen Zwischenstopps, um uns zu vergewissern, dass niemand unterwegs abhanden gekommen ist – eine absonderliche italienische Sitte, die zu kritisieren ich längst aufgegeben habe, da es schlechterdings unmöglich ist, einem Italiener begreiflich zu machen, dass sie überhaupt absonderlich *ist*. Jahrelang habe ich mich lediglich bemüht, mich an derlei Veranstaltungen nicht zu beteiligen – Lucy und ich hatten es darin zu einer wahren Meisterschaft gebracht. Man brauchte sich nur eine triftige Ausrede dafür auszudenken, warum man selbst früher aufbrach (auf keinen Fall später, denn dann hätten die anderen einfach auf einen gewartet), so dass man mit dem eigenen Auto fahren konnte und nur einmal anzuhalten brauchte, nämlich am Ziel. Aber das ist natürlich alles vorbei, seitdem ich mit Ciccio zusammen bin, der, wie ich vielleicht schon erwähnt habe, seines Zeichens selbst Italiener ist und an demselben konvoibildenden Herdeninstinkt leidet wie der Rest seiner Nation.

Ich freue mich riesig darauf, Rose dabei zu erleben, wie sie zum ersten Mal in ihrem Leben ein richtiges ligurisches Gebirgsessen erlebt. Und was ihr Vegetariertum anbelangt, brauche ich mir in Cosio auch keinerlei Sorgen zu machen, denn die Küche des ligurischen Hinterlands ist ohnehin zum allergrößten Teil vegetarisch, und mit dem Fleischgericht braucht man nicht zu rechnen, bevor man sich nicht durch gut fünfzehn *antipasti* und zwei verschiedene Pastagerichte hindurchgefuttert hat (ja, die Kunst bei solchen traditionellen Abendessen besteht vielmehr darin, überhaupt noch genügend Platz im Magen freizuhalten, damit auch nur ein kleiner Bissen vom Fleischgang hineinpasst). Der Mann der namensgebenden Maria hat unseren Tisch-für-fünfzehn bereits gedeckt und mit Brot, Wasser und Wein versehen und erscheint schon binnen weniger Minuten mit dem ersten Gericht. Das ist das Herrliche an diesen Lokalen hoch oben auf den Hügeln: Es gibt keine Speisekarte, man bestellt nicht, man lässt es einfach auf sich zukommen im ruhigen Bewusstsein dessen, dass es solch gewaltige Mengen zu essen geben wird, dass man gefahrlos alles ablehnen kann, was einem nicht schmeckt, und den Tisch trotzdem pappsatt verlassen wird. Ich achte darauf, mir einen Sitzplatz in gebührender Entfernung von Osvaldo zu suchen, der zusammen mit Giusi in einem der anderen Autos gekommen ist, damit mir nichts den Abend verderben kann.

Hier kommt also Antipasto Nummer eins. Signor Maria macht die Runde durch das Restaurant und legt jedem Gast eine Portion auf den Teller: *frisceui di borraggine*, in Ausbackteig getauchte und knusprig frittierte ganze Borretschblätter. Jedem eines, und hätte jemand gern noch eins extra? Es sind noch ein paar übrig. Der Wirt verschwindet in der Küche und kehrt mit einem großen Teller Zucchini-Blüten zurück – gefüllt mit Parmesan, Ei und Semmelbrösel. Als Nächstes gebratene Steinpilzscheibchen; jetzt gegrillte rote Paprikaschoten mit Sardellen (o weh – wird Rose irgendwelche Einwände gegen den Fisch erheben? Nein.) Winzige aufgerollte Pfannküchlein mit einer Füllung aus geschmolzenem Ziegenkäse; Quadrätchen von knuspriger Focaccia mit Oliven; weitere mit Tomate. Für jeden eine kleine dicke frische Salami. Eine Scheibe Honigmelone mit Parmaschinken. Dreiecke von *torta verde*: »grüner Torte« aus Spinat, Ei und Reis. In Weißwein geschmorte Artischocken. Im Ofen gebackene gefüllte Zwiebeln. Scheiben von Polenta mit einer lukullischen Trüffelsauce. Hälften von frischen Tomaten, gefüllt mit weicher Ricotta und fein gehackten Frühlingszwiebeln. Gegrillte Auberginenscheiben mit samtiger Tomatensauce.

Quadrätchen von *bruschetta* mit Olivenpâté. In Olivenöl eingelegte Batzen von *toma* (aus Ivanas Produktion?). Ein knoblauchduftendes Auberginenpüree. Ein Esslöffel eingelegter winziger Waldpilze. Weitere Tomatenstücke, diesmal mit einer Käse-Pesto-Mixtur. Blätterteigpastetchen mit sahniger Hühnchenfüllung. (Kurze Diskussion. Natürlich kann Rose das essen, meint das italienische Kontingent. Das ist kein Fleisch, es ist Geflügel!) Hauchdünne Scheiben von rohem Rindfleisch, in Olivenöl und Zitrone mariniert. Nein. Eine Scheibe *cima alla Genovese* – kalte Kalbsbrust nach Genueser Art, gefüllt mit den verschiedensten Dingen: Erbsen, Eiern, Zwiebeln, Käse, Semmelbröseln. Wieder nein. Knusprig frittierte Froschschenkel. Paletta beteuert, die seien auch kein Fleisch, aber Signor Maria hat seine Lektion gelernt. Er verkneift sich jede Bemerkung und geht an Rose vorbei. Die letzten paar Köstlichkeiten sind für Rose von keinem großen Nutzen, und Parmaschinken und Salami hat sie auch übersprungen, aber dennoch bleibt für sie eine beeindruckende Menge Gemüse. Man kann sich durchaus vorstellen, wie diese Küche entstanden ist – Generationen von Hausfrauen mussten sich immer neue Methoden ausdenken, einen Haufen nicht gerade kalorienreicher Produkte von Vaters Land – den einzigen Dingen, wovon es immer ausreichende Mengen gab – irgendwie aufzumöbeln und in etwas Substanzielles und Sättigendes zu verwandeln. Schaut euch zum Beispiel die *cima* an: Jede Scheibe besteht zu neunzig Prozent aus Füllung, die außen nur von einer ganz dünnen Hülle Fleisch zusammengehalten wird. Oder die *frisceui*; oder etwa den Pesto, die berühmteste ligurische Spezialität überhaupt. Alles wird, auf welche Weise auch immer, mit ein paar zusätzlichen Kalorien angereichert: Öl, Mehl, Semmelbrösel, Käse, Pinienkernen. In diesen unseren perversen Zeiten vergisst man allzu leicht, dass während des größten Teils der Menschheitsgeschichte – und selbst noch heutzutage im größten Teil der Welt – Kalorien dasjenige waren und sind, was über Leben oder Verhungern entscheidet. Noch leichter vergisst man es, wenn man gerade bei Maria schlemmt. Es spielt keine Rolle, wie viel Arbeit man in die einzelnen Gerichte investieren muss – das Geld ist knapp, und die eigene Arbeit kostet nichts. Pasta zum Beispiel: Stunden um Stunden, die man in der Küche verbringen muss – aber schließlich hat man etwas, das letzten Endes nur ein Gemisch aus Wasser und Mehl war, in ein nicht nur essbares, sondern ausgesprochen *leckeres* Nahrungsmittel verwandelt.

Und jetzt kommt die Pasta – der *primo piatto*. Eine unmöglich zu treffende Entscheidung zwischen *trenette*, der hiesigen abgeflachten Version der Spaghetti, und *maltagliati* (»Schlechtgeschnittenen«), großen dünnen, grob zugeschnittenen Teigstücken, sowie zweierlei Saucen: einem sahnigen Walnuss-*sugo* und leuchtend grünem Pesto, ganz frisch zubereitet aus den Fudern von Basilikum, die in die Küche geschafft wurden, gerade als wir ankamen. Ich löse das Problem, wie fast alle anderen am Tisch, dadurch, dass ich von jedem ein bisschen probiere. Beide Gerichte sind so köstlich, dass ich sie, eigentlich ohne das kleinste bisschen Appetit mehr zu haben, in null Komma nichts verputze. Es freut mich zu sehen, wie Rose die Augen aufreißt, als die leeren Pasta-Teller abgeräumt und durch neue, flache ersetzt werden. Aber sie hat ihre Pflicht getan und kann ihrem Verdauungsapparat ein Ruhepäuschen gönnen. Für sie fällt der Fleischgang aus; während *mir* noch die letzte, schwerste Prüfung bevorsteht. Der *secondo piatto*. Und ja, da kommt er auch schon: eine Platte hoch getürmt mit Fleisch. Duftendes Kaninchen *alla Ligure*, mit Unmengen Oliven und Thymian, sowie in einer schweren, dicken Sauce geschmortes Wildschwein.

Rose scheint der Anblick so vielen toten Getiers Höllenqualen zu bereiten, also empfehle ich ihr, sich so lange die Beine zu vertreten und das äußerst eindrucksvolle Klo zu bewundern. Tatsächlich ist es nicht das Klo an sich, aber ich möchte ihr die Überraschung nicht verderben. Das Restaurant betritt man ganz normal von der Straße aus, weshalb man natürlich davon ausgeht, auf festem Grund und Boden zu sitzen, während man eifrig mit Messer und Gabel zugange ist. Dementsprechend überwältigt ist man, wenn man, nichts Böses ahnend auf dem Weg zur Toilette, durch die Hintertür hinausgeht und sich auf einem schmalen Wandelgang wiederfindet, gut dreißig Meter über einem Wildbach schwebend, der durch eine tief eingeschnittene Schlucht donnert.

Seit Rose vom Tisch aufgestanden ist und die Bar passiert hat, wo die übliche Ansammlung knurriger alter Männer herumsitzt, Karten spielt und an ihren Gläsern Rotwein oder verdauungsfördernden Spirituosen nippt, tut sich da hinten etwas. Es wird geschwatzt und gestikuliert und mit Ellbogen gestupst. Patrizia sagt, einer der Greise sei ein entfernter Verwandter von ihr, und winkt ihm zu. Hat die Unruhe etwas mit ihr zu tun? Nein, wohl doch nicht. Schließlich kommt der Wirt mit einer Flasche Wein und einem breiten Grinsen im Gesicht an unseren Tisch. Die *signori* in der Bar, sagt er, möchten das der akrobatischen Dame ausgeben, zum Dank für die allmorgendlichen Vorstellungen, die sie auf dem Strand von Diano zum Besten gibt. Als Rose (zu meiner Freude sichtlich berührt von ihrem Abgrund-Erlebnis) von der Toilette zurückkommt, erhebt sich der falkenäugige alte Herr, der sie erkannt hatte, von seinem Stuhl und schüttelt ihr zu ihrer großen Verwunderung enthusiastisch die Hand.

Doch wie konnte ich auch nur einen Augenblick lang geglaubt haben, Rose würde auf ihren *secondo* verzichten müssen? Hier in Cosio ist es für die Köchin zweifellos eine Frage der Ehre, dass niemand das Lokal verlässt, solange er noch einen Kubikmillimeter Platz in seinem Verdauungsapparat hat. Und so wird jetzt ein weiterer Teller aufgetragen, der einzig und allein für Rose bestimmt ist. Darauf thronen, barsch und ohne jeden dekorativen Firlefanz, zwei gewaltige Batzen Käse – einer davon ein ganzes Viertel *pecorino primo sale* – und eine ganze Ochsenherz-Tomate, die nicht viel kleiner als ein Fußball sein dürfte.

Rose kann gar nicht glauben, dass jemand annehmen könnte, sie sei noch hungrig; noch weniger, dass dieser Jemand ihr nach einer solchen Flut von erlesenen und kunstvoll zubereiteten Köstlichkeiten ein bis zwei Pfund absolut unverfremdeten Käse und eine gigantische rohe Tomate auftischt. Die arme Maria muss, seit wir ihr mitgeteilt haben, dass es eine Vegetarierin unter uns gibt, verzweifelt mit dem *secondo*-Problem gerungen – und schließlich kapituliert haben. Was konnte einen würdigen Ersatz für einen gewaltigen Haufen erstklassiger tierischer Proteine darstellen? Selbstverständlich nur etwas besonders Massives, Nahrhaftes ...

Als wir bei Kaffee und *digestivi* angelangt sind (das Dessert übergehe ich mit Stillschweigen: daran konnte ich mich ohnehin nicht mehr beteiligen), setzt sich Roses betagter Fan unter dem Vorwand, ein bisschen mit unserer Patrizia plauschen zu wollen, zu uns an den Tisch, und starrt meine Freundin unverwandt vergötternd an. Rose ist fast eins achtzig groß, und es gibt nichts, was ein älterer Ligurer mehr bewundern würde als eine richtig schön große Frau. Besonders, wenn sie ordentlich was auf den Rippen hat. Patrizia macht uns miteinander bekannt: Das ist Orlando, und er wohnt nur ein paar Türen von ihrer Cousine und Großmutter entfernt. Unglücklicherweise ist Osvaldo hinten in seiner Ecke gerade dabei, sich über seine üblen politischen Ansichten zu verbreiten. Bald schnappt Orlando einen Gesprächsfetzen auf, und schon ist der Teufel los. Was soll das heißen, »die guten alten Zeiten unter Mussolini«? Orlando könnte ihm das eine oder andere über die guten alten Faschisten von Pieve di Teco erzählen, wo er damals noch wohnte! Möchte Osvaldo vielleicht wissen, wie die einen dazu brachten, ihrer Jugendorganisation beizutreten – falls man sich nicht freiwillig dazu hatte durchringen können? Eines Tages standen ein paar schmächtige picklige Halbwüchsige im Schwarzhemd vor deiner Haustür, riefen deine Eltern heraus auf die Straße und fingen an, sie vor den Augen ihrer Kinder, Nachbarn und etwaiger Passanten mit

Ohrfeigen und Fußtritten zu traktieren: als Strafe dafür, dass sie dich angeblich davon abgehalten hatten, dich freiwillig zu melden. Deine Eltern konnten sich gegen die Rotznasen nicht wehren, da solche Jugendabordnungen ihre Hausbesuche immer nur in Begleitung von zwei gut gebauten, ausgewachsenen und bewaffneten Schwarzhemden absolvierten. Also ging man hin und trat dem Verein bei, um seinen Eltern weitere Demütigungen zu ersparen. Ist *das* die glückliche Welt, nach der sich Osvaldo zurücksehnt?

Alles Lügen, erklärt mir Osvaldo später, als wir zu unseren Autos gehen. Kommunistische Propaganda. Hier in der Gegend sind alle alten Leute Kommunisten, schon seit ihrer Zeit damals bei den Partisanen. Deswegen geben sie ihren Kindern ja auch Namen wie Ivana.

34

Als Franco aufkreuzt, um sich ein Bild von den nötigen Arbeiten am Dach zu machen (ja, natürlich habe ich am Ende *ihm* den Auftrag erteilt), ist Rose bereits wieder in England und Ciccio in der Arbeit. So bin ich ohne jede moralische Unterstützung, als Franco mir locker-flockig mitteilt, er habe sich hier mit dem *geometra* verabredet, der in einer halben Stunde da sein werde.

Was, der amtliche *geometra*? Von der *Regione*? Aber hat uns nicht jeder, den wir wegen unseres Dachbauprojekts gesprochen haben, eingeschärft, wir sollten die Behörden damit bloß nicht weiter behelligen? Dieser *geometra* ist so etwas wie ein Kreisoberbauinspektor! Ist Franco etwa vom Antikorruptions-Virus infiziert worden, das seit einiger Zeit sein Land heimsucht: den Richtern der heroischen *mani-pulite*- oder »Saubere-Hände«-Bewegung? Schwer vorstellbar. Franco wäre eigentlich der Letzte, von dem man so etwas erwarten würde.

Keine Zeit für weitergehende Befragungen. Der *geometra* ist bereits da, erscheint gerade hinter dem Felsblock. Franco macht uns miteinander bekannt. Ich habe ihn schon mal gesehen – er ist einer der wenigen Studierten in den Dreißigern, die nicht den Staub der Heimat von den Füßen geschüttelt und ihr Glück anderweitig gesucht haben. Er trägt den kurz geschorenen Bart und das rote T-Shirt der »Neuen Ligurität«, und er spricht mit Franco Dialekt, wenn auch mit einer gewissen Befangenheit. Jahrzehntelang wurde von Leuten mit höherer Schulbildung erwartet, dass sie ihre Mundart zugunsten des Italienischen aufgaben: Für den *geometra* muss dies also einem bewussten politischen Bekenntnis gleichkommen. Alles schön und gut: scheint ein netter Typ zu sein, löblich, dass einige Leute anfangen, ihren Dialekt ernst zu nehmen. Das alles bedeutet aber trotzdem nicht, dass er mir willkommen wäre.

Und es ist sogar noch schlimmer, als ich erwartet hatte: Noch bevor er das Dach auch nur eines Blickes gewürdigt hat, ist der *geometra* auf meine kleine, harmlose Speisekammer aufmerksam geworden, hat sich auf sie gestürzt und erklärt, dass sie aller Wahrscheinlichkeit nach *abusiva* ist.

Was passiert denn, wenn man eine abusive Speisekammer hat?, frage ich bang.

Ah, sagt der *geometra* und kratzt sich zerstreut den Bart, dann muss man eine hohe Geldstrafe zahlen; oder man kann sie wieder abreißen.

Okay. Warte, bis dieser Kerl weg ist (Gianluca heißt er), und Franco ist ein toter Mann.

Und das Dach, fährt er fort, wäre wahrscheinlich auch *abusivo*, wenn wir es wieder so aufbauen würden, wie es jetzt ist, denn der verandaartige Vorbau ist in der *catasta*, im Vermessungsamt, nicht eingetragen, und er vergrößert die Wohnfläche des Hauses um gut fünfzehn nicht amtlich genehmigte Quadratmeter. Die Geldstrafe (rechne ich rasch im Kopf um) würde sich auf mehrere tausend Pfund belaufen. Falls man mir überhaupt erlaubte, das Ding stehen zu lassen, heißt das.

Aber, stottere ich, die ist doch schon immer da gewesen!

Nun, in dem Fall, räumt er ein, könnte es in Ordnung sein. Solange sie vor 1967 angebaut wurde.

Ich habe keine Ahnung, wann sie angebaut wurde, sage ich, aber wenn wir sie abreißen würden, hätten wir auf dieser Seite des Hauses überhaupt keinen Schatten mehr!

Oder, fährt Gianluca fort, ohne mir die geringste Beachtung zu schenken, wir könnten den nächsten *condono* abwarten; der, wie er sagt, entgegen der Volksmeinung keineswegs nur beim Tod eines Papstes ausgerufen wird, sondern jedes Mal dann, wenn die Regierung besonders knapp bei Kasse ist. Also in der Regel alle vier bis fünf Jahre, fügt er düster hinzu.

Obwohl er das Thema selbst zur Sprache gebracht hat, scheint ihm meine Nachfrage, wann genau mit dem nächsten *condono* zu rechnen sein könnte, zutiefst zu missfallen. Sein Land ist ein Schweinestall, sagt er und fixiert mich mit unheilvoll anklagendem Blick. Bestechung und Korruption werden niemals enden, für Italien besteht nicht mehr die geringste Hoffnung. Was hat es für einen Sinn, Bauvorschriften zu erlassen, wenn jeder weiß, dass er nach Belieben drauflosbauen kann und dann nur auf den nächsten *condono* zu warten braucht?

Da muss ich ihm Recht geben. Ich würde diesen *geometra* gern fragen, wie er zu systematischem Mogeln bei Prüfungen steht. So wie er klingt, könnte er durchaus einer der wenigen Menschen in diesem Lande sein, die das nicht hundertprozentig gutheißen. Aber dies ist nicht der geeignete Augenblick, um ins Grundsätzlich-Allgemeine abzudriften. Denn natürlich ist unsere Veranda ganz winzig, sie ist mit den gleichen alten Ziegeln gedeckt wie der Rest des Hauses, sie fügt sich perfekt in die Umgebung ein und ist (wie übrigens der Rest des Hauses), außer man steht direkt davor, vollkommen unsichtbar. Wobei das neue Dach haargenau so aussehen wird wie das jetzige – wir werden sogar die alten Ziegel wiederverwenden... Und die Speisekammer ist gerade mal ein paar Quadratmeter groß, und an der Stelle stand zuvor ohnehin ein Schuppen, so dass sich am Haus von außen überhaupt nichts geändert hat... Und überhaupt, von wegen Ungerechtigkeit, unmittelbar hinter dem Bergrücken, im nächsten Tal, sprießt ein – treffenderweise *La Monade* genannter – abscheulicher Komplex haziendaartiger Villen aus dem Boden, deren Bauherren sich ganz offensichtlich um keine einzige der Regeln und Vorschriften zu scheren brauchen, die jetzt bei meinem armen kleinen Häuschen Anwendung finden sollen...

Wie sich nun herausstellt, hat der *geometra*, der während meiner wütend-flehentlichen Philippika alles, nur nicht mich angesehen hatte, schon vollends aufgehört, mir überhaupt zuzuhören, und lässt mich einfach so stehen, mitten im Satz, um meine (vorschriftswidrige?) Außentreppe hinunterzusteigen und sich mit Franco zu einem Gespräch unter vier Augen zurückzuziehen. Die Unterredung findet hinter dem dicken, knorrigen Stamm unseres ältesten, ausladendsten Olivenbaumes statt. Ich erspähe zwar gelegentlich emphatisch gestikulierende Arme (Franco), einen amtlich vorgereckten Zeigefinger (Gianluca), aber nichts davon gestattet mir weitergehende Schlussfolgerungen. Zu guter Letzt verlassen die beiden ihren lauschigen Konferenzraum, ein Handschlag, und Gianluca entfernt sich in Richtung Straße, ohne mir auch nur zum Abschied zu winken, als habe die ganze Transaktion nicht das Geringste mit mir zu tun gehabt.

Alles geregelt, sagt Franco und springt behände zu mir herauf auf die Terrasse (dort kaue ich seit einigen Minuten auf den Nägeln herum), wobei er einen kleineren Steinschlag verursacht. (Warum, o warum nur können die Leute nicht die Treppe und die Pfade benutzen?)

Wozu hat er ihn hergeholt?, frage ich Franco. Ist er völlig übergeschnappt?

Es ist doch immer besser, nach Möglichkeit alles offen und ehrlich zu machen, oder?, entgegnet Franco, mit einer Miene wie die personifizierte Rechtschaffenheit. Und das von *ihm*? Beängstigend. Doch jetzt breitet sich ein Grinsen über sein Gesicht aus, und er legt den wohlbekannten Zeigefinger unter das Auge. Wenn er hier mit Pferden und allem Brimborium anrückt, sagt er, bekommen zwangsläufig eine Menge Leute Wind davon. Wenn wir versuchen, die Arbeit still und heimlich über die Bühne zu bringen, könnten sie sich leicht auf den Schlips getreten fühlen, uns anzeigen und die Einstellung der Arbeiten erzwingen. Es könnte sogar dazu kommen, dass mir untersagt wird, mein Haus zu betreten, bis man die ganze Angelegenheit gerichtlich geklärt hat. Das muss ich mir mal vorstellen. Das Haus ohne Dach. Und das möglicherweise jahrelang – bis der Fall eben zur Verhandlung kommt. Nein, nein. So ist es schon am besten. Man muss die Behörden von vornherein aufscheuchen. Na, das ist uns mit Sicherheit prächtig gelungen!, sage ich. Wie soll ich jetzt die Bußgelder bezahlen? Auf wie viel sich die wohl belaufen werden?

Bußgelder?, sagt Franco, während er sich auf seine gewohnte Stufe setzt und sich den Hut entspannt-beruhigend in den Nacken schiebt. Ich soll mich bloß nicht wegen irgendwelcher Bußgelder verrückt machen. Es ist alles in Ordnung. Wir können anfangen, sobald es mir passt.

Wirklich? Wie durch und durch rätselhaft dieses Land doch ist…

*

Sobald Franco in seiner Ape davongeknattert ist, schwinge ich mich auf meinen *motorino* und sause reifenquietschend hinunter zum Restaurant, um ein zweites Gutachten über die Sachlage einzuholen. Und über Fränkie Messers Geisteszustand. Kein Problem, lautet das Urteil Ciccios und Patrizias, die jetzt, da Alberto wieder in der Schule ist, nebenbei ein bisschen kellnert. Natürlich hat das nichts mit etwaigen Antikorruptionsbestrebungen zu tun! Bin ich denn übergeschnappt? Außerdem, fügt Patrizia hinzu, würde sich die *Regione* nur dann mit einer so popeligen Angelegenheit wie meinem Dach befassen, wenn jemand sie durch eine richtige, formelle Anzeige dazu zwänge. So etwas passiert aber nur, wenn man sich einen Nachbarn zum Feind macht – etwa wenn man ein neues Fenster einbaut, das einem Einblick in dessen Badezimmer verschafft, oder wenn man seine Aussicht verbaut hat oder irgendetwas in der Richtung. Oder aber, wenn man irgendetwas anderes getan hat, das nicht das Geringste mit der Baumaßnahme zu tun hat, wodurch man aber diesen Nachbarn gegen sich aufgebracht hat, und er es einem jetzt heimzahlen möchte. Aber ich hab ja schließlich keine Nachbarn, oder? Also ist alles in bester Ordnung.

Ich habe *sehr wohl* Nachbarn, sage ich, auch wenn sie nicht direkt da wohnen. Und wie oft ich Nino schon geärgert habe! Erinnert euch, wie er alles jahrelang in sich hineingefressen hat, bevor er endlich explodiert ist ... obwohl ich ja nicht glaube, dass er so weit gehen würde, mich zu verpetzen – jedenfalls nicht, solange er nicht bis zum Äußersten getrieben wird. Was aber durchaus der Fall sein könnte, füge ich hinzu und durchbohre Ciccio mit einem bitterbösen Blick, falls er jemals herausfinden sollte, dass wir seine Oliventerrassen als ungenehmigte Mülldeponie zweckentfremdet haben. Aber was, wenn ich Ugo unwissentlich eine schwere Kränkung zufüge ...? Letztes Jahr haben wir unabsichtlich den Zugang zu seinen Terrassen eine Woche lang blockiert ... Und dann ist da noch der seltsam schweigsame Mann mit dem langen Bart, dem das Land direkt oberhalb meines Parkplatzes gehört. Mehr als genug Möglichkeiten, ihn mit meinen Autos und *motorini* und diversen Gästen zu ärgern; und ich weiß nicht mal, was das überhaupt für ein Mensch ist. In all den Jahren hat er an Zwischenmenschlichem nie mehr zustande gebracht, als mir kurz zuzunicken. Er könnte ja sonstwer sein.

(Hier zwingt uns die Notwendigkeit, zunächst die Identität des Bärtigen zu ermitteln. Meine Mentoren können die Frage allerdings rasch beantworten. Keine erfreuliche Geschichte. Er war der Liebling der Familie, ein brillanter Kopf, glänzendste

Aussichten, ab auf die Uni und alles; dann aber starb sein Vater, und das Geld wurde knapp, und er musste sein Studium abbrechen und zurückkommen, um die Familie zu unterstützen. Also sprach er fortan kein Wort mehr und ließ sich einen Bart wachsen.)

Wir kehren zum eigentlichen Thema zurück: meiner fixen Idee, es müsse immer alles korrekt und amtlich ablaufen. Alberne Vorstellung. Zieh die Sache einfach durch, warte den *condono* ab und zahl die Geldstrafe; kurz: Benimm dich wie ein normaler Mensch.

Offenbar bleibt mir nichts anderes übrig, als mich auf die faszinierende Kartenhaus-Welt aus erwiesenen und geschuldeten Gefälligkeiten einzulassen. Vermutlich funktioniert das wirklich so – solange jeder etwas hat, worüber er sich Sorgen machen kann, traut sich niemand, jemand anderem Ärger zu machen. Tritt niemandem auf die Füße, und dir kann nichts passieren.

*

Eine eingehendere Lektüre von *Wildlife in House and Home* lässt es ratsam erscheinen, im Falle einer Erneuerung des Dachstuhls sämtliche alten Balken zu verbrennen, ehe die neuen überhaupt angeliefert werden, und außerdem kesseldruckimprägniertes Holz zu verwenden. Was aber ist kesseldruckimprägniertes Holz? Franco hat noch nie was davon gehört; und natürlich glaubt er nicht, dass wir es wirklich brauchen – was immer es sein mag. Das bedeutet natürlich, dass er sich keine allzu große Mühe geben wird, es aufzutreiben. Am besten, ich nehme die Sache selbst in die Hand.

Nun folgt eine sehr stressige Zeit, während der ich versuche, besagtem Holz auf die Spur zu kommen, aber feststellen muss, dass Franco nicht allein steht: Kein Mensch in der Gegend hat je etwas davon gehört oder glaubt, wir würden es benötigen. Das Personal des »Heimwerkerparadieses« von San Pietro starrt mich verständnislos an; die Leute vom Baumarkt in Diano Marina behandeln mich, als sei ich von allen guten Geistern verlassen. Die steinalten rotnasigen Brüder, denen die Holzhandlung oben in Vessalico gehört, in der Nähe von Pieve di Teco, haben schon mal davon gehört – ja! Doch leider kennen sie niemanden, der es je verwendet hätte oder es liefern würde. Wie sie mir erklären, braucht man riesige Kessel, um das Holz druckzuimprägnieren; niemand hier in der Gegend besitzt das nötige Gerät. Ich sollte mein Glück besser in Genua oder Venedig suchen – in einer großen Stadt mit vielen bedeutenden alten Gebäuden, die man für die Touristen restauriert.

Schlimmer als der Mangel an kesseldruckimprägniertem Bauholz ist allerdings die Reaktion, die sich jedes Mal einstellt, wenn ich Francos Namen erwähne. Und von wem lassen Sie die Arbeit nun eigentlich machen?, erkundigen sich die Leute, während sie, den Telefonhörer am Ohr, auf die nächste abschlägige Antwort in Sachen druckimprägniertes Holz oder was auch immer warten. Franco, sage ich dann. Plötzliches eisiges Schweigen. Der jeweilige Verkäufer sieht auf einmal irgendwie gehetzt aus und weicht für den Rest unserer Unterredung geflissentlich meinem Blick aus. Ist das als eine Art Warnung zu verstehen? Falls ja, dann taugt sie nicht allzu viel. Keiner, der nicht schon vorgewarnt *ist*, könnte aus diesen schrecklichen bedeutungsschwangeren Gesprächspausen das Geringste herauslesen. Auf mich haben sie allerdings eine grässlich verunsichernde Wirkung. Ist mir irgendeine entscheidende Klatschgeschichte entgangen? Ist Franco am Ende gar nicht *fähig*, ein Dach zu bauen? Hat er vielleicht mal eins gebaut, das dann eingestürzt ist? Wen gibt es wohl im Dorf, der, wenn ich ihn fragte, seine Vorurteile überwinden und mir eine ehrliche Antwort geben würde?

Ich suche mir die Mittagszeit aus, um in Luigis Bar vorbeizuschauen. Da ist die Wahrscheinlichkeit am größten, dass das Lokal leer ist und lediglich Stefano die Stellung hält. Sein Vater Luigi könnte schließlich, angesichts seiner prinzipiellen Abneigung gegen jegliche Art von Klatsch, gewisse Probleme damit haben, mir eine offene Antwort zu geben, wenn sie etwas Negatives in Bezug auf Franco beinhaltete. An der Bar sitzt lediglich ein alter Mann, der sich gerade ein stärkendes Gläschen *vino nero* genehmigt. Aber selbst ein einziger Ohrenzeuge ist schon zu viel. Ich werde mit einem Kaffee Zeit zu schinden versuchen und hoffen, dass kein anderer Gast hereinkommt, bevor dieser eine gegangen ist. Ich bitte Stefano um meinen gewohnten *Sehr sehr dünnen Kaffee in einer großen Tasse* mit einem Tropfen kalte Milch. Durch jahrelange Übung bin ich endlich zu dieser Formulierung gelangt, die sich als die wirkungsvollste Weise erwiesen hat, einen Kaffee zu bekommen, der nicht, wie ein Cappuccino, zu neunzig Prozent aus Milch besteht, andererseits aber auch nicht in einen großzügig bemessenen Fingerhut passt und einem einen Herzkollaps verursacht. In Rom, habe ich festgestellt, nennen sie das »amerikanischen Kaffee«. Aber probieren Sie mal, das hier zu ordern. Sie werden sich bald gezwungen sehen zu erläutern, dass damit ein *Sehr sehr dünner Kaffee in einer großen Tasse* gemeint ist. Hier gibt es offenbar nicht genügend Amis.

Stefano ist mittlerweile an meine Launen gewöhnt und befolgt gehorsam meine Anweisungen. Sobald mein Mitgast sein Glas Wein bis zum letzten Tropfen geleert und das Lokal verlassen hat, fasse ich mir ein Herz und stelle meine Frage. Es tut mir Leid, wenn ich dich damit in eine peinliche Lage bringe, sage ich, aber ich muss unbedingt wissen, ob irgendein Grund zu der Annahme besteht, Franco-das-Messer sei nicht imstande, ein Dach zu erneuern. Sag einfach nur ja oder nein.

Kein Problem: Natürlich kann er ein Dach bauen, sagt Stefano beschwichtigend. Ich schildere ihm die absonderlichen Reaktionen, die ich in den verschiedenen Baumärkten der Provinz Imperia ernte, sobald ich Francos Namen erwähne. Das, meint Stefano, wird wohl daran liegen, dass die Leute mir als Ausländerin natürlich nicht zutrauen, dass ich es schaffen werde, Franco bei der Stange zu halten. Phuu! Und das ist wirklich alles? Gelobt sei der Herr! Ich trinke mein widerliches Gesöff mit Genuss aus, danke Stefano aus ganzem Herzen, lasse seinem Vater Grüße ausrichten und fahre endlich erleichtert die endlosen Haarnadelkurven hinauf zu meiner käferverseuchten Behausung.

35

Im Restaurant ist schon seit geraumer Zeit alles eitel Freude und Harmonie. Auch wenn gelegentlich davon die Rede war, ein Boot zu kaufen und Anglerausflüge zu veranstalten, und auf der Fensterbank ein Katalog für High-Tech-Gewächshäuser deutlich sichtbar herumliegt, ist Ciccios Suche nach einer anderweitigen beruflichen Laufbahn weitgehend eingeschlafen. Jetzt ist die Zeit des Jahres, zu der kultivierte ausländische Ferienhausbesitzer anreisen, um eine mediterrane Schlemmer-Kur zu absolvieren. Außerdem ist ein erfreulicher Ansturm italienischer Slòffuddfanatiker zu verzeichnen, ernsthaften Fressfreaks aus Turin oder Mailand, die unsere Täler systematisch abfahren und sich in jedem *frantoio* mit frisch gepressten Extra-Vergine-Ölen eindecken. Beide Sorten von Gästen scheinen das Lokal zu einer vernünftigen Uhrzeit zu verlassen; und Ciccio hat etliche von ihnen dazu überredet, ein nahrhaftes Pferdefilet zu probieren, in der klassischen schlichten Marinade von Olivenöl und Rosmarin serviert. Ein paarmal habe ich Tommaso hinten an Pierinos Tisch sitzen sehen, also kann man davon ausgehen, dass die Gäste auch guten einheimischen Käse bekommen – wenngleich ich lieber nicht wissen möchte, ob von der versteuerten oder der unversteuerten Sorte; und ebenso wenig, ob Ciccio auch den abscheulichen *bruss* in seine Speisekarte aufgenommen hat.

Aber dass in Ciccios Arbeitsumfeld – wie die Käsepreise auch seien – dauerhaft Ruhe und Frieden herrschen könnten, braucht man gar nicht erst zu hoffen. Als ich heute am frühen Nachmittag ankomme, um zusammen mit dem Personal zu essen, droht

Ciccio wieder mal, den ganzen Kram hinzuschmeißen. Diesmal sind das Problem die Tischreservierungen. Oder besser gesagt (wie ich meine), Ciccios und Franchinos Unfähigkeit, ausländischen Gästen die Notwendigkeit einer solchen Vorbestellung begreiflich zu machen. Die typische Szene spielt sich folgendermaßen ab. Vier, fünf (sagen wir) Deutsche kommen unangemeldet an, nehmen Platz und warten darauf, bestellen zu können. Als sie sehen, welch nicht enden wollende Folge faszinierender Antipasti den am Nebentisch sitzenden Italienern (wohlgemerkt: Italienern, die vorbestellt haben) serviert werden, läuft ihnen das Wasser im Mund zusammen. Ihre Geschmacksknospen blühen vor Vorfreude bereits auf. Natürlich bestellen auch sie Antipasti: und müssen erstaunt feststellen, dass sie nur halb so viele Köstlichkeiten bekommen, wie sie nebenan für die Italiener aufgefahren werden. (Natürlich werden sie für ihre Mahlzeit weniger bezahlen müssen; aber das merken sie ja – wenn überhaupt – erst viel später; und höchstwahrscheinlich sind sie auch nicht gerade zum Geldsparen hergekommen.) Noch immer nicht wenig verblüfft wegen der fehlenden Antipasti, gehen sie nun zum *primo piatto* über. Möchten Sie *penne?*, fragt die Kellnerin (Patrizia wahrscheinlich). Oder Tagliatelle? *Al pesto, al pomodoro* oder *al ragú?* Oder vielleicht von jedem ein bisschen? Oder eine schöne frische Gemüsesuppe – *minestra di verdura?*

Die Gäste zeigen jetzt auf die Schüssel voll hausgemachter Pilz-*panciotti* (»Dickbäuchlein«, eine Art überformatige Ravioli) in einer köstlich aussehenden cremigen Sauce, die gerade an den Nebentisch gebracht wird, und fragen (während sie im Stillen Mutmaßungen darüber anstellen, ob sie möglicherweise ausgerechnet die geistig zurückgebliebene Mitarbeiterin des Lokals abbekommen haben), ob sie nicht vielleicht etwas von *dieser* Pasta haben könnten.

Leider nicht, antwortet Patrizia. Es ist nicht genug davon da. Die Herrschaften am Nebentisch haben vorbestellt: *hanno prenotato*.

Selbst wenn unsere ausländischen Gäste das Wort »*prenotato*« verstanden haben sollten, werden sie natürlich annehmen, es gehe dabei um die Vorbestellung eines Tisches; und davon gibt es ja mehr als genug – wo liegt also das Problem? Sie können nicht wissen, dass die *panciotti* an diesem Nachmittag eigens für die bestimmte Anzahl von angemeldeten Gästen und in der von ihnen erwünschten Menge angefertigt worden sind. Und da es eine gute Stunde dauert, einen Schwung frische Teigtaschen zu machen, und diese dann anschließend ein paar Stunden ruhen müssen, damit man sie kochen kann, ohne dass sie zu Brei zerfließen, sind die Chancen, dass sich jetzt, mitten im abendlichen Trubel, noch jemand hinstellt und weitere macht, gleich null.

Dieses bestimmte Gericht (sagen sich die Ausländer) ist also offenbar alle. War das auch die Erklärung für die fehlenden Antipasti? Schon leicht eingeschnappt, bestellen die Gäste also irgendetwas aus der bescheidenen Liste, die ihnen die Kellnerin vorgebetet hat. Und müssen mit ansehen, wie (während sie ihre vergleichsweise langweiligen Pastagerichte verzehren) ein neuer Schwung Italiener hereinkommt und – kein Problem! – das vollständige Sortiment an Antipasti aufgetischt bekommt, das *ihnen* verweigert wurde; gefolgt von einer großen dampfenden Platte ebenderselben Ravioli, die es angeblich nicht mehr gab! Warum, fragen sie also aufgebracht, sobald sie die Kellnerin abgefangen haben, hat sie ihnen gesagt, es sei davon nichts mehr übrig?

Hanno prenotato!, wiederholt die Arme verzweifelt und ohne jeden Erfolg.

Franchino, der ein bisschen Englisch kann und dank einem *Teach-Yourself*-Buch, das er im Klo aufbewahrt – weit interessanter als die Regionalzeitung, hat er mir mal erklärt, die er da früher immer zu lesen pflegte –, auch etwas Deutsch spricht, hat das Bedienungspersonal angewiesen, ihn sofort hinzuzurufen, sobald sich in solchen Fällen die Lage zuzuspitzen beginnt. Sofern die Gäste nur ein wenig Geduld aufbringen, gelingt es ihm dann mit Hilfe seiner Englischkenntnisse oder seines Buches in der Regel, die Situation zu entschärfen. Leider wird er aber meist zu spät gerufen. Die Gäste haben bereits wutköchelnd die geringere Anzahl an Antipasti und geringere Auswahl an *primi piatti* hingenommen, und erreichen nun, als sie die große Vielfalt an sichtlich köstlichen Fleischgerichten sehen, von deren Existenz man ihnen nicht einmal etwas gesagt hatte, die an den Italienertischen aufgefahren werden, endgültig den Siedepunkt.

Muss man denn Italiener sein, um hier eine anständige Mahlzeit serviert zu bekommen?, brüllen sie los. Warum werden wir wie Gäste zweiter Klasse behandelt? Was haben Sie eigentlich gegen die Deutschen?, fügen sie vielleicht (wenn es welche sind) hinzu. Der Krieg ist doch seit fünfzig Jahren vorbei! Und so weiter. Da ich in früheren Jahren selbst arg unter meiner Unkenntnis dieser Vorbestellbräuche zu leiden hatte – obwohl ich als Engländerin es nicht politisch, sondern lediglich persönlich nahm, wenn unser Essen im Vergleich zu dem, was die Italiener an den anderen Tischen bekamen, minderwertiger Dreck war –, kann ich leicht nachvollziehen, wie sich Ciccios und Franchinos arme Gäste fühlen müssen. Dieses äußerst unhöfliche Spielchen zu behaupten, irgendwelche Gerichte, die sie ganz offensichtlich *hatten*, *nicht* zu haben, verfolgte nach Lucys und meiner Überzeugung einzig und allein den Zweck, uns zu vergraulen. Aber warum? Meinten die Dorfgastwirte in unserer Gegend, es gehöre sich nicht, dass zwei Frauenspersonen ohne einen verantwortlichen männlichen Begleiter essen gingen? Waren ihnen irgendwelche bösen Gerüchte über die zweideutigen Verhältnisse zu Ohren gekommen, unter denen wir in unserer Hügelklause hausten? Hatte sich Großbritannien in letzter Zeit der italienischen Republik gegenüber einen unverzeihlichen politischen Fauxpas geleistet, von dem wir nichts mitbekommen hatten?

*

Bislang allerdings konnten solche Zwischenfälle gewaltfrei beendet werden – wenn man von jenem hünenhaften und grimmbärtigen Norweger absieht, den es, durch die Feststellung, dass er weniger Antipasti als jeder andere im Lokal bekommen hatte, einem Berserker gleich, in die Küche hatte stürmen lassen, um dort Satisfaktion zu verlangen. Heute aber, berichtet Franchino, habe ich einen wirklich ernsten Konflikt verpasst. Eine Gruppe empörter Ausländer hat Patrizia eine ganze Servierplatte Perlhuhn *sotto bosco* buchstäblich aus den Händen gerissen. Da das Gericht für eine unschuldige italienische Familie bestimmt war, die zwei Tische weiter saß (und die sich außerdem bereits eine Woche im Voraus angemeldet hatte), und da alle diplomatischen Bemühungen nichts fruchteten, musste die Platte den sechs *stranieri*, die sie sich geschnappt hatten, gewaltsam wieder abgenommen werden. Sie hätten genau gesehen, dass drei weitere Tische dieses Gericht serviert bekamen, erklärten sie entrüstet, während sie mit Franchino und Cousin Paletta um das fragliche Geflügel rangen. Und ihnen habe man nicht einmal gesagt, dass es das *gab*! Inmitten all dieses Überflusses hatte man ihnen nichts Aufregenderes als Kalbsschnitzel – paniert oder in Weißweinsauce –, Rumpsteak oder Lammkoteletts *in umido* angeboten. Das sei das zweite Mal, dass sie in dieses Lokal kamen, und das zweite Mal, dass ihnen so etwas passierte!

Noch immer äußerst erregt, schildert mir Paletta die Szene dann noch einmal von vorne und steigert sich dabei in schäumende Wut. Diese Ausländer sind doch alle geistesgestört! Warum können sie nicht einfach wie jeder andere auch vorbestellen – oder wenn sie zu faul dazu sind, sich mit dem begnügen, was sie angeboten bekommen? Wie können sie es wagen, anderen Leuten einfach ihr Essen vor der Nase wegzuschnappen?

Nachdem sie die Schlacht um das Perlhuhn verloren hatten (die Hälfte davon war ohnehin – zur Betrübnis seiner rechtmäßigen Empfänger, die ihren Pasta-Gang schon vor geraumer Zeit beendet und sich verständlicherweise auf den Fortgang ihrer Mahlzeit gefreut hatten – auf der Tischdecke gelandet), waren die Ausländer aus dem Lokal gestürmt. Und natürlich konnte man von der armen italienischen Familie, sei es weil die Hälfte ihres Perlhuhns verdorben war, sei es wegen der peinlichen Szene, der sie ausgesetzt gewesen war, nicht erwarten, dass sie den vollen Preis für ihr Essen bezahlte. Franchino hatte ihnen einen fünfzigprozentigen Nachlass gewähren müssen.

Es hängt mir zum Hals raus, Ciccio und Partner immer wieder von neuem zu erklären, dass sie nur ein paar Hinweise dazuschreiben bräuchten, und das Problem wäre mit einem Schlag gelöst. Ich mag mir gar nicht vorstellen, wie viele Gäste sie im Laufe der Jahre schon verloren haben – und weiterhin verlieren könnten. Denn die meisten Leute beschweren sich wahrscheinlich gar nicht. Sie gehen einfach und geloben wütend, nie wieder einen Fuß in dieses Restaurant zu setzen. Ich predige das schon seit Jahren. Ich sag's trotzdem noch mal. Schreibt zwei Speisekarten: einmal die mit den Gerichten, die man bei rechtzeitiger Vorbestellung bekommen kann; zweitens die mit den sonstigen Sachen. Dazu die Erklärung, dass Gäste, die unangemeldet kommen, nur mit einfachen, schnell zubereiteten Gerichten rechnen können. Lasst das Ganze ins Deutsche, Französische und Englische übersetzen, und das Problem ist vom Tisch.

Leider scheint das in dieser Region tief verwurzelte Misstrauen gegen das geschriebene Wort noch stärker zu sein als die Sehnsucht nach einem friedlichen Leben. Unmöglich, sagt Ciccio schiefhalsig. (Hat er wieder einen steifen Nacken? Nein, sagt er, er vergewissert sich nur, dass er *keinen* hat.) Es gibt nichts, was man nicht bekommen könnte, wenn man nur rechtzeitig vorbestellt. Soll er vielleicht jedes einzelne Gericht der italienischen Küche aufschreiben? Blöde Idee. Die Sache ist die ganze Mühe sowieso nicht wert. Ciccio wird einfach wieder aufs Land zurückkehren und sein Leben fortan als Salvatores Leibeigener fristen. Das wird das reinste Paradies sein, verglichen mit diesem Irrenhaus …

36

Wer immer Franco einen extremen Optimismus nachgesagt hatte, hat nicht übertrieben. Fränkie Messer versprach, gleich am Tag nach San Martino, sobald er (und der Rest des Tals) den Wein von den Gär- in die Reifegefäße umgefüllt hätte, mit der Arbeit zu beginnen. Aber seitdem sind Wochen vergangen. Wir haben in der Zwischenzeit auch Salvatores Wein umgefüllt, oben in der *taverna*, womit jetzt die mageren Wochen vorüber sind. Und unsere eigene *damigiana* von Vaters Wein sitzt vierschrötig in der Speisekammer unter den Regalen mit den Einmachgläsern – die jetzt, da der Winter naht und in den *orti* nichts mehr wächst, tatsächlich, langsam, aber sicher weniger zu werden beginnen.

Müssen wir nun etwa warten, bis Franco seinen Wein auch noch *ausgetrunken* hat? Wann immer ich ihn gesehen habe, sah er ein Stückchen mitgenommener aus – aber das ist in diesen Wochen um Martini, in denen sich jeder ständig vergewissern muss, dass sein Wein auch wirklich so gut wie erhofft geraten ist, vielleicht auch nicht anders zu erwarten –, und immerhin hat er versprochen, übermorgen mit den Arbeiten zu beginnen. Wenn ich Iole allein zu Hause antreffe, bekommt sie regelmäßig einen gehetzten Blick und sagt, ihr Mann halse sich stets zu viele Dinge auf einmal auf. Es kommt mir gemein vor, sie noch weiter zu quälen, und so gehe ich einfach wieder. Nun steht Weihnachten fast vor der Tür, und wenn Franco nicht im Laufe der nächsten paar Wochen anfängt, ist bis nach der Olivenernte nichts mehr zu wollen. Trotzdem bin ich selbst so optimistisch veranlagt, dass ich mich weigere, die letzten Netze rings um das Haus auszulegen – da kann Ciccio sagen, was er will –, denn ich bin mir sicher, dass bald etwas passieren wird. Und keine Netze ist auch nicht so schlimm, wie es klingt. Bei uns in der Gegend tragen Olivenbäume im Zweijahresrhythmus: auf eine reiche, fette Ernte folgt regelmäßig eine magere. Und die in Frage kommenden Bäume stehen gerade im zweiten Jahr. Könnte also schlimmer sein.

Als ich, nur noch eine Woche vor Heiligabend, nach einem anstrengenden Tag Weihnachtsshopping mit Patrizia und Laura heimkomme, stelle ich fest, dass Franco endlich angefangen hat. Zumindest nehme ich es an. Es sei denn, ein lokal äußerst begrenzter Taifun ist vorübergezogen. Mein Parkplatz ist unter einem Wald von Balken und Latten, Sand- und Kieshaufen und in riesigen blauen flatternden Kunststoffplanen eingewickelten Stapeln von Zementsäcken nahezu verschwunden. Am Haus angekommen, stelle ich fest, dass ein langer Abschnitt der schulterhohen landseitigen Terrassenmauer demoliert und in einen Haufen Schutt verwandelt worden ist. Offenbar absichtlich. Und da habe ich mich jahrelang über Leute beschwert, die aus Versehen mal einen Stein von der Mauerkrone lostreten! Ich kneif die Augen zu und atme ein paarmal tief und langsam durch. Okay: jetzt wieder hingucken. Der nach dieser Vernichtungsaktion übrig gebliebene Haufen Erde und Steine ist, wie ich jetzt sehe, zu einer Rampe aufgeschüttet und festgestampft worden, die zur nächsthöheren Terrasse führt. Darauf Hufeisenabdrücke in beiden Richtungen, rauf wie runter. Ein Pferde-Pfad also. Franco kann also nichts dafür. Es ging gar nicht anders, weil wir die ursprünglichen Pferdewege, die zur Vorder- und zur Hintertür führten, gedankenloserweise mit Stufen überbaut haben, die für jeden Vierbeiner zu steil sind.

Nun die nächste Überraschung. Eine große blaue Plane spannt sich über den verfallenen Stein-Iglu, der zwei Terrassen unterhalb des Hauses steht – ein uraltes kuppelförmiges Gebäude aus riesigen Steinblöcken, dessen Decke vor einiger Zeit eingestürzt ist. Hiesige Experten haben uns erklärt, dass wir, um das Ding zu reparieren, die ganze Kuppel mit Erde füllen müssten (offenbar haben es die ursprünglichen Erbauer, um die obersten Steine einzufügen, auch nicht anders gemacht). Ich glaube allerdings nicht, dass wir diese Arbeit in absehbarer Zeit in Angriff nehmen werden. Aber wie auch immer – warum hat Franco das Ding abgedeckt? Wie viel Material und Gerät kann er denn *noch* haben, dass er diesen zusätzlichen Lagerraum braucht? Und warum hat er dieses Was-auch-immer zwei steile Terrassen tiefer untergebracht, wenn er es anschließend doch wieder zum Haus hochschleppen muss?

Ganz einfach. Das fragliche Gerät kommt aus eigener Kraft wieder den Hang hinauf. Im seltsamen blauen Licht der Plane stehen zwei große braune Pferde und starren mich hoffnungsvoll an, während sie gesittet Heu aus einem Bündel rupfen, das Franco in einem weitmaschigen starken Netz an einem hoch oben aus der Wand ragenden Holzpflock aufgehängt hat. Ich habe mich schon oft gefragt, wozu die Leute in der guten alten Zeit wohl so viele Pflöcke brauchten (in der runden Innenwand des Iglus stecken bestimmt ein gutes Dutzend von den Dingern: aus Olivenholz geschnitzt und sichtlich gleich mit in das Mauerwerk eingebaut). Na, jetzt sehen wir, wozu. Abgesehen vom Heu hängen an diesen Pflöcken die vielfältigsten, geheimnisvollsten Einzelteile an Pferdegeschirr – Sachen, wie ich sie in natura seit bestimmt zehn bis zwanzig Jahren nirgendwo mehr gesehen habe: Angelegenheiten aus Leder, Messing und geschnitztem Holz, über deren genauen Verwendungszweck ich bestenfalls Vermutungen anstellen kann.

Ciccio und ich verbringen einen guten Teil des Abends bei diesen schönen Tieren, steigen immer wieder hinauf und hinunter, um ihnen Äpfel, Wasser, Büschel von ausgerupftem frischen Gras und was uns sonst noch alles einfällt zu bringen. Könnten wir uns nicht auch ein paar Pferde zulegen? Oder vielleicht Maultiere, die ja robuster sein dürften und wahrscheinlich weniger unter den Auswirkungen unseres Mangels an einschlägigen Erfahrungen leiden würden? Ciccio fragt sich sogar, ob sich damit nicht vielleicht ein Geschäft aufziehen ließe, etwa Urlaubern Maultierausflüge in die Hügel anbieten…?

Am nächsten Morgen erscheint Franco mit zwei Gehilfen –

jungen Männern, die kaum ein Wort Italienisch sprechen – und fängt an, seine Pferde aufzuzäumen. Macht euch wegen der Verständigung keine Sorgen, sagt er, das sind gute, kräftige Arbeiter, und sie können mit Pferden umgehen. Das sind Albaner, fügt er hinzu. Das wundert mich nicht. Als wir Franco kennen lernten, beschäftigte er (außer seinen zwei Neffen) lediglich einen Mann mit einer ausgeprägten Lernschwäche, der monatelang hoch oben in den Bergen mutterseelenallein bei den Kühen und Pferden ausharren musste und in einer größeren Version ebendieses steinernen Rundhauses wohnte: Fußboden aus gestampfter Erde, kein fließendes Wasser und als Bett ein Haufen Stroh. Er habe in seiner Jugend selbst jahrelang so gelebt, erklärte Franco, als wir ihm deswegen Vorhaltungen machten, und das habe ihm auch nicht geschadet.

Hinzu kam, dass dieser Angestellte in Wirklichkeit nichts anderes als ein Sklave war, denn seine Dienste waren im Voraus für ein ganzes Jahr bezahlt worden, und seinen Lohn – der größtenteils in Käse und Wein bestand – erhielt nicht etwa er selbst, sondern seine bettelarme Familie, die ihn also praktisch für ein Jahr vermietet hatte. Was bedeutete, dass er nicht einfach kündigen und gehen konnte, wie schlecht er auch behandelt werden mochte. (Salvatores Job als Ziegenhirte wird seinerzeit vermutlich auch nicht anders geregelt gewesen sein.)

Dieser entsetzliche alte Brauch war hier bei uns allerdings bereits damals längst verboten, weshalb Franco bald keine Interessenten für den Posten mehr finden konnte. Als sich herausstellte, dass Sklaven in seinem eigenen Land einfach nicht mehr zu haben waren, schaffte es Franco irgendwie, einen halbwüchsigen Nordafrikaner aufzutreiben: In Marokko dürfte eine solch feudalistische Geisteshaltung tatsächlich noch nicht ganz ausgestorben sein. Bald erschien bei uns im Tal also ein gewisser Lekbir, ein sehr aufgeweckter und fleißiger Junge, auf den Franco äußerst stolz war, weil er alles, was er für seine Arbeit brauchte, im Handumdrehen lernte. (In Wirklichkeit, vertraute mir der Junge an, lautete sein

Name El Kbir, aber er gab es bald auf, auf diese Tatsache hinzuweisen, da sich hierzulande niemand drei Konsonanten ohne auch nur einen einzigen Vokal dazwischen gefallen lässt.) Heutzutage genügt aber allein die Erwähnung von Lekbirs Namen, und schon tobt Franco los und zetert was von Undank und Tücke. Lekbir brauchte nicht lang, um all das zu lernen, was Franco ihm über Viehzucht und Pferdehandel beibringen konnte, sich darüber hinaus jedoch auch über die Paragrafen zu informieren, die das Verhältnis zwischen Chef und Angestellten in einer modernen Demokratie regeln, auf einer anständigen Bezahlung und zivilisierte Arbeitsbedingungen zu bestehen, schließlich zu kündigen und ein eigenes Geschäft aufzuziehen. Franco ist empört. Gibt es denn kein Ehrgefühl mehr auf der Welt?

Auch wenn heutzutage keine anständigen Sklaven mehr zu haben sind, laufen doch haufenweise Albaner herum, die sich mit so ziemlich allem abfinden würden, was man von ihnen verlangt, sofern sie bloß nicht wieder nach Hause geschickt werden. Und Franco hat nicht nur einen, sondern gleich zwei davon gefunden.

Schon bald wird mit Hilfe der Albaner jedes Pferd mit je zwei schönen fassförmigen Behältern beladen, deren Innenseiten so (konkav) geformt sind, dass sie sich genau den Flanken der Tiere anschmiegen. Sie werden dazu dienen, Sand und Kies zur Baustelle zu schaffen; und ihr Boden ist mit einer Klappe ausgestattet, die es ermöglicht, sie mühelos auszuleeren. Franco freut sich wie ein Schneekönig, als ich ihm zu dieser sinnreichen Konstruktion gratuliere: Brillant, sage ich. Etwas Ähnliches hatte ich zuvor nur in Spanien gesehen, wo man den Mulis zum gleichen Zweck überformatige »Satteltaschen« aus Leinwand umhängt – bloß dass die ebenso mühselig schaufelweise geleert werden müssen, wie man sie vorher gefüllt hat.

Was will man auch anderes erwarten?, meint Franco. Es ist doch allgemein bekannt, dass die Spanier primitiv und rückständig sind! Aber der Mann, der diese Behälter konstruiert hat, war früher wegen seiner meisterhaften Arbeit auf dem Gebiet der

Pferde-Ausrüstung von hier bis hinauf ins Piemont berühmt. Aber als er starb – erst vor knapp zehn Jahren –, war er bereits völlig vergessen, seine Kunst in unserer modernen Welt nunmehr überflüssig geworden.

Traurig. Ein vollkommenes Design und eine kühne Ausführung; jetzt nur noch Staub und Asche, nutzlos, nur noch als Brennholz tauglich. Jahrhundertealte Erfahrungen, missglückte und ständig wiederholte Versuche waren nötig, um diese Dinge zu konzipieren; ganze Menschenleben, um durch unermüdliche Übung die technische Meisterschaft zu erlangen, die man brauchte, um sie zu realisieren. Und ist Franco erst einmal tot, wird alles bald für immer dahin sein.

Solche Gedanken beschäftigen mich ziemlich oft, seit ich in einem Dokumentarfilm über das alte Ägypten einen Historiker sagen hörte, dass keine Kultur auf Erden bis dato länger als höchstens ein paar tausend Jahre bestanden habe. Was passiert, wenn *unsere* irgendwann mal auseinander bricht und wir uns alle in die Berge flüchten und wieder von null anfangen müssen? Dann bräuchten wir genau solche Tragefässer, denn Laster und Planierraupen und so Zeug hätten wir ja wohl nicht mehr. Und selbst wenn, wo bekämen wir das Benzin dafür her? Dank meinem gefahrvollen Pfad weiß ich aus eigener leidvoller Erfahrung, was es bedeutet, Baumaterialien mit nichts als der eigenen Körperkraft zum Haus hinaufzuschaffen; und ich kann Ihnen verraten, dass dies etwaige architektonische Wunschträume ganz rasch ganz drastisch zurückstutzt. Wo man einst einmal einen Palast hätte errichten können, wird man eine Hütte bauen. Oder eine Speisekammer, die nicht ganz so geräumig ist, wie man sie sich eigentlich gewünscht hätte. Ich werde meine Kamera holen und dieses brillante Beispiel angepasster Technologie wenigstens als Bilddokument festhalten, nach dem sich meine und Ciccios Nachkommenschaft – nein, die ganze Menschheit – künftig wird orientieren können.

Franco scheint den Zweck der Übung ein wenig zu verkennen

und investiert viel Zeit darin, seinen Hut und sein Halstuch zurechtzurücken und allerlei heldische Posen, zu Pferd und zu Fuß, einzunehmen und seinen barbarischen Hilfstruppen angemessen untergeordnete Stellungen zuzuweisen. Aber andererseits – warum sollte es ihn kümmern? Fränkie Messer, der Renaissancemensch, hätte keinerlei Probleme, wenn die westliche Zivilisation morgen zusammenbräche. Seine Basilikumproduktion müsste er wahrscheinlich ein bisschen zurückschrauben, sobald der Kühllaster ausbliebe, der derzeit regelmäßig seine gigantischen Ernten abholt. Aber abgesehen davon würde er kaum einen Unterschied feststellen. Er guckt nicht mal fern. Und einstweilen ist Franco so froh, etwas auf die gute alte Art erledigen zu können, dass er den ganzen Tag lang vor sich hinträllert und -pfeift, während seine Dienstmänner das restliche Material den Pfad zum Haus hinauf karren – oder besser gesagt, *pferden*. Mit den eigentlichen Arbeiten, sagt er, wird er sofort nach Neujahr beginnen.

Was bedeutet, wie mir jetzt siedend heiß bewusst wird, dass die neuen Balken über die Weihnachtszeit hier oben herumliegen werden, nur ein paar Meter von den käferverseuchten entfernt! Ich stürze zum Thermometer, das unter dem Dach des Anbaus hängt. Und atme auf. Lediglich siebzehn Grad. Vorläufig also keine Gefahr, dass die Nageviecher in Paarungsstimmung geraten könnten. Trotzdem teile ich mittlerweile Ciccios Ansicht. Wir können unmöglich hier wohnen bleiben, solange am Dach gearbeitet wird. Bis jetzt hatte ich mir vorgestellt, wir würden so lange in die zwei unteren Zimmer ziehen; mir war allerdings nicht klar gewesen, dass der Außenwohnbereich in ein Katastrophengebiet verwandelt werden würde. Und Strom gäb's auch keinen, denn mit dem Dach kommen ja schließlich auch die Sonnenkollektoren runter. Da kann ich genauso gut für die Dauer der Arbeiten zu Ciccio ziehen und lediglich alle paar Tage auf der Baustelle vorbeischauen, um Franco, wenn nötig, auf den Boden der Tatsachen zurückzuholen.

Doch als Ciccio an Heiligabend von der Arbeit heimkommt, schäumt er vor Wut. Er war in seine Wohnung hochgegangen, um sie für unseren Einzug herzurichten, und musste feststellen, dass er kaum hineinkam. Sie ist bis zur Decke mit alten Olivennetzen voll gestapelt! Und dabei hatte Ciccio gerade erst einen Poker-Abend für nächste Woche da oben organisiert!

Anscheinend hatte Pierino schon vor einer Weile gefragt, ob er ein paar Sachen in der Wohnung unterstellen könnte, da Ciccio sie doch seit Monaten kaum mehr benützt hätte, und Ciccio hatte ja gesagt. Jetzt schau dir das an! Pierino hat sich einen vollständigen Satz neuer Olivennetze gekauft, und anstatt die alten wegzuschmeißen, hat er sie allesamt in Ciccios Wohnung gestopft – weiß der Geier, was er damit noch anfangen will! Jetzt kann man sich gerade eben ins Schlafzimmer und in die Küche quetschen, aber ins Wohnzimmer kommt man nicht mehr hinein. Es ist nur für ein paar Wochen, meint Pierino, bis er seinen zweiten *rustico* ausgeräumt hat; aber bis dahin wird die Wohnung in etwa so gemütlich sein wie die Baustelle oben bei mir. Und es bleibt uns auch keine Zeit, uns eine Ausweichlösung zu überlegen: Weihnachten steht unmittelbar vor der Tür.

*

Bei Francescas Weihnachtsessen werden wir zu zwanzig sein, und jeder Erwachsene kocht ein Gericht. Uns sind die Lasagne zugeteilt worden, also steht Ciccio den ganzen Vormittag in der Küche und macht Lasagne für zwanzig (ist doch eine nette Abwechslung von seinem normalen Arbeitsalltag!), während ich an meiner lächerlichen handbetriebenen Nähmaschine die Samthalstücher zu Ende nähe, mit denen ich sämtliche weiblichen Familienmitglieder beschenken werde. Jetzt, da ich nicht nur für ein neues Dach, sondern auch für zwei Pferde, ein Paar Albaner und Franco sorgen muss, ist Sparsamkeit angesagt. Francesca bekommt ein spezielles Tuch aus reiner Seide, mit kleidsam verschwommenem, pfirsichfarbenem Muster bedruckt, das ich ganz per Hand und mit einer fast unsichtbar dünnen Nadel nähen musste, weil die blöde Nähmaschine mit so feinem Stoff nicht zurechtkam. (Elektrische Nähmaschine! Buch fertig schreiben!) Ich bin schier verrückt dabei geworden, und ich hoffe bloß, dass sie das zu würdigen weiß. Für Ciccio habe ich unter anderem drei schöne gerahmte Plakate, die er im Restaurant an die Wand hängen kann. Ich habe sie mit Helmuts Hilfe angefertigt, und sie erklären auf Englisch, Deutsch und einer Art Französisch, dass man hierzulande in Restaurants vorbestellen sollte, wenn man das Beste bekommen will, das die Küche zu bieten hat. An den unteren Rand haben wir außerdem die Telefonnummer dazugeschrieben.

Als wir, voll bepackt mit unseren Bergen von Geschenken und den glühend heißen Lasagne, den Fußweg hinuntergehen, zittere ich bereits beim bloßen Gedanken an zwanzig De Gilios auf einmal. Aber die Sache lässt sich gut an. Mehrere Schwestern und zwei Nichten hatten sich tatsächlich ein Samttuch gewünscht. Und Francesca freut sich riesig über ihr seidenes, das sie von der Masse abhebt. Sie nimmt es den ganzen Nachmittag nicht mehr ab. Ich bin zufrieden. Von Ciccio bekomme ich unter anderem einen Gutschein für ein Maultier, das er bei Franco in Auftrag gegeben hat. Ein Maultier, ganz für mich allein! Aber Franco wird es eigens für uns produzieren müssen, indem er eine seiner Stuten von einem Esel decken lässt, also wird es Monate und Monate dauern, bis es kommt. Aber trotzdem toll. Wer weiß, vielleicht hat es ja einen angeborenen Instinkt für die Auffindung von Maultierpfaden, dann kann ich meine frustrierende Suche nach einer Wanderkarte endlich einstellen!

Sobald die Geschenke verteilt sind, können wir zum Eigentlichen übergehen und essen und essen und essen und durcheinander brüllen und brüllen und brüllen. Ciccio beglückt verschiedene Verwandte mit der empörenden Mär von Pierino und seinen Netzen; und als wir, nach geraumer Zeit, beim *secondo* ankommen, hat er uns bereits ein mannigfaltiges Menü alternativer agrotouristischer Projekte (bei denen Maultiere zumeist eine wichtige Rolle spielen) aufgetischt, die er zur Rache auf die Beine zu stellen gedenkt. Osvaldo ist eifrig damit beschäftigt, mit Hilfe des »Kleiner Magier«-Sets, das einer seiner Söhne geschenkt bekommen hat, Zaubertricks vorzuführen, und so schaffen wir es, uns nicht in die Haare zu geraten. Als das Mittagessen endlich bewältigt ist, macht sich der Clan an die Planung des Weihnachts-Verdauungsspaziergangs am Meer. Nach Ansicht einiger Familienmitglieder erfordert dies, dass wir uns allesamt in die Autos setzen und einen Korso zum – nicht ganz einen Kilometer entfernten – Küstenabschnitt veranstalten, an dem wir spazieren gehen werden. Warum? Ich weiß es nicht. Mehrere Schwestern weisen schon darauf hin, wie absurd das wäre. Ich verwandle mich (wie es mir bei derlei Massen-De-Gilio-Veranstaltungen immer häufiger passiert) währenddessen in ein passives, kindliches Wesen: ein von Autoscheinwerfern hypnotisiertes Kaninchen. Francesca findet das alles höchst amüsant und kommt alle naselang um den Tisch herumgetrippelt, um mir schnell mal die Wange zu tätscheln oder eine kleine Extra-Leckerei in den Mund zu stecken (für den Fall, dass ich noch nicht genug gegessen haben sollte). Rosi hat ihre Videokamera dabei und filmt uns immer wieder während des Essens, beim Abspülen, während des Spaziergangs (wir haben dann doch die Autos genommen) und des anschließenden Lottospiels; und während des Abendessens dann auch noch, zu dem wir uns schon ein paar Stunden später wieder an den Tisch setzen – denn man kann all die guten Sachen doch nicht verkommen lassen! Und während der ganzen Zeit hat jeder mehr oder weniger ununterbrochen geredet und jeden anderen zu übertönen versucht. Endlich aber beginnt selbst den Batterien der De Gilios der Saft auszugehen. Die Konversation wird zunehmend einsilbiger; manche von uns haben tatsächlich schon ganz und gar aufgehört zu reden. Salvatore hat sich verdrückt, um ein Nickerchen zu machen. Zeit, sich das Video anzusehen. Rosi verbindet die Kamera mit dem Fernseher. Herrlich. Wir können weiter in einem ruhigen, satten Haufen herumliegen und höchstens ein paar sporadische Bemerkungen von uns geben; aber dank den Wundern der modernen Technik können wir das vor dem Hintergrund des gleichen ohrenbetäubenden Lärms tun, den wir normalerweise produzieren, wenn wir in Topform sind.

Komisch, sagt Rosi nach einem Weilchen zu Grazia. Hast du auf das Video geachtet? Guck uns doch an! Jeder Einzelne von uns redet, und keiner hört irgendwem zu! Wahnsinn, ja, sagt Grazia. Du hast Recht!

*

Wieder zu Hause, erledige ich ein paar Weihnachtstelefonate, damit auch meine Familie nicht zu kurz kommt. Eine der Angerufenen ist eine gewisse Schwester in Bulgarien. Ich setze sie von der Dachsituation in Kenntnis und gestehe, dass Ciccio irgendwie bei mir eingezogen zu sein scheint. Es fuchst mich ziemlich, wie wenig sie das überrascht. War ich denn wirklich der einzige Mensch auf der Welt, der das *nicht* hatte kommen sehen? Durchaus möglich, meint Lucy. Wie auch immer, ihr soll's recht sein. Sie überweist mir bald ihren Anteil für die Dachreparatur. Sie wird wohl Ende nächsten Jahres zurückkommen.

Du klingst nicht unbedingt wie eine Frau, die ihren Anteil an Haus und Grund an Ciccio zu verkaufen gedenkt, sage ich.

Sie denkt tatsächlich nicht daran. Und sollte ich der Sache nicht vielleicht ein Jährchen Zeit lassen, bevor ich zu irgendwelchen endgültigen Maßnahmen schreite?, fragt sie.

Hatte ich auch nicht anders erwartet. Was soll's, sie könnte ja Recht haben, das wäre sowieso keine besonders gute Idee gewesen.

Bulgarien, erzählt sie mir, ist zwar in vielerlei Hinsicht ein reizendes Land, aber die Fremdenfeindlichkeit der Leute ist durchaus ein ernstes Problem. Da plaudern zum Beispiel ihre Kollegen beim Abendessen gemütlich miteinander und behaupten ganz locker, wenn die Vietnamesen nicht wären, gäbe es in ihrem Land überhaupt keine Kriminalität.

Vietnamesen?, sage ich.

Ja. Während der kommunistischen Herrschaft ist eine recht große vietnamesische Gemeinde entstanden. Und wenn's nicht die Vietnamesen sind, dann sind es die Zigeuner oder die Türken. Man kann kaum irgendwo einen Abend mit jemandem verbringen, ohne einen Vortrag über die genetischen und/oder kulturellen Mängel der einen oder anderen ethnischen Minderheit über sich ergehen lassen zu müssen. Das verdirbt einem irgendwie den Spaß an der ganzen Sache. Sie kommt ganz bestimmt zurück – und freut sich schon darauf. Aber keine Sorge: Irgendwie werden wir schon alle in unser Häuschen passen.

*

Also weiter im Text: Neujahr. Ciccio und Franchino haben am Silvesterabend geöffnet, und sie sind restlos ausgebucht. Freunde und Verwandte aus dem ganzen Tal werden als Aushilfsbedienung eingezogen. Wir haben eine riesige Kiste Feuerwerkskörper, die wir um Mitternacht unten am Fluss abfeuern werden. Ciccio hat eine Idee: Warum versuche ich mich nicht ebenfalls als Kellnerin? Vielleicht macht's mir ja Spaß ...

Nein. Rein zufällig weiß ich, dass es mir *keinen* Spaß machen würde. Ich habe in meinem Leben zweimal zuvor als Bedienung gearbeitet, und in beiden Fällen wurde ich gefeuert, ehe die ersten zwei Wochen rum waren. Muss ich denn wirklich, zum dritten Mal in meinem Leben, öffentlich vorführen, wie untauglich ich für das Gastgewerbe bin?

Ja. Muss ich. Es ist doch ganz einfach: Jeder kann das.

Na schön; aber auf seine Verantwortung.

Das Silvesteressen setzt sich aus ungefähr dreitausend verschiedenen Gerichten zusammen, und da das ein ziemlich vornehmer Abend ist, gibt es zu jedem Gericht eine ganz spezielle Sorte Teller. Und Messer und Gabel und Glas und ... sobald ich zweifelsfrei meine Unfähigkeit bewiesen habe, mir zu merken, welche Art Gabel zu welchem Gericht gehört, oder zehn Tische gleichzeitig im Auge zu behalten (dies zur ernsthaften Verärgerung einiger Gäste, die noch eine was-weiß-ich-für-eine-Gabel gebraucht hätten), bekomme ich einen neuen Aufgabenbereich zugeteilt. Ich brauche lediglich gut sichtbar im Raum herumzustehen und für die Gäste *da zu sein*, so dass sie mich rufen können, wenn sie irgendetwas brauchen sollten. Man kommt sich dabei seltsam in die Ecke gestellt vor; bloß dass man in einer Ecke erheblich geschützter wäre. Da stehe ich also herum und versuche mich daran zu erinnern, was ich normalerweise mit den Händen tue, wenn sie nicht anderweitig beschäftigt sind, und frage mich, wie man Gäste im Auge behält, ohne den Eindruck zu erwecken, dass man sie anstarrt, während die Genies mit dem Elefantengedächtnis für Geschirr und Besteck und dem zusätzlichen Paar Augen am Hinterkopf hektisch hin und her flitzen und die eigentliche Arbeit verrichten. Endlich werde ich an einen Tisch gerufen. Hurra! Werden die Herrschaften einen Aschenbecher wollen, ein neues Glas, eine Extraserviette? Nein. Sie wollen mich fragen, ob ich Französin bin. Französin?? Sind französische Kellnerinnen vielleicht dafür bekannt, beim Herumstehen besonders hirnlos aus der Wäsche zu gucken? Quälende zwanzig Minuten später verlangt ein weiterer Tisch nach meinen Diensten. Die betreffenden Gäste sind, wie sie erklären, äußerst ungehalten darüber, dass ihr Tisch genau auf dem Weg zum Klo steht und sich andauernd Leute an ihnen vorbeidrängen. Ich gebe das sofort an die Geschäftsführung weiter, sage ich und entwische.

Ciccio traut seinen Ohren nicht. Die Typen haben heute Nachmittag angerufen und ihn verzweifelt um einen Tisch für heute Abend angefleht, und er hat ihnen gesagt, es sei nichts mehr frei. Sie haben aber immer weiter gebettelt und gebettelt, also hat er ihnen schließlich gesagt, er würde sie noch irgendwo reinquetschen. Wie können die sich jetzt darüber beschweren, wo ihr Tisch steht? Ich gehe zitternd zurück und richte das den Leuten so aus. Die Gäste verlangen, mit dem Geschäftsführer zu sprechen. Ich ziehe wieder los, um Franchino zu holen, und erinnere mich dabei an eine hübsche Anekdote aus der Zeit, als Ciccio in einer Pizzeria arbeitete, die von einer vielköpfigen neapolitanischen Familie geführt wurde: die Sache mit den zwei schwierigen Gästen, die fünf Pizze eine nach der anderen zurückgehen ließen und schließlich verlangten, den Geschäftsführer zu sprechen. Die Oma der Familie, eine kleine verhutzelte alte Dame, hörte sich die Beschwerden der Frau aufmerksam an und nickte dabei immer wieder. Sobald sie ausgeredet hatte, streckte die neapolitanische Oma urplötzlich die Hand unter den Tisch, griff ihr in die Weichteile, zerrte sie daran hoch und sagte ihr und ihrem Mann, sie möchten sich aus ihrem Restaurant verpissen. Jetzt! *Sofort!*

Das muss man sich vorstellen! An den Weichteilen! Göttlich! Ich glaube allerdings nicht, dass jetzt der richtige Augenblick wäre, um das ebenfalls auszuprobieren. Ich verzieh mich stattdessen nach oben in die Geborgenheit von Ciccios Wohnung. Äußerst geborgen: ja, geradezu wie in einem Nest. Ich hatte völlig vergessen, dass Pierino die Wohnung in eine Olivennetz-Installation verwandelt hat. Die einzigen Sitzgelegenheiten sind dicke staubige weiße Rollen voller Olivenblätter und sonstiger trockener kratziger Vegetation. Ich kehre kleinlaut in die Küche zurück und weigere mich, sie wieder zu verlassen. Ich erkläre, dass ich für den Rest des Abends Töpfe spülen werde. Und das tu ich denn auch. So traumatisch ist diese Erfahrung als Fastkellnerin, dass mir keinerlei Erinnerung an das Silvesteressen zurückbleibt. Muss aber gut gewesen sein, denn nun kommen haufenweise Leute und stecken den Kopf durch die Durchreiche, um dem Küchenchef zu gratulieren.

Endlich. Mitternacht. Genug von diesem alten Jahr, herzlichen Dank. Zeit für das Feuerwerk. Wunderschönes Feuerwerk. Große Raketen. Und viele, viele weitere überall im Tal.

Man sieht sogar welche aus Imperia über den Bergrücken hochschießen. Jetzt ein phantastisches Spektakel vom unteren Ende des Tals her. Seltsam unwirklich, da die Explosionen wegen der Entfernung erst mehrere Sekunden nach dem entsprechenden Feuerzauber zu uns gelangen. Endlich sind alle Gäste gegangen, und wir vom Personal fahren zum Ausspannen hinunter in die Stadt. Hier lassen wir zusammen mit einem Haufen anderer Leute am Strand massenweise weitere Feuerwerkskörper aufsteigen. Es sind ganz wunderbare Leute, die sich keinen Pfifferling um Fragen des Bestecks oder der Sitzordnung scheren. Jemand hat eine Tüte voll von diesen verbotenen Knallkörpern dabei, die sie hier *cipolle* nennen, »Zwiebeln« – Dingern, die mit einem gewaltigen, erderschütternden Knall losgehen. Ja! Das kommt der Sache schon näher.

Buon anno!

37

Ein neues Hühnerdrama ist ausgebrochen. Salvatore muss sich wegen fürchterlicher Bauchschmerzen ins Bett legen. Was, fragt er am nächsten Morgen direkt nach dem Aufwachen, während er seine Tasse bitteren *millefiori*-Tee trinkt (eine von Francesca eigenhändig gesammelte Blütenmischung für den Magen), soll jetzt aus seinen Hühnern werden?

Die Hühner! Jeder war so damit beschäftigt, sich wegen des Menschen Sorgen zu machen, dass keiner an die Hühner gedacht hat! Was tun? Francesca kann sie nicht füttern gehen; sie hat nie gelernt zu fahren, und die *campagna* ist viel zu weit entfernt, als dass sie den Weg in ihrem Alter zu Fuß schaffen könnte. Da kann man nichts machen – bis es seinem Vater wieder besser geht, wird Ciccio täglich hinauffahren und das Federvieh füttern müssen. Ciccio kriegt Zustände. Von unserem Haus bis ganz hinunter ins Tal und auf der anderen Seite hoch bis zum Land seines Vaters und dann wieder zurück. Das ergibt eine gute Stunde Fahrt über ungeteerte, steinige Straßen, gut zwanzig Haarnadelkurven – und alles nur wegen einem Dutzend Hühner! Als hätte er nicht so schon genug am Hals!

Vielleicht könnten wir ja die Hühner von der *campagna* herunterholen, sage ich, und Francesca könnte sie ein paar Tage lang in ihrem Garten halten? Unmöglich, das Grundstück ist zu klein, und da sie keinen richtigen Platz zum Scharren hätten, würden sie in kürzester Zeit Francescas Blumen und Gemüsepflanzen ruinieren. In Marisas Garten können sie auch nicht: Marisa hat einen riesigen Hund. Giusi steckt mitten in einem Umzug mit zwei kleinen Kindern: Kommt also nicht in Frage. Grazia und Rosi haben Wohnungen ohne Garten; sie sind aus dem Schneider. Annetta ebenso. Dann könnten wir sie doch bei uns halten, sage ich. Doch anscheinend geht das auch nicht; wir müssten ihnen ein Gehege bauen, um sie vor Füchsen oder Wildschweinen oder was auch immer zu schützen, und das würde genauso viel Arbeit wie Plan A bedeuten – wenn nicht noch mehr. Könnte man sie dann vielleicht vorübergehend bei Tante Apfels Hühnern einquartieren, oben in Diano Borganzo? Die gesamte jüngere Generation hält das für die ideale Lösung, aber auf Francescas Gesicht zeichnet sich ein seltsam gehetzter Ausdruck ab. Ciccio könnte sie doch einfach noch ein paar Tage lang da oben füttern, während wir uns eine andere Lösung überlegen, oder?, sagt sie. Später erklärt mir Ciccio das Problem: Francesca befürchtet, dass ihre Cousine die Hühner, wenn sie sie erst mal hat, nicht wieder herausrücken würde. Es sind Hühner der Familie; und *la Zia Mela* gehört unbestreitbar zur Familie. Sollte Salvatore längere Zeit das Bett hüten müssen, könnten die Hühner gewissermaßen durch Gewohnheitsrecht in ihren Besitz übergehen.

Nachdem es an mehreren aufeinander folgenden Morgen erhebliche Auseinandersetzungen darüber gegeben hat, welches von den Geschwistern mit Hühnerfüttern dran sei, biete ich mich freiwillig an. Um des lieben Friedens willen. Nun muss ich jedoch Francesca telefonisch die unglaubliche und peinliche Tatsache beichten, dass ich bislang noch nie ein Huhn gefüttert habe und auch gar nicht weiß, was so ein Vogel so frisst. Oder wie viel davon. Francesca erweist sich als ebenso ungeschickt im Rezepteerklären wie ihr Sohn. Küchenabfälle, sagt sie, ergänzt durch Getreide und Haferflocken, wovon im *rustico* ein paar Säcke stehen; ein paar frische Salatblätter haben sie auch gern. Wenn du ihnen viel Brot gibst, brauchen sie weniger Körner, dafür aber mehr Grünfutter. Wenn du andererseits …

Aber *wie viel* ist »viel«? *Was* für Küchenabfälle? Ich geb's auf. Ich hol sie ab, sage ich, wir fahren zusammen hinauf, dann kann sie's mir zeigen. Es ist mir sowieso ganz recht, aus dem Haus zu kommen: Franco und seine Albaner decken gerade das Dach ab, schichten die Ziegel auf der gepflasterten Terrasse auf und veranstalten dabei einen Höllenlärm. Noch hält die innere Holzverschalung die obere Außenwelt von mir ab; aber nicht mehr lange. Und rings um das Haus gibt's kaum noch einen Fleck, auf dem nicht Stapel von irgendetwas herumstünden.

Francesca ist nicht minder froh, dass ich sie abgeholt habe, denn andernfalls wären ihre Reste schlecht geworden. Sie sitzt neben mir im Auto, ihre recycelten Einkaufstüten an sich gedrückt, und kichert in einem fort vor sich hin. Wer hätte sich jemals vorstellen können, dass ich noch nie ein Huhn gefüttert habe! Wo ich doch mitten auf dem Land wohne! Und ansonsten so ein intelligentes Mädchen zu sein scheine!

Da mich Francesca jetzt endlich ganz für sich allein hat, noch dazu in einem begrenzten abgeschlossenen Raum, kann sie mich so gründlich nach meiner Familie ausfragen, wie sich das für jede gute Mutter gehört. Das Verhör beginnt. Was sind meine Eltern von Beruf? Lehrer. Also nicht reich? Nein, reich sind sie nicht, bestätige ich. Wie viele Geschwister habe ich? Drei Brüder, eine Schwester. Ah. Francesca runzelt die Stirn und stellt (wie ich annehme) ein paar rasche Berechnungen an: was Lehrer so verdienen und im Laufe ihres Lebens vermutlich ansparen können dürften; das Ganze geteilt durch fünf. Dann kann ich also keine große Erbschaft erwarten? Nein, wohl nicht. Und das Haus und die Olivenbäume drüben in Besta gehören auch nicht ausschließlich mir? Nein: zur Hälfte gehören sie meiner Schwester. Und wie viele Olivenbäume haben wir nun genau?

Ah, *bella mia!*, sagt Francesca zuletzt, nachdem sie ihre Kopfrechnungen abgeschlossen hat. Dann ist es ja kein Wunder, dass ihr beiden noch nicht die Ankündigung gemacht habt, auf die wir alle schon so lange warten! Da ist mein Sohn, der sich nicht entschließen kann, endlich sesshaft zu werden und mit seinem Vater zu arbeiten; was ich ihm allerdings nicht verdenken kann. Und dann du, mit kaum genügend Pflanzen, um einen Hund zu ernähren! Wovon würdet ihr beiden denn leben?

Daraus schließe ich, dass Francesca, wie auch ihr Mann, noch immer der alten Schule angehört. Obwohl ihre Kinder deutlich bewiesen haben, dass sie durchaus imstande sind, sich in der modernen Marktwirtschaft einen absolut anständigen Lebensunterhalt zu verdienen, ist sie noch immer davon überzeugt, ein Paar könne erst dann einen Hausstand gründen, wenn es ein Stück Land besitzt, das es und ihre Kinder, sollten alle Stricke reißen, ernähren könnte. Trotzdem, sage ich mir, scheint keine ihrer drei verheirateten Töchter – außer durch ihres Vaters Land – eine erkennbare Beziehung zur Landwirtschaft zu haben. Aber vielleicht ist es bei Söhnen ja auch eine andere Sache? Ja, so muss es wohl sein: Ich habe gehört, dass die Schwestern das Haus in Diano erben werden, während Ciccio das Land bekommt. Ganz offensichtlich zählt das Restaurant also nicht als Einkommensquelle.

Francesca sagt, halb an sich selbst gewandt, sie wüsste vielleicht etwas, das uns auf die Beine helfen könnte. Ivana – kenne ich sie? Oben in Cosio d'Arroscia? Na, wie auch immer, das sehen wir dann später. Im Augenblick erträgt sie es kaum, an solche Dinge zu denken, angesichts des Zustandes, in dem sich ihr armer Mann befindet. Wusste ich eigentlich, dass Salvatore seit fast einer Woche nicht mehr von Körper gegangen ist?

Non è andato di corpo?, wiederhole ich den kryptischen Ausspruch; aber offenbar hört man mir genau an, dass ich ihm nicht den geringsten Sinn zu entlocken vermag. Francesca bricht in helles Gelächter aus. Was für ein schlichtes Mädchen ich doch bin! *Non ha cagato* – er hat nicht geschissen –, erklärt sie. »Von Körper gehen« ist ein Euphemismus, wie ihn die Ärzte verwenden – wie »Stuhlgang haben«. Deswegen habe ich ihn noch nie gehört.

Seit einer Woche nicht mehr!, sage ich erschrocken. Ist Grazia schon informiert? (Grazia arbeitet in der chirurgischen Abteilung des Krankenhauses von Imperia und müsste die ideale Wahl sein, um sich mit derlei Dingen zu befassen.) Aber ja, ist sie. Salvatore ist beim Arzt gewesen, und der meinte, es sei eindeutig nicht der Blinddarm; und morgen soll er zu verschiedenen Tests und einer gründlichen Untersuchung ins Krankenhaus.

Kaum haben wir am Rande des Katastrophengebiets geparkt, als auch schon aus einer der schicken Villen die Nachbarin herauskommt, die Ciccio und ich letztes Mal getroffen haben. Heute trägt sie ein wallendes Chiffon-Negligé. Francesca!, gellt sie, gerade als wir uns auf den Weg zum teuersten Hühnerstall der Welt machen wollen. Kommen Sie auf einen Kaffee vorbei, wenn Sie fertig sind?

Gern, sagt Francesca, sobald wir die Hühner gefüttert haben. Sie führt mich in den *rustico* und macht mich mit verschiedenen Säcken und Schaufeln vertraut – wunderschönen Sackschaufeln, aus Olivenholz geschnitzt und seidig von Alter und Gebrauch –, und gemeinsam füttern wir das problematische Geflügel und sammeln die Eier ein. Lassen wir sie ein bisschen herumlaufen, sagt Francesca, während wir bei der Signora Elisabetta unseren Kaffee trinken. Es geht ihr sowieso nur darum, dich einmal genau anzusehen. Wir bleiben nicht lange.

Das tun wir wirklich nicht. Francesca setzt sich nicht mal hin, um ihren Teelöffel voll Espresso zu trinken. Ich habe den Eindruck, dass sie diese Frau, die sich jetzt elegant in ihrem schmiedeeisernen Gartenmobiliar räkelt, als irgendwie gesellschaftlich über ihr stehend betrachtet: Sie wirkt ihr gegenüber noch ratloser als sonst. Hier ist unsere chiffongewandete und seltsam plastiniert wirkende Gastgeberin, die mit abgespreiztem kleinen Finger ihren Kaffee in übertrieben winzigen Schlückchen trinkt, während sie sich, als eine Dame, die selbst nie die Niederungen des Hühnerfütterns kennen gelernt hat, höflich nach dem Wohlergehen von Salvatores Geflügel erkundigt. Und da steht Francesca befangen in ihrem selbst geschneiderten plumpen röhrenförmigen Rock und Söckchen, mit von Fältchen umgebenen gütigen Augen und struwweligen Silberlocken. Ich verspüre den Drang, zu ihr hinzueilen und sie beschützend in die Arme zu nehmen. Aber wie sich herausstellt, ist das gar nicht nötig. Als wir uns verabschieden und zurückwollen, um unsere Hühner wieder einzuschließen, dreht sich Francesca zu mir um. Man wird's nicht für möglich halten, sagt sie, wenn man uns beide so anschaut, aber Signora Elisabettas Kinder sind mit meinen auf die Grundschule gegangen. Stell dir das mal vor! Und wir sind ganz genau gleich alt. Sechsundsechzig.

Gut gemacht, Francesca. Ich schaffe es irgendwie, nicht eher loszukichern, als bis wir Salvatores Schuttgelände erreicht haben. War das eben Absicht? Keine Ahnung. Aber sie kichert ebenfalls.

*

Ciccio hat Recht: Das sind wirklich erstaunlich wohlerzogene Hühner. Nur ein paar zarte Winke, und schon rennen sie alle gackernd, ohne Widerworte, heim in ihr Gehege und hocken sich in den Staub, sträuben behaglich das Gefieder und kratzen sich. Komme ich dann morgen auch wieder her?, fragt Francesca, als wir losfahren, Richtung Diano Castello und Zuhause. Na gut.

Warum nicht? Das Dach-Chaos wird immer wüster, Ciccios von Netzen besetzte Wohnung bietet keine Zuflucht, und weiterschreiben (oder was auch sonst immer) kann ich weder hier noch dort. Einverstanden, sage ich, ich kann auch allein hinfahren, jetzt nachdem ich weiß, was Hühner zu Mittag essen.

Nein. Francesca hält nichts davon. Sollen denn all ihre Gemüseabfälle und trockenen Brotreste schlecht werden? Viel besser, wenn ich sie wieder abhole und wir zusammen hochfahren.

Als wir durch Diano Castello kommen, beschließt sie, mir das Haus zu zeigen, in dem Ciccio geboren wurde, die Wohnung, sagt sie, die sie dazu trieb, um die halbe Welt zu fahren. Ihren Anweisungen folgend, quetsche ich das Auto durch ein enges Gässchen und hinaus auf eine winzige Piazza. Da ist es! Inzwischen hat man es ja renoviert, aber damals ...! Sehe ich diese zwei Fenster da oben im zweiten Stock, mit dem kleinen Balkon? Das eine ist das Schlafzimmer, das andere Küche und Wohnzimmer. Sofern man das überhaupt »Küche« nennen konnte. Weder Spüle noch Herd drin. Bad oder auch nur fließendes Wasser ebenso wenig. Deswegen hat Salvatore noch immer einen Hass auf Carlo; der hätte durchaus auch andere Objekte zu vermieten gehabt, anständige, menschenwürdige Wohnungen, aber da wollte er keine Südländer drin haben. Jeden Tropfen Wasser musste sie mit dem Eimer vom öffentlichen Brunnen hochschleppen – zum Waschen, zum Bodenwischen, zum Kochen. Der Waschtag war ein Albtraum: einen Kilometer bergab laufen zum Gemeinde-Waschplatz, zu allem Übrigen noch das Baby auf dem Rücken, denn Kinderwagen gab es damals hier noch nicht. Und dann den ganzen Weg wieder hinauf, vom Schrubben völlig erschöpft, und mit der Wäsche, die nass doppelt so viel wog. Francesca kochte draußen auf diesem Balkon über einem Holzkohlenfeuer, das sie in einer Emailschüssel anzündete ... und wehe, wenn es mal regnete, dann mussten sie sich alle einräuchern lassen, während sie das Abendessen vorbereitete! Und die Einheimischen hatten auch noch die Frechheit, auf einen herabzusehen, als hätte man es sich ausgesucht, so zu leben! Ihr Mann verdiente doppelt so viel wie in Kalabrien, aber ansonsten waren sie in jeder Hinsicht schlechter dran. Viel schlechter. Die Leute von Castello verboten sogar ihren Kindern, mit ihren zu spielen. Das erlaubten sie erst, als ihre Töchter in die Grundschule kamen und in Nullkommanichts die Klassenbesten waren. Dann kamen sie allerdings alle anscharwenzelt und fragten, ob Rosi und Grazia nicht zum Spielen herauskommen könnten. Pech für die, fügt sie hinzu: Intelligenz ist genauso wenig ansteckend wie Armut! Hat ihnen gar nichts genützt.

*

Anderntags weitet sich mein Hühnerfütterungsausflug, der eigentlich ruckzuck hätte vonstatten gehen sollen – Francescas Essensreste abholen, Hühner abfertigen, und wieder nach Haus –, zu einer nachmittag- und abendfüllenden Angelegenheit aus. Erstens werde ich zwangsrekrutiert, den leidenden Salvatore in die Klinik zu fahren, damit man Marisa nicht zu behelligen braucht, die ja mit Albertos Mittagessen beschäftigt sein dürfte. Während Salvatore untersucht wird, flitzen wir – wo wir schon mal da sind – dann mal eben rasch zum Markt von Imperia. Und wir könnten dabei gleich noch bei diesem Käsehändler mit den äußerst günstigen Angeboten vorbeischauen – dem, der nur einmal im Monat nach Diano kommt. Jetzt wieder zurück zur Klinik, um Salvatore abzuholen. Halt! Wir sollten vielleicht besser einen richtigen, anständigen Pyjama für ihn kaufen, denn wenn's ihm nächste Woche immer noch nicht besser geht, könnte es sein, dass sie ihn gleich dabehalten wollen. Wir lassen einen ungewohnt schweigsamen, blassen und leidenden Salvatore im Auto zurück – nein, er will nicht mitkommen, Pyjamas sind ihm völlig schnuppe – und machen uns auf die Suche nach einem passenden Sonderangebot. Warum bleibe ich nicht zum Abendessen, wo's jetzt sowieso schon so spät ist? Ich hatte doch zusehen wollen, wie man diesen Rippchen-*sugo* macht, oder? Schneid einfach die paar Zwiebeln da drüben klein... Der arme Salvatore hat seit zwei Tagen nichts als klare Brühe mehr zu sich genommen und verschwindet im Schlafzimmer, um nicht Zeuge der Pasta werden zu müssen. Giusi kommt zum Essen, mit Alberto und Marisa; sie bräuchte ein bisschen Hilfe mit ihrem Ofen, einem gusseisernen Riesending, das sie allein nicht von der Stelle bewegen kann. Bis zu ihrem Haus in Civezza sind's nur zwanzig Minuten... Als ich endlich entkommen kann und mich schon auf mein Bett freue, fragt Francesca, ob ich sie morgen nicht etwas früher abholen könnte, so um acht vielleicht, anstatt bis nach dem Mittagessen zu warten. Oder vielleicht noch besser um halb acht?

Als wir am nächsten Morgen beim Frühstück sitzen – um halb acht in der Frühe fahre *ich* nirgendwohin! –, murrt Ciccio zur Abwechslung einmal nicht durch den Cappuccinoschaum hindurch über seine Familie oder droht, in den Ausstand zu treten. Braucht er auch gar nicht. Ich tu's an seiner Stelle, während ich mich innerlich zum Widerstand gegen die Tyrannei der De Gilio'schen Matriarchin rüste. Während wir unseren Toast essen – jawohl, es ist mir gelungen, mit Hilfe eines aus England mitgebrachten sinnreichen Zubehörteils, einer Art Metall-Tennisschläger, der auf die Kochplatte des Holzofens gelegt wird, auch Ciccio in einen Toast-Liebhaber zu verwandeln –, genießen Ciccio und ich den Anblick eines Wäldchens von Balken und Sparren, die sich, scheinbar aus eigener Kraft, vom Boden erheben und anfangen, vor unseren Fenstern hierhin und dorthin zu wanken. Vermutlich befindet sich an deren unterem Ende jeweils ein Albaner. Ciccio geht ans Fenster: Die Männer scheinen sich seit dem letzten Mal auf wundersame Weise vermehrt zu haben. Jetzt ist ein halbes Dutzend davon draußen zugange. Komisch. Aber trotzdem, solange Franco sie bezüglich des vorsichtigen Umgangs mit Olivennetzen instruiert hat, soll's mir recht sein. Ciccio geht nach draußen, um ein wenig mit den Albanern zu schwatzen, als mich ein Anruf in allerletzter Minute vor etwaigen folgenschweren Entscheidungen in puncto Matriarchinnen bewahrt: Es ist Francesca. *La Zia Mela*, berichtet sie, hat eine heimtückische feindliche Übernahme der Hühner versucht. Sie ist zur Frühstückszeit aufgekreuzt, mit einem Nachbarn in einem Lieferwagen sowie etlichen Kisten, in denen sie die Hühner fortzuschaffen gedachte! Doch Francesca hat sich einen brillanten Plan überlegt, der nicht nur Tantchen Apfel einen Strich durch die Rechnung machen wird (indem er die kostbaren Hühner aus der Reichweite ihrer Klauen bringt), sondern auch ein halbes Dutzend weitere Probleme auf einen Schlag löst. Bin ich bereit? Höre ich auch zu? Also Folgendes: Ich ziehe vorübergehend hinauf in die *taverna*; und ich nehme die Hühner mit. So habe *ich* ein richtiges Dach über dem Kopf und bin vor Fränkie Messer und seinen albanischen Horden sicher. Und außerdem gibt es da oben ein altes Hühnergehege, so dass auch die Hühner in Sicherheit sein werden. Nachdem ich jetzt weiß, wie das geht, kann ich mich doch allein um die Hühner kümmern, oder? Und Ciccio (der es an den meisten Abenden schaffen müsste, nach der Arbeit hinaufzukommen, um mir Gesellschaft zu leisten) könnte in seiner Freizeit den Rest von Salvatores Wein auf Flaschen ziehen. Die Familie sitzt bald auf dem Trockenen, und Francesca braucht Wein zum Kochen. (Bislang sind für die Familie nur zwei *damigiane* abgefüllt worden, knapp über hundert Liter, und auch wenn der arme Salvatore selbst zurzeit überhaupt nichts davon trinkt, hat sich die Nachfrage nach der diesjährigen Ernte als erheblich erwiesen.) Ciccio kann außerdem alle paar Tage die Eier mitnehmen, wenn er zur Arbeit fährt, und Annetta oder Marisa oder sonstwer kann sie im Restaurant abholen. Oder Patrizia kann sie nach der Arbeit mitnehmen. Auf diese Weise werden Tantchen Apfels Ränke durchkreuzt. Für alle Beteiligten ist die Sache in jeder Hinsicht äußerst praktisch; und allzu einsam werde ich auch nicht sein, weil ja die Cipollini direkt nebenan wohnen, und am Wochenende kommt sie ja ohnehin mit der Familie rauf, um den restlichen Wein abzufüllen, falls Ciccio bis dahin nicht fertig geworden sein sollte. Allen wäre geholfen...

Völlig verdattert lege ich auf. So. Dann hätte ich also eine provisorische Bleibe. Ob ich will oder nicht. Und dazu eine größere Anzahl gackernder Haustiere. Andererseits hat Francesca ja Recht: es *ist* ein brillanter Plan. Endlich Ruhe und Frieden. Ich kann meinen lieben Laptop mitnehmen und ein bisschen weiterarbeiten. Und mit ein paar tausend Litern Wein zu meiner Verfügung werde ich es auch verschmerzen können, dass die nächste Bar ein ziemliches Stück entfernt ist.

Ciccio kehrt von den Albanern mit der Neuigkeit zurück, dass die letzte Schicht Dach morgen abgetragen wird und die neuen Balken in ein, zwei Tagen draufkommen.

Seine Mutter hat sich also gerade im richtigen Augenblick gemeldet, sage ich und berichte ihm von meiner bevorstehenden Umsiedlung, samt Hühnern, in die Berge, rund fünfundzwanzig Kilometer gen Norden. Ciccio lacht laut los. Einmal wegen meiner Formulierung. Dann wegen des unendlichen Listenreichtums seiner Mutter. Sie hatte sich schon gedacht, dass er ohne seinen Vater im Nacken vielleicht gar nicht hochgefahren wäre und den Wein abgefüllt hätte. Jetzt, da mich meine Hühnerpflichten da oben festhalten werden, wird ihm nichts anderes übrig bleiben als hinaufzukommen. Keine Frage, von wem Rosi und Grazia ihren Verstand geerbt haben – oder?

38

Natürlich kann ich nicht einfach die Hühner in die Kisten packen und allein zur *taverna* hochfahren. Man stelle sich doch vor, wie öd das Leben wäre, wenn sich jeder mit simplen langweiligen Aufgaben abfinden würde, wenn er stattdessen auch interessante komplizierte haben kann. Da sie mich sowieso zur *campagna* begleiten muss, um mir beim Aufladen meiner Fracht zu helfen, meint Francesca, dass sie doch ebenso gut den Rest des Weges ebenfalls mitfahren und die Hühner einquartieren kann, oder? Sonst hätte sie ja doch keine Ruhe. Außerdem wäre es gut möglich, dass das Gehege hier und da ein bisschen geflickt werden muss. Sie hat Patrizia gebeten, sich uns bei unserem Ausflug anzuschließen, einmal damit wir wenigstens andeutungsweise im Konvoi fahren können, dann weil sechs Hände mehr schaffen als vier, und weil sie ja schließlich auch irgendwie wieder nach Hause kommen muss. Sie hatte sowieso vorgehabt, kurz bei Patrizias Cousine Ivana vorbeizusehen, wenn sie schon mal so weit oben in den Bergen war. Salvatore braucht erst morgen Vormittag zur nächsten Serie von Tests ins Krankenhaus zurück, und für die Dauer ihrer Abwesenheit werden sich verschiedene Töchter und Enkelinnen abwechselnd um ihn kümmern, ihm seine Brühe einflößen und ihm Gesellschaft leisten.

Nach einer aufregenden halben Stunde im Hühnergehege, die nicht ohne viel Gegacker und Geflatter und Ausbruchsversuche über die Bühne geht, erklärt Francesca, da ich ja praktisch zur Familie gehöre und die Hühner mich ohnehin schon ziemlich voll gekackt haben, könnten wir sie mitsamt der Futtersäcke genauso gut zu mir ins Auto einladen. Sie selbst wird bei Patrizia mitfahren, damit die nicht so allein ist.

Binnen einer Stunde haben wir die Hühner in ihr neues Zuhause geschafft und das alte Bett mit frischen sauberen Laken bezogen. Wir haben das Fenster im Obergeschoss der *taverna* von Staub und Spinnweben befreit, und jetzt habe ich von meinem Schlafzimmer aus eine umwerfende Aussicht auf die rauschenden Fluten des Arroscia. Das Hühnergehege brauchte tatsächlich ein wenig Zuwendung; und dass ich es geschafft habe, es mit einem Rest Hühnerdraht und ein paar in einer staubigen Ecke des Weinkellers herumliegenden verbogenen Nägeln im Nu zu flicken, hat Francesca mächtig beeindruckt. Doch nicht ganz so schlicht, das Mädchen, wie?

Francesca trottet davon, um ihre Ländereien in Augenschein zu nehmen, und bleibt zu einem kurzen Schwatz mit zwei Frühlingszwiebeln stehen, die gerade in ihrem Weinberg, direkt nebenan, ein bisschen am Rebenzurückschneiden sind. Ich bin mit diesem Arrangement, Dach-überm-Kopf fürs Hühnerhüten, ziemlich zufrieden. Vielleicht ziehe ich sogar endgültig hier herauf, sage ich zu Patrizia. Herrlich frische Luft. Und es ist wunderbar, am Ende der Straße einen kiesigen Wildbach zu haben anstatt der überzivilisierten Strände des Mittelmeeres mit ihren militärisch ausgerichteten Reihen von Liegestühlen.

Weit aufregender, pflichtet mir Patrizia bei. Unter der römischen Brücke gibt es sogar eine tiefe Stelle, in die man kopfüber hineinspringen kann, wenn man Lust dazu hat. Ihre Töchter verbringen immer den größten Teil des Julis und den ganzen August hier oben, bei ihrer Oma. Sie finden es ganz toll. Wenn's nach Francesca geht, sagt sie grinsend und nickt dabei in deren Richtung, könnte dein Traum durchaus in Erfüllung gehen. Sie hat sich schon alles genau zurechtgelegt, fügt sie hinzu. Sie hat einen Plan! Wart's nur ab…

Was hat sie sich genau zurechtgelegt?, frage ich; aber da ist Francesca schon wieder zurück. Sie hat die Nachbarn gebeten, ein Auge auf mich zu haben, erklärt sie. Und auf die Hühner natürlich auch. Die Cipollinis wohnen in diesem Grüppchen von Häusern direkt hinter der *taverna*, falls ich mal etwas brauchen sollte. Aber jetzt müssen wir los, sagt sie, und uns Ivanas überzähligen Weinberg anschauen, den sie möglicherweise verkauft. Dann gehen wir rauf und machen ihr und Renzo unsere Aufwartung, und vielleicht kaufen wir noch ein, zwei *tome*. Der Weinberg, fügt sie hinzu, könnte genau das sein, was du und Ciccio braucht.

Tatsächlich? Ein Weinberg? Patrizia grinst mich hinter Francescas Rücken unentwegt an. Ja, sagt sie. Er liegt nah genug am Land, das ihr Sohn einmal erben wird – sie bekreuzigt sich rasch für Salvatores Gesundheit –, um eines Tages damit zusammengelegt zu werden; ist aber schon in sich groß genug, um uns beiden fürs Erste ein anständiges Auskommen zu bieten.

Aber wird Ivana dafür nicht eine ganze Stange Geld verlangen?

Francesca glaubt nein. Sie könnte sich auch vorstellen, dass Ivana als Freundin der Familie mit Ratenzahlungen einverstanden wäre. Außerdem hat Francesca eine ganze Menge Gold und hätte nichts dagegen, es in den Weinberg zu investieren.

Gold?

Ja, Gold. Wir haben sie ihr Gold nie tragen sehen, weil einer von Salvatores wenigen Fehlern als Ehemann der ist, dass er ihr nie Gold gekauft hat, wie er das eigentlich hätte tun sollen – zum Geburtstag und Namenstag und Hochzeitstag und so weiter. Nicht ein einziges Mal in all den Jahren ihrer Ehe. Also musste sie sich selbst welches kaufen, von dem, was sie nach und nach vom Haushaltsgeld beiseite legen konnte. Aber das bedeutet natürlich, dass sie es nicht tragen kann, nicht wahr? Denn er würde sie sonst fragen, wo sie es herhat, und dann hätte er das Gefühl, eine *brutta figura* gemacht zu haben (weil *er* es ihr ja eigentlich hätte schenken sollen), und würde sich schämen. Trotzdem ist es da. Sie hat es: Und wenn wir ihre Hilfe bräuchten, könnte sie es jederzeit verkaufen.

Ich komme nicht mehr mit. Es ist mir völlig neu, dass ein Ehemann die Pflicht hat, seiner Frau Gold zu kaufen. Und ich begreife auch nicht, warum Francesca so versessen darauf ist, dass wir einen Weinberg erwerben. Offenbar sieht man mir das an. Patrizia, die in der beneidenswerten Lage ist, an beiden Kulturen teilzuhaben, lacht sich lautlos tot. Sie ist sich aber gar nicht sicher, sagt sie, ob sie noch weiß, welcher Weinberg das ist. Sie ist seit Jahren nicht mehr hier oben gewesen. Cousine Ivana verpachtet ihn, weil der andere, von ihr aus bequemer zu erreichende, mehr als ausreichend ist für die Menge Wein, die eine Familie heutzutage so braucht. Einen knappen Kilometer weiter ist sie sich immer noch nicht sicher. Sind wir schon daran vorbei?

Bislang sind wir an vier vorbeigegangen, allesamt nicht viel anders als der von Salvatore und Francesca, allesamt mit der gleichen dazugehörigen *taverna*. Francesca sagt, sie möchte nur sichergehen, dass es einer von den Größeren ist, denen mit den Gemüsebeeten unten am Fluss. Ja, Patrizia könnte schwören, dass es einer von denen ist.

Na, dann ist ja alles in Ordnung. Also auf zu Ivana.

Wir fahren wieder los, Patrizia und Francesca vorneweg. Jetzt geht mir auf, warum Francesca sich mit so viel Energie in die Weinbergsache stürzt. Was bin ich doch für eine Idiotin! Keineswegs nur, weil sie es endlich erleben möchte, dass ihr Sohn sich eine Existenz aufbaut. Nein: Sie hat natürlich Angst, dass Salvatore etwas Ernstes haben könnte. Er ist fast siebzig, er soll wegen eines geheimnisvollen Leidens ins Krankenhaus, und Francesca gibt sich alle Mühe, dem Schicksal Sand in die Augen zu streuen. Sie verdrängt, wie die Psychoschwätzer sagen würden. Denn wenn Salvatore sterben sollte, würde es Ciccio ja doch ganz gewiss nicht an Land mangeln. Sie sucht nach einer eigenen *campagna* für ihren Sohn, um damit sich selbst und den himmlischen Mächten zu beweisen, dass sie von Salvatores letztendlicher Genesung überzeugt ist. Arme Francesca! Dann sollte ich aber besser nach Kräften mitspielen – wie wenig ich im Übrigen von ihrem Plan auch überzeugt sein mag.

Wir schlängeln uns zwischen endlosen Weinbergen hinauf, die nur gelegentlich, in besonders geschützten Ecken, von Miniatur-Olivenhainen unterbrochen werden, und kommen an dem merkwürdigen kegelförmigen Hügel vorbei, der Pieve di Teco ankündigt. Bis ganz hinauf zum Gipfel terrassiert, erinnert er mich jedes Mal an ein chinesisches Gemälde; und heute mehr denn je, mit all den neuen Trieben der Mandelbäume, die sich hell vom dunklen Altholz abheben. Weiter geht's und höher hinauf in die Wälder und ins sanfte grüne Schafland, während von Ferne bereits die schneebedeckten Alpen aufblinken.

Trotzdem, sage ich zu mir, auch wenn wir bestimmt nicht zulassen würden, dass Francesca ihr sauer verdientes Gold in die Sache investiert, wäre ein Weinberg ja vielleicht gar keine so schlechte Idee. Und wenn es wirklich einer von denen ist, an denen wir vorbeigegangen sind, würde dazu auch eine ziemlich große *taverna* gehören – ein Gebäude, das die Ligurer zwar normalerweise gar nicht als solches zu betrachten pflegen, sondern lediglich als selbstverständlichen Bestandteil der notwendigen landwirtschaftlichen Einrichtungen, das aber dennoch ein Haus ist. Und ein zusätzliches Haus würde zweifellos jedes etwaige Problem beengter Verhältnisse lösen, das nach Lucys Rückkehr auftreten könnte. Ciccio und ich könnten da drin wohnen; oder die Schwester; oder wir könnten uns abwechseln. Und wer weiß, vielleicht könnten wir ja während der Sommermonate Zimmer an Urlauber vermieten? Es fänden sich sicher mehr als genug Leute, die kühle farnige Bergseen ebenfalls der brüllenden Hitze eines Mittelmeerstrandes im August vorziehen würden. Und überhaupt. Vielleicht wäre ein Weinberg genau das, was Ciccio von seinem Restaurant erlösen könnte – falls er tatsächlich davon erlöst werden möchte. Was allerdings eher fraglich ist. Trotzdem, er könnte ja gelegentlich für die Pensionsgäste ein Festmahl kochen, sollte er feststellen, dass er ein Leben ohne Kochtöpfe doch nicht aushält. Und die Gewächshäuser fürs Basilikum, die er sich so in den Kopf gesetzt hat, könnte er unten am Fluss problemlos hinstellen, was auch bestimmt viel gescheiter wäre als bei mir am Haus, wo wir in direkte Konkurrenz zu Fränkie Messer treten würden.

*

Ivana wohnt in einem großen, weitläufigen Haus in einer Gasse am Rand von Cosio d'Arroscia. Hier oben ist die Luft sogar noch frischer, der Himmel voll von dahinjagenden Wolken. Zur Abwechslung merkt man wirklich einmal, dass es Winter ist. Das hier ist waschechtes Schafland, einen Steinwurf unterhalb der riesigen Weideflächen namens Le Navette, und Ivana und ihr

Mann Renzo dürften direkte Nachfahren jener ligurischen Käsehersteller sein, die Plinius seinerzeit so sehr rühmte. Und wie Recht hatte Plinius, was den Käse anbelangte! Ich muss mittlerweile schon Tonnen von Ivanas Käse gegessen haben. Wann immer ich vorbeikomme, kann ich der Versuchung nicht widerstehen, zwei davon zu kaufen: große Ein-Kilo-Laibe reiner weißer Schafskäse. Der frische *primo sale*, die »erste Salzung«, ist so frisch, dass er einem zwischen den Zähnen quietscht – etwas in der Art wie sehr fester Hüttenkäse –, und wenn man es schafft, einen guten Monat lang die Finger davon zu lassen, reift er zu einem richtigen aromatischen buttrigen Käse. Vierzig Tage lang die Finger davon zu lassen, meine ich natürlich. Aber wer brächte das schon fertig? Deswegen kaufe ich ja auch immer zwei: einen frischen und einen, der schon in Ivanas Käsekeller gereift ist.

An ihrem Ende öffnet sich die Gasse hin zu weitem, sanft terrassiertem Weideland und zahllosen grasenden Schafen. Ein steiler Pfad führt von hier hinunter zum Arroscia, der in seiner tief eingeschnittenen felsigen Schlucht dahinrauscht. Das Grasland ist spärlich mit niedrigen Sträuchern übersät, aus denen Büschel von langen rötlichen Trieben sprießen. Man züchtet sie, wie ich gehört habe, um daraus Seile zum Festbinden der Reben zu drehen, und zufällig weiß ich, dass es sich dabei um konsequent zurückgeschnittene Mandelbäume handelt. Erstaunlich, was man mit der Natur nicht alles anstellen kann, wenn man sie nur richtig kennt! Ich habe das herausgefunden, als ich vor etlichen Jahren einen solchen Trieb abschnitt und bei mir zu Hause in den Boden steckte. Ich konnte mich nicht so recht entscheiden, wie lang ich ihn wachsen lassen sollte, bevor ich ihn kappte – und plötzlich hatte ich ein Mandelbäumchen.

Die Käsekünstlerin Ivana und ihr Mann haben dieses alterslose Gesicht, das man bei Bauern so häufig sieht: gesund und derb und wettergegerbt. Man könnte sie in eine beliebige englische Farm stecken, und sie würden kaum fehl am Platz wirken.

Obwohl ihre Sonnenbräune vielleicht doch etwas in Richtung Mittelmeer tendiert. Als wir durch eine Art Tunnel in einen Innenhof gelangen, kommen sie aus ihrer Küche heraus, um uns zu begrüßen. Von uns aus gesehen rechts von der Küche klafft ein ziemlich schiefer Bogendurchgang, der von einer Halbtür verschlossen wird. Dahinter ein Raum voller Schafe. Heute müssen da über vierzig drin sein: hochmütig dreinschauende Geschöpfe mit schwarzen Gesichtern, stark gewölbten Nasen und beeindruckend gerolltem Gehörn. Sie blöken allesamt wie verrückt los, als wir näher kommen. Ivana lacht über die Angst der Tiere, beugt sich über die Halbtür und streichelt eines davon, krault es liebevoll rund um die Hörner. Trächtige Mutterschafe, sagt sie. Ganz wild danach, grasen zu gehen. Der Weinberg? Ja, klar möchte sie ihn verkaufen. Und ein paar Käse dazu, warum nicht? Und wie geht's Patrizias Töchtern? Sie und Patrizia gleiten in die für mich kaum verständliche hiesige Hochlandversion des Ligurischen ab. Das »r« klingt in diesem Dialekt wie aus dem Mund eines Amerikaners: ein Laut, wie ich ihn sonst noch nirgendwo in Italien gehört habe. Jetzt wieder auf Italienisch, teilt mir Ivana mit, dass sie in ein paar Tagen in der *taverna* vorbeischauen wird, um sich zu vergewissern, dass ich gut zurechtkomme; und den Weinberg zeigt sie mir gern, wann immer ich möchte. Könnte sie vielleicht auch einen Blick auf die Hühner werfen, wenn sie schon mal da ist?, sagt Francesca. O du kleingläubiger Mensch! Trotzdem ist es irgendwie nett zu wissen, dass es mir nicht an Leuten mangeln wird, die ein Auge auf mich haben.

Kurz darauf sitzen wir alle gemütlich in Ivanas Küche vor einem kleinen, kniehohen Holzofen, auf dem ein Topf voll Kastanien vor sich hinblubbert. Für die *castagnaccia*, erklärt Ivana, den Kastanienkuchen. Es wäre noch etwas vom letzten da, wenn wir ein Stückchen möchten…? Mit einem leckeren Glas Glühwein? Na, und ob wir möchten! Renzo ebenfalls, obwohl er eigentlich die Mutterschafe auf die Weide treiben sollte. Ivana leert eine ganze Flasche in einen Topf und stellt den auf den Herd neben die Kastanien, gibt noch ein Streifchen Orangenschale und einen Löffel braunen Zucker dazu, schabt mit dem Messer etwas Muskatnuss hinein. Der wird uns ganz bestimmt vor dem *colpo d'aria* bewahren, dem gefürchteten »Luftschlag«. Der ist von derselben Rebsorte wie der Weinberg, den sie verkaufen möchte, sagt Ivana, Ormeasco, und der Boden ist auch mehr oder weniger der gleiche, in etwa so wäre also der Wein, den wir da bekommen würden. Falls wir ihn durch die Gewürze hindurchschmecken können. Ach, und bei dieser *damigiana* war auch eine Spur Lumassina-Trauben dabei, stimmt's, Renzo?

Verwirrend. Lumassina ist schon ein recht merkwürdiger Name für eine Rebsorte. Im ligurischen Dialekt bedeutet *lumassa* »Schnecke«, eine *lumassina* wäre demnach ein Schnecklein. Eine Babyschnecke. Aber ich denke, das sollte ich alles besser den Experten überlassen. Während wir unseren heißen Schneckenwein schlürfen und an unserem herrlich weich-knusprigen, nach Herbst duftenden Kastanienkuchen knabbern, sagt mir Ivana in besorgt-vertraulichem Ton, sie wisse nur zu gut, mit welch schwerwiegenden Entscheidungen ein Paar zu Beginn seines gemeinsamen Lebens konfrontiert werde. Ciccio und ich müssten uns alles genau überlegen. Wir dürften nichts überstürzen. Renzo nickt weise. Sie und Renzo beispielsweise hatten, als sie sich verlobten, gerade genug Geld, um entweder eine dieser neumodischen Hochzeitsreisen zu machen, die einem angeblich einen guten Start in die Ehe ermöglichen – ohne einen Haufen Verwandte und Nachbarn, die an einem herumschnüffeln und einen auf Schritt und Tritt beobachten; oder um eine erste kleine Schafherde zu kaufen. Sie standen ganz kurz davor, sich für die Flitterwochen zu entscheiden, als sie runterbremsten und um sich blickten. Ein Nachbar bot gerade ein paar Dutzend Lämmer zum Verkauf an, gute Milchrasse, zu einem absolut unschlagbaren Preis. Sie griffen zu. Flitterwochen klangen vielleicht ganz gut, aber Auslandsreisen hatten bei den wenigen Nachbarn, die überhaupt je welche gemacht hatten, wenn überhaupt eine Wirkung, so eine eher verstörende gezeitigt. Während es eine unbestreitbare und hundertfach bewiesene Tatsache war, dass das Leben glatt und ruhig verlief, wenn man eine anständige Schafherde besaß. Also entschieden sie sich für die altmodische Option – und taten recht daran, wie sich schließlich herausgestellt hat.

Trotzdem, sagt die Rebellin Patrizia, wer weiß, was hätte sein können, wenn ihr euch für die Reise entschieden hättet?

Tja, sagt Renzo, es hat zweifellos Zeiten gegeben, da haben sie sich selbst gefragt, ob es nicht vielleicht klüger gewesen wäre. Vor drei, vier Jahren, verrät er uns, waren sie am Ende ihrer Weisheit. Mit Schafen ließ sich nicht eine Lira mehr verdienen – weder mit der Wolle noch mit dem Käse, noch mit dem Fleisch. Er und Ivana dachten schon, sie müssten sich geschlagen geben, die Herde schlachten und sich etwas anderes überlegen, wenn sie die Kinder weiterhin kleiden und ernähren wollten.

Ja, aber was hätte das sein können?, wirft Ivana ein. Sie hatten beide zeit ihres Lebens nie etwas anderes getan als Schafe züchten und Käse machen; und da sie auf ihre Hochzeitsreise verzichtet hatten, hatten sie sich nie weiter als fünfzig Kilometer von zu Hause entfernt. Wie denn auch, wenn sie doch die Tiere versorgen mussten? Und sind immer noch nicht weiter gekommen, sagt Renzo voller Genugtuung, während er sich drüben in der Ecke die Stiefel anzieht.

Es war entsetzlich, sagt seine Frau. Sie haben sich praktisch nur von ihrem eigenen Käse und Schaffleisch ernährt, ihren eigenen Wein getrunken, und was sie sonst noch brauchten, haben sie im Tauschhandel von ihren Nachbarn bekommen. Mehl und Kleidung und so. Als lebten sie vor hundert Jahren. Aber im allerletzten Augenblick kreuzte so ein Stadtmensch aus Genua auf, der auf der Suche nach Käse nach guter alter Art war: frische Milch, gutes Gras, gesunde Tiere, in Ruhe auf natürliche Weise gereift, nicht durch irgendwelche obskuren industriellen Prozesse. Er kaufte ihnen alles ab, was sie auf Lager hatten, und rief eine Woche später an und gab eine Bestellung auf, die sie monatelang beschäftigt hielt; und das zu einem Preis, bei dem sich die Arbeit sogar endlich lohnte. Was war das für eine Erleichterung! Der Mann hat ihnen das Leben gerettet. Inzwischen scheint es immer mehr Leute zu geben, die bereit sind, für echten Schafskäse mehr zu bezahlen als für irgendwelches Fabrikzeugs; und alles ist gut.

Hut ab vor der Slóffudd-Bewegung, sage ich.

Der was? Ivana ignoriert diese sinnlose Bemerkung. Auch für das Fleisch finden sich wieder Käufer, erklärt sie. Es gibt mittlerweile viele Leute, die keine tiefgefrorene Massenware wollen. Mit der Wolle lässt sich allerdings weiterhin nichts verdienen. Sie verschenken sie einfach an Freunde, die sich davon ordentliche, dauerhafte Matratzen machen lassen, Matratzen, die sie dann für die Aussteuer ihrer Kinder beiseite legen.

Francesca wirft mir einen vielsagenden Blick zu. Ja, zufällig weiß ich schon von dieser Wollmatratzentradition. Auf Ciccio wartet auch so ein gutes Stück, das Francesca für ihn, als er das heiratsfähige Alter erreichte – etwa mit fünfzehn Jahren, glaube ich – aus Wolle angefertigt hat, die ihr irgendein kalabrischer Cousin lieferte. Sogar ein richtiges Luxusmodell: auf einer Seite, der für den Sommer, mit kühler Baumwolle gestopft. Er versucht Francesca bereits seit der Vorweihnachtszeit zur Herausgabe zu bewegen, weil er von der einzigen Matratze, die ich zu bieten habe, nicht allzu begeistert ist: ohne Erfolg. Solange wir nicht heiraten, sagt sie, bleibt die Matratze, wo sie ist: auf ihrem Dachboden.

Wie auch immer, meint Ivana, sie selbst hat sich für die Schafe entschieden; aber Wein könnte ebenfalls eine gute Investition sein. Heutzutage muss man sich auf eine einzige Sache konzentrieren, nicht wahr, wenn man sich damit seinen Lebensunterhalt verdienen will? Und Salvatores Weinberg liegt doch praktisch direkt neben ihrem, sie könnten also beide zusammen bewirtschaftet werden!

Ja, nah beieinander liegen sie schon, sagt Francesca, aber ob wir sie zusammen bewirtschaften könnten, ist eine andere Frage. Jedenfalls nicht, solange ihr Mann noch am Leben ist! Plötzlich wird ihr bewusst, was sie gerade gesagt hat, und sie schaut verzweifelt drein.

Ich springe in die Bresche und sage munter: Die nächsten zwanzig, dreißig Jahre lang ist also nicht daran zu denken!

Wie auch immer, sobald ich Ivana wissen lasse, dass Ciccio bei mir oben ist, kommt sie vorbei und führt uns herum. Obwohl's ja eine ziemliche Lauferei ist, bis man das Ganze gesehen hat.

Das Ganze? Was meint sie damit? Wie groß ist denn »das Ganze«?

Hat Patrizia uns denn nichts davon gesagt? Zum Weinberg gehört auch ein Stück Wald – sie verkauft beides zusammen. Fast ein Quadratkilometer Waldweide. Gehen wir doch kurz raus, sagt Ivana, dann zeigt sie es uns … Wir folgen ihr im Gänsemarsch auf den Hof. Auf der Kuppe des Hügels da drüben, rund fünfzehn Kilometer landeinwärts, sagt Ivana und deutet auf einen Fleck nicht weit unterhalb der Schneegrenze, in einer Gegend, die für meine Begriffe weit eher unter »Gebirge« als unter »Hügelland« fällt.

Sie hat uns ganz gewiss nichts davon gesagt, sagt Patrizia, weil sie gar nichts davon wusste. Ich sehe ihr an, dass sie genauso entsetzt ist wie ich. Ein Quadratkilometer Land, das es zu hegen und zu pflegen gilt, eine gute Autostunde von zu Hause entfernt! Wir sitzen hier mitten in einem typischen Waldbrandgebiet, und wenn uns ein Stück Wald gehörte, wären wir dafür verantwortlich, dass das Ding nicht Feuer fängt und die Existenz sämtlicher Nachbarn im Umkreis von zig Kilometern vernichtet. Ich habe meinen Laptop gerade erst mit den entsetzlichen Erfahrungen mit Waldbränden gefüttert, die ich in meiner Anfangszeit hier gemacht habe. Damals machte ich mir noch nicht die Mühe, meine Oliventerrassen ordentlich vom Unterholz zu befreien, da ich dumme Ausländerin glaubte, die wunderschönen Blumen, die auf ihnen wuchsen, würden sich inmitten des Gestrüpps wohler fühlen. Die schrecklichen Konsequenzen sind mir noch äußerst gegenwärtig. Stell dir vor, wie sehr sich Ciccio darüber freuen würde, zusätzlich zu all seinen sonstigen Plagen auch noch dafür verantwortlich zu sein, dass so ein Riesenstück Land dreimal im Jahr sauber geputzt wird!

Könnten wir den Weinberg nicht unter Umständen auch allein kaufen – ohne das Stück Wald?, frage ich.

Warum in aller Welt solltet ihr das tun?, erwidert Ivana und sieht mich dabei an, als sei ich bekloppt. Der Wald ist für den Unterhalt des Weinbergs unverzichtbar!

Ach ja? Ich verstumme und warte auf die Erklärung. Sie lautet wie folgt: Wir brauchen den Wald, weil wir ihn verpachten. Wahrscheinlich derselben Familie, die ihn schon seit dreißig Jahren als Weide für ihre Kühe pachtet. Wir brauchen nicht dort hinaufzugehen und das Unterholz zu beseitigen, weil das nämlich die Kühe erledigen. Und die Pächter zahlen nicht mit Geld, sondern mit Kuhmist: fünfzig *quintali* pro Jahr. Die, gut verrottet, jedes Frühjahr zum Weinberg geliefert werden. Dann graben wir ihn unter, und bingo! Die Reben wachsen und gedeihen, dass es eine Pracht ist!

Ich verstehe. Wir würden also nicht einfach nur einen Weinberg kaufen, sondern gleich ein ganzes Ökosystem. Faszinierend. Ich beginne mich ernsthaft für die Vorstellung zu erwärmen, eine Kuhfladen-eintreibende Großgrundbesitzerin zu werden. Ich könnte mir durchaus vorstellen, in nicht allzu ferner Zukunft auf diesen Berg zu zeigen und zu sagen: Seht ihr das Stück Wald da oben? Ratet mal, wie viel wir daran jährlich verdienen! Fünfzig Doppelzentner Mist!

Dann ist da noch die hübsche *taverna* voller Bogen und Gewölbe. Und den Wein nicht zu vergessen. Über den Preis haben wir zwar noch nicht geredet, aber irgendwie habe ich das Gefühl, dass man *den* Punkt besser Fachleuten überlassen sollte. Ist ohnehin eine ziemlich akademische Fragestellung, da ich, wenn mein neues Dach erst mal steht, ohnehin pleite sein werde. Aber vielleicht könnte ich ja ein Darlehen aufnehmen, wenn Ciccio mitzieht? Die Liste mit Dingen, die ich in Angriff nehmen werde, sofern ich bloß irgendwann dazu komme, dieses Buch zu Ende zu schreiben, wächst Besorgnis erregend schnell ...

Als wir uns von Ivana verabschieden, fällt mir ein komischer kleiner, irgendwie selbst gemacht aussehender Tisch auf, der draußen direkt neben der Küchentür steht: eine fußdicke Scheibe Baumstamm mit vier stämmigen entrindeten Ästen als Beinen. Die Beine sind weiß gestrichen und haben unten blanke schwarze gespaltene Hufe aufgemalt: genau wie Schäfchen. Süß!, rufe ich aus. Ein Schäfchentisch! Ja, sagt Ivana. Darauf schneiden wir sie auseinander, wenn wir Fleisch für die Küche brauchen.

*

Da sitzen wir nun, Patrizia, Francesca und ich, unter der gewölbten Decke des Albergo dell'Angelo, der »Engelherberge«, in Pieve di Teco. Hoch über uns prangen üppige Fresken, die mit allerlei Früchten und Cherubim die vier Jahreszeiten und deren jeweilige reiche Gaben sinnbildlich darstellen. Insgesamt ohne übermäßig religiöses Gepräge, da diese Räume ursprünglich als Hauptquartier für Napoleons Generäle erbaut wurden, von dem aus sie nach Süden und Osten vorstießen und dabei die letzten Überbleibsel des Königreichs Savoyen kurz und klein schlugen. (Jawohl. Dieselbe Bagage, die heimtückisch die italienische Romantik im Keim erstickte. Jammerschade, dass Annetta nicht bei uns ist und es entsprechend goutieren kann.) Das Lokal scheint seit damals keine nennenswerten Veränderungen erfahren zu haben. Der wuchtige Kronleuchter aus kandisbraunem venezianischem Glas, der in der Mitte des Zimmers unter den unberührten Fresken hängt, ist auf ziemlich halbherzige, schludrige Weise elektrisch verkabelt worden. Die hohen schmalen Fenstertüren mit dem schmiedeeisernen Außengitter, durch die wir hier vom ersten Stock aus auf eine kleine grasig-kopfsteingepflasterte Piazza hinuntersehen, scheinen noch original zu sein; ebenso die in Wandnischen eingelassenen verglasten Schränke. Die einzige anachronistische Note an dem Ganzen ist eine knollige Fläche brauner Plastikpaneele aus den Siebzigerjahren, unten neben der Rezeption. Aber andererseits stellt das ein passendes Gegengewicht zum einzigen anderen, irgendwie fehl am Platz wirkenden Objekt dar: dem – entschieden mittelalterlich wirkenden – kunstvoll gearbeiteten, schiefernen Brunnenhäuschen, das im Foyer steht und viel zu alt für den Rest des Gebäudes aussieht, als sei es von einer früheren Inkarnation übrig geblieben.

Patrizia und ich haben auf dem Rückweg nach San Pietro einen Zangenangriff auf Francesca vorgenommen und sie zum Mittagessen hierher verschleppt. Francesca ist so aufgeregt wie ein Kind, das gerade gegen ein elterliches Verbot verstößt, und ebenso davon überzeugt, etwas sehr Unartiges zu tun. Auswärts essen tut sie sonst nur zu wichtigen feierlichen Anlässen wie Taufen und Hochzeiten und Erstkommunionen; und sie kann gar nicht glauben, dass alles seine Richtigkeit hat. Der Hotelier bringt uns eine Flasche von seinem eigenen Weißwein: einem herrlichen, leicht moussierenden Gewächs mit einem Hauch von Traubenkernen in der Blume. Francesca ist hin und weg. Drei Frauen, die ganz alleine ausgehen und miteinander essen und Wein trinken! Wie sich die Zeiten doch geändert haben!

Ladys beim Lunch, erkläre ich ihr. Eine gute alte englische Tradition.

Nicht minder wundert sich Francesca über meine sehr absonderlichen, oder sehr englischen, Bemühungen, ihr die Information zu entlocken, ob man von einem Weinberg dieser Größe leben – oder ob man damit zumindest etwas Geld verdienen könnte. Sie lacht bei der bloßen Vorstellung auf ihre typische ratlose Art. In ihrer Weltsicht ist Land nicht dazu da, Geld zu verdienen: Es ist dazu da, Geld zu *sparen* – oder besser gesagt, kein Geld mehr zu benötigen. Denn man produziert damit ja seine eigenen Lebensmittel, die man dann eben nicht mehr zu kaufen braucht. Man bemüht sich, so viele Eisen wie möglich gleichzeitig im Feuer zu haben; alles andere ist nur eine Frage der Zeiteinteilung, der Kunst, alle auf den verschiedenen Grundstücken anfallenden Arbeiten in die Stunden des Tages einzupassen. Oder ich sollte besser sagen, in die Monate des Jahres, denn es gibt immer wieder erhebliche Batzen Zeit, in denen man lediglich darauf wartet, dass irgendetwas wächst oder reift, oder was auch immer tut. Und wie sollte man überhaupt ausrechnen, ob man Gewinn gemacht hat, wenn man seine eigene Arbeit gar nicht erst als Kostenfaktor in Rechnung stellt? Sind vielleicht all diese Ungewissheiten, die ihr Leben bestimmen, der Grund, weswegen die Menschen hierzulande so versessen auf Glücksspiele sind? Was alles natürlich der Mentalität meines Landes diametral zuwiderläuft, wo man arbeiten geht und bestimmte Aufgaben erfüllt, und zwar eine bestimmte Anzahl von Stunden lang und für einen ganz bestimmten Geldbetrag. Einen Geldbetrag, bei dem man ohne jede Schwierigkeit ausrechnen kann, ob man damit über die Runden kommt oder nicht. Ich versuche mein Glück bei Patrizia – obwohl ihre Art der Berufstätigkeit, bei Licht betrachtet, lediglich eine modernere Version von Francescas Arbeitsleben ist. Könnten wir den Wein verkaufen? Wäre das ein vernünftiger Unternehmensplan? Besteht unter den Slóffudd-Bewegten ein grundsätzliches Interesse an primitiven Landweinen? Patrizia glaubt, nicht. Es wäre gar nicht möglich, einen verlässlichen Markennamen zu etablieren. Die Qualität des Weins fällt von Jahr zu Jahr zu unterschiedlich aus, man ist viel zu sehr von den Launen des Wetters abhängig, es sei denn, man hat mehrere Hektar Land, so dass sich die Unterschiede mehr oder weniger ausgleichen. Die Trauben könnten wir allerdings wohl verkaufen, wenn wir wollten – an Signor Feola, der eine industrielle Weinkellerei in Diano betreibt.

Francesca lebt plötzlich auf. Mit Traubenverkaufen kennt sie sich aus. Natürlich kennt sie sich aus! Wenn man knapp bei Kasse ist, kann man immer noch seine ganze Ernte auf einen Laster laden und sie unten an der Kreuzung von Diano verkaufen. Sie und Salvatore haben das selbst ein paarmal gemacht, als die Kinder noch klein waren und sie sich nicht anders zu helfen wussten.

Aber dann muss man ein Jahr lang Wein aus dem Laden trinken...

39

Heute werde ich meine erste Nacht allein hier oben in der *taverna* verbringen, es sei denn, ich möchte Ciccio zu seiner Angel- und-Lagerfeuerparty auf dem Kiesstrand von Cervo begleiten. Aber ich denke, das lasse ich lieber ausfallen. Ich werde mir einen ruhigen Abend mit meinem Laptop und dem Fluss machen, morgen früh die Hühner füttern und im Laufe des Vormittags hinunterfahren und mich mit Ciccio bei meinem armen dachlosen Häuschen treffen, um nachzusehen, wie die Arbeit vorangeht.

Dann bleiben wir dort über Mittag, sagt Ciccio, und essen, was er an Fisch so gefangen hat. Wir machen draußen ein Lagerfeuer und kochen *alla bracia*, falls die Küche noch nicht wieder benutzbar sein sollte. Anschließend geht er arbeiten. Wobei ihm einfällt, sagt Ciccio, dass es wirklich unglaublich ist, wie viel Interesse meine Informationstafeln im Restaurant wecken: wie viele Ausländer sich davor hinstellen und sie lesen und sich offenbar erstaunt darüber unterhalten und sogar irgendwelche Notizbücher herausholen und sich die Telefonnummer notieren. Als ob die nicht im Telefonbuch stünde! Was das doch für komische Leute sind! Ich sollte wirklich zusehen, dass ich mit meinem Buch zu Rande komme. Wenn's auch nur annähernd so ein

Erfolg wird wie meine Anschläge, kann ich mich auf einen Bestseller gefasst machen.

Ciccio und ich sitzen auf dem Fußboden des Raums mit dem Weihnachtsbaum-Flaschenhalter, wo wir die letzten drei Stunden eines weiteren herrlich frischen, klar blauen Wintervormittags damit zugebracht haben, Salvatores Wein in Flaschen umzufüllen. (Ich bin noch immer ganz verliebt in dieses Wetter. Ob's an meinem schottischen Blut liegt? An einem genetisch angelegten Urbedürfnis nach ausgeprägteren Jahreszeiten, als man sie unten in Dianos *conca d'oro* geboten bekommt?) Das Mindeste, was wir für den armen Salvatore tun können – der, da die Ursache seines Leidens weiterhin ungeklärt ist, bald wieder ins Krankenhaus muss, diesmal zu einer Probeoperation –, ist, eine anständige Menge seines Weins auf Flaschen zu ziehen. Es bedurfte nur zweier *damigiane* Umfüllarbeit, um mich zu Salvatores Meinung über Flaschengrößen zu bekehren. Man braucht nur dreiunddreißig von seinen schönen großen Flaschen, um eine *damigiana* zu sechsundfünfzig Litern zu dekantieren (die letzten paar Liter sind Bodensatz und werden weggekippt), gegenüber den sechsundsechzig lächerlichen pfriemeligen Normalformatigen, die wir für die Schwestern abfüllen müssen. Mehr Flaschen, die man zuerst auswaschen muss, mehr Wein, der verschüttet geht, wenn man den Schlauch von einer Flasche in die nächste steckt, mehr Bodensatz, den man aufwirbelt, wenn man beim Umstecken versehentlich den Schlauch in der *damigiana* bewegt; und als sei's noch nicht genug, anschließend noch sechsundsechzig dämliche Korken, die es reinzustöpseln gilt.

*

Gestern haben wir uns von Signora Frühlingszwiebel, auch bekannt als »Maria della Nandina«, Ivanas Weinberg zeigen lassen (Süß! Sie ist mindestens achtzig, aber sie wird noch immer nach ihrer Mutter genannt, »Nandinas Maria«), und Ciccio war vom Gesamteindruck und vom Zustand der Reben sehr angetan, alles bestens in Schuss; und schmunzelte, als er in der oberen Ecke die Lumassina-Trauben entdeckte. Die Leute früher kannten sich aus, sagt er. Die Lumassina ist eine alte lokale Varietät des Vermentino: eine weiße Traube, die man eigens anbaut, um sie den roten zuzusetzen, wodurch der Wein erheblich stärker wurde – und es ist ein kostbares Gewächs, heutzutage kaum noch zu finden.

Trotz meiner Unwissenheit in derlei Dingen – aber keine Sorge, ich lern's schon noch! – freue ich mich auf alle Fälle maßlos über die *taverna*, die sogar noch größer ist als Salvatores und, soweit ich durch die staubigen Fenster feststellen konnte, sogar noch mehr wunderschöne Bögen aufweist, obwohl das anscheinend niemanden sonst interessiert.

Ciccio will zwar noch abwarten, bis Ivana ein paar Flaschen des letztjährigen Jahrgangs ausgräbt, bevor er sich endgültig entscheidet, aber ich sehe ihm an, dass ihn die Sache sehr reizt. Er gibt mir auch darin Recht, dass das Ufer eines rauschenden Flusses ein weit besserer Standort für seine geplante Basilikumzucht wäre als ein trockener Hang, der zyklisch unter Wassermangel und zu allem Überfluss unter der nächsten Nachbarschaft eines gewissen berüchtigten messerschwingenden Konkurrenten leidet. Auch wenn besagter Konkurrent derzeit für uns arbeitet.

Ciccio stellt die Frage in den Raum (wobei er meinem Blick ausweicht und seine ganze Aufmerksamkeit auf die Korkmaschine richtet), ob wir nicht einfach heiraten sollten. Denn auf die Art, fügt er eilig hinzu, bekämen wir spielend das nötige Geld herein, um das Grundstück zu kaufen – ohne zu komplizierten Maßnahmen greifen zu müssen, wie beispielsweise Franchino unter Druck setzen, damit er ihm unverzüglich seinen Anteil am Restaurant abkauft, oder Darlehen aufnehmen oder uns von seiner Mutter helfen lassen.

Was? Ist das etwa ein Heiratsantrag? Kann das ernsthaft ein vernünftiger Grund sein, den großen Sprung zu wagen?

Na und ob! Ganz besonders, wenn wir uns für eine große süditalienische Hochzeit alten Stils entscheiden sollten, sagt er träumerischen Blicks.

Ich warte auf weitere Informationen. Da kommen sie auch schon. Bei einer süditalienischen Hochzeit bekommt man nicht lediglich Hochzeitsgeschenke. Man versteigert außerdem den Schlips des Bräutigams. *Das* bringt die Knete ein!

Wäre Ciccio vielleicht so freundlich, mich ein wenig aufzuklären...?

Aber sicher doch. Nach dem langweiligen Teil in der Kirche setzt man sich in ein Lokal zu einem gigantischen Festschmaus. Abgesehen von den Leuten, die man wirklich gern dabeihaben möchte, lädt man sämtliche wohlhabenden Bekannten ein, sowie natürlich die gesamte Verwandtschaft beider Beteiligten, bis hin zur entferntesten Base oder Urgroßtante. Nach dem Essen nimmt der Trauzeuge des Bräutigams (man muss natürlich einen auswählen, der möglichst gut schwatzen kann: Paletta wäre hervorragend geeignet) selbigem den Schlips ab, zieht sein Taschenmesser und fängt an, das Ding in dünne Streifchen zu zerschneiden. Und dann geht die Auktion los. Jetzt, wo alle ordentlich angesäuselt sind, entbrennt eine regelrechte Schlacht um eine *bella figura*, bei der jeder (wie man hofft) alle anderen mit immer verstiegeneren Geboten zu überbieten versucht, um nur ein Glück bringendes und Fruchtbarkeit spendendes Fetzelchen Schlips zu erwerben. Manche haben vielleicht den Ehrgeiz, als der Großzügigste der ganzen Hochzeitsgesellschaft in die Geschichte einzugehen. Andere fühlen sich möglicherweise verpflichtet, der Peinlichkeit zu entgehen, weniger zu bieten als jemand anders, von dem bekannt ist (oder vermutet wird), dass er ärmer als sie ist. Mit etwas Glück, und wenn man das Menü, den Wein und die Gäste gut ausgesucht hat, kann man auf die Art ein Vermögen einstreichen. Wir könnten doppelt so viel bekommen, wie Ivanas Weinberg kosten wird!

Wie ich schon sagte, der Kerl hat kein Fünkchen Romantik im Leib. Ist das alles, was er zu bieten hat? Was er kann, kann ich schon lange. Na ja, sage ich, stimmt schon, heiraten könnte immer noch besser sein, als mit anzusehen, wie seine arme Mutter ihr ganzes Gold verkauft.

Wovon rede ich eigentlich? Was denn für Gold?

Hoppla. Anscheinend hat mir Francesca ein reines Frauengeheimnis anvertraut.

Och, nichts. War nur bildlich gesprochen, sage ich nonchalant.

*

Aber das Problem ist, dass Ciccio in letzter Zeit wieder mal Ärger mit seinem Restaurant hat und, wie ich vermute, nach jedem noch so aberwitzigen Fluchtplan greifen würde. Und wenn's Heiraten wäre. Diesmal sind das Problem allerdings nicht die Gäste (die sich neuerdings erstaunlich wohlerzogen verhalten), sondern es ist Pierino, der Vermieter. Er kommt langsam in die Jahre, nicht wahr, und Ciccio befürchtet, dass es mit seinem Verstand nicht mehr zum Besten bestellt sein könnte. Vor ein paar Wochen hat er einen plötzlichen heftigen Hass gegen einen von Ciccios Lieblingskunden gefasst: einen wahrhaft inspirierenden Deutschen, für den zu kochen eine echte Freude und ein Vergnügen sei. Heinrich heißt er: ein Schauspieler, der sich ein Ferienhaus in Moltedo gekauft hat. Ein Mann, der gutes Essen wirklich zu würdigen weiß und trotz Pierinos Versuche, ihn zu vergraulen, treu Woche für Woche wiederkommt. Obwohl Heinrich schon seit einer Weile Stammgast war, fing Pierino irgendwann plötzlich an, ihn von seiner Ecke aus während des ganzen Essens hasserfüllt anzustarren. Später, als sie schon am Zumachen waren, erschien er dann höchst erregt in der Küche und erklärte, er sei sich sicher, dass mit diesem Mann etwas ganz gewaltig nicht stimme, auch wenn ihm momentan nicht einfallen wolle, was es genau sei. Er könne es nicht genau sagen ... aber er könne beschwören, dass er schon mal mit ihm zu tun gehabt habe ... vielleicht während des Krieges? Ein paar Tage später konnte er *beschwören*, dass es während des Krieges gewesen war. Heinrich musste mit der Besatzungsarmee hier gewesen sein, er war irgendein hochrangiger Faschist gewesen, vielleicht von der Gestapo… das war jedenfalls das Bild, das Pierino immer wieder in den Sinn kam: wie der Mann in einer Art Naziuniform auf und ab stolzierte und mit eisigem Blick Todesurteile verhängte.

Ciccio war mehr als skeptisch. Trotzdem fing er an, sich Sorgen zu machen. Konnte es vielleicht am Ende *doch* sein? War der Mann möglicherweise tatsächlich älter, als er aussah? Was, wenn er demnächst im Lokal als Kriegsverbrecher festgenommen wurde – falls Pierinos Erinnerung irgendwann zurückkehren sollte? Es stimmte zweifellos, dass hier in diesen Tälern harmlose Dörfler im Rahmen von Vergeltungsmaßnahmen für Aktionen der Partisanen gegen die deutsche Wehrmacht an die Wand gestellt und erschossen worden waren. Aber würde das überhaupt als Kriegsverbrechen zählen? Und selbst wenn nicht – hätte Ciccio Lust gehabt, einen Mann weiterhin zu bewirten, der an solchen Massakern beteiligt gewesen war? Bis dahin hatte sich sein Verhältnis zu Heinrich – einem Mann, der das Sorbet aus Wilder Minze, das er bei seinem ersten Besuch zur Gaumenerfrischung zwischen erstem und zweitem Gang bekommen hatte, so goutierte, dass er sofort verlangt hatte, den Küchenchef kennen zu lernen und ihm die Hand zu schütteln – sehr erfreulich entwickelt. Und überhaupt sah er gut fünfzehn Jahre zu jung aus, um im Krieg dabei gewesen sein zu können. Ciccio versuchte, sich Heinrich unauffällig von allen Seiten anzusehen, um festzustellen, ob er aus jedem Blickwinkel gleich alt aussah. Ja, tat er. Also nichts, was eindeutig für eine Gesichtsoperation gesprochen hätte.

*

Als Heinrich, dieses Mal in Gesellschaft vieler Freunde, letzten Sonntag zum Mittagessen kam, erwiesen sich die glühenden Hassstrahlen, die ihn aus Pierinos Ecke erreichten, als so lästig, dass er schon bald den Platz wechselte, um seinem Peiniger den Rücken zuzuwenden.

Da! Siehst du?, sagte Pierino zu Franchino. Versucht, meinem Blick auszuweichen! Oder will verhindern, dass ich ihn mir genau ansehen kann!

Pierino war mittlerweile mehr denn je davon überzeugt, Recht zu haben. Er hatte es schon die ganze Zeit gewusst, dass er diese farblosen bösen Augen kannte. Die näheren Umstände würden ihm bald wieder einfallen, und dann würden sie sich alle umgucken! Anstatt wie ein Fürst bewirtet zu werden, verdiente es dieser Kerl, dass man ihn wie einen Hund erschoss! Warum verließ sich nur niemand auf Pierinos Instinkt?

Entgegen seiner Gewohnheit setzte sich Pierino nach dem Essen nicht auf ein Spielchen zu seinen Kumpels, sondern blieb an jenem Nachmittag an seinem Tisch vor seiner Anderthalb-Liter-Flasche Rotwein sitzen und ließ Heinrich nicht aus den hasserfüllten Augen. Je tiefer der Pegel in der Flasche sank, desto lauter wurden die Bemerkungen über gewisse nazifaschistische Barbaren, die aus der Ecke unter der Weinpergola hervordrangen. Nicht lange, und die Gäste am halben Dutzend Italienertische begannen untereinander zu tuscheln, verstohlen zu den zwei Tischen der Deutschen hinüberzustarren und sich zu fragen, welcher von ihnen wohl der fragliche Barbar sein könnte.

Ciccio kam ab und zu aus seiner Küche herausgeschlichen, konnte aber nur hilflos zusehen und sich wünschen, er wäre längst zu Ackerbau und Hühnerzucht zurückgekehrt. Da Pierino der rechtmäßige Eigentümer des Lokals war und außerdem in seinem eigenen Garten saß, hatten sie nicht die geringste Möglichkeit, ihn rauszuwerfen. Oder, besser gesagt, zum Schweigen zu bringen. Ebenso klar war aber, dass dank der exzentrischen, ja zerlumpten Aufmachung Pierinos sowie dem Umstand, dass zwischen seiner Terrasse und dem Restaurant keine sichtbare Grenze verlief, die Gäste nichts von all dem ahnen konnten und sich mit Sicherheit fragten, warum die Geschäftsführung diesem bejahrten und möglicherweise gemeingefährlichen Verrückten gestattete, den ganzen Nachmittag lang da herumzusitzen und zu lästern.

Als Heinrich und seine Freunde sich endlich zum Gehen anschickten, rundete Pierino seine Vorstellung ab, indem er nach vorne kam und ihnen laut und ergiebig vor die Füße spuckte. Die Deutschen ignorierten höflich dieses absonderliche Verhalten; sie machten einen Bogen um Pierino und gingen kurz hinein, um ihren Gastgebern für ein hervorragendes Essen zu danken. Dann gaben sie einer nach dem anderen Ciccio und Franchino die Hand.

Das war der letzte Tropfen. Dem Kerl jetzt auch noch die Hand schütteln, was?, brüllte der ergrimmte Grundeigentümer und kam in das Lokal herein. Ciccio und Franchino waren ein mieses Paar *bastardi* und nazifaschistische *collaborazionisti!* Das reichte ihm jetzt! Wenn sie diesen Mann je wieder hier reinließen, war die fristlose Kündigung fällig. Dann konnten sie sich ihr Restaurant in die Haare schmieren! Kapiert?

*

Als er das nächste Mal, nämlich gestern, wieder zum Essen erschien, hatte Heinrich ein paar Videokassetten dabei. Er hatte, sagte er, in einigen Filmen mitgespielt, die in Italien gedreht worden waren. Es waren Kriegsfilme, und er war darin leider auf die Rolle des Nazischurken festgelegt worden. Trotzdem hätte ihr älterer Verwandter, der Herr, der immer in der Ecke sitzt, ja vielleicht Lust, sie sich anzusehen. Möglicherweise würden sie eine beruhigende Wirkung auf ihn ausüben...

Es kostete Ciccio ziemlich viel Überwindung, Pierino diese Videokassetten nicht in sein Lästermaul zu stopfen. Wer will schon ein Restaurant haben, wenn er auf Gedeih und Verderb einem Vermieter ausgeliefert ist, der nicht imstande ist, zwischen Fernsehen und Wirklichkeit zu unterscheiden und der, wenn er nicht gerade damit beschäftigt ist, einem die Wohnung mit irgendwelchem Dreck voll zu stopfen, Tag und Nacht an der Grundstücksgrenze herumlungert und einen mit hirnrissigen Rausschmissdrohungen drangsaliert? Drohungen, die er übrigens, wenn ihn der Irrsinn vollends packte, ohne weiteres und völlig rechtens wahr machen könnte...

Also her mit diesem Weinberg, und Tod allen Restaurants!

40

Als ich bei mir ankomme, nehmen eine Betonmischmaschine und ein streitwagenähnliches Gerät einen Großteil meines Parkplatzes ein; und die zwei braunen Pferde stehen, sichtlich erhitzt und schweißnass, auf der nächsthöheren Terrasse im Schatten zweier Olivenbäume angebunden und saufen durstig aus Eimern. Zweier Olivenbäume, muss ich hinzufügen, die zufällig nicht mir, sondern meinem tragischen bärtigen Nachbarn gehören. Geht das? Könnte sich jemand aufregen, wenn man Pferde an ihre Bäume bindet? O Gott, werde ich jetzt, als Eigentümerin eines möglicherweise ungesetzlichen Dachs und somit den Launen meiner Nachbarn hilflos ausgeliefert, denn nie wieder eine ruhige Minute haben?

Das ist allerdings lediglich ein kleiner Vorgeschmack des unnennbaren Chaos, das mich am Haus selbst erwartet. Ein Teil des Chaos – so etwa die Tatsache, dass das Haus kein Dach hat und von einem Meer von Schutt umgeben ist – kommt eigentlich nicht überraschend. Dem Betrachter aber, der da steht, wo ich gerade stehe, auf dem Pfad unterhalb des Hauses, fällt vor allem eins ins Auge, und zwar dass die zwei großen Olivenbäume, die draußen vor der Schlafzimmertür stehen, weitgehend verschwunden sind. Übrig bleiben nur ihre dicken knorrigen alten Stämme und ein paar kläglich herunterhängende Äste. Massakriert. Aber nicht etwa brachial-bestialisch massakriert, wie man es etwa, sagen wir, von einem zufällig vorbeitobenden tollwütigen Elefanten erwarten könnte. Nein, da ist man ganz systematisch vorgegangen, mit klinisch sauberen Kettensägenschnitten: da war ein Anhänger der drastischen Stutzmethode am Werk. Die untere Terrasse, zum Teil auch der schon mit Netzen ausgelegte Bereich (*grrr!*), ist mit großen Aststücken übersät, und an der Hauswand liegen mehrere mannshohe Zweighaufen; samt einer pittoresk-achtlos hingeworfenen Machete auf dem vordersten.

Als ich näher komme, sehe ich, dass auf der nächsthöheren Terrasse Ordnung herrscht. Na ja, eine gewisse Ordnung jedenfalls. Ciccio, Paletta, Franco und drei Albaner sind geschäftig um ein Lagerfeuer zugange, das sie auf dem Grillplatz neben Bormanos Eiche entfacht haben – und auf dem sie vermutlich Fisch zu braten gedenken. Auf dem Tisch neben ihnen stehen mehrere leere Weinflaschen, und dem Grad ihrer Heiterkeit nach zu urteilen, sind sie allesamt ziemlich abgefüllt. Ciccio winkt mir von oben zu. Bemerkt meinen Blick. Erklärt beiläufig, wenn auch ein bisschen nervös, er habe sich gedacht, wenn er schon mal da sei, könnte er hier und da ein bisschen was wegschneiden, damit etwas mehr Licht ins Haus kommt ... und die zwei Bäume hätten ohnehin kaum mehr getragen ... Seine Stimme verebbt kümmerlich. Franco und die Albaner feixen über seine Verlegenheit. Paletta weicht meinem Blick aus.

Mir ist absolut klar, was passiert ist. Ciccio und Cousin konnten der Verlockung dieser machomäßigen »Packen-wir's-an«-Atmosphäre nicht widerstehen und *mussten* einfach irgendetwas finden, das sich unter Erzeugung einer beachtlichen Geräuschkulisse, viel Bizepsgeschwelle, Geächz und Geschwitze – und mit einem ansehnlichen Resultat – anpacken ließ.

Ernsthaft stört mich das eigentlich nicht. Als wir alle übrigen Bäume drastisch zurückschnitten, haben wir die zwei zur Dekoration stehen lassen. Aber ich habe selbst oft gedacht, dass sie ziemlich viel Licht vom Haus abhielten und dass es nicht geschadet hätte, sie ein bisschen zu stutzen. Trotzdem stampfe ich demonstrativ-böse die Treppe hinauf – denn wie konnte Ciccio wissen, dass es mich *nicht* stören würde, und jetzt werden sie in Trauerweidenform wachsen, während es doch möglich gewesen wäre, dass ich sie lieber in der altmodischen Apfelbaumform haben wollte, und war es denn überhaupt nötig, gerade in diesem Moment noch mehr Chaos zu veranstalten, als gäbe es davon nicht schon genug? – und stürme an ihnen vorbei in die Küche. Da drinnen ist es tatsächlich erheblich heller als vorher. Was allerdings daran liegt, dass das Haus kein Dach mehr hat, sondern nur ein Skelett von neuen Balken.

Aber trotzdem, jetzt da die Bäume zusammengeschrumpft sind, kann man von hier oben aus nicht nur Diano Castello sehen, sondern auch Arentino. Und ein erheblich größeres Stück Meer. War also vielleicht doch keine so schlechte Idee. Und jetzt, wo ich auf Höhe der Lagerfeuerterrasse stehe, sehe ich, dass sie als Antipasti rauchig geröstete Paprikaschoten und mit Öl und Thymian angemachte gegrillte Auberginenscheiben gemacht haben. Ich schraube mein Schmollen zurück und mache mich an den Wein: Ich muss mich ranhalten, wenn ich die anderen Esser einholen will. Von denen ich, sobald ich mich zu ihnen gesetzt habe, erfahre, dass sie den Tag nicht etwa lediglich damit verplempert haben, Olivenbäume zu massakrieren, zu kochen und zu saufen: Sie sind außerdem auch mit Francos *barroccio*, dem Streitwagengerät, das ich unten auf dem Parkplatz gesehen habe, den Hügel rauf und runter gepest, während diejenigen unter ihnen, die reiten können – die Albaner und Franco –, abwechselnd mit dem Karren um die Wette galoppiert sind. Kein Wunder, dass sie alle so rote Backen und glänzende Augen haben! Ganz besonders Franco, der in dieser Gesellschaft zwanzig Jahre jünger geworden zu sein scheint, und der mich jetzt zu einem konspirativen Tête-à-tête beiseite nimmt. Die Typen von der *Guardia Forestale*, erzählt er mir, dem Forstschutz, kamen heute Morgen gerade in dem Moment mit ihrem Jeep vorbei, als er irgendwelchen Kram auf dem Parkplatz einsammelte, und haben ihn gefragt, was er mit den ganzen Ziegeln am Ende der Straße vorhätte. Aber es ist alles in Ordnung: Sie waren nur zufällig da, und er hat ihnen gesagt, er würde das Dach eines alten Kuhstalls reparieren. Nur gut, sagt er, dass kein Mensch am Ende so eines mickrigen Pfades ein Haus vermuten würde.

Was soll *das* schon wieder heißen? Warum durfte die *Guardia Forestale* nichts vom Dach wissen? *Haben* wir die behördliche Erlaubnis, es wiederaufzubauen, oder haben wir sie *nicht*? Hat es überhaupt einen Sinn zu versuchen, aus der Situation schlau zu werden? Ich glaube nicht, dass ich diesen Stress noch viel länger aushalte. Ich setze mich hin und versuche, mich zusammenzureißen. Aber es klappt nicht: Das Gefühl von Panik nimmt nur noch mehr zu. Was, frage ich mich, tu ich eigentlich in diesem chaotischen, unvernünftigen Land, diesem chaotischen, unvernünftigen Haus? Und was diesen chaotischen, unvernünftigen Mann anbelangt, in den ich mich da verliebt habe...! Plötzlich verspüre ich einen unbändigen Drang wegzulaufen. Was sollte mich eigentlich davon abhalten, einfach aufzugeben, meinen Kram zu packen und in mein nettes geordnetes, voraussagbares England zurückzukehren, wo ich immer weiß, was Sache ist? Nichts! Tatsächlich könnte ich meinen Koffer hervorholen, sobald wir fertig gegessen haben...

*

Als wir uns ans Essen machen, kommt die Wahrheit über die Bäume rasch ans Licht. Von seinem Publikum von jüngeren Männern angeregt, lässt Franco eine offensichtlich witzig gemeinte Bemerkung darüber fallen, was für einen Lärm die *grilli* doch veranstalten: als sei es Hochsommer, und nicht ein stiller Januartag. Paletta meint mit mühsam unterdrücktem Gelächter, der unerträgliche Krach stamme nicht von Grillen, sondern von Zikaden.

Ciccio bemüht sich, auf seinen Teller zu starren, aber auch seine Lippen zucken. Ich verpasse ihm einen Tritt unter dem

Tisch, woraufhin er gesteht, dass ein paar von diesen überaus lärmenden Zikaden – denen, die stundenlang da hocken und wie Enten unaufhörlich quäken und quäken – zu seinem Entschluss beigetragen haben könnten, den Baum ein wenig zurückzustutzen. Er und die Jungs, erklärt er, hatten während ihrer Kaffeepause (*Wein*pause, würde ich eher vermuten. Was für einen schlechten Einfluss Franco doch auf Männer hat! *Das* meinte Luigi also, als er sagte, Franco führe ein »ungeordnetes Leben«!) versucht, die Viecher mit Steinwürfen zum Schweigen zu bringen. Und als das nicht funktionierte, konnte er der Versuchung nicht widerstehen, zur Kettensäge zu greifen. Er hatte die sowieso schon herausgeholt, um die alten, wurmzerfressenen Balken zu Brennholz zu zersägen, und eigentlich wollte er nur ein paar der obersten Äste wegschneiden, aber dann ist irgendwie die Begeisterung ein bisschen mit ihm durchgegangen.

Ein *bisschen*? Da sehen Sie, was ich meine! Kann ich ernsthaft in Erwägung ziehen, mich mit ihm auf ein riskantes landwirtschaftliches Unternehmen einzulassen – mit einem Mann, der fünfzig Nägel in einen Balken haut, um einen kleinen Engerling umzubringen, und dann gute fünf Meter eines vollkommen gesunden Olivenbaums absägt, um es einer lärmenden Zikade heimzuzahlen?

Andererseits hat Ciccio uns als ersten Gang absolut geniale Trenette *al nero di seppie* (in Tintenfischtinte) gekocht, also kann er noch nicht *völlig* übergeschnappt sein. Und es war nett von ihm, die Balken für mich zu zersägen. Jeder am Tisch bestreitet entschieden, dass sein Verhalten auch nur im Entferntesten verrückt gewesen sei. Der Zeitpunkt war vielleicht nicht hundertprozentig gut gewählt, sagen sie, aber das Resultat ist absolut vernünftig. Die Bäume mussten tatsächlich zurückgeschnitten werden. Außerdem brutzeln etliche sehr hübsche Fische, die seine eigenen und Palettas Hände letzte Nacht gefangen haben, auf dem Rost über der Olivenholzglut. Glut von bestem frischen grünen Olivenholz, wie ich angesichts der Sachlage wohl annehmen kann.

Während des Pasta-Ganges gratuliert mir Remy, einer der Albaner, zu meinem *orto* unten beim Brunnen, sichtlich darum bemüht, gut Wetter zu machen. In seiner Heimat könne sich heutzutage kein Mensch mehr so einen Gemüsegarten leisten.

Was meint er damit? Wieso denn nicht?

So weit ist es eben gekommen. Es gibt überhaupt keine Arbeit mehr, im ganzen Land nicht.

Aber warum sollte das die Leute davon abhalten, Gemüsegärten anzulegen? Man müsste doch annehmen, dass genau das Gegenteil der Fall ist!

Nein, sagt er, denn es gibt Banden von landlosen Leuten, die die Städte verlassen haben, weil es da nichts zu essen gibt, und einfach durch die Gegend streifen und von dem leben, was sie stehlen können. Sie bauen ein Lager für die Frauen und Kinder und machen sich dann auf die Suche nach Lebensmitteln. Oft genug mit Gewehren bewaffnet. Sobald irgendetwas aus dem Boden sprießt, rupfen sie es aus. Oder sogar noch *bevor* es aus dem Boden sprießt. Sein Vater und seine Großmutter hatten in der Nähe ihres Hauses einen Kartoffelacker angepflanzt, und es war noch keine Woche rum, da hatte jemand die Saatkartoffeln ausgegraben, um sie aufzuessen. Mittlerweile bauen sie nur noch direkt vor der Haustür was an; und sobald es auch nur annähernd essbar wird, halten sein Papa und sein Onkel bewaffnet daneben Tag und Nacht Wache.

Die armen Albaner. Das übertrifft ja selbst meine wüstesten Albträume vom Untergang der Zivilisation. Ich lasse mir noch einmal mein privates Horror-Szenario durch den Kopf gehen, während Ciccio die Fische mit lockeren, flinken Handgriffen, die die Sache aberwitzig einfach erscheinen lassen, für uns alle entgrätet und filetiert. Natürlich, sage ich zu mir: denk an den Untergang des Römischen Reiches. Die Leute ziehen sich nicht einfach still und leise in die Subsistenzwirtschaft zurück. Erst streifen ein paar Jahrhunderte lang Marodeure durchs Land. Dann kann ich ja ebenso gut aufhören, mir Sorgen zu machen, und in den Tag hineinleben. Was bei blauem Himmel, warmem, fast frühlingshaften Sonnenschein und einem Essen wie diesem durchaus leicht zu bewerkstelligen ist. Ciccio tritt mir großzügigerweise den *pesce di San Pietro* ab, der, wie ich zufällig weiß, sein Lieblingsfisch ist. Für meine Liebste, sagt er, als er ihn mir reicht. Na ja, vielleicht ist er ja doch nicht so chaotisch und unvernünftig. Oder vielleicht doch, aber ich kann mir nicht helfen und hab ihn trotzdem lieb. Und im geordneten, voraussagbaren England würde ich mich wahrscheinlich zu Tode langweilen.

*

Sobald Ciccio zur Arbeit gefahren ist, hilft mir Paletta beim Abräumen und Spülen – zum großen Amüsement der Albaner, die, wie ich vermute, einer Kultur entstammen, die sich nicht allzusehr von derjenigen in Salvatores Kindheit unterscheidet. Von wegen: Die ist noch viel schlimmer!, sagt Paletta, während er, ohne sich um seine *figura* als Mann zu kümmern, furchtlos schmutzige Teller stapelt. Remy, sagt er, hat ihm lang und breit erzählt, wie Franco ihn im Auto mitgenommen und Iole sich auf den Beifahrersitz gesetzt hat. Remy war ernsthaft beleidigt, denn wenn ein Mann mitfährt, gehören Frauen doch nach hinten! Er dachte, Franco hätte das absichtlich, als Zeichen seiner Missachtung getan! Es wird den Albanern nur gut tun, meint Paletta, zu sehen, wie sich moderne Männer verhalten.

Gelobt seien diese Albaner! Das ist das erste Mal überhaupt, dass ich Paletta beim Abräumen helfen sehe.

Genug Gedanken über den Zustand der Welt gemacht! Nachdem ich mich dagegen entschieden habe, meine Koffer zu packen, nehme ich stattdessen einen Eimer zur Hand. Wenn ich schon mal dabei bin, kann ich ja von Ciccios Zweighaufen die Oliven absammeln. Ehe ich sie vergammeln lasse, lege ich sie doch lieber in *salamoia* ein. Gerade als ich mich an die Arbeit machen will, trillert Palettas Handy. Francesca. Ich kann selbst auf die Entfernung die Panik in ihrer Stimme hören. Salvatore musste einen Tag eher als geplant ins Krankenhaus, und sie möchte, dass sich die Familie jetzt sofort dort versammelt.

Was denn, ich auch?

Ganz besonders du, sagt Paletta.

41

In der chirurgischen Abteilung des Krankenhauses von Imperia, eines lang gestreckten weißen Gebäudes hoch oben auf einem Hügel über der Stadt, mit riesigen Panoramafenstern zum Mittelmeer hin, hockt eine große Anzahl von Frauen dicht gedrängt um Salvatores Bett. Wir leisten ihm Gesellschaft, während er darauf wartet, in den OP gebracht zu werden. Und erstellen dabei einen Notplan. Die Schwestern hatten schon alles ganz genau ausgetüftelt, aber diese Änderung hat alles über den Haufen geworfen. Offenbar dürfen Angehörige hierzulande, wenn sie möchten, die ganze Nacht am Bett des Patienten bleiben, und Francesca wird die erste Schicht übernehmen. Die erste Nacht nach der Operation, sagt sie, ist immer am gefährlichsten. Sie wird bis drei Uhr früh bleiben. Dann übernehme ich (da Annetta – das einzige andere weibliche Familienmitglied ohne Anhang – bislang nicht zu erreichen war), damit Francesca gehen und sich nach ihrer Nachtwache ein bisschen ausruhen kann. Sofern alles gut gegangen ist, heißt das natürlich, sagt sie und bekreuzigt sich. Bis morgen früh werden die Schwestern Job und Kinder irgendwie auf die Reihe gebracht haben, und dann kann um acht eine von ihnen übernehmen. Wenn ich möchte, kann ich allerdings schon um sieben gehen, sagt sie, denn dann beginnt sowieso Grazias Schicht hier auf der Station. Und ich muss ja dann auch wieder rauf zur *taverna*, nicht? Nach den Hühnern sehen...

Momentan übersteigt das Schwestern-Patienten-Verhältnis auf dieser Station alles, was ich bislang in England diesbezüglich erlebt habe, bei weitem (nicht, dass ich die englische Sitte, Patienten tagelang auf einsamen Korridoren herumliegen zu lassen, als nachahmenswertes Beispiel anführen würde!), aber trotz dieser Unzahl von Krankenschwestern scheint keiner der Anwesenden auch nur einen Augenblick an der Notwendigkeit zu zweifeln, rund um die Uhr an Salvatores Bett zu wachen. Einzig die unbedarfte Engländerin wundert sich darüber. Sind denn normalerweise nicht so viele Schwestern da, frage ich, oder ist es so, dass wir ihnen nicht vertrauen?

Was soll das heißen? (Sehr strenger Blick von Seiten Francescas.) Salvatores älteste Tochter arbeitet doch hier als Krankenschwester, oder? Natürlich vertrauen wir ihnen! Aber stell dir doch vor, wenn ein Mitglied deiner Familie der einzige Patient im ganzen Krankenhaus wäre, an dessen Bett niemand sitzt. *Che brutta figura!*

Ich verstehe: Die grundsätzliche Erlaubnis, rund um die Uhr am Bett eines Patienten zu sitzen, bedeutet im Klartext, dass da jemand rund um die Uhr sitzen *muss*, will die Familie nicht als lieblos und gleichgültig dastehen.

Ciccio wird jeden Augenblick erwartet. Francesca sagt, sie hätte ihn erst jetzt erreicht, weil das Telefon im Restaurant (dank meinen Aushängen?) ständig besetzt war. Aber man kann natürlich nicht von ihm verlangen, dass *er* die Nachtschicht übernimmt, denn es ist nicht die Aufgabe eines Sohnes, an Krankenbetten zu sitzen, und es würde Salvatore tief treffen, ihn da sitzen zu sehen. Es *ist* allerdings die Aufgabe eines Sohnes, den *orto* gießen zu gehen, denn das hat seit letzter Woche keiner mehr getan; und sooft wie möglich – wenigstens aber einmal am Tag – beim Kranken vorbeizuschauen. Wirkt auf mich wie eine ziemlich bequeme Option. Nachdem nun alles organisiert und die Panik vorbei ist, stimmen Salvatores vier Töchter alle gleichzeitig munter-ermutigende Reden an. Überhaupt kein Grund zur

Sorge mehr! Morgen um die gleiche Zeit ist alles geregelt, was immer es sei! Papa ist bald wieder kerngesund!

Endlich können wir Spätschichtlerinnen uns verabschieden; eine nach der anderen küssen wir erst den Leidenden, dann Francesca und quietschen anschließend auf dem gummibelegten Fußboden im Gänsemarsch davon.

*

Ich bin oben im Restaurant, wo ich die nächsten paar Stunden lang Grünzeug hacken und vielleicht ein Nickerchen auf den Netzrollen machen wollte, bis es für mich Zeit sein würde, wieder nach Imperia zu fahren, als Ciccio entsetzlich besorgt vom Krankenhaus zurückkehrt. Er kam gerade dort an, sagt er, als sie Salvatore zur OP abholen wollten. Und als sie einen Augenblick allein waren, sagte sein Vater plötzlich, wenn er diesen Weinberg wirklich haben wollte, würde er ihm beim Kauf unter die Arme greifen – ohne irgendwelche Bedingungen. Wenn er wollte, würde er ihn auch mit ihm bearbeiten. Das muss man sich mal vorstellen: Salvatore bietet *ihm* seine Hilfe an, anstatt umgekehrt! Die Welt stand Kopf. Aber es sollte noch schlimmer kommen: Sie hatten ihn schon auf diesen Rolltisch gelegt, um ihn in den OP zu karren, als er Ciccio am Arm packte und zu sich hinunterzog, als wollte er eine letzte Umarmung; stattdessen aber krächzte er seinem Sohn sein geheimes Weinrezept ins Ohr. Etwas von wegen einem Pfirsichast, den man an einem ganz bestimmten Punkt der Gärung zum Most geben müsse. Steck ihn ins Fass, wenn gerade niemand da ist – und *ja* nie ein Wort zu jemandem, nicht mal zu allerengsten Angehörigen …!

Ciccio kann sich nicht vorstellen, dass ein Pfirsichast groß was ausrichten soll, obwohl es ja andererseits stimmt, dass der Wein seines Vaters nie umkippt. Aber das ist nicht das Hauptproblem. Salvatore hätte ihm niemals das Geheimnis seiner Ahnen anvertraut, wenn er nicht davon überzeugt gewesen wäre, auf dem Sterbebett zu liegen.

Ein paar Stunden später ruft Francesca an und teilt uns mit, dass alles gut verlaufen ist. Natürlich hat Salvatore die Operation überstanden! Als er aufwachte, war er ein kleines bisschen blass und matt, aber jetzt sieht er schon viel besser aus. Es war gar keine Geschwulst, kein Tumor, sagt der Chirurg, überhaupt nichts Besorgniserregendes. Nur eine »mechanische Okklusion«, die er problemlos beseitigen konnte.

Ciccio fährt mich nach Imperia zu meiner Nachtschicht und bringt seine Mutter nach Hause, aber natürlich kann er unter diesen Umständen nicht einschlafen und ist schon bald wieder da. Er lungert den Rest der Nacht auf dem Korridor herum und trinkt Kaffee aus den fingerhutgroßen Plastikbecherchen aus dem Automaten vor der Bar in der Eingangshalle. (Einer Bar, die während der Öffnungszeiten Espresso, köstlich gefüllte *focaccia*-Sandwiches und die verschiedensten alkoholischen Getränke anbietet; nicht schlecht für ein Krankenhaus, wie?)

Ich meinerseits verbringe im schwach beleuchteten Krankenzimmer eine äußerst eigentümliche Nacht an Salvatores Bett – eine von zwölf schattenhaften weiblichen Gestalten, die schweigend bei ebenso vielen Patienten wachen. Wenn wir uns außerhalb des Krankenzimmers treffen, auf dem Weg zur Toilette oder zum Kaffeeautomaten, tauschen wir geflüsterte Informationen über den Zustand der Innereien unserer Mannsleute aus. Dann kehren wir in die Dunkelheit und Stille zurück und setzen, keinen Meter voneinander entfernt, unsere geduldige Nachtwache fort.

Um halb neun lodert die Morgensonne schon durch die Panoramafenster herein. Für ein Hotelzimmer mit einer solchen Aussicht würde man ein Vermögen hinblättern. Wenn ich je operiert werden muss, will ich unbedingt hierher. Schiffe betrachten zu können, die auf dem großen blauen Mittelmeer vorüberfahren, anstatt auf Backstein und Beton starren zu müssen, dürfte allein schon eine unschätzbare therapeutische Wirkung haben. Dann ist da noch die Bar. Und wie viele Leute an meinem Bett sitzen würden! Der Schwarm von Töchtern (jetzt einschließlich Annetta) hat sich wieder um Salvatore niedergelassen; allesamt so erleichtert über die gute Nachricht, dass sie jetzt eine aufgeregte polyphone Strafpredigt über seine Lebensgewohnheiten anstimmen. Wie oft haben sie schon mit ihm geschimpft, weil er zu viel *vino d'uva* trinkt, zu viele Zigaretten raucht, zu viel fetthaltige Speisen isst, besonders Käse und Salami! Weil er das Essen hinunterschlingt, ohne ordentlich zu kauen, und es mit seinem Chili übertreibt! Seit Jahren predigen sie ihm das schon. Hat er je auf sie gehört? Nein! Der arme Salvatore liegt schlapp und kreidebleich da und hört sich die Liste seiner Sünden an: zur Abwechslung einmal zu schwach, um zurückzubrüllen. Was für ein Glück er gehabt hat, dass es nichts Ernstes war, bekommt er zu hören. Diesmal ist alles noch einmal gut ausgegangen. Aber sie hoffen, dass er seine Lektion gelernt hat!

Jetzt, da meine Schicht zu Ende und Salvatore außer Gefahr ist (hätte er ihm das Geheimnis mit dem Pfirsichast also *doch* nicht verraten dürfen!), entführt mich ein glücklicher Ciccio nach Arentino. Wir werden frische Brötchen kaufen und bei Marco und Laura frühstücken, bevor er mich wieder zur *taverna* hinauffährt, damit ich mich ein paar Stündchen ausruhen kann. Er hat irgendwie so eine Ahnung, sagt er, dass mich bei Marco und Laura eine Überraschung erwartet. Das kann man wohl sagen! Unsere Gastgeber setzen den Kaffee auf, und Ciccio und der kleine Michele nehmen mich direkt mit hinauf auf die Dachterrasse. Und tatsächlich: Nachdem nun diese Olivenbäume zurückgeschnitten sind, kann man Besta de Zago endlich klar und deutlich erkennen! Leider sieht das Anwesen momentan eher wie ein Haufen Schutt denn wie das Kleinod aus, das ich eines Tages aus der Ferne zu erblicken erhofft hatte. Aber immerhin ist das Dach schon wieder halb gedeckt, wenn es auch hier und da, wo ein neuer Ziegel eingesetzt werden musste, ein bisschen fleckig aussieht. Ich muss unbedingt nächste Woche noch mal vorbeikommen und es mir dann richtig genüsslich angucken.

Ciccios Vater mag auf dem Weg der Genesung sein, aber mit *Marcos* Papa, erzählt man uns während des Frühstücks, ist es alles andere als gut bestellt. Ciccio hat Marco seit Tagen nicht gesehen, und jetzt erfahren wir auch den Grund dafür. Letzte Woche kam eines schönen Nachmittags ein Streifenwagen angeheult und blieb vor Marcos und Lauras Haustür stehen. Es waren die Carabinieri, und sie hatten einen Durchsuchungsbefehl dabei. Sie schmissen alles durcheinander und produzierten ein Chaos, das Laura nach eigener Aussage noch immer nicht ganz wieder beseitigt hat; und fanden schließlich, wonach sie gesucht hatten, im Zählerkasten draußen vor der Haustür. Ein dickes Bündel großer Banknoten. Sie hielten es triumphierend-vorwurfsvoll in die Höhe. Wusste Marco irgendwas davon? Nein; ebenso wenig seine Frau. Schön wär's gewesen – sie hätten dafür sicherlich Verwendung gehabt! Das muss man sich mal vorstellen: ein solches Vermögen, direkt vor der eigenen Haustür!

Aber bei näherer Untersuchung stellten sich die meisten Banknoten als falsch heraus, bloße Fotokopien. Nur die oberste und unterste in jedem Bündel waren echt. Noch rätselhafter. Aber das spielte keine Rolle, sagten die Carabinieri: Sie hatten es gar nicht anders erwartet. Wer außer Marco und Laura besaß noch einen Schlüssel zum Zählerkasten? Niemand, soweit sie wussten, ausgenommen natürlich die ENEL, das staatliche Elektrizitätswerk. Aber gerade als Marco das sagte, wurde ihm siedend heiß bewusst, dass sein Vater (der sich in letzter Zeit sogar noch seltsamer verhielt als vorher) den Schlüsselbund, den er für die Dauer der Umbauarbeiten bekommen hatte, nie zurückgegeben hatte ...

Und es stellt sich heraus, dass Marcos Vater tatsächlich nicht mehr alle Tassen im Schrank hat. Nach Auskunft der Carabinieri versuchte er, ein Ehepaar zu erpressen, indem er androhte, deren Sohn (einen siebenunddreißigjährigen Mann) zu entführen, wenn man ihm (dem Erpresser) nicht eine recht lächerliche Summe – gerade mal ein paar tausend Pfund – zahlte. Er stellte sich bei der Sache ausgesprochen dilettantisch an, und so setzten sich die Erpressungsopfer umgehend mit der Polizei in Verbindung. Die Carabinieri stellten ihnen die fotokopierten Banknoten zur Verfügung, weil sie, zu Recht, vermuteten, dass der Erpresser ohnehin zu verrückt sein würde, um den Betrug zu bemerken.

Anfangs weigerte sich Marco, die Geschichte zu glauben: Sein Vater war immer ein ruhiger, vernünftiger, hart arbeitender Mann gewesen. Warum sollte er jetzt, aus heiterem Himmel, so etwas tun? Schon bald aber wurde der Vater, ein achtundsiebzigjähriger Mann, festgenommen, und die Beweise gegen ihn waren erdrückend: Seine Handschrift, ja selbst seine orthographischen Fehler waren mit denen im Erpresserschreiben identisch. Lauras brave ligurische Familie war zutiefst empört. Entführung und Erpressung! Genau das, was jedermann von *calabresi* erwartete!

Genau so ist es, sagte Laura zu ihrem Vater: Und nachdem er das sein Leben lang von Leuten wie dir gehört hatte, ist er schließlich durchgedreht und hat genau das getan, was von ihm erwartet wurde! Na, seid ihr jetzt alle zufrieden?

In dem Punkt geht Marco nicht mit seiner Frau konform, sondern zieht der langweiligen soziopsychologischen Erklärung die Theorie vom wohnsitzlosen bösen Geist vor. Am nächsten Exorzismustag, sagt er, bringt er seinen Vater zu Padre Milingo und lässt den Unhold dorthin zurückbannen, wo er hergekommen ist.

Das Gesetz erklärt andererseits, dass ein Achtundsiebzigjähriger zu alt sei, um ins Gefängnis geschickt zu werden, selbst wenn er psychisch 1a in Ordnung sein sollte – was bei Marcos Papa eindeutig nicht der Fall ist. Ins Irrenhaus kann man ihn aber auch nicht stecken, denn irgendwann in den Siebzigerjahren wurden in Italien alle Irrenhäuser geschlossen, und Geisteskranke werden »innerhalb der Gemeinschaft« betreut. Bei seiner Frau, die, wie er sagt, ein Polizeispitzel ist, will er nicht mehr bleiben. Damit bleiben als »Gemeinschaft« lediglich Marco und Laura übrig. Sie werden die *cantina* in eine Opa-Einliegerwohnung umwandeln müssen, was eine drastische Reduzierung ihres Speicherraums bedeuten wird. Wo werden sie dann ihre Jahresvorräte an *passata*, Olivenöl, Wein, in Flaschen und Gläsern Eingemachtem aufbewahren? Laura sieht da allerdings keine Probleme. Marcos Papa hat ihr einen Gefallen getan. Marco soll eben zusehen, dass er nur noch so viel anbaut, wie sie frisch verbrauchen können. *Passata*, Erbsen, gegrillte Paprikas oder Pilze und Bohnen kann sie fertig in Dosen oder Gläsern abgepackt, tiefgefroren oder getrocknet im Laden kaufen. Sie verdient genug Geld, um sich das leisten zu können, und das Zeug kostet praktisch nichts, verglichen mit den unzähligen Stunden Arbeit, die man investieren muss, um es selbst zu produzieren. Marco fühlt sich verraten: Die älteren Familienangehörigen sind so stolz auf ihn, und seine Frau tut das alles als bloße Zeitvergeudung ab. Laura aber wünscht sich für sie beide weniger Arbeit und mehr Zeit, die sie gemeinsam in Ruhe und Frieden verbringen können. Ab und zu mal Ferien im Ausland – oder zumindest woanders als zu Hause – und gelegentlich vielleicht ein nettes Abendessen bei Kerzenlicht, in irgendeinem kleinen, gemütlichen Restaurant...

Sie guckt sich eben zu viel amerikanischen Quatsch im Fernsehen an, sagt Marco.

42

Ich bin wieder oben in der *taverna* bei meinen gefiederten Schützlingen, und mein Manuskript ist endlich fertig. Ich habe sogar zu guter Letzt einen guten Titel dafür gefunden: »Extra Virgin« – Die Oliven von San Pietro. Was zugleich das Haupterzeugnis der Region *und* den Zustand vollkommener Unschuld und Ahnungslosigkeit abdeckt, der mich in meiner Anfangszeit hierzulande auszeichnete. Morgen mache ich einen Spaziergang nach Pieve di Teco und schicke den Packen nach England. Mir ist eine schwere Last von der Seele genommen.

Ich lese das Manuskript zum letzten Mal durch, als mir plötzlich schlecht wird. Sehr, sehr schlecht. O Gott, ich hoffe bloß, es hat nicht dieselbe Wirkung auf den Agenten, dem ich es schicken will! Den Rest des Abends verbringe ich damit, mich zu übergeben, in der tiefsten Überzeugung, mutterseelenallein hier oben zu sterben. Es besteht kaum Hoffnung, dass Ciccio es heute noch heraufschafft, um mich zu retten. Es ist Samstagabend, und da pflegen Restaurantgäste erfahrungsgemäß am ausdauerndsten und anstrengendsten zu sein. Als es drei Uhr schlägt, habe ich es bereits aufgegeben, wieder ins Bett zu gehen. Ich bleibe auf irgendwelchen Laken und Decken in der Küche auf dem Fußboden liegen, um es möglichst nah zur Spüle zu haben. Mir ist elend kalt, und ich bin so schlapp wie ein neugeborenes Kätzchen. Schon die bloße Vorstellung, mit Reisig und Papier und Streichhölzern herumzuhantieren und den Holzofen anzuheizen, geht über meine Kräfte. Und den kleinen runden Gas-Heizstrahler traue ich mich nicht anzuzünden, nachdem ich aus meiner momentanen Froschperspektive auf dessen Unterseite das Schildchen mit der Aufschrift »Ausschließlich im Freien zu benutzen!« gesehen habe. Ich könnte von den Dämpfen ersticken und tagelang hier liegen bleiben, ehe mich jemand findet. Andererseits könnte ich mich ja auch zu Tode spucken, oder an den anderen, alkoholischen Dämpfen ersticken, die mit immer widerlicherer Penetranz aus den Fässern im rückwärtigen Raum dringen.

Der Tag bricht an, und erste Lichtstrahlen sickern durch die Fensterläden. Draußen höre ich Leute mit Eimern scheppern, vielleicht aber auch mit Blechfässern. Oder sind das Mülltonnendeckel? Die Cipollinis sind offenbar richtige Frühaufsteher. Ob ich um Hilfe rufen soll? Dazu fehlt mir allerdings die Kraft. Ich versinke wieder in einen fiebrigen Schlaf, und als ich irgendwann wieder aufwache, liege ich immer noch auf dem Fußboden. Jetzt, da ich es vielleicht mit Ach und Krach bis zur Tür schaffen würde, ist von den Nachbarn nichts mehr zu hören. Ich öffne das Fenster, schlage mich mit den komplizierten Riegeln an den grünen Läden herum und kann endlich den Kopf hinausstrecken. Kein Mensch zu sehen. Die Ape der Cipollini ist weg. Der Hof liegt verlassen da. Ich stelle zufällig fest, dass der zusätzliche Riegel am Fensterladen zu einer kleinen Gelenkvorrichtung gehört, mit der sich der Neigungswinkel der Latten wie bei einer Jalousie verstellen lässt. Dient offenbar dazu, dass man seine Nachbarn besser beobachten kann, ohne sich zu verraten. Ich wüsste nicht, wozu das sonst gut sein sollte. Das muss man sich mal vorstellen: eine vom Hersteller gleich mitgelieferte Spioniereinrichtung! Nützt mir momentan herzlich wenig, weil niemand da ist, den ich ausspionieren könnte. Ich schiebe die vielfältigen Riegel wieder vor, trinke ein Glas Wasser, gebe es umgehend wieder von mir und schleppe mich mit Puddingknien hinauf ins Schlafzimmer. Und lasse mich endlich ins Bett fallen. Aus dem mich keine halbe Stunde später ein lautes Gehämmere an der Haustür wieder heraushol. Kraftlos an den Türpfosten gelehnt, sehe ich mich einem steinalten Ehepaar gegenüber. Den Cipollinis. Sie wollten sich nur vergewissern, sagen sie, dass alles in Ordnung sei.

Aber wie in aller Welt konnten sie es wissen? Wie sind sie nur auf die Idee gekommen, es könnte irgendetwas *nicht* in Ordnung sein?

Sie fingen an, sich Sorgen zu machen, sagen die Frühlingszwiebeln, als sie sahen, dass die Fensterläden um halb neun noch geschlossen waren. Und als sie um zehn immer noch nicht auf waren, haben sie sich gedacht, sie sollten wohl besser mal nachsehen.

Na prima! Wenn die »ein Auge auf einen haben« sagen, dann meinen sie das auch! Was, wenn ich bloß hätte ausschlafen wollen? Heute ist schließlich Sonntag? Trotzdem, von derlei Indiskretionen einmal abgesehen, bin ich in meinem ganzen Leben noch nie so froh gewesen, jemanden zu sehen.

Es geht ein übles Virus durchs Dorf, verraten mir die Cipollinis, irgend so eine Magen-Darm-Grippe: Jeder hat sie schon gehabt. Sie befürchteten, das könnte die Erklärung für mein Ausbleiben sein. Manche haben sich achtundvierzig Stunden lang übergeben.

Bitte nicht! Noch anderthalb Tage dieser Tortur halte ich nicht aus. Ich ergebe mich Signora Cipollinis Sachkenntnis und lass mich wieder ins Bett schaffen, wo ich bis Mittag stündliche Gaben von Kamillentee verabreicht bekomme. Dann bekomme ich ein grausam bitteres Gebräu aus Salbei, Rosmarin, Zitrone und Honig, dem zur Sicherheit noch ein Schuss eines tierisch starken *digestivo* zugegeben worden ist. Einem, den Signora Cipollini nach eigener Angabe selbst zubereitet, aus Enzianwurzel, die sie in den Bergen sammelt und dann fein geschnitten in reinem Alkohol mazeriert. Der Abend naht, und ich kann noch immer kaum aufrecht im Bett sitzen, was jedoch auch daran liegen könnte, dass ich sturzbetrunken bin. Nun setzen sich beide Cipollinis an mein Bett und leisten mir Gesellschaft, während ich Lammbrühe, mehr von dem heißen bitteren Kräuterzeug und eine weitere, noch barbarischere Dosis von dem Enzian-Magenschnaps trinke – diesmal unverdünnt. Jetzt – ich bin mittlerweile in die Kissen zurückgesunken – ist es Zeit für eine Gutenachtgeschichte, die seltsame und tragische Mär von den ehemals blaublütigen Cipollinis: Vor langer, langer Zeit, erzählt mir Maria della Nandina, waren die Cipollinis große Herren und besaßen eine eigene Burg nebst riesigen Ländereien rings um das Dorf Caprauna. Kenne ich es?

Na, und ob. Oder zumindest bin ich da mal durchgefahren. Wer könnte schon ein Dorf vergessen, dessen Name übersetzt »Ziege eins« lautet? Besonders, wenn man auf dem Weg dorthin durch die Dörfer Armati und Ciccioni gekommen ist: Was nichts anderes als »Bewaffnete« und »Fettsäcke« bedeutet.

Doch leider, sagt Signor Cipollini, wurde ihr Anspruch auf das Erbe vor hundert Jahren von einer jüngeren Linie der Familie usurpiert. Es stimmt zwar, dass einer ihrer Vorfahren sich ziemlich übel aufgeführt hatte; aber die Sache hätte sich leicht unter den Teppich kehren lassen, wenn ein gewisser Urgroßonkel sie nicht ausgenutzt hätte, um Zwietracht zu säen, obwohl er den Bruch hätte kitten können. So sehr bin ich vom Dunst des Kräuterabsudes und Alkohols benebelt, dass ich die Bösartigkeiten des Urgroßonkels irgendwie nicht ganz mitbekomme; in groben Zügen ist die Sache allerdings klar. Die hohen Erwartungen der adligen Frühlingszwiebeln von Ziege eins wurden von einer gewissen Zwiebel des ausgehenden neunzehnten Jahrhunderts vollständig zunichte gemacht: einem Mann, der sich selbst und kommende Generationen dadurch ins Unglück stürzte, dass er seiner Schwiegermutter in einem unbedachten Augenblick eine Schüssel von brühheißer *minestrone* ins Gesicht schüttete...

*

Am folgenden Tag werde ich von Patrizias Cousins gerettet: Die Nachricht meiner misslichen Lage ist bereits bis nach Cosio d'Arroscio vorgedrungen, weshalb Renzo im Morgengrauen mit seiner Ape vorgefahren kommt, um mich abzuholen. Ich wusste doch, dass mich einfach zu viele Augen im Auge behielten. Eine Ape ist das letzte Beförderungsmittel, das ich mir in meinem gegenwärtigen Zustand gewünscht hätte, es sei denn, man erlaubte mir, mich waagerecht auf ihrer kleinen Ladefläche auszustrecken. Aber Renzo hat sich gegen die Frühlingszwiebeln durchgesetzt, und ich werde gar nicht erst gefragt. Ivana sagt, ich bräuchte richtige Pflege. Sie hätte Patrizia schließlich versprochen, sich um mich zu kümmern. Man könne mich unmöglich allein in der *taverna* lassen. Keine Chance: Bleich quetsche ich mich in das winzige Fahrerhäuschen, unter Renzos Ellbogen, und ab geht's.

Trotz meines angeschlagenen Gesundheitszustands muss ich einen Rundgang durch einen sehr verwirrenden Wohnbereich absolvieren, ehe mir gestattet wird, mich ins Bett zu legen. Es geht durch Arbeitsräume und Werkstätten jeder erdenklichen Art, zwei bis an die Dollborde mit Vorräten, Brennholz, Wein und was-weiß-ich-nicht-alles voll gepackten *cantine*. Ein kurzer Blick in einen dunklen, feuchten, höhlenartigen Raum voller Käselaibe, die wie bei Tommaso in ihren kleinen Musselinkäfigen vor sich hinreifen. Irgendwie sind wir jetzt auf der anderen Seite des Innenhofs gelandet (vielleicht in einem anderen Haus?), gegenüber vom schiefen Bogen mit den Schafen, in einem Zimmer, das eine steinalte Oma und eine geringfügig weniger steinalte Tante enthält, die vor einem Fernsehgerät etwa ihres Jahrgangs sitzen. Das, stellt sich jetzt heraus, war der eigentliche Zweck unseres Rundgangs. Bevor sie es sich bequem machen dürfen, müssen Hausgäste den Matriarchinnen der Familie vorgestellt werden – und zwar selbst wenn sie (die Hausgäste) aus dem letzten Loch pfeifen sollten. Jetzt kehren wir über den Innenhof zurück, und bald sitzen wir gemütlich in der Küche, und ich schlürfe Ivanas Spezialwaffe gegen das in der Region grassierende Virus. Ein weiteres wirkmächtiges Gebräu, diesmal aus Zitrone, Honig und Grappa. Schon fühle ich mich wieder ernsthaft beschwipst – eine warme, von innen her glühende Sorte von Schwips. Während ich schlückchenweise trinke, führt mir Ivana die moderne Errungenschaft vor, die sie und ihr Mann sich dank des Aufschwungs ihres Familienunternehmens in die Küche einbauen lassen konnten. Auf den ersten Blick würde man das, was an der hinteren Wand steht, für eine normale Anrichte halten. Von wegen! Ivana zieht einen kleinen Vorhang auf, und zum Vorschein kommt etwas, das man zunächst für einen Spiegel halten würde. Aber nein, kein Spiegel. Komm her und schau durch. Ich schleppe mich also von meinem äußerst bequemen Sessel hinüber und presse, wie befohlen, die Nase gegen die Glasscheibe; und starre ungläubig auf die vierzig hochmütigen Schafe in ihrem Stall. Eine geniale Innovation, erklärt Ivana. Jetzt braucht man nicht mehr, wie in den schlechten alten Zeiten der fensterlosen Anrichten, die Wärme seiner Küche zu verlassen, um nach den Tieren zu sehen. Das ist besonders praktisch, wenn die Schafe lammen und es draußen Stein und Bein friert und stürmt. Dank dieser modernen Konstruktion sind kaum mehr als ein paar Schritte von seinem Sessel aus nötig. Ich überprüfe die Wahrheit ihrer Aussage, indem ich zu meinem zurückwanke, und lass mich gerade im richtigen Augenblick hineinplumpsen, um die erste Episode der Saga von Ivana, Renzo und dem jährlichen Lebenszyklus der Schafe mitzubekommen.

Schon bald, sagt Ivana, werden sie aufbrechen und die Herde über die Saumpfade zu einem anderen Stück Land treiben, das ihnen gehört, einer Küstenweide oberhalb des Städtchens Cervo, hoch oben auf einer Klippe nicht weit von unserem Haus, wo jetzt schon das Frühlingsgras sprießt. Ich bin für einen Augenblick sprachlos – Cervo muss gut fünfzig Autokilometer von hier entfernt sein. Aber zu Fuß ist es leicht in einem Tag zu erreichen. Natürlich: Die alten Pfade folgen den Berggraten, wo man keine Straßen bauen könnte. Dann werden sie eine Zeit lang in ihrem alten *rustico* oberhalb von Cervo kampieren und abwechselnd bei der Herde bleiben, während die Tiere das frische Frühlingsgras fressen; und kehrt dann die Sommerhitze zurück, wird es Zeit, zu den kühlen grünen Hochweiden von Cosio d'Arroscio zurückzuwandern. Die Herde umfasst heutzutage ein paar hundert Stück: die Ururenkel der Ururenkel jener allerersten Flitterwochenlämmer, die inzwischen nicht nur die Familie ernähren und kleiden, sondern ihr neuerdings auch einen gelegentlichen zusätzlichen Luxus ermöglichen. Wie zum Beispiel eine Anrichte mit eingebauter Schafbeobachtungsvorrichtung.

Einmal im Monat, erfahre ich, macht Ivana die Runde mit ihrem Kombi und beliefert Restaurants und Privatleute mit Käse. Ihr Mann kann das nicht machen; wenn er mit Kunden zu tun hat, kriegt er einfach kein Wort heraus. Dieser angeblich schüchterne Mann plaudert momentan sehr angeregt im Dialekt mit zwei nicht minder groß und breit gebauten Männern in Gummistiefeln, die gerade aufkreuzten, als er aus dem Haus gehen wollte, um die Schafe auf die Weide zu treiben. Das zwang ihn, sich wieder an den Küchentisch zu setzen und eine Runde Wein auszugeben. Ivana bemerkt meinen ungläubigen Blick und lacht. Er hat keine Probleme, sagt sie, solange er nicht Italienisch zu reden braucht. Dann bringt er aber keinen Piep mehr heraus.

Das heiße Thema der Männerrunde scheint, soweit ich mitbekomme, nachdem ich mich in den Dialekt eingehört habe (das komische Ami-R, das mir schon letztes Mal aufgefallen war, steht offenbar für ein »L«), ein gewisser Nachbar zu sein, der diesen Herbst eine aberwitzig große Kürbisernte gehabt hat. Man stelle sich nur vor, wie viel Geld er sparen würde, wenn er es fertig brächte, sich den Rest des Winters von nichts anderem als Kürbisgerichten zu ernähren! Aber ob das überhaupt möglich ist? Renzo und Gäste haben rasch und unter viel Heiterkeit alle möglichen Rezepte für Kürbis, *zucca*, aufgezählt und sind jetzt bei den unmöglichen angelangt. *Focaccia di zucca!* Ha, ha! *Involtini di zucca!* Wieherndes Gelächter! *Torta di zucca!* Ho, ho! Da Letzteres so viel wie Kürbistorte oder -kuchen bedeutet, beschließe ich, ihnen mitzuteilen, dass es so etwas tatsächlich zu geben scheint. In Amerika backen die etwas, was sie *pumpkin pie* nennen, wende ich ein: eine Art Nachtisch.

Eine Süßspeise aus Kürbis? Bin ich auch wirklich sicher? Kürbis und Zucker?

Ich glaube schon, sage ich. Ich weiß, dass man sie für süße Gerichte verwenden kann – in England kochen die Leute daraus Marmelade: Kürbis mit Ingwer.

Warum habe ich es bloß immer noch nicht gelernt, dass man in diesem Land absonderliche ausländische Gerichte besser nicht erwähnt? Natürlich ist jeder entsetzt. *Che schifo!* Wie ekelhaft!

Habe ich das selbst schon mal gegessen? Sind die übergeschnappt? Die Mannsleute leeren ihre Gläser und schütteln sich dabei: Kürbismarmelade! Renzo kommt herüber, um seine Frau zu umarmen und ihr einen dicken Schmatz zu verabreichen, und dann stampfen sie alle drei schafwärts, während ich endlich ins Bett gesteckt werde, in einem geräumigen Gästezimmer mit einer sehr bequemen Matratze.

Nach einer kurzen Zeit puren Schwelgens muss ich wieder aufstehen, um mir die Sache näher anzusehen. Ja, das ist wirklich eine dieser handgemachten Schafwollmatratzen. Himmlisch. Ein reinwollener Futon: Ich frage mich, ob jemals jemand auf die Idee gekommen ist, die Dinger nach England zu exportieren. Ich kann mir durchaus vorstellen, dass sich daraus eine ganz neue Wollfutonmode entwickeln könnte. Vielleicht könnte Ciccio ja seine umfängliche Sammlung von Berufen noch um den des Matratzenexporteurs erweitern. Nein. Bloß nicht. Aber ich werde Ciccio ganz bestimmt sagen, er soll bei Francesca nicht lockerlassen, bis sie die Matratze herausrückt, die rechtens ohnehin ihm gehört. Für das Ding könnte ich mich unter Umständen sogar mit dem Gedanken ans Heiraten anfreunden.

Am nächsten Morgen werde ich – schon erheblich fitter – unglaublich früh aus dem Schlaf gerissen. Ich hatte gedacht, die Olivenbauern würden ihren Arbeitstag schon unchristlich früh beginnen (um halb acht!), aber das ist ja nichts dagegen: sechs Uhr früh, und unter mir ein Tohuwabohu von scheppernden Eimern, klappernden Milchkannen, spritzendem Wasser, Geblöcke und Gebrüll und Gebell. Renzo und Ivana scheinen schon zu dieser frühen Stunde bester Laune zu sein, sie witzeln miteinander und schimpfen scherzhaft miteinander und mit den Tieren. Irgendwie kommen mir die beiden eher wie zwei wirklich gute Freunde vor als wie Mann und Frau. Wie das auch bei vielen alten Ehepaaren in San Pietro der Fall ist – bloß dass die beiden überhaupt nicht alt sind. Ich würde nicht mal beschwören, dass sie die Vierzig schon hinter sich haben. Kommt das davon, dass man gemeinsam etwas anpackt, das kein Hobby oder bloßer Zeitvertreib ist, und ein Zuhause hat, das zugleich der eigene Arbeitsplatz ist? Ich wanke die Treppe hinunter. Nicht einmal der Anblick Ivanas, wie sie die Melkeimer ausspült und kocht und abwäscht, wirkt so rückständig und deprimierend, wie man eigentlich erwarten sollte. Jedenfalls nicht, wenn man gleichzeitig Renzo sieht, der direkt draußen vor der Tür steht und Brennholz hackt und aufschichtet und sich anschließend daranmacht, den Schafstall auszumisten. Als alle noch so lebten, war es wahrscheinlich wirklich kein Problem.

So lächerlich es auch klingen mag – ich weiß, dass ich an ihrer Stelle keine fünf Minuten durchhalten würde –, haben diese zwei Eheleute alle meine Phantasien eines idealen Lebens aufblühen lassen. Ich wünsche mir in diesem Augenblick ganz arg, ich könnte zur einen Hälfte eines einfachen Schafzüchterehepaars mutieren. Warum muss alles nur immer so kompliziert sein? Das ist nicht fair. Ich schlürfe schmollend den Riesenkübel *caffellatte*, den Ivana mir nebst einem Haufen Zwiebackkekse hingestellt hat, die ich, wie ich weiß, eigentlich in den Milchkaffee bröckeln und verrühren sollte, bis ein dicker Brei entsteht: die traditionelle italienische Entsprechung von Porridge. (Wie war das noch mal mit absonderlichen ausländischen Essgewohnheiten?) Ältere Leute machen das sogar mit Brot. Aber ohne mich. Ich werde die Kekse solo essen, schön unzermatscht und knusprig, herzlichen Dank auch.

Aber besteht für mich und Ciccio auch nur eine kleine Chance, uns in ein Oliven und Wein anbauendes Ehepaar zu verwandeln? Irgendwie habe ich den Verdacht, dass es nur gut gehen kann, wenn man sein Leben lang noch nie etwas anderes getan hat. Trotzdem, ich könnte ja wenigstens mit meiner Rechthaberei aufhören und anfangen, ihn aktiv dabei zu unterstützen, sich von seinem Restaurant zu lösen. Oder sollte ich lieber bei ihm mitarbeiten? Da sei der Herrgott vor! Ich schlage mich noch immer mit meinen neidischen Gedanken herum, als Ivanas älteste Tochter in die Küche kommt und ein ganz normaler Schafzüchterstreit ums Taschengeld entbrennt. Offenbar hat Celestina letzte Woche all ihre Ersparnisse für aberwitzig teure Turnschuhe ausgegeben; jetzt möchte sie einen Vorschuss haben, um sich ein absolut essenzielles neues Computerspiel kaufen zu können. Ihre Mutter ist empört. Sie hilft nie im Haus mit, sagt Ivana, oder beim Käsemachen, nur bei den Schafen, und auch das nur wenn und falls das gnädige Fräulein dazu aufgelegt ist, und sie verdient es eigentlich gar nicht, dass man ihr Taschengeld gibt – ganz zu schweigen von Vorschüssen für irgendwelche Sonderwünsche! Sie hasst ihre Mutter, sagt Celestina und stürmt schmollend davon, dabei noch die Drohung ausstoßend, nie, *nie* wieder zurückzukommen.

Also doch nicht so viel anders als anderswo.

Da es mir heute Morgen so viel besser geht und für die Menschheit ohnehin keine Hoffnung besteht, könnte ich ja genauso gut ausgehen und mir ein Päckchen Zigaretten kaufen. Wie sich herausstellt, ist Cosio d'Arroscio ein hübscher Ort, wenn man sich die Mühe macht, es sich bei Tageslicht anzusehen, anstatt nur *da Maria* zu sitzen und sich mit Leckereien voll zu stopfen oder mal eben kurz bei Ivana vorbeizuschauen, um einen Ziegenkäse zu kaufen. Es ist eines dieser ehemals wohlhabenden mittelalterlichen Handelsstädtchen, die langsam, aber sicher vor die Hunde gehen. Der alte Stadtkern weiter unten am Hang ist halb verlassen, mehrere Gassen sind wegen Einsturzgefahr vollständig abgesperrt; es gibt Läden und Bars und sogar ein Hotel, die seit Jahrzehnten leer stehen, mit Brettern vernagelt, hinter denen man noch Namensschilder und Dekorationen im Stil der Dreißigerjahre erahnt. Man bekommt hier ein wunderschönes Haus mit Säulen und Arkaden davor für einen Apfel und ein Ei. Aber wovon würde man dann leben?

43

Die Ärzte mögen höflich von einer einfachen »Okklusion des Darms« gesprochen haben, aber Salvatores älteste Tochter lässt sich mit einer derlei euphemistischen Erklärung nicht abspeisen. Zu Salvatores siebzigstem Geburtstag, der feierlich an dessen Krankenhausbett begangen wird, erscheint eine triumphierende Grazia mit etwas wie einem Ästchen in einem verschlossenen Glasgefäß. Der Chirurg hat Grazia das verstopfende Objekt übergeben, damit sie es ihrem Vater zeigt. Die Ursache all dieser Qualen war nichts anderes als ein Thymianzweiglein, das Salvatore irgendwie am Stück zu verschlucken geschafft hatte.

Das kommt alles davon, dass du dein Essen nicht richtig kaust, Papa, sagt das undankbare Kind. Wie in aller Welt hast du es fertig gebracht, einen ganzen Thymianzweig zu verschlucken, ohne es zu merken? Wie oft haben wir dir schon gesagt, dass du nicht so schlingen darfst?

Salvatore ist beschämt. Schlimmer noch: er hat sein geheimes Weinrezept verraten, obwohl er doch noch gar nicht im Sterben lag. Er hat noch Jahre zu leben, und sein Sohn weiß jetzt Bescheid! Er ruft Ciccio zu sich ans Bett, und uns Eingeweihten – das heißt, mir – ist klar, dass er seinem Sohn das Versprechen abnimmt (und zwar immer und immer wieder), das Geheimnis mit dem Pfirsichast *niemals* einer Menschenseele zu verraten. Nicht einmal engsten Angehörigen, sagt er, jetzt laut und vernehmlich, denn die sind manchmal die Schlimmsten ...

Jetzt tut er etwas absolut Unerhörtes, in den Annalen der Familie De Gilio bislang nie da Gewesenes. Er nimmt Ciccios Hand. Und bleibt einfach so liegen, mit halb geschlossenen Augen und einem Ausdruck purer Seligkeit im Gesicht. Das kann man ihm natürlich nicht einfach durchgehen lassen, nachdem er sich so viele Jahre lang derart mies verhalten hat. Marisa schießt auf die andere Seite des Bettes und schnappt sich seine andere Hand. Da seht ihr, sagt sie, zu uns allen gewandt, Papa brauchte lediglich ein bisschen auf dem Sterbebett zu liegen, um zu merken, dass er seine Kinder liebt. Jetzt komm schon, Papa, sag es! Du hast es auf siebzig Jahre gebracht! Du bist alt genug, um es endlich laut und deutlich zu sagen! Du wirst dich gleich besser fühlen, wenn du es hinter dich gebracht hast! Komm schon, sag, dass du uns liebst!

Versteht sich doch von selbst, sagt Salvatore knurrig.

Das reicht nicht!, sagt Rosi. Komm schon!, sagt Giusi. Sag es!, sagt Annetta. Du weißt doch selbst, dass es stimmt!, sagt Grazia.

Ich liebe euch, sagt Salvatore und erstickt fast daran. Euch alle, sagt er und drückt Ciccio noch extra die Hand. Zweifellos zur Belohnung für dessen mannhaftes Schweigen. Und jetzt füllen sich die Augen des armen Salvatore mit Tränen. Man muss ihn doch einfach lieben!

Dieses ganz ungewohnte Familienidyll bringt uns irgendwie auf das Thema von Salvatores Eltern, zwischen denen, wie er uns verrät, eine äußerst starke Bindung bestand. Jetzt erfahren seine Kinder zu ihrem großen Erstaunen, dass er keineswegs, wie sie immer geglaubt hatten, zur ersten Auswanderergeneration der Familie gehört. Schon sein Vater verließ Kalabrien und kam in den Norden, nach San Remo, in der Hoffnung, genügend Geld zu verdienen, um sich in der Heimat ein eigenes Stückchen Land kaufen und seine Kinder auf die Schule schicken zu können. Er wollte nicht gezwungen sein, sie – sobald sie groß genug wären, um einer Ziege hinterherlaufen zu können – von zu Hause wegzuschicken und bei Fremden zu verdingen. Sie hatten etwas Besseres verdient. Doch er konnte in Ligurien keine Arbeit finden, also zog er ein paar hundert Kilometer weiter westwärts, nach Südfrankreich. Nach Nizza, meint Salvatore sich zu erinnern. Hatte man erst sein Dorf verlassen, konnte man damals nicht einfach aufgeben und wieder heimkehren, ohne sein Glück gemacht zu haben – man hätte wie ein Idiot dagestanden. Da war es immer noch besser, endgültig wegzubleiben. Aber zu seiner großen Beschämung hielt es Salvatores Vater überhaupt nicht aus. Schon nach sechs Monaten fand er jemanden, der ihm half, seiner Frau einen Brief zu schreiben. Er verabscheute dieses elende Auswandererdasein, erklärte er ihr. Bei diesem Tempo würde er noch weitere fünf einsame Jahre in einem fremden Land ausharren müssen, ehe er siegreich zurückkehren könnte. Sie fehlte ihm schrecklich, seine Familie fehlte ihm, Santa Cristina fehlte ihm. Es war ihm nicht einmal mehr wichtig, was für eine *figura* er machen würde. Würde sie ihm verzeihen, wenn er aufgab und wieder nach Hause kam?

In Santa Cristina ließ sich Salvatores junge *mamma* den Brief vom Dorfschullehrer vorlesen. Und diktierte umgehend ihre Antwort. Ohne zu zögern. Nur zwei Worte: *Torna subito!* Komm sofort zurück! Zwei Worte, die Salvatores Schicksal besiegelten. Sie wünschte sich nichts mehr auf der Welt, als ihren Mann wieder bei sich zu haben. Sie würden es schon irgendwie schaffen. Es war ihr ganz egal, was die Leute dachten...

*

In dem Moment kommt Francesca, mit Geschenken schwer beladen, ins Zimmer und bricht den Bann. Kaum ist Salvatore mit dem Auspacken fertig, als Grazia ihr auch schon ihre Trophäe im Glas zeigt.

Der *lardo!*, sagt Francesca. Sie erinnert sich ganz genau, wie ihr Mann vor ein paar Wochen ganze hundert Gramm von dem Zeug auf einen Sitz verputzt hat, praktisch ohne dabei einmal zu kauen! *Davon* kam das Zweiglein her! Sie hat ihn schon damals wegen seines Schlingens ausgeschimpft, sagt sie.

Na, sagt Salvatore streitlustig, woher hätte ich auch wissen sollen, dass du irgendwelche Holzstücke in meinem Essen rumliegen lässt?

Schon besser: Salvatore ist offenbar wieder der Alte. Minuten später reibt er seinen Töchtern quietschvergnügt unter die Nase, dass sie, wie schlagend bewiesen ist, allesamt Unrecht hatten.

Eine einfache »mechanische Okklusion«! Das waren die Worte des Arztes! Jetzt können sie sich alle bei ihm entschuldigen, denn seine Leiden hatten rein gar nichts mit dem Rauchen zu tun! Oder Trinken! Oder angeblich zu fettem Essen!

Wenn man mal vom *lardo* absieht, sagt Ciccio und deutet mit einer Kopfbewegung auf das Glas, das auf dem Nachttisch steht.

Mah!, erwidert sein Vater.

*

Sobald die Geburtstagsfeier vorbei ist, brechen Ciccio und ich auf und machen einen Abstecher zur Besta de Zago, um nachzusehen, wie weit das Dach ist. Als wir oben ankommen, befindet sich Franco gerade in aufgeregter Konferenz mit zweien der Albaner. Remy und sein Vetter hat anscheinend die Polizei festgenommen. Sie sitzen in Imperia in Abschiebehaft; nächste Woche werden sie wieder nach Albanien verfrachtet.

Furchtbar! In ein Land zurückgeschickt zu werden, in dem es keine Arbeit gibt und man seine kümmerlichen Gemüsebeete mit Waffengewalt gegen verhungernde Marodeure verteidigen muss!

Schon, sagt Franco. Aber so schlimm ist es auch wieder nicht. Er hat ja die ganze Zeit nur zwei bezahlt, die beiden mit sauberen Papieren, während die anderen nur freiwillig mithalfen und dafür von ihren Landsleuten am Lohn beteiligt wurden.

Ich werfe Franco einen bitterbösen Blick zu. *Das* habe ich nicht mit »furchtbar« gemeint! Können wir denn nichts für sie tun?

Nein, sagt er; es sei denn, ich möchte zur Polizei gehen und erklären, dass ich den beiden Arbeit geben will. Aber sie arbeiten doch schon längst für uns!, sage ich.

Für wen?, sagt Franco. Also, für *ihn* jedenfalls nicht, denn sonst hätte er sich ja vorher vergewissern müssen, dass ihre Papiere auch in Ordnung sind.

Na gut, dann fahre ich eben hin und sage, dass *ich* sie für mich arbeiten lassen will, und zwar ab sofort, am Dach.

Franco sieht mich mitleidig an.

Ich verstehe sofort, was er meint. An was für einem Dach? Die Dachrenovierung findet amtlicherseits höchstwahrscheinlich gar nicht statt, also gibt es selbstverständlich auch keine im Zusammenhang damit zu vergebende Arbeit. Ich habe nichts, womit ich sie offiziell beschäftigen könnte.

*

Vierzehn Tage später ist das Dach fast fertig, und von Remy und Cousin hat man nichts mehr gehört. Offenbar haben sich die beiden heroisch geweigert anzugeben, wie oder wo sie sich ihren Lebensunterhalt verdient hatten. Was ihre Landsleute, und möglicherweise auch uns, vor unerwünschten Nachfragen seitens der Behörden bewahrt hat, gleichzeitig aber bedeutet, dass sie als Drogenhändler oder Zuhälter in die Annalen der Polizei eingehen werden. Wovon hätten sie schließlich auch sonst gelebt haben können? Was sich nicht gerade als günstig für sie herausstellen würde, sollte man sie in diesem Land jemals wieder aufgreifen. Ich hatte doch *gesagt*, dass ich eine richtige amtliche Baugenehmigung wollte! Da sieht man, was dabei rauskommt, wenn man keine hat.

Salvatore liegt immer noch im Krankenhaus. Und wird zunehmend reizbarer, weil er nach wie vor das Bett hüten muss, obwohl er sich fit wie ein Turnschuh fühlt und wieder im Gemüsegarten rackern und mit seinen Kumpels schwatzen möchte. In England hätte man ihn mit Sicherheit längst vor die Tür gesetzt.

Ich bin beeindruckt, sage ich zu Grazia. Lässt man den Leuten in deinem Land immer so viel Zeit, sich im Krankenhaus auszuruhen und zu erholen? Ich meine – es gibt doch nicht etwa irgendwelche Komplikationen, von denen die Ärzte uns nichts sagen?

Nein, nein, sagt Grazia. Es ist nur so, dass auf der Station schon so drei Betten leer stehen; es ist zurzeit wenig los. Und für ein unbelegtes Bett bekommt das Krankenhaus vom Staat, der

Krankenkasse oder wem auch immer kein Geld. Also behalten sie ihn eben noch ein Weilchen da. Ein bisschen erzwungene Ruhe kann ihm sowieso nicht schaden.

Mittlerweile hat Salvatore, putzmunter und fast wieder ganz der Alte, zur ihm gemäßen Beurteilung der Lage gefunden. Schau dir das an!, brüllt er (für den ganzen Krankensaal, Patienten wie Besucher, gut hörbar) und schwenkt das Glas mit dem inkriminierten Thymianzweig Tante Apfel vor der Nase herum. Holz!, sagt er. *Porca miseria!* Holz krieg ich zu essen! *Ah, sì, sì!* Was kann man schon erwarten, wenn man eine Frau hat, die einem Holz zu essen gibt?

44

Das Dach ist endlich fertig. Wir sind wieder zu Haus; und die Hühner sind zurück in ihrer Luxusbehausung auf der anderen Seite des Tals. Nur noch ein paar Tage, um die verbleibenden Haufen von Sparren und Ziegeln und zerbrochenen Backsteinen und Zementsäcken wegzuräumen, und das Haus sieht wieder so aus wie früher und ist bereit für die *chiusura* – für unser eigenes offizielles »Dachabschlussfest«.

Wegräumen?, sagt Ciccio. Wozu? Was stört dich das Zeug?

Manchmal frage ich mich *schon*, wie viel er mit seinem Vater gemeinsam hat...

Jetzt, am Vorabend unserer *chiusura*, natürlich nachdem wir bereits alle eingeladen haben – Franco und Iole, Anna und Tonino, Laura und Marco, Francesca und Salvatore –, erfahren wir, dass wir das Fest ausgerechnet auf den Abend eines alles entscheidenden Fußballspiels gelegt haben. Juventus spielt gegen wen auch immer, und sollte die Mannschaft verlieren, würde dies das sofortige Ende der Welt-wie-wir-sie-kennen bedeuten. Dem tief besorgten Paletta zufolge kann nur eines den Sieg der Juve (so gut wie) garantieren: wenn nämlich Marco, Ciccio und er selbst sich das Spiel zusammen, an ein und demselben Ort, gemeinsam mit ihrem üblichen Haufen von Juve-begeisterten Kumpels ansehen. Wie konnte Ciccio auch nur im Traum daran denken, seine Mannschaft den Launen des Schicksals zu überlassen, wenn die Zuverlässigkeit dieses Systems doch in drei der letzten vier Begegnungen zweifelsfrei nachgewiesen worden war? Da sich die *chiusura* so kurzfristig natürlich nicht mehr verschieben lässt, werden wir eben eine *chiusura*-und-Fußball-Party feiern. Mir ist nicht hundertprozentig wohl bei dem Gedanken. Könnte es den älteren Gästen gegenüber nicht etwas respektlos wirken? Ach wo, sagen die Tifosi. Aber was sollten sie auch sonst sagen?

Der Ofen brennt, die mit Kerzen bestückten Sturmlaternen sind draußen aufgestellt, das Lagerfeuer produziert ein gigantisches Schattenspiel, während die Dunkelheit hereinbricht und die ersten sechs Gäste vor einem leuchtenden Hintergrund von mondlichtbeschienenen Olivennetzen ein und aus und hin und her gehen und die Sachen auf dem Grill im Auge behalten, Geschirr und Besteck auf die zwei Tische hinaustragen, die wir auf der vorderen Terrasse zusammengerückt haben, und dabei über Rezepte und Garzeiten diskutieren. Die Tische ächzen bereits unter der Last einer ungeheuren Anzahl Flaschen von – nunmehr vollständig ausgereiftem – Väterwein. Paletta und Marco haben einen gigantischen Fernseher und einen noch gigantischeren Generator mitgebracht, dazu zwei junge Gehilfen: den Neffen Alberto und dessen igelhaarigen Freund namens Luigi; und unter viel Hinauf- und Hinuntergerenne und vielen *porca miserias* und ebensolchen *madonnas* haben sie unter den Olivenbäumen hinterm Haus ein kleines, aber schickes Freiluftkino mit mehreren Stuhlreihen vor dem – jetzt auf der Mauerkrone der nächsthöheren Terrasse thronenden – TV-Gerät aufgebaut. Jetzt kommen auch Anna und Tonino an, dicht gefolgt von Francesca und Salvatore. Längst aus dem Krankenhaus entlassen und restlos auskuriert, lässt Salvatore weiterhin beständig

Bemerkungen über die ihm zugemutete Holzdiät fallen, während er eisern dabei bleibt, alle hätten, wie man sieht, völlig grundlos über seinen Lebensstil gelästert. Aber es fällt uns auf, dass er, seit seiner Entlassung aus dem Krankenhaus, keine Zigarette angerührt hat. Und auch wenn wir darüber kein Sterbenswörtchen fallen lassen dürfen, damit er uns nicht den Kopf abreißt, sind wir alle mächtig stolz auf ihn.

Jetzt erscheinen die Ehrengäste, Iole und Franco, in Begleitung von Francos Lieblings-Jagdhund, einem großen haarigen Vieh namens Rocky. Salvatore und Tonino haben noch mehr Wein auf den Tisch gestellt, und schon bald stehen sie und Franco inmitten der Gruppe junger Studenten der vergleichenden Weinwissenschaft, die sich um die Flaschen versammelt haben, und Franco trinkt, den Hut in den Nacken geschoben, mit größter Konzentration, während er, heftig gestikulierend, der beeindruckten jüngeren Generation allerlei Vorträge hält. Dumm von mir zu befürchten, irgendjemand könnte sich respektlos behandelt fühlen! Unsere älteren Gäste sind sichtlich entzückt, von all diesen begeisterungsfähigen jungen Leuten umgeben zu sein – selbst wenn Salvatore dies hinter einer knurrigen Pose zu verstecken versucht. Jetzt bekomme ich direkt Schuldgefühle, dass ich diese Begegnung der Generationen nicht von vornherein bewusst eingeplant habe.

Bloß, dass sich Franco, wie wir jetzt erfahren, nichts aus Fußball macht. Unglaublich! Wer hat je etwas von einem Italiener gehört, der sich nichts aus Fußball machte? Er hat sich das noch nie angeguckt, sagt er. Er kann mit seiner Zeit weiß Gott Besseres anfangen.

Ich hatte mir bislang noch nie irgendwelche Gedanken über die progressiven gesellschaftlichen Aspekte des Fußballs gemacht, da meine Aufmerksamkeit von jeher eher seiner negativeren, hooliganmäßigen Seite gegolten hatte. Aber jetzt, beim Darüber-Nachdenken, sehe ich natürlich ein, dass Mannschaftsspiele jeglicher Art der verbissenen Selbst-ist-der-Mann-Tradition, der

Franco entstammt, ein absolutes Gräuel sein müssen. Kein Problem, sagt er, er geht sowieso immer früh schlafen; er fährt einfach nach dem Essen nach Haus, sobald das Spiel beginnt.

*

Francesca und Anna haben uns je eine große Tragetasche voll namenloser Einmachgläser mitgebracht. Gerade im richtigen Augenblick! Mit Fortschreiten des Winters – und meiner zunehmenden Kenntnis ihrer verschiedenen Inhalte und Verwendungsmöglichkeiten – hat meine Gläserkollektion drastisch abgenommen. Die Speisekammer sieht schon ziemlich kahl aus. Iole hilft uns, die Konserven in die Regale zu räumen, und dann vertreten wir uns alle ein bisschen die Beine auf der Nordterrasse, wo wir später fernsehen werden und wo meine Gäste jetzt (zu meiner großen Genugtuung) lautstark die Blütenwunder bestaunen, die ich hier draußen zum Wachsen und Gedeihen gebracht habe – Pflanzen eher englischen Typs, die nicht allzu viel Sonne vertragen. Iole bewundert besonders meinen englischen Rosenstrauch: einen Spontankauf, den ich vor gut zehn Jahren in der Gartenabteilung von Woolworth's getätigt hatte. Damals noch ein kleiner wurzeliger Stumpf in einer Plastiktüte, hat er jetzt einen Durchmesser von fast zwei Metern; er ist so über und über mit dicken weißen Blüten bedeckt, dass man das Laub kaum sehen kann, und bildet einen schönen Kontrast zur Kaskade leuchtend dottergelber Krokusse, die sich, von Mutter Natur bereitgestellt, den darüber liegenden Hang herab ergießt. Wunderschön!, sagt sie. Eine italienische Rose würde man nie dazu bringen, zu dieser Jahreszeit zu blühen. Eine englische allerdings ebenso wenig. Als sie mit diesem unerwarteten Klima konfrontiert wurde, ist sie völlig durchgedreht und hat nie mehr begriffen, dass sie sich zu dieser Jahreszeit eigentlich zurückhalten sollte.

Nach Beendigung der Sightseeingtour besteht Francesca darauf, dass wir ein paar der mitgebrachten Einmachgläser öffnen und den Inhalt als Antipasti servieren: ihre sonnengetrockneten, anschließend in halb Weißwein, halb Wasser gedünsteten und mit Olivenöl angemachten Tomaten. Ich probiere eine. Göttlich. Noch göttlicher, und dies auch ganz bewusst, ist Francescas zweites Einzugsgeschenk: zwei Neidköpfe – Keramikmasken, die den bösen Blick von unserem Heim abwenden werden, erklärt sie uns, Erbstücke von ihrer eigenen Großmutter, die wir außen über beiden Türen aufhängen sollen. Paletta wird sie sofort anbringen. Da die Juve nur durch die Intervention böswilliger übernatürlicher Mächte unterliegen könnte, ist es absolut einsichtig, dass die Schutzgottheiten so schnell wie möglich in Position gebracht werden müssen.

Die Masken, erklärt uns Francesca, während Paletta sich an die Arbeit macht, waren seinerzeit ein Abschiedsgeschenk ihrer Mutter. Sie begleiteten sie nach Ligurien, dann um die halbe Welt nach Australien, und taten die ganze Zeit ganz hervorragend ihren Dienst. Aber als sie sie außen an ihrem Haus in Diano aufhängen wollte, haben ihre Kinder behauptet, sie alle würden damit die *figura* ungebildeter abergläubischer Südländer machen, und zwangen sie, sie wieder herunterzunehmen. Aber hier oben in unserem gefährlich einsam gelegenen Haus benötigen Ciccio und ich die Hilfe der Masken ohnehin weit mehr als sie selbst unten in der Zivilisation. Außerdem sind sie ganz offensichtlich wie geschaffen für diesen Ort: Die erste, trüb fleckig dunkelgrün glasiert, mit Faunshörnern und Wolfszähnen, die halb aus wüstem Haargelock und Bart hervorlugen, ist ganz ohne Zweifel eine Waldgottheit, die ungebändigte Natur, die hangaufwärts in die Wildnis und den Eichenwald starren soll. Die andere hingegen, eine Art relaxter Bacchus mit großen Ohrringen und Trauben und Weizenähren in den Haaren, die perfekte Ackerbaugottheit, ist die gezähmte Natur und der ideale Aufseher über die Olivenbäume und *orti* auf den tiefer liegenden Terrassen.

Triumphgeschrei vor der Eingangstür: Die erste Maske hängt

und starrt jetzt mit großen, im Licht des Feuers furchteinflößend blinkenden Augen unseren Pfad entlang. Ich rücke sie bewundernd zurecht. Bormano ist endlich heimgekehrt.

Von wegen! Paletta will nichts davon hören. Er kann der Maske vielleicht keinen Namen zuordnen, aber *das* kann er mir auf alle Fälle versichern, dass sie keine miese elende ligurische Gottheit ist, sondern ein starkes und edles kalabrisches Wesen, dessen mystische Macht durch seine Reise um die ganze Welt nur noch erheblich zugenommen haben kann. Prompt fange ich auf gut Britisch an, Paletta mit einer kurzen Vorlesung über den gemeineuropäischen vorchristlichen Kult des Grünen Mannes zu langweilen, von dem James G. Frazer im *Goldenen Zweig* so viel zu berichten weiß. Das gefällt jetzt allerdings keinem der Anwesenden. Will ich etwa unterstellen, die Masken hätten irgendetwas Heidnisches an sich? Mumpitz! Sie haben rein gar nichts mit Religion zu tun.

Ciccio ruft jetzt lautstark alle zu Tisch: Der erste Gang ist fertig. Während er die gefüllten Teller weiterreicht, merkt Paletta plötzlich, dass wir zu dreizehnt sind. Dreizehn an einem Tisch! Katastrophe! Er springt entsetzt auf. Noch keine Stunde mehr bis zum Anpfiff, und wir haben uns *zu dreizehnt* an einen Tisch gesetzt! Er muss sofort los und noch jemanden auftreiben... wird denn niemand mehr erwartet? Na ja, sagen wir, die zwei verbliebenen Albaner waren auch eingeladen, aber wenn sie bis jetzt nicht aufgetaucht sind, kommen sie wahrscheinlich auch nicht mehr.

Möchten dann vielleicht Alberto und sein Freund Luigi den Abend woanders verbringen?, fragt Paletta. Alberto, der sich gerade über die köstlichen *spaghetti* alle *vongole veraci* hermacht, die sein Onkel Ciccio gekocht hat, wirft diesem übergeschnappten Zweitonkel einen absolut vernichtenden Blick zu. Nein, sagt er, sie denken nicht daran. Da kommt Paletta eine Erleuchtung. Rocky, der Hund! Was, wenn wir noch einen Stuhl für ihn hinstellen und ihm erlauben, vom Tisch zu fressen? Das müsste doch gehen! Eine Woge der Empörung brandet um die Tafel; aber gerade als Paletta zu einem letzten leidenschaftlichen Plädoyer für seine kynologische Lösung ansetzen will, tauchen als Retter der Situation, spät, aber nicht zu spät – oder vielmehr, gerade im richtigen Augenblick – die Albaner auf. Paletta stürzt ihnen entgegen, schüttelt ihnen die Hände wie Pumpenschwengel und klopft ihnen begeistert auf die Schulter. Die Albaner zeigen sich äußerst verwundert über dieses unerwartet überschwängliche Willkommen, und noch mehr über die Erkenntnis, dass sie durch ihr Erscheinen für den sicheren Sieg von Juventus Turin gesorgt haben.

Bald langen wir – nunmehr glückverheißende fünfzehn – alle kräftig zu, wobei die Weinverkoster am oberen Ende der Tafel es fertig bringen, gleichzeitig nach Leibeskräften zu brüllen und zu essen, während hier an diesem ruhigeren Ende Marco und Laura uns auseinander setzen, um wie viel unterhaltsamer das Leben des kleinen Michele geworden sei, seit Opa bei ihnen eingezogen ist. Unter der Anleitung des Großvaters machen seine Fertigkeiten in Tellerwerfen und Essenschmeißen offenbar rasche Fortschritte.

Wir blicken während des Essens müßig ins Tal hinab – was hierorts kaum zu vermeiden ist, wenn man nicht gerade nach oben zum Sternhimmel schaut –, als ein Auto, oder besser gesagt, dessen Scheinwerferpaar, dort drüben in der Dunkelheit auftaucht und sich die steinigen Serpentinen zum Grat hinaufschlängelt, so dass die Hänge bei jeder Kurve und Biegung bald weiß, bald rot, dann wieder weiß aufleuchten. Nicht nur fährt das Auto, von Schlagloch zu Felsnase hüpfend, ungewöhnlich schnell angesichts einer so schlechten Straße, nein, jetzt sehen wir auch, dass ihm mit ebenso haarsträubender Geschwindigkeit ein weiteres, zweifellos zu einem Polizeiwagen gehöriges Scheinwerferpaar folgt. Mit kreisendem blau-rotem Licht liegt der Streifenwagen gerade zwei Haarnadelkurven zurück und holt schnell auf. Oder doch nicht? Schwer zu sagen in so einem Gelände, wo Autos alle paar hundert Meter die Fahrtrichtung ändern müssen. Hat der Streifenwagen sich abhängen lassen? Er scheint immer langsamer zu fahren, fast stehen zu bleiben... Nein, er hat die Jagd wieder aufgenommen, die Scheinwerfer waren nur vorübergehend hinter irgendwelchen Felsen oder dicht beieinander stehenden Olivenbäumen verschwunden. Weiter unten erscheint ein zweites Polizeiauto, das mit heulender Sirene von San Pietro her das Tal heraufsaust. Am oberen Ende des Tisches bricht kurzzeitig Stille aus: Die Weinverkoster haben endlich trotz ihres Lärmens die Sirene gehört, den Streifenwagen gesehen. Eine waschechte Verfolgungsjagd, wie aus dem Fernsehen! Jetzt fangen alle an, die Autos anzufeuern und lauthals Ratschläge zu erteilen. Natürlich fällt keinem ein, für die Polizei Partei zu ergreifen.

Fermati!, brüllen unsere Gäste. *Spengi le luci!* Und es sieht wirklich so aus, als täte der Flüchtige am besten daran, diesem Rat zu folgen: einfach die Scheinwerfer auszuschalten und sich still und leise in einem Olivenhain zu verstecken. Aber natürlich kann er auf diese Entfernung nichts hören. Jäger und Gejagter schießen mit einem Satz über die gegenüberliegende Kuppe und werden von der Dunkelheit verschluckt. Noch ganz aufgeregt durch diese Verfolgungsjagd à la *Miami Vice* durch die ligurischen Hügel, wenden sich unsere Gäste wieder ihren Tellern zu. Hat jemand schon mal so was gesehen? Nein, niemand. Diesseits der Kreuzung von Diano Marina bekommt man überhaupt nie Polizei zu sehen, es sei denn, jemand hat sie eigens gerufen, wegen eines Unfalls oder so. Polizisten sind in San Pietro nicht gerade willkommen. Eines Nachmittags habe ich mal erlebt, wie zwei picklige Jungwachtmeister in ihrem Streifenwagen langsam an Luigis Bar vorbeifuhren und von einem Grüppchen angejahrter Herren, die mit geknotetem Taschentuch auf dem Kopf draußen an den Tischen saßen und die frische Luft genossen, mit unzweideutigen Wendungen zum Teufel geschickt wurden. Was bildeten die sich eigentlich ein, wer sie seien? Was schnüffelten die hier rum, wo sie nichts verloren hatten und völlig unerwünscht waren? Verblüffenderweise (fand ich jedenfalls) wurden die Polizisten knallrot, machten betretene Gesichter und düsten die Nebenstraße an der Ölmühle vorbei gen Diano Marina und heimische Wache davon, wobei sie ihre jämmerliche *figura* mit entsprechendem Motorgeheul zu überspielen versuchten.

Die folgende Stunde ist hemmungsloser Spekulation und Völlerei gewidmet. Wo wollte der Flüchtling eigentlich hin? Führt die Straße lediglich nach Moltedo, oder gibt es auch eine Abzweigung nach Camporondo? Eignete sich der eine wie der andere Ort überhaupt als Zufluchtsstätte für verzweifelte Kriminelle? Gibt's noch was von diesen frischen Sardellen *in carpione*? Wer hat eigentlich den *branzino* gefangen, den riesigen Seebarsch, der Iole so tief beeindruckt hat? Die kosten im Laden ein Vermögen! Ob sie vielleicht angeln lernen sollte? Sandro, der Meisterfischer unter uns, ist gerade eingetroffen und greift ihre Idee (zu Francos großem Missfallen) augenblicklich auf. Sie kann an jedem beliebigen Donnerstagabend zum Wellenbrecher bei Cervo runterkommen, sagt er, er hat immer eine Ersatzrute dabei, sie würde es im Handumdrehen lernen.

Mah!, sagt Franco.

Etliche Fischigkeiten später ist es fast Fußballzeit, und die vom Restaurant gesponserte Mannschaft ist vollzählig angetreten und hat die Kinoterrasse mit Beschlag belegt. Wir schleppen Extrastühle hinauf und setzen uns dazu. Franco versucht jetzt, seine Drohung wahr zu machen und sich zu verabschieden; aber wir sehen genau, dass Iole nicht sehr davon begeistert ist. Ja, macht *sie* sich denn was aus Fußball?, frage ich sie überrascht.

Sie hatte sich ihr ganzes Leben lang noch nie ein Spiel angeschaut, sagt sie, bis Lekbir zu ihnen kam. Ihr Mann, dem dieser Name ein Gräuel ist, schnaubt verächtlich. Aber Lekbir, fährt sie fort, war ein richtiger Fan. Er erklärte ihr sämtliche Regeln, und inzwischen hat sie viel Spaß daran. Während der WM, sagt sie, hat sie richtig mitgefiebert.

Lekbir! Der nichtsnutzige Mistkerl!, sagt Franco und sieht Iole finster nach, als sie sich, von einem galanten Sandro begleitet, zu den Tifosi setzt. Konnte nicht mal reiten, bevor ich es ihm beigebracht habe. Brauchte unbedingt einen *motorino*, um abends heimzukommen! Hat uns die Haare vom Kopf gefressen, und jetzt stellt sich raus, dass er zum Dank meine Frau süchtig nach dem Blödsinn gemacht hat! Wir sollten auf ihn hören: dieser Junge wird einmal ein übles Ende nehmen! Franco stößt ein gehässiges Lachen aus, legt sich den Zeigefinger unter das Auge und schlendert davon, ums Haus herum. Als ich ihn wiedersehe, hat er sich erwartungsgemäß einen alten Sack besorgt – muss zu dem Zweck zu seiner Ape hinuntergegangen sein – und breitet ihn demonstrativ auf dem knolligsten und ungemütlichsten Fleck Hang oberhalb der TV-Terrasse aus. Er lässt sich auf dem Sack nieder (den er sorgsam so platziert hat, dass man von ihm aus den Bildschirm mit Sicherheit nicht sieht), ruft seinen Hund zu sich, damit er ihm als Kissen dient, und macht ein feines Nickerchen, während wir uns alle das Spiel ansehen. Es freut mich, vermelden zu können, dass Iole sich nicht im Geringsten an Francos Verhalten stört, sondern sich prächtig amüsiert und begeistert in unsere *uuh!*s und *aah!*s einfällt, während die richtig hart gesottenen Tifosi auf und ab springen, wild in die Luft boxen und sich die Seele aus dem Leib brüllen. Muss ich noch eigens sagen, dass die Juve gewinnt?

Ein paar Tage später hören wir, dass es sich beim Fahrer des Fluchtautos um keinen anderen als unseren alten Freund Helmut/Mario gehandelt hatte, der dabei beobachtet worden war, wie er gerade ein Stück von einem zertrümmerten Marmorsims aus einer verfallenen Kapelle hinausschaffte. Die Polizei hat sein Haus durchsucht und seine gesamte Kollektion an dekorativem Kitsch konfisziert – offenbar in der absurden Überzeugung, einen internationalen Kunsthehler dingfest gemacht zu haben.

45

Wir liegen im Bett unter unseren neuerdings einsturzsicheren Deckenbalken, ein Stockwerk unterhalb unseres entzückend insektenfreien Dachs, und freuen uns über die Tatsache, dass das Restaurant jetzt wegen der Olivenernte für einen Monat geschlossen bleibt, sowie über die andere Tatsache, dass Ciccio es – sofern wir es schaffen, unseren Weinberg zu kaufen und die Gewächshäuser fürs Basilikum zu errichten – vielleicht schon bald ganz aufgeben kann. Plötzlich röhrt direkt an der Leeseite des Hauses ein Lärm wie von einem kleinen ungedämpften Verbrennungsmotor los. Nino mit irgendeiner neuen speziellen Olivenbaumanbau-Maschine, wie wir vermuten. Er ist ja der Einzige weit und breit, der noch immer an seinen Pflanzen herumarbeitet, während wir Übrigen einfach nur ruhig darauf warten, dass die Oliven in unsere Netze zu kullern beginnen. Ich gehe mit meiner Tasse (wir haben im Bett gefrühstückt) gemächlich hinaus in die milde Vorfrühlingssonne, weil ich doch sehen möchte, was Nino sich schon wieder ausgedacht hat.

Ich sehe und flitze blitzgeschwind ins Haus zurück. Er hat so ein Hackpflugdings, sage ich, eine *motozappa*. Und er ist auf der unteren Terrasse zugange.

Na und?, entgegnet mir Ciccios Stimme. Ich erwähnte doch schon, dass er am frühen Morgen nicht der Hellsten einer ist?

Ich bin fast hysterisch vor Angst. Na ja, die einzige andere Terrasse, auf der er noch keine Netze ausgelegt hat, ist die eine unmittelbar unter uns. Also wird er sich doch wohl *die* als nächste vornehmen, oder?

Na sicher, sagt der grantige Mensch, ohne im Mindesten zu kapieren, worauf ich hinauswill. Er reißt einfach den Boden auf, damit der Frühlingsregen vollständig versickert, anstatt abzufließen. Völlig vernünftig. Das sollten wir hier oben auch tun, sobald die Ernte eingebracht ist. Dein Boden ist steinhart.

Und was glaubst du wohl, sage ich, wird er wohl zutage fördern, wenn er auf dieser Terrasse angelangt ist? Den Müll, den du vergraben hast! Dicke Klumpen von vergammelndem Kompost!

Vielleicht glaubt er ja, das wär jemand anders gewesen, sagt Ciccio nach kurzem Nachdenken.

Wer denn zum Beispiel?, frage ich. Wer sollte wohl auf die Idee kommen, hier raufzuklettern, um Gemüseabfälle und Fischgräten auf Ninos Land zu vergraben?

Hoch aufwirbelnde Erdbrocken zeigen, wie er auf der unteren *fascia* langsam vorankommt.

Jetzt stell sich mal einer vor, *was* durch die Luft fliegen wird, wenn er erst Ciccios Lieblingsstreifen erreicht hat! Sollte ich besser gleich hinunterlaufen und ihm alles beichten?

Sei nicht blöd, entgegnet Ciccio, der endlich die Situation zu erfassen beginnt. Mittlerweile ist davon bestimmt nichts mehr zu sehen. Das Zeug dürfte schon seit Monaten biologisch abgebaut sein.

Sicher? Ich bin vorübergehend beruhigt. Es wäre wirklich dumm, ein Geständnis abzulegen, wenn es gar keine Spuren des Verbrechens mehr gibt. Schließlich hat es letzten Monat ausgiebig geregnet – auch wenn ich andererseits keine Ahnung habe, wie lange das belastende Material tatsächlich braucht, um sich in harmlose Umwelt zu verwandeln. Aber vielleicht würde sich Nino ja gar nicht daran stören, würde es lediglich als eine unverhoffte Gabe von gutem Biodünger ansehen...? Wohl kaum. Denn das Problem mit den Steinplatten war ja auch nicht so sehr, dass wir sie *genommen*, sondern dass wir nicht vorher *gefragt* hatten. Und er wird mir niemals abnehmen, dass ich nichts davon gewusst habe.

Jetzt fallen mir die Eierschalen ein. Und die Knochen! Deswegen *hat* ja Ciccio überhaupt angefangen, das Zeug zu vergraben – weil ich nicht wollte, dass er praktisch nicht verrottende Abfälle auf den Kompost tat! Hinzu kommt Ciccios extreme grundsätzliche Unzuverlässigkeit in Sachen Müllsortieren. Seit er hier mitmischt, pflücke ich andauernd Fetzchen von Zellophan und Korken und Luftpolsterfolie und Stanniolpapier aus dem Kompost. Wie könnte Nino so etwas übersehen? Was, wenn er beschließt, aus Rache mein neues Dach beim *comune* zu melden? *Wenn* einer davon mitbekommen hat, dann doch wohl er als mein nächster Nachbar!

Ich zittere wieder hinaus auf die Terrasse. Nino ist undeutlich zwischen den hintersten Baumstämmen zu sehen. Der Augenblick der Wahrheit naht: Er schiebt seine rumpelnde ratternde Maschine langsam auf die fragliche Terrasse. Ich flitze die Treppe hoch und weiter hinauf in die Macchia, wo er niemanden vermuten würde. Jetzt kann ich unbeobachtet durch das Gestrüpp spähen und sehen, was passiert. Hämmernden Herzens, noch immer in Ciccios gestreiftem Pyjama und die Kaffeetasse zum Mich-dran-Festhalten in der Hand, schleiche ich mich verstohlen den Hang entlang.

Die Grenze zwischen Ninos und unseren Terrassen wird an dieser Stelle durch eine Ginsterhecke markiert (die wir wahrscheinlich längst hätten roden sollen, die aber irgendwie noch immer da steht). Ich hocke mich hinter die schützende grüne Wand, während die Zähne der Motorhacke zubeißen und Steinchen und Erdschollen aufstieben lassen. War das eben ein Fetzchen rosafarbenes Papier? Oder bloß ein Stück Vegetation? Als Nino langsam um den Baum herumpflügt, sehe ich, dass er so eine visierartige Schutzmaske trägt. Natürlich, er ist ja gegen die *gamba rossa* allergisch, das »Rotbein«, ein Unkraut, das rings um seine Ruine in Hülle und Fülle wächst. Das Visier ist schon über und über mit Staub und Erdkrümeln bedeckt; vielleicht kann er ja gar nicht mehr so viel dadurch erkennen?

Ich trinke verzweifelt einen Schluck von meinem Kaffee und hoffe wider alle Vernunft, dass es gut geht. Nino motorhackt ungerührt weiter und bekommt gar nichts mit. Vielleicht *gibt*'s ja auch gar nichts mitzubekommen? Mutter Natur hat ihren Job erledigt und uns gerettet. Zutiefst erleichtert, drehe ich mich auf der Terrassenkante um und schicke mich an, auf demselben Weg, den ich gekommen bin, lautlos zurückzuschleichen. Daraus wird leider nichts. Plötzlich rutscht mir ein Fuß weg, ich werf mich zurück, um das Gleichgewicht zu behalten, rutsche auf einem losen Stein der Mauerkrone aus, und dabei fliegt mir die Kaffeetasse in hohem Bogen aus der Hand. Und landet haargenau vor Nino und seiner *motozappa*, die gerade in dem Moment um den Baum herumgerattert kommen.

Hier gilt es zu bedenken, dass dies derselbe Mann ist, den ich einst, als er allein und schutzlos war, schamlos in meinen Bau zu locken versuchte; dessen Dachziegel ich trotz all meiner Unschuldsbeteuerungen ohne weiteres hätte kaputtschmeißen können. Und jetzt habe ich mich in unziemlicher Kleidung an ihn herangeschlichen und ihn, durch nichts provoziert, mit einer Kaffeetasse beworfen.

Salve, sagt Nino höflich, während er sein Visier hochklappt und sich weiter zur Tasse vorhackt, um sie mir dann aufzuheben.

Salve, sage ich nonchalant, wie jemand, für den es nichts Normaleres gibt, als im Pyjama an gefährlichen Steilhängen herumzukraxeln, während er seinen Morgenkaffee trinkt. Nino hält mir die Tasse hin. Der Lärm, den die *motozappa* erzeugt, verhindert glücklicherweise jedes Gespräch, und so bin ich der Notwendigkeit enthoben, mir irgendeine Erklärung für mein exzentrisches Verhalten auszudenken. Ich schlittere, von einem kleinen Kieselsteinschlag begleitet, die Mauer hinunter und nehme die Tasse mit, wie ich hoffe, unbefangener Anmut entgegen. Während ich seine Terrasse entlang zum Haus zurückschlendere und dabei deutlich spüre, wie mir Ninos Blick folgt, versuche ich mich krampfhaft daran zu erinnern, wie normale Leute gehen. Ich meine damit Leute, die ihren Haushaltsmüll *nicht* dadurch zu entsorgen pflegen, dass sie ihn in den Olivenhainen ihrer Nachbarn verbuddeln.

Sobald Nino seine Terrassen zu seiner Zufriedenheit umgepflügt hat, erscheint er vor unserer Haustür. Wie unrecht habe ich ihm getan, als ich ihn irgendwelcher bösnachbarlicher Regungen verdächtigte! Er ist gekommen, um uns zu warnen. Wissen wir eigentlich, dass man unser neues Dach, jetzt nachdem wir unsere Bäume so zurückgeschnitten haben, von der anderen Seite des Tals aus sehen kann?

Wissen wir.

Wissen wir aber auch, dass Gerüchten zufolge ein *pazzo*, ein Verrückter, vom frischen Wind der Integrität, der neuerdings durch sein Land weht (oder von seiner pervertierten Auffassung desselben), inspiriert, auf einem *motorino* die Täler der Provinz Imperia abfahren und dabei nach ungenehmigten Gebäuden Ausschau halten soll, um sie dem jeweils zuständigen *comune* zu melden?

O nein! Das darf doch nicht wahr sein, dass ich es all die Jahre lang geschafft habe, mich nicht in das hiesige System von Vetternwirtschaft und Mauschelei hineinziehen zu lassen, um mich ausgerechnet dann kopfüber hineinzustürzen, wenn die ganze byzantinische Konstruktion schwerwiegende statische Mängel aufzuweisen beginnt! Wer hätte in der guten alten Zeit jemals mit einem Denunzianten gerechnet, der völlig unmotiviert – oder zumindest nur durch die städtische Bauordnung, aber durch keinerlei nachvollziehbare, eigensüchtige Interessen motiviert – seinem schändlichen Handwerk nachgehen würde?

Aber wie exakt können die Angaben des *pazzo* schon sein? Selbst einmal angenommen, er sieht tatsächlich von der anderen Seite des Tals aus unser Haus und entdeckt aus der Ferne sein inoffizielles neues Dach, seine möglicherweise vorschriftswidrige Veranda, seine dubiose Speisekammer und seine zwei Außentreppen, die bislang zwar noch keiner erwähnt hat, an deren Rechtmäßigkeit ich allerdings zunehmend stärkere Zweifel hege: wäre er dann auch tatsächlich imstande, es ausfindig zu machen? Nicht sehr wahrscheinlich, sagt Nino. Ich pflichte ihm bei; je näher man an das Haus herankommt, desto schwieriger ist es zu sehen. Man bräuchte schon eine anständige Landkarte, um es zu finden, und so etwas gibt es hier glücklicherweise nicht. Es sei denn – entsetzlicher Gedanke! – der *pazzo* hätte Beziehungen zur ENEL!

Ciccio entwickelt sofort einen Plan, wie er uns mit Hilfe großer Mengen aufgerollter Olivennetze, die er an den gestutzten Wipfeln der zwei Olivenbäume vor unserem Haus zu befestigen gedenkt – oder wäre es vielleicht besser, sie einfach wie ein Tarnnetz über das Dach zu drapieren? – vor den Augen dieses heimtückischen Wichtigtuers verbergen könnte. Anfangs noch skeptisch, ist Nino, als Ciccio ins Detail zu gehen beginnt, bald gleichfalls vom Plan begeistert. Eine wichtige Frage ist die Farbwahl. Diese orangefarbenen Netze könnten das Richtige sein, steuert er bei; sie würden es dem *pazzo* erschweren, von fern zu erkennen, ob er wirklich ein Ziegeldach oder lediglich ein Stück Olivenhain sieht. Und anschließend könnte man Rollen von der weißen Sorte an die Bäume vorm Haus binden. Aber woher sollen wir diese Unmenge Netze auf die Schnelle herkriegen?

Nun, wie der Zufall so will, hat Ciccio eine ganze Wohnung voll von dem Zeug.

Ich sitze da und starre auf die Hügel. Kann das wirklich eine vernünftige Reaktion auf die drohende Gefahr sein? Aber vermutlich ist sie auch nicht blödsinniger als jede andere, auf die man verfallen könnte.

Gedankt sei Gott für Ivanas Weinberg. So werden wir wenigstens eine Zufluchtsstätte haben, sollte es wirklich zum Schlimmsten kommen. Andererseits hat sich London gemeldet: Das Buch ist gut. Ich kann den Rest von Francos Rechnung für das Dach bezahlen; und meinen Anteil am Weinberg kann ich mir ebenfalls leisten. Und wer weiß – vielleicht könnte ich mir ja sogar die Absolution von meinen Bausünden erkaufen!

46

Ich stehe hoch oben in einem von Salvatores Olivenbäumen: unter mir eine dreibeinige Trittleiter und ein Meer silbergrüner Blätter, über mir zarte Februarwölkchen an einem leuchtenden Himmel, in der Ferne, hier und da zwischen den Baumkronen zu erkennen, tiefblaues Meer. Ich schwinge meine zweieinhalb Meter lange Stange kurz, aber energisch zwischen den dünnen Zweigenden hin und her, und ein Hagel blanker grünschwarzer Oliven geht auf die unten ausgebreiteten Netze nieder. In den drei nächstgelegenen Bäumen sind Ciccio, Francesca und Salvatore mit der gleichen Arbeit beschäftigt; das Weiß des Netzes verschwindet zunehmend unter unserer üppig herabprasselnden Ernte. Salvatore sollte sich theoretisch noch schonen, aber er fand, das Wetter sei ideal, und er hatte es satt, andauernd von allen umsorgt zu werden. Wozu noch bis zum Wochenende warten, bis der Rest des Clans nachkam? Um sich anhören zu können, wie die alle wegen seiner Lebensweise an ihm herumnörgelten? *Mah!*

Aber natürlich ergeben Salvatore und Sohn zusammengenommen stets eine Meinungsverschiedenheit. Ciccio hat mit Palettas Laster eine Ladung Kisten heraufgeschafft, damit wir die Oliven später da hineinfüllen, statt in die traditionellen *quarto*-Säcke. Eine der Ölmühlen unten im Tal bietet für so angelieferte Oliven einen höheren Preis. Der Müller ist auf eine »Extra-Extra-Vergine«-Einstufung aus und benötigt dafür möglichst wenig bestoßene Ware. In der Mittagspause fahren wir hinauf zur *taverna* und holen von dort eine weitere Ladung Kisten – von denen, die wir für die Traubenernte benutzen –, und das müsste dann eigentlich reichen. Doch Salvatore ist davon überzeugt, dass an dieser Kistengeschichte irgendetwas faul ist, auch wenn ihm noch nicht ganz klar ist, was. Oliven werden bei Ablieferung in der Mühle immer nach Volumen gemessen, nicht nach Gewicht: Es hätte keinen Sinn, sie zu wiegen, da man pro Gewichtseinheit Oliven jedes Jahr eine andere Gewichtsmenge Öl bekommt, je nachdem, wie das Wetter gewesen ist. Woher sollen wir also wissen, wie viele von diesen blöden Kisten einen *quarto* ergeben? Sollen wir uns einfach auf das Wort des Müllers verlassen? Ist sein Sohn auch sicher, dass der Mann ehrlich ist? Warum muss er aber auch immer auf jeden neumodischen Blödsinn hereinfallen? Aber immerhin, der Preis ist gut, und Salvatore knurrt zwar halblaut vor sich hin, spielt aber ansonsten mit.

Nach einer recht einquetschenden und die Knochen durchrüttelnden Fahrt im Laster (der nur als Dreisitzer gedacht ist und, soweit ich beurteilen kann, keinerlei nennenswerte Federung besitzt) in der *taverna* angelangt, werfen wir gut hundert weitere Kisten auf die Ladefläche; und müssen dann natürlich alle los und uns Ivanas Weinberg ansehen. Es wird Salvatore freuen zu sehen, wie riesig die Ländereien der De Gilios bald sein werden! Kaum angekommen, macht Salvatore unten am Flussende des Weinbergs ein paar Halbreihen Grenaccina-Reben aus, die seinem Sohn bei der ersten Besichtigung nicht aufgefallen waren. Es ist mir zwar absolut schleierhaft, wie der eine oder der andere anhand völlig kahler Rebstöcke überhaupt irgendetwas über die jeweilige Sorte aussagen kann, aber wie wir alle wissen, habe ich schließlich noch viel zu lernen. *Grenaccine*, erklären sie mir, sind die süßen roten Trauben, aus denen man *sciachetrà* macht, den typischen ligurischen Roséwein, den man nur einen Tag lang mit den Schalen gären lässt – daher sein seltsamer Name, der im hiesigen Dialekt so viel wie »quetsch und zieh« bedeutet, oder vielleicht treffender: »quetsch und nimm einen Zug« –, so dass er ein starkes Aroma nach frischen Trauben besitzt. Und, wie ich hinzufügen sollte, wie ein Muli reinhaut.

Und da erzählst du mir, hier gäb's nur Ormeasco und Lumassina!, knurrt Salvatore seinen Sohn an. Er holt tief Luft, um ein paar weitere, zweifellos barschere Bemerkungen über die Inkompetenz seines Sohnes in Sachen Rebsorten-Erkennen vom Stapel zu lassen, als er sich mit sichtlicher Anstrengung zusammenreißt und den Mund hält. Unglaublich... sich vorzustellen, dass ein winziges Thymianzweiglein eine solche Wandlung zu bewirken vermochte! Ein brandneuer Salvatore...

Bislang hat Salvatore, von seinen Eingeweiden abgelenkt, unserem Weinbergvorhaben nicht allzu viel Aufmerksamkeit geschenkt. Jetzt ist er mit einem Mal Feuer und Flamme für die Idee. Aber erst will er sich das Stück Wald oben in den Bergen ansehen, bevor er uns seinen Segen erteilt. Wie konnten wir aber auch nur mit dem Gedanken spielen, ein Angebot zu machen, bevor *er* das Objekt eingehend für uns besichtigt hatte? Als er hört, dass wir es nicht einmal selbst gesehen haben, verschlägt's ihm fast die Sprache. Ist das wirklich unser Ernst?

Bald darauf fahren uns Ivana und Tochter Celestina, von Salvatores schierer patriarchalischer Präsenz ihren diversen Quark- und Käsepflichten entrissen, in Renzos Ape voraus. Wir rumpeln ächzend hinterher, immer höher und höher hinauf, immer näher an die Schneegrenze heran, durch Ortschaften von immer alpinerer Bauart. Der Laster mag der Gipfel der Unbequemlichkeit sein, aber vom Führerhaus aus hat man dank der breiten Frontscheibe und der erheblichen Höhe eine wunderbare Aussicht. Salvatore sitzt vergnügt zwischen Francesca und mir eingekeilt und zählt im Kopf und an den Fingern die ungeheure Anzahl von Rebstöcken und Olivenbäumen zusammen, die schon bald Teil unseres kollektiven Lebens sein werden. *Wie* viele Pflanzen gehören mir genau?, fragt er. Die dürftige Zahl (nicht mal ein rundes Hundert) wirft ihn zwar nicht gerade vom Hocker, aber er zählt sie ohnehin sofort zu seinen eigenen dazu. Danke Salvatore. Ja, entscheidet er schließlich, Ciccio und ich sollten damit eigentlich gut über die Runden kommen – selbst ohne das vermaledeite Restaurant.

*

Wir biegen endlich auf einen ungeteerten Weg ein und bleiben hinter einem großen blauen Lastwagen stehen. Die Gegend weist keine besondere Ähnlichkeit mit dem auf, was man in England als einen Wald bezeichnen würde – ich würde eher von abschüssigem Weideland sprechen, auf dem vereinzelte Bäume stehen. Das erklärt aber auch, wie man Kühe darauf halten kann. Bisher hatte es mir irgendwie Schwierigkeiten bereitet, mir einen Wald voller Rinder vorzustellen. Und da sind auch schon ein paar davon – riesige glatte knochige milchkaffeefarbene Geschöpfe mit großen Hörnern, die eher wie indische Büffel aussehen als wie irgendeine Rinderrasse, die man in England zu sehen bekäme.

Wenn der Laster hier ist, erklärt Ivana, während sie sich mit Celestina aus der Ape entfaltet, dann kann Signor Ardissone, unser voraussichtlicher Kuhmistpächter, auch nicht weit sein. Ja, da unten geht er mit feschem Hut und Knotenstock den Weg entlang. Ivana ruft ihn zurück. Kaum hat er uns allen die Hand geschüttelt und sich angeboten, mit uns die Grenzen der Weide abzugehen, als aus einem Haseldickicht zu unserer Linken lautes Geschrei und Gemuhe dringt und zwei junge Burschen, mit einer sehr großen und wild die Hörner schwenkenden Kuh ringend, uns daraus entgegengestolpert kommen. Salvatore mag in seiner Jugend zwar jede Menge Erfahrungen mit Ziegen gesammelt haben, aber mit Rindern hat er offensichtlich weniger Umgang gepflegt, und so macht er beim Anblick des Tieres einen ziemlichen Satz zurück.

Keine Angst, sagt Signor Ardissone beruhigend. Sie versuchen ihr nur gerade ein paar Augentropfen zu verabreichen.

Salvatore spürt eindeutig, dass er keine übermäßig gute *figura* gemacht hat, und erklärt uns, während Signor Ardissone uns herumführt, lang und breit und ziemlich unhöflich, Viehhaltung sei eine unerfreuliche und schmutzige Beschäftigung, und deswegen habe er sich ausschließlich auf die netten, zivilisierten Pflanzen verlegt. Wenn man von ein paar gelegentlichen Hühnern absieht, natürlich, die aber sowieso nicht als Tiere zählen, wie Rose uns bestätigen kann.

Als wir alles gesehen haben, schlendern wir hinauf zum Kamm. Von hier oben aus sieht man in beide Täler, bis ganz hinunter: Auf der einen Seite schlängelt sich der Arroscia Richtung Albenga, wo er ins Meer mündet, auf der anderen erahnt man durch einen graugrünen Dunst den winzigen San-Pietro-Fluss auf seinem Weg nach Diano Marina.

Perfekt!, sagt Ciccio und und lässt den Blick schweifen wie ein Mann, dem die ganze Welt zu Füßen liegt. Er breitet die Arme aus. Alles unsers, so weit das Auge reicht!, sagt er. (Nun ja, *irgend*jemand musste es doch sagen, nicht?) Oder jedenfalls, fügt er hinzu, ein paar ordentliche Batzen davon, hier und da. Salvatore gackert entzückt los und legt eine sehnige Hand seinem Sohn, die andere mir auf die Schulter. Phantastisch!, sage ich. Damit wäre das verflixte Restaurant also endlich abgehakt ...

Na ja, ich weiß nicht, sagt Ciccio nachdenklich. Wenn man's recht bedenkt, machen Weinberge gar nicht so viel Arbeit; letzten Endes nicht viel mehr als Olivenbäume. Und jetzt, wo du mit deiner Schreiberei fertig bist, haben wir doch viel, viel mehr Zeit, oder? Vielleicht wäre es dumm, ein ausgezeichnet laufendes Restaurant so überstürzt aufzugeben.

Ja, sagt Salvatore. Sein Sohn könnte Recht haben. Vor allem, fügt er hinzu, ist er selbst ja auch noch da und kann ihm beim Schneiden und Düngen und solchen Sachen ein bisschen zur Hand gehen. Und bei der *vendemmia* natürlich.

Was? Ich drehe mich zu Francesca um. Ihr gewohnt verdutzter Ausdruck hat sich um das Hundertfache intensiviert. Und ich spüre, dass mit meiner Miene etwas ganz Ähnliches passiert. Wobei ich selbst nicht zu sagen wüsste, was nun genau verblüffender ist: dass Salvatore seinem Sohn seine Hilfe anbietet, obwohl er nicht mehr auf dem Sterbebett liegt? Dass er zum ersten Mal seit Menschengedenken mit Ciccio einer Meinung ist? Oder ist es die Tatsache, dass die beiden es gerade eben geschafft haben, den eigentlichen Grund, diesen Weinberg zu kaufen, über den Haufen zu werfen?

Francesca kommt auf mich zu und hängt sich bei mir ein. Mach dir nichts draus, sagt sie. Überleg doch, wie viel du dadurch schon in jungen Jahren auf die hohe Kante legen kannst, mit einem Weinberg zusätzlich zu den Oliven und dazu noch dem Restaurant! Und wenn es dir dann auch noch gelingt, die Pension und die Basilikumzucht aufzuziehen …!

Ja, sage ich, dann kann ich mich von Kopf bis Fuß mit Gold schmücken.

Francesca kichert, vergewissert sich mit einem raschen Seitenblick, dass Salvatore meine Anspielung auch garantiert nicht verstanden hat, und zwickt mich liebevoll in den Arm.

Wie auch immer, sagt sie, diese Wollmatratze wird jetzt umgehend herausgegeben. Sie darf sie mir nicht länger vorenthalten. Ich habe sie mir redlich verdient.

GOLDMANN

*Das Gesamtverzeichnis aller lieferbaren Titel erhalten Sie
im Buchhandel oder direkt beim Verlag.
Nähere Informationen über unser Programm erhalten Sie auch im Internet unter:*
www.goldmann-verlag.de

★

Taschenbuch-Bestseller zu Taschenbuchpreisen
– Monat für Monat interessante und fesselnde Titel –

★

Literatur deutschsprachiger und internationaler Autoren

★

Unterhaltung, Kriminalromane, Thriller
und Historische Romane

★

Aktuelle Sachbücher, Ratgeber, Handbücher und
Nachschlagewerke

★

Bücher zu Politik, Gesellschaft, Naturwissenschaft und Umwelt

★

Das Neueste aus den Bereichen
Esoterik, Persönliches Wachstum und Ganzheitliches Heilen

★

Klassiker mit Anmerkungen, Anthologien und Lesebücher

★

Kalender und Popbiographien

★

Die ganze Welt des Taschenbuchs

★

Goldmann Verlag • Neumarkter Str. 28 • 81673 München

Bitte senden Sie mir das neue kostenlose Gesamtverzeichnis

Name: _____

Straße: _____

PLZ / Ort: _____